Liebe im Zeichen des Krieges

HARALD FISCHER

Liebe im Zeichen des Krieges

Familiengeschichte und Historien

Bibliografische Information der Deutschen Nationalbibliothek:
Die Deutsche Nationalbibliothek verzeichnet diese Publikation
in der Deutschen Nationalbibliografie; detaillierte bibliografische
Daten sind im Internet über http://dnb.dnb.de abrufbar.

© 2016 Harald Fischer
Satz, Umschlaggestaltung, Herstellung und Verlag:
BoD - Books on Demand

ISBN: 978-3-7412-5456-7

Inhalt

I. Teil

Vorwort	11
Edith Fischer, geb. Promnitz (1905–2001) erzählt	14
Das Vermögen ist doch flöten	17
Das Jahr 1933	19
Schlimm waren die Bombenangriffe,	23
Begegnung in Goldbach	24
Die Ideen vom „Bauhaus"	27
Auf zur Fasenacht	32
Wege zu Macht und Diktatur	33
Die Liebe in Kriegszeiten	39
Verkehrte Welt?	41
Die Kriegerfrau	44
Warum zum Donnerwetter sollen wir noch und noch Kinder kriegen	54
Das Afrikanische Abenteuer	58
Erfolgreiche Verteidigung	65
Bombenterror gegen Frauen und Kinder.	74
Der Führer beherrscht die Situation immer noch.	77
Angriff auf Mainz – es brannte lichterloh	85
Die Hälfte der Zeit meiner Ehe war ich mit Kinderkriegen beschäftigt	94
Das Herrenleben das man als Offizier führt	96
Jetzt ist die Invasion doch Wirklichkeit geworden	100
Ständigen Fliegergefahr	102
Das „Kind der Liebe"	106
Heldentod von Jochen Siebert	111
Die Katastrophe	119
Im Gefangenenlager	123
Die Herrschaft auf dem Rittergut Menne	126
Unser Erzeuger erscheint wieder auf der Bildfläche	129
Foto-Galerie	131

II. Teil

Die Kunstreise 1953	155
Elend der Geschichte, Glanz der Kunst	156
Einführung zu Teil II	158
Geschichten – Historien	161
FAMILIEN – SAGA – Sternschnuppen	161
„Ein Hippi aus gutem Hause"	175
ERINNERUNG	186
Renate – Eine tragisch-schöne Geschichte –	186
aus: WANDERUNGEN	195
Der Weg nach oben	195
ABENTEUER der LIEBE	201
Flieger	201
LEKTÜRE	206
KORRESPONDENZ	209
Brief an Alena	209
KULTURGESCHICHTE	213
Die Antike und der Hellenismus	213
HISTORIE	*217*
Alexander der Große	217
ZUKUNFT	*232*
„Klima: Gibt es eine Katastrophe?"	232
Die „Fliegenden Flüsse"	238
GEMEINHEITEN	241
Die Ehrfurcht vor dem Leben	241

AUFGEKLÄRT? KAUM 247
    Die „Aufklärung": Licht und Schatten 247

HISTORIE 253
    Historische Anschauung: die Beseitigung der Republik 253
    Gaius Julius Caesar 254

APOSTEL 263
    Aus Saulus wird Paulus 263

REFORMATION 265
    Martin Luther 265

KÄMPFE 273
    Friede den Hütten, Krieg den Palästen 273

MALEREI 275
    Der erste Weltstar der Kunst 275

RUHESTAND – BÜCHER und FAMILIENGESCHICHTE 285
    Das Interview 285

DUCE ROMMEL HITLER 289
    Das Afrikakorps rettet Mussolini 289

POLITIK und FREUNDSCHAFT 293
    Zwiegespräche 293

FREIHEIT und SELBSTBESTIMMUNG 295
    Schiller als Philosoph 295

KUNSTGENIE und MACHT 299
    Goethe und Napoleon 299

UNSTILLBAR? 309
    Die Gier nach Wachstum 309

I. Teil

– Wege zur Macht und Diktatur –

– Die Liebe in Kriegszeiten –

Vorwort

Der Sinn der Geschichte von morgen ist anders, als man glaubt.
(Albert Camus, 1951)

– Was ist denn der „Sinn der Geschichte?" – fragte der Redakteur, der auch als Lektor tätig war, den Autor H. F., nachdem er Einblick in dessen Manuskript genommen hatte.
– Das ist doch eine rein rhetorische Äußerung, die ich – beeindruckt vom Schriftsteller Camus – vorangestellt habe. Den „Sinn" der Geschichte kann ich auch nicht erkennen. Damit hat sich schon der geschätzte Dichter und Schiller (zu dem kommen wir noch im II. Teil) mehrfach mit herumgeschlagen, der auch als Historiker gearbeitet hat und als solcher anerkannt war. –
– Gut, dann kommen wir Mal zur Sache, mein Lieber, den tollen Briefen deiner Eltern. Was hat dich denn veranlasst, diese so herauszustellen? Stellen sie eine Art Schwerpunkt in deinem „Werk" dar? Ich hänge gleich einmal eine weitere Frage an: Sind diese Briefe authentisch oder hast du die Briefe „bearbeitet" oder wesentliche Stellen weggelassen?
Ich nenne ein Beispiel: Es fehlt so gut wie jegliche Kritik an dem verbrecherischen System des Nationalsozialismus. –
– Mit der letzten Feststellung hast du natürlich Recht. Bei einem treuen Anhänger des „Führers"; (man muss sagen: auch Millionen andere im deutschen Volk waren das) gab es so etwas nicht. Allein, dass diese Briefe so erhalten geblieben sind und sich ähnlich wie ein „Liebesroman" lesen, in der „Kulisse" eines fürchterlichen Krieges allerdings. Hier wird jetzt einmal aus der Sicht eines überzeugten Nazis und der „Frau an der Heimatfront", die zuletzt für sieben Kindern verantwortlich war (davon drei „Kriegskinder"), wird hier eine andere „Ansicht" als üblich geboten. –
– Wieso eigentlich noch drei Kinder im Krieg? Ich denke, dein Vater war irgendwo an der Front? Soviel ich weiß, war er ja bei der Waffen-SS oder nicht? –
– Das war er (eine Dummheit), aber er war 1941 vom Truppenarzt UK geschrieben worden, nicht „Kriegsverwendungsfähig". Er war nicht ganz gesund und auch schon etwas zu alt; also hat er nur in der „Etappe" rumgeeiert; das kann man als sein Glück ansehen. – Das Schönste ist ja, dass er sich dann 1943 nochmals als Freiwilliger gemeldet hat, um für den „Endsieg" und für „Führer, Volk und Vaterland", auf seine Art, zu kämpfen. Das hat ihm seine Frau lange

nicht verziehen, denn sie war schon wieder schwanger, ja hochschwanger. – Ich wollte damit sagen, dass er öfters die Möglichkeit für Heimat-Urlaub erhielt; kinderreiche Familien wurden auch besonders gefördert.

Sicherlich, von den schrecklichen Morden, die im Auftrag Hitlers, Himmlers, Eichmanns und der anderen Schergen des Teufels erfolgten, konnte und sollte nicht die Rede sein. „Bearbeitet" sind die Briefe in keiner Weise, höchstens einmal sind zu lange, unwesentliche Stellen weggelassen worden, weil die Briefe oft ellenlang waren. – Zur ersten Frage kann ich nicht eindeutig Stellung beziehen. Ich war selbst sehr beeindruckt von dem Briefwechsel, dass ich diesen wenigsten im Kreis von Familienangehörigen und im weiteren Umfeld bekannt zu machen gedachte. –

– Unsereiner fragt sich allerdings heute immer wieder:

Warum konnten solche „verführten Idealisten" (so bezeichnest du ihn ja selbst) wie dein Vater dieser emphatischen Indoktrination, also der Verführung und Aufwiegelung zur Willkür und der Auslieferung an den „Führer-Kult" auf den Leim gehen? Er war doch ein gebildeter Mann, ein „Humanist", denke ich! –

Ich weiß nicht ob du das Kapitel im zweiten Teil „Ein Hippi aus gutem Hause" gelesen hast. Da hat mein jüngster Bruder fast die gleiche Frage gestellt: „Wieso hat die ganze Bildung nicht vor der Barbarei geschützt?" In seiner Aussage oder Frage „Aus gutem Hause, was bedeutet das?" versucht der Bruder der Sache auf den Grund zu gehen. Da heißt es dann weiter:

Für mich war es die Suche nach der Wahrheit. Die Begriffe und Wertvorstellungen von zu Hause konnte ich nicht mehr für voll nehmen.

Helge fiel eine Aussage ein (die ihm kürzlich in die Hände gekommen war), die ihm beachtenswert erschien, da diese versucht, die für uns unverständliche Rolle der „Verführung" durch Adolf Hitler und seiner Vasallen heraus zu stellen. Er erinnerte sich und sprach es so aus:

Es ist doch so, dass der Nationalsozialismus nicht *damit Erfolg gehabt hat, dass er den Deutschen den Mord an den Juden, die Welteroberung und den Krieg versprach, sondern ganz im Gegenteil: die Idylle. Und dann hat er* Ideen von Reinheit, *zunächst auch keineswegs rassische, sondern von Beschütztheit und von Gläubigkeit verbreitet.*

Ich behaupte Mal:

Für viele „Volksgenossen" war Hitler so etwas wie ein „Messias"-Ersatz, der Erlöser aus vielen Kriesen, Inflation und Demütigungen der Bürger. *Das waren Ideen, die das einfache Leben versprachen in einer bösen, komplizierten Welt: sozusagen eine „Arche Noah", in die sich die deutschen Menschen, die reinen*

Herzens waren, hinein flüchten sollten, während die Welt da draußen in Dekadenz verfiel. –
(nach: Karl Heinz Bohrer, „Auf deutschen Wegen", *Merkur*) –

– Das ist mir jetzt zu ‚kaschiert'; das ewige Zitieren ist auch so eine dumme Sache, die mir nicht zusagt – Verzeihung, nimm es nicht zu persönlich. –
– Moment, – sagte Helge, – ich hänge jetzt noch ein Zitat dran, war noch nicht ganz fertig damit:
Wir können doch den Schriftsteller Günter Grass als kompetent bezeichnen, der sagte: diese Zeit des Nationalsozialismus muss man für die Biografie derjenigen, die davon infiltriert waren als mehrfach gebrochene Menschen sehen. *Sie sind nicht auf einen Nenner zu bringen.* (– Damit kann man wenig anfangen – meinte der Lektor)
Für mich ist z. B. (so Grass weiter) *das* Kriegsende nicht der „Tag der Befreiung" *gewesen, sondern es war die absolute Kapitulation. Ich fiel in ein tiefes Loch;* die Ideologie, die mich geformt hatte, brach zusammen. –
– Na gut, dann gehen wir Mal weiter. „Das Ergreifen der Macht" habe ich gelesen; Respekt, das war durchaus überzeugend dargestellt. „Die Ideen vom Bauhaus" waren auch nicht schlecht, womit du – richtig – aufgezeigt hast, wie Walter Gropius dazu aufgerufen hat: „Lasst und den völlig neuen Bau der Zukunft gemeinsam erschaffen!" (1+) Es hätte durchaus ein anderer, aussichtsreicher Weg eingeschlagen werden können. Aber der „Wurm" des Nationalismus, umgemünzt in Hitlers wohlfeile Ideologie vom Nationalsozialismus war schon in den Zwanziger Jahren am Bohren und Wühlen. –
(1+ Die genaue Formulierung lautet: *Wollen, erdenken, erschaffen wir* gemeinsam *den* neuen Bau der Zukunft, *der alles in einer Gestalt sein wird!*)
Dann wurde noch über das Auffinden der bewussten Briefe und andere Vorkommnisse gesprochen: das war eine Überraschung sondergleichen. Bei der Auflösung des Elternhauses wurden im gewaltigen Schreibtisch jede Menge dieser persönlichen Briefe des Eltern-Paares gefunden. – Gehen wir aber nun einmal in „medias res":
Unser Held, der Ernst, wird im Januar 1939 zu einer Wehrübung eingezogen. Die Ehefrau Edith schreibt ihm am 4. Januar: *Wenn Du es nur gesundheitlich aushältst. Aber man muss eben Opfer bringen für das Vaterland*.
Als es dann richtig losgegangen war, schrieb der Vater an sein Weib: *Es ist eben* Krieg, *und da muss* jeder stolz *sein, wenn er mit dabei sein kann! Um* der großen Sache willen, *müssen wir* bereit sein, jedes Opfer zu bringen. –

Diese Briefe aus der Zeit des Krieges 1939 bis 1945, waren schon sehr emotional.
Persönliche, intime und menschliche Berichte aus einer Zeit der Unmenschlichkeit unter Hitler. Es ist schon eine arge, eine „ernste Posse", die der „Führer" mit seinen „Volksgenossen" so trieb, um dann um so vernichtender zuzuschlagen, bis alles in Scherben fiel. –
Zum II. Teil fragte der kritische Lektor:
– Der Titel „Die Spuren der Zivilisation" erscheint mir zunächst doch zu anspruchsvoll, aber überhaupt nichts Konkretes aussagend. Du hattest ja in der ersten Version dich besonders über die „Klimakrise" (und diese auch benannt) her gemacht und sie ordentlich ausgeweidet; da gehst du ja mehrmals auf diese irre Thematik ein. Das erscheint mir durchaus schlüssig. – Und was sind eigentlich „Historien"? –
Das ist, laut Duden, eine veraltende Bezeichnung für Weltgeschichte, sowie auch (veraltet) anwendbar für übliche Berichte und Erzählungen – Zufrieden?
– Übrigens: Die Abhandlung über „Alexander den Großen" ist ganz ausgezeichnet, richtig spannend auch zu lesen. – Auf viel mehr lasse ich mich jetzt nicht ein, da du ja zu Teil II. eine eigene Einführung vorgelegt hast; die sparen wir uns jetzt aus. – Die hier folgende Erzählung deiner Mutter ist Ok, wenn auch in der Ausführung nicht immer ganz korrekt, was die vorliegende Form betrifft.

Edith Fischer, geb. Promnitz (1905–2001) erzählt

Am 18. August 1905 wurde ich in Ingelheim am Rhein geboren.
Mein Vater, Martin Promnitz, soll 1903 das „schönste Mädchen" im schlesischen Schweidnitz, geheiratet haben, die Else Köhler.
Die Köhlers und ihre Vorfahren waren Geschäftsleute und Fabrikanten.
Dann kam noch anderes, reichliches Kapital ins Spiel, denn der Vater von Martin, Dr. Phil. Franz Promnitz, war Industrieller und hatte mit großem Erfolg verschiedene chemische Werke und Spritfabriken übernommen und unterhalten.
In einer Laudatio heißt es über ihn: *„Franz Promnitz war ein kunstliebender Herr; er besaß eine große, wertvolle Gemäldesammlung. Einen Teil seiner Bilder schenkte er seiner Heimatstadt Breslau, der er testamentarisch auch 100.000*

Reichsmark vermachte. In Breslau ist eine Straße nach ihm benannt". Später zog sich Dr. Promnitz aus den z.T. stillgelegten Unternehmen zurück, behielt nur die Leitung im Aufsichtsrat einer altbekannten, ehrbaren Firma, der „Destillier- und Spritfabrik Roland" inne. Dieses Unternehmen war lange im Besitz der Familie seines Schwiegervaters Friedrich Wilhelm Roland, bis es wegen Tod des einzigen Erben und Sohnes von meinem Großvater weitergeführt wurde.

„*Von nun an lebte Franz Promnitz ganz seinen Neigungen als Kunst-, Literatur- und Naturfreund. Er machte aber vielen wohltätigen und gemeinnützigen Anstalten in Breslau und Umgebung große Zuwendungen.*"

Es heißt ja oft, die Kinder eines bedeutendes Vaters ständen im Schatten dessen Persönlichkeit, was aber eigentlich nicht über meinen Vater Martin gesagt werden konnte. Wichtig war für ihn, dass sein Vater ihm eine reichliche Erbschaft vermachte, die die Kinder (die Schwester Eva noch, verheiratete Fink und Bruder Martin Promnitz) erhielten. Im Vorgriff auf dieses Kapital sicherte sich Martin – das muss im Anfang des Jahres 1904 gewesen sein – ein Obst- und Weingut in Oberingelheim.

Die künftige Tätigkeit als Besitzer eines solchen Anwesens war eine Herzensangelegenheit für ihn. Außerdem hatte er schon früher die herrliche Gegend des Rheingaus (damals zählte man auch die linke Seite des dortigen Rhein-Flusses zum „Rheingau") bewundernd kennen gelernt.

Als der Kauf abgeschlossen war, wurden noch Restaurierungen vollzogen und meine Eltern zogen dorthin.

Das Wohnhaus war großzügig ausgestattet, lag auf einem in sich abgeschlossenen Grundstück.

Hier verbrachte unsere Familie wundervolle Jahre. Im Mai 1908 kam dann noch mein Bruder Hans dazu, mit dem ich mich gut verstand. –

Mein Vater bewirtschaftete das Gut meist selbst, hatte aber einen tüchtigen und erfahrenen Verwalter zur Seite. Vater musste aber noch vieles dazu lernen, um sich mit dem Obstanbau und auch mit der Weinerzeugung vertraut zu machen. Er fand so seine Erfüllung, war aber auch ein guter und beliebter Gesellschafter. Einige Freunde und vor allem meine Freundinnen fuhr Vater mit seinem tollen Kraftwagen durch die Gegend, was nicht wenig Aufsehen erregte: Weit und breit gab es vor dem I. Weltkrieg dergleichen hier nicht zu sehen.

Meine geliebte Patentante Eva schrieb im September 1905 in das Gästebuch das folgende Gedicht, das die gesellige Stimmung im Elternhaus wiedergeben könnte:

Will doch meinen Dank erstatten, denen, die ich lieb.
Denn, sie werden es erwarten, dass ich gern dort blieb.
Martin, bring den Muskateller!
Else, bring dein Kind!
Seht: Nun wird mein Geist schon heller,
Und der Reim sich findt.

Fröhlich waren wir beim Taufen,
Fröhlich auch beim Wein.
Übers Jahr kann Baby laufen
Und ich find mich wieder ein!

Meine Mutter gab allerdings bald zu verstehen, dass sie es in dem „spießigen Nest" von Oberingelheim wohl kaum länger aushalten würde, was ich nicht verstand. Das war schließlich der Anlass, dass 1918 das schöne Anwesen verkauft und eine prächtige Villa in der Wilhelminenstraße in Wiesbaden erworben wurde. – Dort gefiel es mir aber auch bald sehr gut. Ich gab wieder mein „Kaffeekränzchen", zu dem die Freundinnen ihr Brot mitbringen mussten, denn es gab zu der Zeit wenig zu essen. Anschließend tanzten wir nach der Musik vom Grammophon, ja wir tanzten überhaupt viel und bei jeder Gelegenheit. Dann bildeten wir eine Theatergruppe und es wurden Stücke aufgeführt wie „Die Königin und der Hofnarr", das ich mir selbst ausgedacht hatte.

In den Jahren 1921/22 ging ich zur Tanzstunde und hatte viel Spaß. Dort lernte ich nette Leute kennen, so meine beste Freundin Gerda Rauch (ihr Vater war der „Kurdirektor"); mit Anneliese, verheiratete Möhring in Frankfurt; hatte ich bis in die 80er Jahre immer guten Kontakt. Dann war da Karl Lange, der dann allerdings nach Amerika ging und Rudolf Dörr, der spätere „Stadtbaumeister" von Wiesbaden und Architekt, mit dem wir (als ich verheiratet war) noch Jahrzehnte befreundet waren.

Das Unheil kam aber über uns, als die Ehe meiner Eltern zerbrach und sie sich scheiden ließen, was mich erst sehr unglücklich machte. Martin soll sich in der Kurstadt, die er nicht besonders mochte, nicht wohl gefühlt haben.

Er hatte auch keine „Aufgabe" mehr. Er soll dann eine Affäre mit einer „jungen Schönheit" gehabt haben (wie ich später einmal erfuhr). Das konnte meine moralische hoch eingestellte Mutter partout nicht akzeptieren.

Vater wurde von seiner Frau, dann auch von uns Kindern, boykottiert.

Er zog bald darauf in den Schwarzwald, wo er nochmals heiratete; ich sah ihn nie wieder. –

Der Verfasser besuchte ihn allerdings im Sommer 1952 in Villingen. Der Großvater freute sich riesig! Im Herbst darauf verstarb er leider. Immerhin vererbte er dem Enkel eine goldene Taschenuhr und einen ebensolchen Siegelring, den er heute noch trägt, weil der eigentliche Ehering im Garten der Eltern bei der Arbeit verloren ging.

Nun gab es natürlich ziemliche Einschränkungen und eine völlige Veränderung des Lebensstils unserer „Restfamilie". Nachdem dann die tolle Villa verkauft war, kam im Jahr 1923 das große Verhängnis über unsere Familie: Die Inflation vernichtete das Kapitalvermögen so gut wie restlos!

In meinem damaligen Tagebuch fand ich eine Eintragung im Mai 1925:

Das Vermögen ist doch flöten

Ich muss unbedingt Mal mit Anneliese zur Wahrsagerin gehen. ...
Es muss sich bei uns in nächster Zeit vieles ändern.
So geht es jedenfalls nicht weiter. Wir können uns doch nicht ständig von den Großeltern unterhalten lassen. Meiner Ansicht nach ist doch der Staat der größte Gauner. Wenn ich nur wüsste, wie ich etwas verdienen könnte; Mama kann ich aber nicht alleine lassen. – Hans macht ihr auch viel Kummer. Wenn er nur nicht zu sehr nach Papa wird. Dann wird er uns wohl noch viel Sorge machen. Es wäre wirklich gut, wenn er zum Militär käme!

Mutter Edith ließ sich nicht unterkriegen. – Später heißt es:
Eben lese ich in „Tristan und Isolde": Nichts auf Erden ist mächtiger als die Zeit. Alles verschlingt sie, dich, mich und alle. Alles überwindet sie, Not, Elend, aber auch die Freude. Alles, was von je den Menschen unendlich und unvergänglich schien, alles zermalmt die Zeit (und der Krieg), die immer junge, uralte, die selbst Götter verzehrt. Zeit ist mächtiger als Liebe und Hass ... Das ist wirklich wahr. Zeit heilt alle Wunden. –
Ach, ich möchte furchtbar gern mal von Wiesbaden weg.
Dieser Wunsch wird Edith dann tatsächlich, bald darauf, erfüllt.
Mitte August wollen wir alle nach Schlesien fahren. Hans fährt schon voraus. Er ist für den 1. September bei der Marine angenommen worden; er soll vorher

Großpapa im Geschäft (in Schweidnitz) *helfen. So ist endlich seine Zukunft sichergestellt.*
Jetzt muss ich mir auch noch eine Stelle suchen dann können wir ganz gut leben. ...
Dann kam die Reise nach Schlesien, von der unsere Mutter so schreibt:
„Himmelhoch jauchzend, zu Tode betrübt, glücklich ist selten die Seele, die liebt."
Sie lernt in Breslau ihre große Liebe – Georg – kennen, erlebte auch sonst einiges, ging viel aus und besuchte Verwandte und Bekannte rundherum. –

Eine große Freude machte mir dann die „Bade-Kur" mit Mutter auf der Insel Borkum im Jahr 1927. Die Fotos von unserem Badeaufenthalt sehe ich auch heute noch gerne an, denn das war eine wundervolle Zeit. Ich hatte nur Spaß und Unterhaltung, immer Verehrer und Freundinnen um mich, wir lachten, tollten, tanzten und spielten.

In diesem Jahr, also Ende 1927, ereignete sich noch etwas Entscheidendes. –

Wie Mütter so sind, befürchtete sie irgendwie, dass Ihr „Mäuschen" zu viel herumschwirrte und schäkerte und sprach mit mir darüber. Wie alles kam, wie es sich entwickelte und so weiter, davon soll jetzt nicht weiter die Rede sein.

Jedenfalls war es doch so, dass die Scheidung meiner Eltern und der Kapitalverlust prägende Erlebnisse waren. Ich zog mit meiner Mutter in eine kleine Mietwohnung und besuchte zunächst weiter das Lyzeum in Wiesbaden. Nicht weit von meiner Schule entfernt ging mein späterer Ehemann auf das Humanistische Gymnasium.

Nachdem ich ihn (erhieß Ernst) beim Tanzen kennen gelernt hatte, verabredeten wir uns bald darauf.

Es dauerte nicht lange, da waren wir verlobt. Für meine Mutter war ja der Ernst Fischer aus bester und „gut betuchter Familie", denn sie hatten auch nicht unerheblichen Grundbesitz. Ernst hatte hervorragende Manieren.

Lange war er sehr zurückhaltend, ja schüchtern und sprach manchmal kein Wort, konnte aber gut Tennis spielen und tanzen.

Nach einer hauswirtschaftlichen Ausbildung verschaffte ich mir anschließend praktische Erfahrung in leitender Stellung in einem Kinderheim.

Glücklicher aber war ich noch, als ich eine Zeit lang in der Modebranche arbeitete. – Ernst hatte längst seinen Referendar gemacht und schon im Jahr 1926 angefangen, im Justizwesen zu arbeiten.

Geheiratet wurde aber erst im Jahr 1930, nachdem Ernst eine Anwaltspraxis in Wiesbaden übernehmen konnte.

Am 13. Mai 1931 wurde unser erstes Kind geboren, eine Tochter. Wir nannten sie nur „Porzel", denn so war sie auch; richtig hieß sie aber Irene. Wir hatten viel Spaß und Unterhaltung mit ihr, besonders liebte sie aber meine Mutter.

Das Jahr 1933

da passierten folgenreiche Ereignisse: Ernsts verehrter „Führer" kam an die Macht und Ernst trat in die NSDAP ein. Ich riet ihm davon ab, aber das half nichts. Nicht nur deshalb war Ernst wie verwandelt, auch weil der erste „Stammhalter" Helge im Juli auf die Welt kam. Direkt nach der Geburt im St. Josefs-Hospital ging Ernst mit meinem Geburtshelfer Dr. Diemer (er war bei sechs Geburten jedes Mal dabei) ordentlich darauf anstoßen – vor Freude. Der kleine Helge war ein liebes, hübsches Kind, doch nicht so lebhaft wie Irene. – Im September '33 schrieb ich in das Kinder-Berichtsbuch (für jedes der sieben Kinder habe ich das angelegt): „Helge wird jetzt immer goldiger. Er lacht schon so laut und herzlich, wenn man mit dem Schlüsselbund rasselt oder mit ihm spricht." ...Im März '33 heißt es dann:
   Der Faulpelz sitzt immer noch nicht alleine. Lieber liegt er auf dem Rücken und macht die Brücke. Er ist immer quietschvergnügt, obwohl er viel alleine ist. Gemüse verträgt er gut und seit einer Woche bekommt er zur 2. Mahlzeit Rohkost. August '33: Helge läuft jetzt ganz nett mit an einer Hand. Er wird viel lebhafter und bekundet seinen Willen stärker als früher. (Dann war im Dezember '34 Renate geboren worden.) Januar '35: Brüder behauptet auch schon sein Recht. Er lässt sich nicht mehr so leicht von Porzel schikanieren oder etwas wegnehmen. August '35: Er liebt sehr die Ordnung und Sauberkeit.
   März '36: H. lässt sich nichts mehr von Porzel gefallen .... Er hat viel Interesse für technische Sachen. Begeistert ist er von Lastautos, Möbelwagen und Puffbahn. Sonst müsste eigentlich Porzel der Junge sein. Sie ist viel lebhafter und mutiger als Helge. Er ist der reinste Affe von ihr. Er macht ihr alles nach. – Im Januar 1937 wurde das Brüderchen Gerold geboren. –
   Noch etwas Entscheidendes ereignete sich Anfang September 1937: Da zog unsere Familie in ein neu gebautes Haus auf der Höhe von Sonnenberg. Am gleichen Tag kam die schlimme Nachricht aus Schlesien, dass mein Bruder Hans sich das Leben genommen hätte. Ich fuhr zur Beerdigung nach Schweidnitz in Schlesien.

Am 12. September schrieb sie in ihr Tagebuch: *Ich hatte eine Fehlgeburt.*

Der Mensch vergisst die Sorgen aus dem Geiste,
Der Frühling aber blüht und prächtig ist das Meiste,
Das grüne Feld ist herrlich ausgebreitet,
Da glänzend schön der Bach hinuntergleitet.
Die Berge stehen bedeket mit den Bäumen,
Und herrlich ist die Luft in offnen Räumen,
Das weite Thal ist in der Welt gedehnet
Und Thurm und Haus an Hügeln angelehnet.
(Friedrich Hölderlin)

Das war schon ein wichtiges Ereignis, dieser Einzug in das neue Haus, das an einem Hang lag. Von dem sehr fortschrittlichen Architekten Lehr wurde es einfallsreich, doch relativ preiswert gestaltet. Auch gab es eine schöne Umgebung mit ursprünglicher Natur, für die Kinder wie geschaffen zum Spielen und Tollen. Oberhalb von unserem Haus gab es ein „großes Wäldchen" und weiter unten ein „kleines Wäldchen" in der Nähe, wo wir Kinder dann „Räuber und Gendarm" und anderes spielten. Auf den teils bergigen Straßen in der Umgebung konnte Helge mit seinen Fahrzeugen hinunterrasen. Auf den benachbarten Hängen ließ sich im Winter gut rodeln und Ski fahren.

Das zugehörige **Dorf Sonnenberg** war ein idyllischer Ort mit Burgruine. Im Ort gab es noch Bauern, Felder – auch gegenüber unserem Haus – und Streuobstwiesen.

Dorthin gingen wir Kinder auch in die Volksschule, die im Tal in einem betagten Gebäude eingerichtet war, direkt neben der alten evangelische Kirche. Dort wurden dann auch die meisten konfirmiert.

Kamen wir Kinder dann, nach zwei Jahren, zu den „Großen" auf den Berg in die modernere Burg-Schule, so gab es eine schöne Aussicht zu den gegenüber-liegenden Ruinen der Burg und des immer noch imposanten, hohen Turms.

Nichts schien Helge mehr zu interessieren, als aus dem Schulfenster den um diesen Turm und die Ruinen kreisenden Rabenvögeln bei ihren abwechslungsreichen Flug-Manövern zuzusehen. Den wilden, lauten Spielen und Rangeleien der Mitschüler in den Pausen auf dem Hof schaute Helge eher distanziert, wenn nicht verständnislos zu, obwohl er diesen Vorgängen eine gewisse Bedeutung zumaß.

Die Geschwister gingen dann auch in dem Ort Lebensmittel einkaufen. Als besonders wichtige Lieferanten stellten sich in den Kriegsjahren und danach die Leute heraus, bei denen wir das Obst kauften, das eingemacht und im Keller eingelagert wurde. Ein Bauer brachte die Kartoffeln zum Einkellern und legte ab und zu eine Flasche Most oder ein paar Nüsse dazu. Außerdem kam täglich der Milchmann auf der Straße vorgefahren sowie wöchentlich zweispännig der Eismann. Der nette Briefträger gehörte fast zur Familie und kannte die einzelnen Kinder genau. Ein Gärtner schaute gelegentlich nach dem Garten und den angepflanzten Obstbäumen, die auch geschnitten werden mussten. Es gab außer zwei Apfelbäumen einen wundervollen, doch eher bescheidenen Baum mit Herzkirschen, einen kostbaren Nussbaum, aber noch mehrere Vogelkirschbäume. Auf einen dieser Bäume kletterten (das machte Spaß) einige der Kinder, schmausten und schwelgten. Im Herbst begann ein großes Abenteuer: Möglichst mit einem Säckchen und ein Knüppel dazu, wurde zu den hohen, ausladenden Walnussbäumen in der Umgebung geschlichen, um den „Kampf" um die herrlich schmeckenden Früchte aufzunehmen.

Mutter schrieb weiter:
Helge ist nicht mehr so ängstlich, fährt mit seinem kleinen Auto den Berg hinunter, dass man Angst bekommt. – Neuerdings interessiert er sich für den Unterschied zwischen Mädchen und Jungen. Er ist oft ein ziemlicher Umstandskrämer, begreift nicht so schnell wie Porzel. Er ist aber beliebter als sie, weil er nicht so widerspenstig ist. Im März 38 heißt es: Die Kinder hatten alle Keuchhusten. Jetzt geht es den drei Jüngsten wieder gut. Helge wird immer mehr ein Lausbub und folgt nicht mehr. Er fährt sehr gern Roller, Dreirad und Auto, hat gar keine Angst mehr. Es ist mir lieber so, als wenn er ein braves Bübchen geblieben wäre. –
10. Mai 1938. Vor vier Tagen war hier schräg gegenüber Richtfest. Helge wurde von den Arbeitern aufgefordert mitzufeiern. Da hat er aus einem großen Bierseidel Bier getrunken. Als er nach Hause kam, fragte er: „Was ist denn „Mitfeiern"? Wie macht man das? – Neulich fragte er Schwester Annemarie: „Gelt, im Himmel wachsen doch auch Apfelbäume"? Warum denn? „Der Nikolaus bringt doch Äpfel mit und er kommt doch aus dem Himmel. Da müssen doch im Himmel Apfelbäume wachsen".
Er denkt also logisch. Zum (Dienst-) Mädchen sagte er, als sie mich Frau Rechtsanwalt rief: „Die Mutti ist doch kein Rechtsanwalt. Das ist doch der Pappa!"
30. März '42. Nun ist Helge nicht mehr niedlich. Er geht schon das dritte Jahr in die Schule und kommt gut mit.

Viele Leute mögen ihn gern, weil er hübsch und immer ruhig und höflich ist. – Zu Hause ist er allerdings zu seinen kleinen Geschwistern nicht immer nett. Nur verträumt ist er oft, geht ziemlich seine eigenen Wege.

Am 24. März 1943 wurde Sohn Jochen geboren, der „übertragen" war.
Die Geburt dauerte nur ¾ Stunden. Er kam gegen 8 Uhr abends auf die Welt. Er war 56 cm groß und hatte eine Kopfweite von 38 cm, er wog über 9 Pfund. Es ist ein besonders kräftiger Kerl, hebt schon den Kopf wie ein drei Monate altes Baby. – Ich hatte zu wenig Milch, sodass er schon im Krankenhaus das Fläschchen nach bekam.

Am 30. September 1944 schließlich wurde Ingeborg/Heidikind im SS Heim Taunus-Bahnholz („Lebensborn" genannt) geboren, das „Kind der Liebe" – so bezeichneten es die Eltern selbst.

Mutter schrieb in einem Brief vom 29.9.44: *Gestern Nacht bekam ich viertelstündliche Wehen. Unsere Schwester Annemarie rief dann das Rote Kreuz an, die ihr sagten, sie hätten kein Benzin; „Schwesti" solle die Entbindung selbst machen. Doch unglaublich. Bis zuletzt war es fraglich, wie ich ins Bahnholz-Heim kommen sollte; durch eine glückliche Fügung gelangte ich doch noch hin. – Alle Mütter werden hier per Frau und mit dem Vornamen angesprochen. Ich komme mir vor wie bei den Soldaten; ich saß neben der Oberin; niemand darf vor ihr anfangen zu essen. –*

Ausführlich habe ich in den Briefen an Ernst über die Zeit vor der Geburt, sowie den Ablauf derselben geschrieben. – Erst um 8 Uhr bekam ich starke Wehen und um ½ 9 Uhr war die kleine Ingeborg da. Zuletzt kam der Doktor und im allerletzten Moment gaben sie mir dann eins aufs Dach, weil ich zu sehr tobte. Es geht zwar schnell bei mir, aber die Wehen sind irrsinnig stark und ohne Atempause. Gerissen bin ich diesmal nicht.

Die Hebamme ist fabelhaft, ganz modern und sehr gewissenhaft.

Leider musste ich ein paar Stunden nach der Geburt schon wieder in den Keller. (wegen Flieger-Alarm)

3.10.44. *Es ist doch der* <u>schönste Lohn nach der Geburt</u>, *wenn man hinterher sein Kindchen an der Brust hat und es* <u>dann neben sich liegen hat</u>. *Jedes Mal ist es wie ein Wunder. …*

Den Müttern, die keine Kinder kriegen, entgeht doch viel. Aber trotzdem muss bei uns ja mal Schluss sein.

Schlimm waren die Bombenangriffe,

die jetzt öfters kamen. Ein feindlicher Luft- und Terrorangriff im Februar '45 beschädigte unser Haus so schwer, dass wir zu hilfreichen Nachbarn umziehen mussten. Ich hatte dann jahrelang damit zu tun, Instandsetzungen und Reparaturen machen zu lassen. Das war keine leichte Aufgabe. Es gab kaum Baumaterialien, und Handwerker zu bekommen, war auch schwer. Aber ich schaffte es immer irgendwie. –
Nach dem Krieg zog ein kleiner Teil der Familie, zunächst Helge und ich, wieder in das Haus ein; die anderen Kinder waren noch auf dem Gut Menne in Westfalen. Die vorher ins Haus rein gesetzten Mieter wollten uns erst nicht mehr rein lassen, weil Vater ja, angeblich, ein Nazi-Kriegsverbrecher sein sollte (von ihm hörten wir vorläufig nichts). Ernst, obwohl UK geschrieben, wurde ja im Februar 1943 (nach Stalingrad) erneut zur Waffen-SS eingezogen (er meldete sich freiwillig). Erst im Jahr 1948 wurde er aus Gefangenschaft und Internierung entlassen. Danach durfte er zunächst seinen Beruf als Anwalt und Notar nicht ausüben.
Die Nachkriegsjahre waren für mich keine leichte Zeit und von Existenzsorgen und dem „Überleben" bestimmt. – Im Jahre 1953 hatten Ernst und ich aber das Schlimmste hinter uns gebracht. In diesem Jahr machten wir nämlich eine erste große Reise in das „Land der Sehnsucht" Ernsts, nach Italien. Hier, und vor allem in Rom, konnte mein katholischer (er wurde wieder in die Kirche aufgenommen) Mann seinem großen Hobby nachgehen, indem er seine kunstgeschichtlichen Studien betrieb und sich an den antiken Kirchen und Bauwerken erfreute. Ich nahm daran teil, aber in den späteren Jahren setzte ich durch, dass auch öfters mal ans Meer oder einen schönen See gefahren wurde und ich zu meinem Recht kam. Ernst konnte nicht schwimmen, aber war ein toller Skifahrer, wanderte auch gerne.
Es gab ja hie und da noch einige Schicksalsschläge, doch Ernst und ich wussten die Geselligkeit und die schönen Seiten des Lebens zu genießen. Ernst war ja ein sehr musikalischer Mensch und großer Musikliebhaber.
So war er denn einer der Mitbegründer der Mozart-Gesellschaft in Wiesbaden, die sich sehr erfolgreich entwickelte.
Wir verbrachten viele schöne Stunden in Konzerten sowie danach mit den Künstlern und dem Vorstand. Ich vergaß aber nie, auf dem Boden der Realität zu bleiben.

*In meinen **späten Lebensjahren** liebte und pflegte ich besonders meinen Damen-Bridge-Zirkel, was mir Freude machte. – Außer der „Aufzucht" (so nannten das*

einige) der Kinder sah ich es als lebenslange Aufgabe an, das Haus zu erhalten und schön zu gestalten. Das war nicht nur für uns Eltern gedacht, sondern auch, um es den in der „Welt herumziehenden Kindern" offen zu halten. So kamen zwei Töchter, die in Amerika verheiratet waren, wieder mit ihren Kindern zurück in ihre Heimat und ins Haus. –
Da war aber auch die fehlende Altersvorsorge meines Ehemannes, der immerhin bis zu seinem 84. Lebensjahr arbeitete. Das Fazit lag für ihn darin, das Haus verkaufen zu wollen; aber Gott sei Dank hatte ich mir rechtzeitig die Hälfte überschreiben lassen. Ich setzte also dem energisch entgegen: „Kommt gar nicht in Frage!" Das ist leichter gesagt; als getan; es stand oft auf der Kippe und kurz vor einem Verkauf; das brauchte viel Kräfte und Nerven ...

Wenn man so will, hatte der liebe Gott schließlich ein Einsehen und bescherte uns eine Erbschaft. Auch konnte Ernst das Notar-Amt gegen eine Rente veräußern. –

Jetzt bin ich in einem Altenheim, dem Eibachhaus, in dem schon meine Mutter und auch mein lieber Ehemann waren. Die schönen Zeiten waren, außer den Reisen, die Tage und Stunden mit meinen Kindern, manches Mal beim Tee oder Wein im Garten.

Den liebte ich sehr und habe oft und viel darin gearbeitet. Ernst fand das alles überflüssig und mit unnötigen Ausgaben verbunden. Aber seine Morgengymnastik machte er gern dort und im Sommer nahm er eine Dusche.

In der alten Zinkbadewanne planschten die Enkel. Früher hatten unsere Kinder eine Schaukel und ein Reck, an dem die Ältesten gern herumturnten. –

Von allen geliebt wurde unsere Kinderschwester Annemarie Dähler, genannt Schwesti, die zur Familie gehörte. Immer habe ich Kinder geliebt, wenn es auch nicht immer leicht war. Was zählt, sind die angenehmen Erinnerungen, Freude und Lachen, auch Mal Weinen und es gab hie und da schon einmal sorgenvolle Erlebnisse der Kinder, an denen wir teilnahmen.

Aber: alles hat seine Zeit – und die ist jetzt vorbei.

Begegnung in Goldbach

Nun kommen wir aber zu der Begebenheit, wie sich die damalige **Begegnung** zwischen den zwei Gefährten Lars (der später, in der weiteren Erzählung, zu einer Hauptfigur ‚aufrückt') und Helge abspielte und wie sie zueinander fanden:

Sicher war es (k)ein Zufall, dass Helge mit diesem auffallend gekleideten, aber feschen jungen Mann zusammen traf. Das war am geliebten Bodensee, wo Helge in Goldbach auf den Spuren seiner Kindheit und frühen Jugend unterwegs war. Mit Mutter und der älteren Schwester waren sie in einer netten Pension (etwa 1942).

Später kam auch der Vater dazu, der sich ein Paddelboot von der reizenden Wirtin lieh und zur Insel Reichenau fuhr (das war jedoch, mit Sicherheit, Wallhausen, auf der anderen Seite. Aber lassen wir Helge ruhig im Glauben an Reichenau und damit seine romantischen, schönen Erinnerungen), um dort bestes Obst zu holen; meist waren das die herrlichsten Äpfel. Dabei konnte er noch nicht einmal schwimmen. Aber so war er: ungesichert solche Unternehmungen zu riskieren, was nicht schlecht zu seinem sonstigen, oftmaligen Entscheidungen passte. Von diesem Tag an saß Helge fast täglich, meist mit Schwester Irene in diesem Boot und fuhr die Ufer ab. –

Eine starke Verbundenheit mit Seen, Bächen und Strömen blieb fast ein Leben lang für Helge bestehen, auch lange Zeit das Kanu fahren. –

Lars hieß der junge Mann, wie sich bald herausstellte; er hatte einen alten Kumpel, so nannte er ihn, in Überlingen besucht, der sich in der kleinen Kapelle – dicht am See gelegen – in Goldbach trauen ließ; da trafen sie sich wie auf Verabredung … .

Sie kamen dann mehr zufällig ins Gespräch, und Lars begann auch bald, ganz viel zu erzählen:

– Ich war auf einer Wüstenwanderung in Tunesien, ein echtes Highlight. Auf der Insel Djerba dann traf ich eine faszinierende Frau; die hatte dort einen Araber-Hengst erworben, mit dem sie wild durch die Gegend ritt. Fast eine Woche erlebten wir ein intensives, anregendes, auch erotisches Miteinander – von Liebe reden wir später. Allerdings: sie war „gebunden" (*was heißt das schon?*). –

Der Partner kam allerdings bald darauf angedüst und holte die Schöne ab.

– Gibt es ein Wiedersehen mit ihr? – fragte Helge.

– *Unter gewissen Umständen wäre da was drin, aber vorerst – die nächsten Monate jedenfalls nicht.* –

– *Und was machst du sonst noch so?* – fragte Helge den Abenteurer.

– Ich zieh durch die Welt, Mal da und Mal dort …

Vorher war ich in Neuseeland – einfach toll. Solange mein alter Herr – er ist Unternehmer – mitspielt und mir hie und da eine Finanzspritze verpasst, gibt es keine Probleme. Aber ich brauche nicht viel Moos.

Über Couchsurfing im Internet finde ich immer was, wo ich meist umsonst pennen kann. Und über ‚Meetup' treffe ich interessante Leute; außerdem gibt es ja auch Facebook etc. – für alle Fälle ... Und was treibst du so? –
– Ich bin ja Rentner. Bis vor Kurzem habe ich an einem Buch gearbeitet, das auch veröffentlicht wurde. Ein ganzer Teil davon spielt in Afrika, so Tunesien und Libyen.
Es heißt **Der Afrikakämpfer**, spielt im Krieg, geht aber noch weiter.
Es handelt sich um einen Onkel, der später in Frankfurt ein berühmter Professor wurde. –
Lars fand das dufte, sehr interessant, würde in dieses Buch gerne Mal reinschauen, meinte er.
Das Exemplar, das Helge bei sich hatte, holte er aus seinem Rucksack und gab es Lars schließlich. Für weiteren Gesprächsstoff war gesorgt.
– Du bist der richtige Mann für uns (für wen? fragte Helge). – Zum Schluss ließ Lars ‚die Katze aus dem Sack', indem er, etwas verwirrend, von einem *Bildungszentrum der Radikalen Mitte zur Erneuerung* sprach (– Erneuerung für was? – fragte Helge nun), das er mit anderen ursprünglich gegründet hatte.
Er würde sich in der nächsten Zeitspanne dort wahrscheinlich länger aufhalten, meinte Lars. Von diesem sogen. Bildungszentrum hatte Helge zwar schon einmal etwas gehört, konnte sich aber nicht viel darunter vorstellen. Er versprach dann, sich dort einmal sehen zu lassen.
– Erst mache ich aber eine Radtour an der Mulde. –
– Was für eine Mulde ist denn das? Und warum? Und wo ist die überhaupt? –
– *Eins nach dem anderen* ... – Und Helge klärte den neu gewonnenen Freund über *die Einzelheiten auf*.
– *Von Freiberg in Sachsen fahren wir das Flüsschen dort, also die Mulde, hinab bis* nach Dessau. –
– Und was gibt es da Besonderes?
– Hast du noch nie etwas vom „Bauhaus" gehört?
– Schon, aber vorstellen kann ich mir darunter nicht allzu viel ... Erzähl doch Mal was darüber. –
– Also, der Belgier van de Velde baute 1911 eine Kunstschule in Weimar auf. Sein Nachfolger wurde 1914 Walter Gropius; aber das Projekt war während des I. Weltkrieges fraglich geworden. Erst im Jahr 1918 oder ‚19 wurde es von Gropius in Dessau wieder auf die Beine gestellt, unter dem bewussten Namen **Bauhaus**.
Sein Programm hat er in einem Manifest von 1919 vorgestellt. Darin spricht er von Architekten, Bildhauern und Malern, die alle zum Handwerk zurück finden müssten.

Denn, so behauptet Gropius, es gäbe keine Kunst von Beruf. Stark finde ich, dass er keinen Wesensunterschied zwischen dem Künstler und dem Handwerker sieht. –
Ach komm – sagte Lars – das ist doch cool; wenn es aufs erste auch nicht ganz verständlich ist. –
– Wie auch immer, da will ich hin – meinte Helge
– Wie wäre es denn mit dir? Ich sage dir: das wäre bestimmt etwas Besonderes, ein gesundes Bodybuilding außerdem für dich! Du wirst was zu sehen kriegen und einmal ganz etwas anderes erleben... –
Bald darauf waren die beiden sich einig, die Tour zusammen zu machen.

Die Ideen vom „Bauhaus"

Wir müssen erst einmal kurz auf die Zeit nach dem I. Weltkrieg zurück gehen:
Der anfänglichen Kriegsbegeisterung für das Deutsche Reich und die „Verteidigung Deutscher Macht und deutschen Wesens" (lt. Wilhelm II.) schlug 1917 um in kritische Resignation und hinterließ am Kriegsende, nach 1918, eine auseinander brechende Nation, die den Glauben an den Staat verloren hatte und sich betrogen fühlte.
Die alten Werte und Selbstverständlichkeiten, die das wilhelminische Reich verkörpert hatte, waren zerbrochen. Der Kaiser hatte abgedankt; neue politische Strukturen bildeten sich erst langsam heraus. Dem Bürgertum fehlte somit einfach die geistige Orientierung.
Walter Gropius teilte mit vielen Menschen seiner Generation die Verunsicherung dieser Zeit.
Arbeitslos wie er war, kehrte der Architekt Gropius am Jahresende 1918 in das chaotische, krisengeschüttelte Berlin zurück, um hier Aufträge zu erwerben. Er löste die auch ihn quälende Sinnkrise durch zwei einschneidende Entscheidungen:
Zum einen hat er sich innerlich völlig umgewandelt und auf das Neue, was unheimlich heraufsteigt, umgestellt. Zum anderen entwickelte er in diesen Monaten die Überzeugung, dass er sich künftig jeder politischen Parteinahme enthalten werde, dagegen in künstlerischen Angelegenheiten ein Radikalist sein wolle;
eine Einsicht, die wahrscheinlich aus seinem Engagement für den Arbeitsrat für Kunst, einer Vereinigung junger und mit revolutionären Ideen sympathisierenden Künstlern, resultierte.

Walter Gropius rief nun emphatisch dazu auf:
Wollen, erdenken, erschaffen wir gemeinsam den neuen <u>Bau der Zukunft</u>, der alles in einer Gestalt sein wird ...
Das Anliegen von Gropius – umzusetzen in die Praxis – war also die Neuausrichtung der schöpferischen Arbeit durch Reformen der Ausbildung.
Als die Grundlage aller Künste sah Gropius den handwerklich fachgerechten Umgang mit den Arbeitsmaterialien an; die Vertreter der Künstler und Schüler sollten in einer idealen Arbeitsgemeinschaft zu einer neuen Baukunst beitragen. – Aber die immer mehr aufkommende nationalsozialistische Ideologie verdarb alles.

Nicht erst seit der Machtergreifung Hitlers 1933, sondern schon bald nach der neuen Bauhausgründung 1919 in Weimar waren deutsch-nationale Kräfte am Werk, denen die Gemeinschaft der Geister (Gropius) und Übernahme von radikalen, avantgardistischen Positionen im Bauhaus ein Dorn im Auge waren.

Die Nationalsozialisten schließlich verfemten die Einrichtung als kulturbolschewistisch, jüdisch und internationalistisch, was das endgültige Aus bedeutete. Gleichzeitig begann allgemein die „Gleichschaltung" aller kulturellen und anderer Institutionen.

Allerdings: Auch die Weltwirtschaftskrise 1929, sowie die stärker werdende Bauhausfeindliche Stimmung in Dessau, führten 1933 zur Schließung des Bauhauses.
Das polare Muster Tradition versus Moderne entsprach den politischen Lagern:
Rechts gegen Links.
Das Bauhaus wurde also den anrüchigen, linken politischen Kräften zugeordnet. –

Den völlig neuen Bau der Zukunft –gemeinsam– erschaffen!

Das war die <u>Devise</u> – doch die ging gewaltig <u>vor die Hunde.</u>

Der schreckliche Nazi-Vater

Für Helge war eine Zeit der *Aufarbeitung* angebrochen und der Blick in die Vergangenheit begann – und das kam so: Bei sich zu Hause fand Helge in der eingegangenen Post einen Brief seines Bruders vor, der lautete:
Lieber Helge,
(überschrieben war der Brief mit *Der schreckliche Nazi-Vater*)
Bitte lass mir den Artikel in der ZEIT (mit *der schreckliche Nazi-Vater* war allerdings der Vater vom SPD-Boss Sigmar Gabriel gemeint) doch irgendwie zukommen.

Meine Interpretation über die Irrtümer des Vaters ist folgende: Er war als junger Mann schwächlich (lungenkrank) und gehemmt und hat durch den Nazismus und Hitler wieder zum Glauben an seine Stärke gefunden. Im Krieg hat er sich *Stark* gefühlt und persönlich weniger Probleme mit sich gehabt, als im Frieden vorher.

Dadurch hat er vieles verdrängt und nur zu gern auf die Propaganda gehört. –

Viele Jahre hatten wir gar keinen Vater und dann erst Mal einen gebrochenen, bis er sich wieder erholt hatte. Er fand dann zurück zu seiner Rolle als liebevoller Vater.
Die Familie und seine Musik halfen ihm dabei.
So ungefähr könnte es seelisch gewesen sein. – Dein Bruder Jochen.

Das war schon ein etwas einsichtigerer Brief des Bruders, denn lange überwogen meist harte Vorwürfe. Helge gab nun, in einem antwortenden Brief, einige Realitäten preis, die auch das Menschliche kund tun sollten – etwa nach dem Motto: „ich sah' etwas, was du nicht sahst".
Hallo, mein lieber Jochen
Deine Argumentation oder Beurteilung – „Interpretation über Irrtümer ..." – fand ich echt stark.
Zu einem neuen Aspekt zitiere ich jetzt Mal eine Stelle aus den Briefen des Vaters vom August 1952.
Da schrieb der Vater vom Gut Menne, das schön mitten in der Warburger Börde gelegen, an sein liebe Frau in Wiesbaden:
– *Mein ganzes Fühlen und Trachten ist nur auf Dein Glück und das Glück meiner Kinder gerichtet. Gott gebe mir die Gesundheit und Kraft, diese schwere Aufgabe erfüllen zu können.* –

Ernst war da *gerade* zur Rekonvaleszenz und Erholung auf dem *Familiengut* Menne eingetroffen.

Nachdem er die schweren Nachkriegszeiten, mit Gefangenschaft, Verurteilung durch die Spruchkammer (mit einjährigem Berufsverbot und folgender Tätigkeit als Hilfsarbeiter) bestanden hatte, war der Neubeginn im Beruf schwierig. Auch gab es einige Turbulenzen in der Familie, so auch gewisse, ärgerliche Begebenheiten mit den ältesten Kindern.

Sicher kamen noch andere Belastungen dazu, darunter diese drastischen Vorwürfe, dass der liebe Vati ein arger Nazi gewesen sein musste – nichts Neues eigentlich.

Nazi war ja richtig, doch von *arg* konnte wohl kaum die Rede sein.

Das hieß also auch, dass die sogen. Aufarbeitung des verbrecherischen Hitler-Regimes kaum je ein Ende nehmen würde. Nun, der Vater war halt der *nächste greifbare Vertreter der nationalsozialistischen Ideologie,* der die furchtbaren Erkenntnisse mit zu vertreten hatte, was alles da, unter Ernsts Idol Hitler, angerichtet wurde.

Ohne nun real in die *Aktenlage* einsteigen zu wollen und uns um den *Spruchkammer-Bescheid* zu bemühen, wo der gute Ernst nur als *Mitläufer* eingestuft wurde, gehen wir jetzt Mal 17 Jahre weiter, also ins Jahr 1969.

Bis dahin war natürlich ganz viel geschehen. Da gibt es einen eher melancholischen Brief von Ernst an Sohn Helge, in dem es dann so heißt:

Ich habe an äußerlichen Dingen nicht viel vorzuweisen. Innerlich ist mein Leben auch oft sehr gefährdet; daher bedarf ich besonders der Gnade Gottes *und der* Liebe meiner Kinder.

Diese Notizen vermitteln ein gewisses Bild – mehr auch nicht.

Mit „der schreckliche Nazi-Vater" war meinerseits der bis zu seinem Lebensende fanatische, ja ekelhafte und unbelehrbare Vater unseres SPD-Vorsitzenden, Walter Gabriel gemeint. Schrecklich war m.E. unser Vater nie und in keiner Weise.

Den Satz „Viele Jahre hatten wir gar keinen Vater ...", usw.; da könnte man noch einmal drüber reden

Über die Mutter hast Du einmal – bei dem 75. Geburtstag von Vater – gesagt: „sie war immer dabei" o.ä. Na ja, umgekehrt galt das halt nicht so. Für mich war der Vater viel eher da und gegenwärtig. Etwa im Spätsommer 1946 kam das erste Lebenszeichen, ein Brief-Zettelchen aus dem stickigen Güterzug geschmuggelt, auf der rund drei- bis viertägigen Fahrt von Süd-Italien nach Munsterlager. Auch durch Briefe und den Besuch im Lager Sandbostel bei Bremervörde, war er mir gegenwärtig. Vater schrieb mir auch von dort wunderbare Briefe; er nahm an meiner Entwicklung teil und begleitete mich in meiner „Ideenwelt" und in der Ausbildung. Für Euch Jüngere sieht es anders aus. War er wirklich „Gebrochen"?

Diesen Eindruck hatten wir überhaupt nicht, als wir ihn im Lager Sandbostel besuchten, wo hauptsächlich ehemalige SS-Angehörige einsaßen – die waren also unter sich. Das Erstaunliche war, dass Vater intensiv seinem „Steckenpferd" nachgehen und seine Kameraden auf die Wege der schönen Künste führen konnte.

Ich wollte gerne noch über Vaters *kämpferische Seite* sprechen, die durchaus nicht unerheblich war, was nachzuweisen wäre, aber die Sache wird zu lang, sodass ich mich um einiges kürzer fassen muss. – Zur Situation 1945 im britischen Gefangenenlager im südlichsten Zipfel Italiens noch soviel:

Zu über- und zu **bestehen** war erst einmal ganz klar die erste Devise, logisch.

Ein Ziel war – aus Einsicht und voller Reue (über seine *Verirrung*) – für Frau und Kinder einzustehen, unbedingt durchzuhalten. Es gab da unverheiratete Männer oder solche, die ohne Verwandte waren, die kamen viel eher ums Leben. (das konnte man vor allem in sibirischen Lagern feststellen) Man sollte seine Art des Verhaltens als *Neuausrichtung und Wiedergutmachung* ansehen.

Gehen wir nochmals ins Gefangenenlager bei Tarent zurück, so begann spätestens da der Kampf gegen die Elemente unwürdiger Umstände, unter freiem Himmel, und völlig unzureichender Verpflegung.

Plötzlich wurde Vater in strenge Einzelhaft genommen, da er mit einem Kriegsverbrecher gleichen Namens verwechselt wurde.

Es dauerte eine Weile, aber Vater war ja kein Unwissender, was etwa die „Genfer Konvention" betraf und agierte entspr. geschickt, kam also wieder raus.

Außerdem hatte er allerdings das Glück, von den relativ fairen Engländern gefangen genommen worden zu sein. Er hätte aber in dem Lager dort wohl kaum überlebt (mit seiner ausbrechenden TB), wenn er nicht in das englische Lazarett verlegt worden wäre, wo dann auch endlich die eine entzündete Niere raus operiert wurde.

Die gute Ernährung und Pflege brachte ihn dann wieder ‚auf Vordermann' und die Kräftigung, die er noch brauchen würde. Das waren Monate, von denen er nie sprach; aber wir wissen es von einem „Kameraden", der vorzeitig entlassen wurde. – Mehr geht hier jetzt nicht – Viele Grüße sendet Dir

Dein Bruder Helge.

Auf zur Fasenacht

Dann fand Helge in seinem „Archiv" noch eine amüsante Erzählung des Vaters – in Briefform, die noch eine andere Seite seines Wesens wiedergibt:

Lieber Helge! Wiesbaden, d. 15.2.1970
Unsere nächtlichen Gespräche bei Deinem Hier-sein hat Dir vielleicht meinen Seelenzustand in zu dunklem Licht erscheinen lassen.
Gewiss, manchmal quälen mich „zerstörerische Zweifel an Gott und dem Sein" des Lebens. Aber meist gelingt es mir, mich wieder zum Glauben durchzuringen, auch zur Bejahung meines Lebens und unserer Ehe.
Deine Briefe (Helge war noch in Hannover, Langenhagen stationiert) an Mutti und mich haben mir sehr geholfen, diese Krise zu überwinden. –
Hinzu kam noch ein äußerliches, rein weltliches Ereignis: der <u>Karneval</u>*. Es klingt unglaubhaft, aber es ist Tatsache.*
Amouröse Erlebnisse von uns beiden haben unsere Liebe wieder verjüngt!
Am Fastnachtssonntag waren wir zu einem Fest bei Ott's, unseren guten Freunden, eingeladen. Diesmal brauchte Mutti nicht eifersüchtig auf mich zu sein, sie fand selbst einen Verehrer, der ihr tüchtig den Hof machte.
Sie sah auch sehr jung und reizvoll aus!
Ich brauchte mich über Erfolg bei der holden Weiblichkeit nicht zu beklagen.
Also, ein voller Erfolg! Uns beiden hat die Bestätigung, dass wir noch nicht zum alten Eisen gehören, gut getan. Jeder sieht den anderen auf einmal in einem anderen Licht. Wir merkten beide, dass unsere Liebe noch nicht erloschen war. <u>Seitdem war alles wie umgewandelt.</u> *–*
Heute ist übrigens Mutti in ihren wohlverdienten Urlaub nach Pfronten abgereist. Ich brachte sie noch bis Mainz. Sie wird in den Bergen Sonne und Schnee antreffen. Ruhe, Höhenluft und Sonne werden ihr gut tun.
Ich ging anschließend noch durch das alte Mainz in den Dom. Im Pontifikalamt sah ich den „geheimnisvollen Lichtschein" nicht nur durch die Fenster über die Mauern und ehrwürdigen Denkmäler gleiten, sondern auch in die „Innenseite meiner Seele", wie es in dem von Dir zitierten schönen Wort von Rimbaud heißt. Aus der Hand des Bischofs empfing ich das Sakrament. –
So werde ich gestärkt in die Osterzeit gehen. Im Haus bin ich nicht allein.
Heute ist Dagmar mit den Jungens wieder eingezogen, wenn auch nur für 2

Wochen. Sie hat in der Danziger Straße zusammen mit Jochen eine Wohnung gemietet. ...
Dein getreuer Vater

Die obige Karnevals-Geschichte in Briefform sollte man als nettes, unverhofftes Ereignis nehmen, wie Menschen sie halt erfahren können, nach dem Motto „<u>Carpe diem</u>", ergreife, genieße die Stunde, die dir gegeben ist, erfreue dich an den Geschenken und Gelegenheiten des Schicksals.

Wege zu Macht und Diktatur

Wie versprochen, hatte sich Helge im *Bildungs-Zentrum der Radikalen Mitte* eingefunden. Er saß hier lesend in einem Buch über A. Camus und trug etwas in sein Tagebuch ein; neben sich hatte er Info-Material liegen vom BZRM – so nannten sie dieses Zentrum, abgekürzt. –

Lars kam herein, worauf Helge zu ihm sagte:
– Das muss ich dir gerade einmal vorlesen, was Camus 1957 in Stockholm, bei der Verleihung des Literatur-Nobelpreises in seiner Rede gesagt hat – hör dir das an:
Diese zu Beginn des Ersten Weltkriegs geborenen Menschen, die eben zwanzig geworden sind, als zur gleichen Zeit das Hitler-Regime und die Tage der ersten Revolutionsprozesse anbrachen, die sich dann zur Vervollständigung ihrer Erziehung dem Spanischen Bürgerkrieg, dem Zweiten Weltkrieg, den Konzentrationslagern, dem Torturen und Gefängnissen anheim gefallenen Europa gegenüber gestellt sahen, müssen heute ihre Söhne und ihre Werke in einer Welt heranbilden, die von der Zerstörung durch Atomwaffen bedroht ist.
– Gut, sehr gut. – sagte Lars. –
– Ich habe aber noch Fragen zu deinem Buch. –
Lars nahm das Buch in die Hand und stellte sich vor Helge hin.
Sag mal, in deinem Buch *Der Afrikakämpfer* schreibst du unter dem Kapitel *Die Machtergreifung* verdammt wenig über diese Aktion Hitlers – gerade Mal 3 ½ Zeilen: *Dann kam der Januar 1933, das entscheidende Jahr, in dem es Hitler gelang, an die Macht zu kommen – und ein halbes Jahr später hatte dieser die demokratische Ordnung durch einen* <u>totalitären Führerstaat</u> *ersetzt:*

Ist das nicht ein bisschen wenig für eine solche schwerwiegende Aktion? –
Helge musste lachen und sagte:
Das ist doch eine tolle Formulierung, wenn man sich nicht näher auf die Umstände und die folgenden Umwälzungen einlassen will. Das Thema ist doch X-Mal abgehandelt worden – in diesem Zusammenhang wollte ich das nicht weiter ausführen. – Außerdem: Hitler hatte ja *legal* die Mehrheit (d.h.: die NSDAP war die stärkste Partei) im Reichstag bei den noch rechtmäßigen Wahlen gewonnen. Es war auch, streng genommen, keine *Aktion* seinerseits, sondern der Hitler verhielt sich allerdings taktisch sehr geschickt. So hatte Hitler es ja immer abgelehnt, nur in einem Kabinett mitzuwirken, ohne selbst der Erste Minister (also: Reichskanzler) zu sein.

Dabei sahen ihn schon viele Politiker und Bürger so gut wie abgehängt und ohne weitere politische Bedeutung: ein entscheidender Irrtum!

Dann wurde er aber doch zum Reichskanzler bestellt – und zwar vom Reichspräsidenten Hindenburg persönlich (der im Geheimen auch schon vorher Mal auf den „Böhmischen Gefreiten" gesetzt hatte, aber die Sache war damals noch zu heikel, *nicht reif*), dem lt. Verfassung dieses Recht wohl zustand. Genauso gut konnte dieser auch den ganzen Reichstag auflösen, und so fort. – Lars zitierte weiter:

– *Ernst* (das ist ja wohl dein Vater) *tat nun den schon länger erwogenen und ersehnten Schritt in die Gemeinschaft Gleichgesinnter und anderer Opportunisten in der NSDAP. Aber erst etwa drei Jahre später fand er wirklich echte Gemeinschaft und Kameradschaft bei der schwarz uniformierten Eliteeinheit der SS* – das waren doch Verbrecher! –

– Davon sollte man nicht ausgehen ...– (er wurde unterbrochen von Lars:).

Also, das finde ich schon sehr heikel – ein starkes Stück! Und dann auch die Bezeichnung *Eliteeinheit* ! –

Na und? – Du glaubst es ja nicht: Für viele „Eliteeinheiten" auf der Welt war die Waffen-SS ein Vorbild, leider. Besonders die Amis sahen z.B. in („Sepp" genannt) dem Oberstgruppenführer Dietrich etwa, was dem Generaloberst gleichzusetzen ist, eine exzellente Figur, der für sie in Führung und Kampftechnik unübertroffen war. Außerdem muss man trennen zwischen den *Totenkopf-Verbänden,* die z.B in den KZs agierten, und den kämpfenden Truppen wie der Waffen-SS.

Ich gebe aber zu, dass durch diese Truppe durchaus verheerende Aktionen, (überwiegend auf Befehl Hitlers selbst, dieses Wahnsinnigen,) ausgeführt wurden. So wurde in Oradour (bei Bordeaux, glaube ich) im Juni 1944 ein ganzes Dorf – mit Hunderten Toten – ganz ausgelöscht, nur weil ein hoher, deutscher

Offizier durch Partisanen ermordet worden sein sollte. Ja, es gab mehrere solcher fürchterlichen Aktionen, meines Wissens. Sie sind mir jetzt jedoch nicht geläufig. Es waren also durchaus schlimme Kriegsverbrechen ....

Die andere Seite (nämlich die der Alliierten) war auch nicht zimperlich (1+): ich nenne nur die „Aktion Gomorrha" im Juli 1943 in Hamburg, die gezielt die Stadt, incl. deren Einwohner, auslöschen sollte. Der vernichtende **„Feuersturm"** wurde eingehend vorher in England erprobt. – Zu den A-Bomben auf Hiroshima und Nagasaki gab es nur Lügen, die das legitimieren sollten. Für mich ist das, bisher, das größte Kriegsverbrechen an der Menschheit, das überhaupt völlig sinnlos war .

(1+ Zitat: *Am sogen, „Westwall" hielten die Alliierten im späten Herbst 1944 noch einmal an und ließen nun wieder monatelang nichts sprechen, als das barbarische Argument der Bomben aus der Luft. Damals erst, so kurz vor dem Ende, sind die schwersten Angriffe erfolgt, auch auf Städte, die bisher verschont waren und wegen ihrer industriellen Bedeutungslosigkeit sich geschützt glaubten, auf Darmstadt, auf Dresden; etc.* (das sind nicht die einzigen meist völlig zerstörten Städte.) Die Amis flogen tags, wie z.B. nach Dresden.

Die Luftangriffe wechselten sich also, mehrere Tage lang, mit den Tommis ab, die ihr „Werk" nachts vollbrachten. Es waren auch nicht 35.000 sondern über 200.000 Menschen, die umkamen. Die z.T. verkohlten Leichname wurden dann gestapelt und von Wehrmachts-Angehörigen mit Benzin übergossen und verbrannt; es wäre unmöglich gewesen, diese alle zu zählen. Diese meist *nächtlichen Massenmorde an der Zivilbevölkerung zeigten, welchen Tiefstand die öffentliche Moral nun überall erreicht hatte. Während sie sich und den Bomben Zeit ließen, trafen sich die alliierten Oberbefehlshaber zu Konferenzen* (in Teheran z.B.), *auf denen die Zukunft* (was dann das verheerende Flüchtlingsdrama von rd. 13 Millionen Menschen ergab) *großspurig und vage geplant wurde.*
(Zitat: Golo Mann in „Deutsche Geschichte 1919—1945")
– Nun zurück zu dir, Lars

In den Anfängen der 30er Jahre, war die SS nur eine, wenn auch fanatische, „Schutzstaffel" Hitlers, eher unbedeutend, was sich dann unter dem „Reichsführer SS" Himmler, radikal änderte. – Dieser Himmler definierte die Aufgabe der SS u.a. folgendermaßen: *Die Elite-Rasse soll durch die SS fortgepflanzt werden, um* Europa zu einem „germanischen Kontinent" *zu machen!* Nichts war diesem Verbrecher – und anderen – „heilig" oder tabu, um die irrwitzigsten Ziele durchzusetzen.

Jetzt noch etwas Ausgefallenes: Das wirst du aber wohl kaum begreifen und

die Einsicht jemals gewinnen, was die gewaltige *Faszinationskraft* des sogen. <*Dritten Reiches*> ausmachte, so irrelevant das jetzt erscheinen mag.
 Der <*Hitler in uns*> (1+) *lässt sich in unserem heutigen, befriedeten Deutschland nicht mehr erkunden, geschweige denn „erfahren"*. *Compris?* – Non – Ich auch nicht. –
 (1+ eine Formulierung von H.-J. Syberberg)
 – Ende der Diskussion! –
 – Du machst es dir zu einfach. –

Da nahm Helge doch noch einmal das Buch „Der Afrikakämpfer" in die Hand, schlug die Seite 194 auf und erläuterte den Text am Schluss so:
 – Also, ich versuche es dir noch einmal klarer zu machen, was damals abging:
 – Erst einmal erließ der neu bestellte Kanzler Hitler eine *Notverordnung*, nachdem der Reichstag am 27. Februar 33 abgefackelt worden war. Angeblich – so die Behauptung des Reichskanzlers Hitler – stünde die Bedrohung einer kommunistischen Revolution unmittelbar bevor. Diese Notverordnung erhielt Gesetzeskraft, nachdem der Reichspräsident Hindenburg sie unterschrieben hatte. Von nun an wurde die Opposition der Sozialdemokraten und vor allem der Kommunisten verfolgt; einige waren schon eingebuchtet, soweit nicht die Justiz (damals: durchaus noch) rechtmäßig einschreiten konnte.
 Bei den von Hitler erwirkten Neuwahlen am 5. März 33, errangen die Nazis nicht wie erhofft die absolute Mehrheit. Deshalb also sollte möglichst schnell und effektiv die Macht seines angestrebten *totalitären Führerstaates* durchgesetzt werden.
 Immerhin ergatterten die Nazis aber 288 Sitze; das Zentrum erhielt noch 73 Sitze, die SPD 120 Sitze, KPD, (einige waren schon „aus dem Verkehr gezogen"): 81 Sitze. Weiterhin war da noch die Kampffront Schwarz-Weiß-Rot: 52 Sitze; Bayerische Volkspartei: 19 Sitze, etc.
 Dann holte der Reichskanzler Hitler zum nächsten, gut vorbereitenden, entscheidenden Schlag aus:
 Seine „Hilfstruppen" der SA-Horden, waren überall, bedrohlich und lärmend, im Reichstag (das war zwar verboten – bis dahin; genauso wie die Abgeordneten der NSDAP verbotenerweise in Uniform im Parlament erschienen) und davor postiert; anschließend wurden sie auch *offiziell*, also „staatlich anerkannt", zur Hilfspolizei ernannt und. agierten entsprechend brutal.
 Hitler erließ dann an diesem historischen Datum des 23./24. März 1933 das einschneidende Ermächtigungsgesetz – nur die Sozialdemokraten stimmten im Reichstag dagegen –, das ihm und seinem Regime völlig freie Hand gab …

(Zitat:) *Und diese beiden* <u>Tricks</u> *genügten, um den ganzen ungeheuren Apparat des Rechtsstaates diesen* <u>Terroristen</u> *zu unterwerfen.* – (Golo Mann in „Deutsche Geschichte – 1919-1945)
– Wieso hatte Hindenburg diese Machtfülle? Das wäre doch Sache des Parlaments gewesen – diese Wahl und Einsetzung Hitlers usw.,- fragte Lars.
– Tatsache ist, dass seit dem Rücktritt im März 1930 des noch parlamentarisch *gewählten Reichskabinetts Hermann Müller (angetreten im Juni 1928) es nur noch* <u>Notverordnungskabinette</u> *(ein wichtiger Aspekt) gab, was dann eben der Hindenburg – als vom Volk gewählter Präsident – der Einfachheit halber übernahm, die „Einsetzung".*
Es kann sein, dass das nicht einwandfrei gesetzlich geregelt war.
Übrigens hat der gute Mann, also Hindenburg, nach der blutigen Säuberung und Ermordung des SA-Führers Röhm – mit weiteren Morden von weit über 100 unliebsamen „Genossen", auch Militärs – von Hitler persönlich veranlasst, am 30 Juni 1934 und danach – hat also der Herr Reichspräsident seinem Kanzler Hitler eine große Belobigung ausgesprochen, dass der für „Ordnung" sorgte und hart durchgriff, ganz in seinem Sinne!
Ergänzend könnte man erwähnen: kurz darauf, nachdem Hindenburg am 2. August 1934 verstarb, wurden durch Hitler die beiden höchsten Staatsämter – Präsidentschaft und Kanzlerschaft – in der Hand, des Führers und Reichs- kanzlers also, durch ihn vereinigt. Die Reichswehr, später die Wehrmacht musste fortan auf Hitler persönlich einen Eid schwören, der dann noch schlimme Auswirkungen aufzeigte, indem es für jeden guten Soldaten unmöglich erschien, Widerstand oder Befehlsverweigerung gegenüber dem „Führer des Deutschen Reiches" einzuhalten. –
– Das war doch gekonnt und raffiniert, das muss man diesem Diktator lassen. –
– Na, hör Mal – *eine große Schweinerei nach der anderen* – meinte Lars.
Helge nun:
Das Kapitel Die Sonderrolle der Polizei solltest du einmal gelesen haben.
Hier nur so viel: Hermann Göring (übrigens war er auch Reichstagspräsident und im Kabinett des „Führers" vertreten) hatte ja inzwischen als preußischer Innenminister, später auch preuß. Ministerpräsident, Polizeigewalt und forderte in seiner durchgreifenden Rolle nun die Polizei zum brutalst und rücksichtslosen Gebrauch der Schusswaffe auf (gegen „Schädlinge der Volksgemeinschaft"). Dieser Göring war einer der effektivsten Vorbereiter der Hitler-Diktatur, der „radikalste Hund", den man sich denken konnte. Er war es, der Die Straße frei den braunen Bataillonen machte, wie es in der „zweiten Nationalhymne" „Die Fahne hoch" von Horst Wessel angekündigt wurde. – *Preußen war ja das größte und*

bedeutendste Land des Deutschen Reiches, das die fanatischen Nazis als erstes in ihrem brutalen Griff gebracht haben ...– und jetzt ist erst einmal: Schluss der Vorstellung – Basta! –

Prolog

Unser Held, der Ernst, wird im Januar 1939 zu einer Wehrübung eingezogen. **Die Ehefrau Edith schreibt ihm am 4. Januar:** *Wenn Du es nur gesundheitlich aushältst. Aber man muss eben Opfer bringen für das Vaterland. Ich habe* vier Schlachten geschlagen, *indem ich* vier Kinder bekam, *und jetzt bist Du an der Reihe.* – **Als es dann richtig losgegangen war, schrieb der Vater an sein Weib:** *Es ist eben Krieg, und da muss jeder stolz sein, wenn er mit dabei sein kann!*

Die Liebe in Kriegszeiten

Die Vorstellungswelt – man höre und staune – eines überzeugten National-Sozialisten, der 1933 in die NSDAP eintrat und ein überzeugter Anhänger Hitlers war, spielt im Folgenden eine primäre Rolle.

Was hat die Menschen in der angesprochenen Zeit des Krieges überhaupt so bewegt?

Nicht unbedingt das, was nach dem Ende 1945 rückblickend alles an Schrecklichem von den Nazis ans Licht kam. Unser Held Ernst sprach 1946 als Gefangener zu seinem Bruder Hans einsichtig davon, *dass der Nationalsozialismus ein falscher Weg war, der das Deutsche Volk in den Abgrund geführt hat. Doch er habe ein reines Gewissen und habe nur nach Recht und Gesetz gehandelt, wie jeder Kriegsgerichtsrat des Heeres auch.* Unser Held, Jurist und Rechtsanwalt der er eigentlich von zu Hause aus war, hat ja in den letzten Kriegsjahren das Amt eines Truppen-Richters bei der Waffen-SS versehen, führte aber oft das Amt eines Verteidigers aus, wir kommen noch darauf zurück.

Was haben nun solche fehlgeleiteten ‚Idealisten' wie Ernst vorher gedacht und gefühlt? Noch am 30. Dezember 1939 schreibt er: *das* nächste Jahr muss das Jahr der Entscheidung werden. *Wir müssen eben um der großen Sache willen bereit sein, jedes Opfer zu bringen.*

Immerhin mokiert sich der musisch veranlagte Ernst im Februar 1944 über die Kollegen in SS-Uniform: *Der Chef und die anderen* Banausen *machten rohe Witze über Musik. Sie verstehen nicht, wie man an Beethoven, Brahms, Reger und so weiter etwas finden kann. Ich sagte, dass mir diese Namen ‚heilig' sind und dass ich es nicht vertrage, wenn man darüber rohe Späße macht. ...*

*Es ist schade, dass in der SS auch ein solcher materialistischer Geist herrscht. Ich bin tatsächlich der **einzige Idealist** hier.*
Im März 1944 kommt Ernst mehr zufällig in Arnheim in ein Konzert mit Händels „Messias" und schreibt darüber: *Ich ließ mich 1 ½ Stunden wieder einmal von der* reinen Welt des Geistes und der Kunst gefangen *nehmen.* –
Bis dahin hatte er allerdings schon genügend erniedrigende und negative persönliche Erfahrungen gemacht, die ihn aber nicht davon abhielten, sich stets und aufs Neue vorzubeten:
Man muss sich immer wieder sagen, dass wir alle gern ein Opfer für die große Sache und unseren Führer bringen. *Wir können dann wenigstens später ehrlich sagen, dass wir unsere Pflicht gegenüber unserem Volk getan haben.*
Im März 1943 in Den Haag glaubte Ernst nun den großen Sprung gemacht zu haben, nachdem er zum Oberscharführer und Richter der Reserve ernannt wurde: *Nun habe ich es also wirklich geschafft! Man muss sich auch das teuer erkaufen.*
Die Ehefrau Edith meint dazu nur lakonisch zwei Wochen später: *Es ist wahr, so lange wir zusammen glücklich bleiben, ist alles gut. Aber ob Du mir auf die Dauer treu bleibst? Ich sehe Dich immer mehr in das Fahrwasser aller Offiziere in den besetzten Gebieten kommen. Da wäre es mir beinahe lieber gewesen, Du wärst einfacher Landser geblieben.*
Diese, seine Frau an der *Heimatfront* war schließlich, seit dem 30. September 1944, Mutter von sieben Kindern. Außer Liebe und Sorge um diese Kinder und ihren eingezogenen Mann erleben wir mit ihr drei Schwangerschaften und Geburten der „Kriegskinder", mit allen oftmaligen Tiefen, aber auch der Freude nach der Geburt. Das hieß, dass sie die jeweiligen oft dramatischen Situationen irgendwie, meist alleine, bewältigen musste. Außerdem hatte sie sich um das verwaiste Anwaltsbüro zu kümmern und vieles andere zu organisieren.
Ab etwa 1943 wurde ringsum von den Alliierten drauf los gebombt; noch im Februar 1945 war Wiesbaden mit einem schweren Terrorangriff dran. – Schon nach dem fürchterlichen, grausigen Angriffen auf Hamburg Ende Juli 1943, gab es im *Reich* unter der Zivilbevölkerung kaum ein anderes Thema, denn es konnte jeden und alle treffen. – Aus der Zeitschrift ‚GEO, Nr. 02/2003, das Zitat nur eines Satzes dazu:
Mit 270 km/h rasten die Feuerstürme durch die Stadt, die Menschen verbrannten in Sekundenbruchteilen – .und das war mit der „Aktion Gomorrha" auch so gewollt. Die Feuerstürme wurden vorher in „Engelland" eingehend erprobt: Ein schreckliches Verbrechen an der Menschlichkeit? „No." –

Nur so sind die Ängste, Sorgen und die hohe Verantwortung der Mutter für die Kinder und das Überleben zu verstehen. Nach Gefangenschaft, sogen. *Entnazifizierung* und Rückkehr des Vaters musste sich dieser eine neue Existenz aufbauen. Das war weiß Gott nicht leicht und mit Rückschlägen verbunden. – So sahen manche der nach dem Krieg aufwachsenden Kinder ein Versagen der Eltern und meinten, nicht immer genügend Zuwendung und Liebe erhalten zu haben. Wie war das nun wirklich?

Ende der 60er Jahren etwa begann auch die Aufrechnung der jüngsten Geschwister von sieben, die nun feststellten, dass die Eltern versagt hätten, überhaupt und vor allem bei der Erziehung. (Nun, das war damals so *in*.) Und dann war der Vater auch noch ein Nazi! Kein Wunder, dass die Älteren der Geschwister da mit drinsteckten, wohlmöglich die Produkte einer faschistischen Erziehung waren. Aber was meinten die Jüngsten, die allesamt noch im Krieg geboren waren und ihre Erkenntnisse erst danach gewonnen hatten, mit „faschistisch"? War das etwas anderes als nationalsozialistisch? Egal, jedenfalls wussten und lernten wir Älteren auch nichts anderes als die übrigen Kinder. Sicher, an Führers Geburtstag gab es Antreten auf dem Schulhof, forsche Ansprachen, Absingen von *Die Fahne hoch, die Reihen dicht geschlossen*, mit deutschem Gruß natürlich. Jedenfalls war das wie Feiertag für uns, von dem man vorher schon viel zu hören bekam, vom Führer und überhaupt. Und wenn die Sondermeldungen vom OKW im Rundfunk kamen, lauschten alle fasziniert, ein Sieg nach dem anderen und immer vorwärts – jedenfalls zu Beginn des Krieges.

Im Juli 44 kam die Meldung durchs Radio, dass sie den Führer beseitigen wollten und die Frauen reagierten mit argem Unverständnis, schimpften, Schwesti (die Kinderschwester) weinte.

„Unsern Adolf wollten sie umbringen, die Verbrecher!"

Verkehrte Welt?

I: Quartal 1939. Gehen wir zu den „tollen Briefen":

Papa war zur Wehrübung eingezogen und Mutti schrieb ihm am 4. Januar 1939 einen Brief: *Jetzt kommt bei Dir scheinbar alles nach. Es ist auch bitter, dass sie Dich von den Kameraden getrennt haben und Du mit ganz jungen Kerls zusammen bist.*

Nur trifft es eben uns alle, auch die Kinder und die Praxis. ...Kopf hoch, auch dieses geht vorüber. Dein Dich liebendes Frauchen.

Inzwischen war tatsächlich im September 1939 der Krieg ausgebrochen, wenn es auch nur ein rel. kurzer *Feldzug* war, nach Polenland. – Unser Vater wurde dann als Reservist zur SS T-Nachr. Abteilung, 1. Komp. nach Nürnberg eingezogen, *Der erste Eindruck ist ja sehr günstig,* heißt es bei Ernst noch im Dez. 1939 an Frauchen: *Leicht wird es mir nicht werden, mich hier als einfacher Soldat einzugewöhnen. Du musst auch tapfer sein und Dich damit trösten, dass es Millionen anderen auch nicht besser geht! Auch hast Du doch die Kinder und bist deshalb nicht allein. Ab 7. Januar soll es richtig losgehen.*

Aber wir sind kunterbunt durcheinander gewürfelt mit den jungen Rekruten und von uns Alten wird dasselbe verlangt.

Das nächste Jahr wird für uns alle kein leichtes werden, aber es muss das Jahr der Entscheidung werden. Wir müssen eben um der großen Sache willen bereit sein, jedes Opfer zu bringen. Unsere Kinder werden dann hoffentlich einmal die Früchte ernten und eine gesicherte Zukunft in einem freien Deutschland haben. (Die Freiheit, die wir meinen, sah anders aus; die Deutschen waren halt gute, treue Untertanen, damals) *Ich lasse mir dann etwas längeren Urlaub geben. Dann kann ich doch mal im Büro nach dem Rechten sehen. – Es ist verdammt schwer für einen älteren Menschen, sich in diesen Drill hinein zu finden. Ständig muss man sich von Jüngeren ansch ... lassen, die an Jahren und Bildung tief unter einem stehen. – Bisher habe ich Nürnberg nur bei Dunkelheit gesehen. Dabei ist die Verdunkelung viel schlimmer als in Wiesbaden.*

I. Quartal 1940. Ernst kam sich in Nürnberg sehr trostlos und verlassen vor. *Aber es ist halt Krieg,* schrieb er, *das muss man sich immer wieder sagen.*

Da heißt es auf vieles verzichten! Heute am Sonntag konnten wir schon gegen 14 Uhr ausgehen und sind dann durch das winterliche Nürnberg gebummelt.

Leider sind ja die wertvollsten Kunstschätze in den Kirchen und Museen alle weggebracht oder mit großen Holzverkleidungen gegen Fliegergefahr geschützt worden. – Dabei hatte Reichsmarschall Göring, Stellvertreter des Führers und oberster Chef der Deutschen Luftwaffe, doch versprochen, dass kein feindliches Flugzeug je in deutsches Hoheitsgebiet einfliegen würde, dafür verbürge er sich. –

Für mich eine große Enttäuschung. Heute waren wir mit sechs <u>Wiener Kameraden</u> *zusammen. Riesig* <u>nette, lustige Leute,</u> *die einen wieder etwas aufmöbeln können. Grüße mir die Kinderlein. –*

Meine liebe kleine Kriegerfrau! Hier liegt hoher Schnee, prächtiger Sonnenschein. Mit Wehmut stapfe ich immer durch den prachtvollen Pulverschnee und

denke, wie schön es wäre, wenn man Skilaufen könnte! Du müsstest mich sehen, wenn ich im Drillichanzug mit Schiffchen auf dem Kopf, den Lokus säubere oder den Flur putze! Du schreibst gar nicht wie es Harald jetzt geht. Hat er immer noch Temperatur? –
Gestern Abend war ich mit Kameraden in der Stadt. Ich hätte den Abend gern anders verbracht, aber man kann sich von den Kameraden nicht einfach trennen. Wir zogen dann von Lokal zu Lokal, was ich nicht sehr liebe. Manchmal ist mir saumäßig zu Mute. Wenn man die Freiheit so gewöhnt ist im Leben und Beruf und muss sich nun auf einmal alles vorschreiben und sich behandeln lassen wie ein dummer Junge, das ist oft verdammt schwer zu ertragen. *– Grüße die Kinder, leider kann ich ihnen nicht Gute Nacht sagen. –*
Jetzt bin ich ausnahmsweise mal alleine auf der Stube.
Eben bekomme ich wieder Zuwachs. Zwei Volksdeutsche aus Kattowitz, die im polnischen Heer gedient (!) und auf polnischer Seite den Polenfeldzug mit gemacht haben. *So ist hier ein ständiges Kommen und Gehen. Gestern machten wir einen vierstündigen Gewaltmarsch. Unser Jungführer hetzte uns derart, dass wir zum Schluss völlig ausgepumpt waren. Man wundert sich, dass man das alles so aushält. – Heute Nacht träumte ich sehr schön und unanständig von Dir. Umarme mir meine süßen Vier. Wie schön wärs, wenn ich wieder bei euch wäre. –*
Die letzten Tage waren wieder schlimm. Man kommt buchstäblich von morgens 6 h bis abends 10 h kaum eine ¼ Stunde zur Ruhe: keine 5 Stunden Schlaf habe ich gehabt. Als ich um ½ 2 Uhr abgelöst wurde, war ich so fertig, dass ich um 2 Stunden dienstfrei gebeten habe, um mich mal etwas hinzulegen. –
Es sind doch in dieser Woche ca. <u>200 Volksdeutsche</u> *aus dem früheren Polen nach hier gekommen, die auf die Stuben verteilt wurden. Es wurde nun noch ein „älterer erfahrener" Mann gesucht, der die jungen Leute etwas erziehen soll. Ein zweifelhaftes Vergnügen für mich, nun das vierte mal umzuziehen. – Bei entsprechendem Ehrgeiz, könnte man es hier zu etwas bringen. Aber da fehlt mir doch jeder militärische Elan dazu. Morgen geht die neue Woche wieder an, mir graut schon davor. Man muss die Zähne zusammenbeißen. Umarme mir die lieben Kinderlein. –*
Es gibt ja auch viele schöne Augenblicke, in denen man stolz ist, Soldat zu sein. So z.B. wenn unser Zug ausrückt und vorn an der Spitze drei stattliche Gefreite (Vater war ja befördert und ‚Sturmmann' geworden) *marschieren.*
Der Dienst draußen ist ja überhaupt das Schönste. Neulich haben wir ein paar mal Gefechtsübungen gemacht, dabei gefechtsmäßig einen Hügel genommen und mit Platzpatronen geschossen. Das macht jedem Soldaten Spaß. Aber die Haupt-

sache ist ja für uns die technische Ausbildung, die nicht einfach ist. – Die <u>Rede des Führers</u> gestern hat uns wieder <u>aufgemöbelt</u> und die Hoffnung auf den Sieg verstärkt.
 Bald wird's losgehen – Gestern war ich zur eingehenden Untersuchung beim Arzt. Das Ergebnis: Bedingt tauglich, nur für Innendienst. Schuld daran sind die Nieren. Ich komme also nicht an die Front. Für Dich eine große Erleichterung, aber kannst Du verstehen, dass es für einen Mann ein niederdrückendes Gefühl ist, <u>in dieser Zeit nicht mit der Waffe dienen zu können</u>? Ich fing gerade an, Freude am Soldatenleben zu bekommen. –
 Heute will ich Dir gleich mitteilen, was sich mit mir entschieden hat.
 Ich wurde gestern zum Arzt gerufen, der den Wiesbadener Bericht schon vorliegen hatte. Er riet mir, mich gleich operieren zu lassen. Es gäbe nur zwei Möglichkeiten: Entweder, dass ich in ein Lazarett überwiesen und dort operiert würde, oder dass ich entlassen würde. – Heute ließ er mir sagen, dass er den Antrag stellen wolle, mich als vorübergehend dienstuntauglich für die Dauer von sechs Monaten zu entlassen. Wenn ich in sechs Monaten wieder gesund bin, will ich gerne wieder Soldat sein.
 Hoffentlich ist bis dahin der Krieg zu Ende. –
 Mein Entlassungsantrag ist am Mittwoch von hier nach Oranienburg abgegangen. In den letzten Tagen ist ein großer Teil meiner alten Kompanie weggekommen. Über Brünn und Prag geht's dann mit den dort liegenden Regimentern nach Norwegen. Die Ereignisse in Norwegen sind ja hochinteressant. Es wird aber sicher dort noch manchen harten Kampf geben. Die Engländer werden sich hoffentlich dort die Zähne ausbeißen. –
 Leider dürfen wir SS Männer nach dem neuesten Reichsführerbefehl nicht mehr in Uniform tanzen. Sonntags war ich morgens im Germanischen Museum. Dieses ist sonst eine Prachtsammlung der herrlichsten Kunstwerke, besonders aus der Deutschen und Nürnberger Kunst. Auch hier hat man alles, was größeren Wert hat, fortgeschafft, eine große Enttäuschung für mich.

Die Kriegerfrau

Muttis Antwort, noch im ‚Dez. 1939:
 Heute ist es mit der Einsamkeit schon nicht mehr so schlimm, wie gestern. Ich glaube, man gewöhnt sich an alles, wenn man muss und will. – Hoffentlich ist

der Dienst nicht zu anstrengend. Melde Dich doch nicht zum Außendienst. Dann holst Du Dir womöglich wieder eine Nierensache. – Ich weiß, ich hatte mich nicht tapfer benommen. Aber es sind wohl hauptsächlich die Nerven mit mir durchgegangen. – Es wäre zu schön, wenn der Krieg im Frühjahr aus wäre und wir bald wieder vereint wären. Ich kann es nur nicht glauben. Am besten, ich denke nicht nach. Man empfindet erst bei einer Trennung, dass man <u>zusammen erst ein Ganzes</u> bildet.

Ich hatte im Stillen gehofft, Du kämst zu Sylvester. Es ist zu schrecklich, dass wir nun Monate getrennt sind. Ich komme mir vor wie ein ausgebrannter Krater. Ein Glück, dass ich so viel Arbeit habe. Frau Siebert hat mir den guten Rat gegeben, mich abends mit Rotwein zu berauschen. –

Sogar das Gemüse musste ich aus Sonnenberg heranschleppen, weil der Gemüsewagen bei der Kälte nicht kam. Es ist mir ganz lieb, dass ich so viel Arbeit habe. <u>Was ich uns allen nur wünschen kann, ist der Frieden.</u> –

Heute früh war ich mit den Kindern rodeln. Am Nachmittag hat sich Frau Siebert meiner angenommen. Wir waren zusammen in der „Rose" und hinterher hat sie mich zum Wermut eingeladen im Cafe Blum.

Ich hatte nicht genug Geld mit. Hoffentlich bekomme ich bald Unterstützung. Ich habe mir 50 RM von der Bank geholt und besitze nur noch 15 M.

Es war noch kein Geld auf dem Büro eingegangen. „Wir armen, armen Frauen, wir sind gar übel dran, ich wollt, ich wär kein Mädchen, ich wollt ich wär ein Mann." –

(noch) I.Quartal 1940. Heute früh habe ich Lebensmittelkarten abgeholt und Deine Karten abgeliefert. Da stand ein ganzes Regiment Soldaten vor dem Rathaus und es gab großes Halloh, als ich zweimal vorbeiging. Nachher bin ich mit der Regimentskapelle und militärischer Bedeckung heimmarschiert. Sie haben alle Urlauber heute Nacht zurückgerufen. Es scheint doch etwas geplant zu sein. Hast Du Dich nun besser eingelebt? Du musst denken, es ist wie bei mehreren Kindern, sie hören nur, wenn man ordentlich schreit.

Wenn Du Unteroffizier bist, schreist Du auch. Wenn es eine Beruhigung für Dich ist, komme ich mal in vierzehn Tagen. –

Ich dachte, ich könnte mich jetzt etwas erholen, aber statt dessen ist es eine Abhetzerei von morgens bis abends. Gestern Nacht habe ich mir eingebildet, unten im Wohnzimmer wäre jemand eingestiegen. Ich muss einen Revolver haben, damit ich Ruhe habe. Frau Siebert hat auch einen. –

Hast Du denn gesagt, dass Du nur bedingt tauglich bist? Da kannst Du doch nicht so anstrengenden Dienst machen. Das hält doch kein Mensch auf die Dauer

aus von 6 Uhr morgens bis ½ 11 abends. Es hat doch keinen Zweck, dass sie die Leute, bevor sie sie brauchen, schon vorher kaputt machen.
Wenn nur der Krieg bald zu Ende wäre. Lange hält man das nicht aus. –
Wie ist es eigentlich mit den Löhnen auf dem Büro und mit der Vollmacht, wenn ich verreise? Mehrere Offiziere haben erzählt, dass wir durch Holland gehen wollten, um an die Küste zu kommen und England näher zu sein.. Im Winter können sie über Flüsse, ohne Brücken zu schlagen.
Vielleicht ist der Krieg doch eher vorbei, als man denkt. Wenn nur die einsamen Abende nicht wären. Es ist doch keine Kleinigkeit, vier Kinder und ein ganzes Haus und dann für alle Unterhalt zu sorgen. Aber ich schaffe es schon. –
Ich habe mich ganz gut in die Situation hinein gefunden. Man muss eben den Kopf oben behalten und so tapfer wie möglich sein. Frau (Isa) Siebert war heute auch beim Kränzchen dabei. Mit ihr verstehe ich mich noch am besten.
Sie muntert einen immer auf. Du darfst nicht alles so tragisch nehmen. Solange Du Rekrut bist, werdet ihr gedrillt und nachher hört es auf. –
Herr Hof braucht Dich Ende der Woche dringend in einem Prozess. Ich glaube, es geht um die Lyssia-Werke. Bitte rufe mich am Freitag Abend zwischen 8 und 9 Uhr mal an, ob ich nach Nürnberg kommen soll. Lokus reinigen und Flure putzen brauchst Du Dir auf die Dauer nicht gefallen zu lassen. Dafür sind ja genügend Jüngere da. –
Gestern Abend, nachdem Du weg warst, war mir schrecklich und einsam zumute.
Es ist so schwer, sich wieder zu trennen. Besonders, weil ich jetzt weiß, wie schwer alles für Dich ist. Du darfst auf keinen Fall mehr abnehmen, sonst hältst Du es nicht aus. Ich werde Dir jede Woche Päckchen schicken und Rudolf wird Dir von (Gut) Menne wohl auch etwas senden. Seit gestern Nacht ist kolossaler Sturm hier. Ich kann das Haus nicht warm bekommen und sogar am Tag tauten die Fenster nicht auf. Dass es gerade im Kriegswinter so kalt sein muss. Ihr armen Soldaten müsst so frieren. Es war so schön, dass Du da warst und doch wird man so wieder aus allem Gleichmut, den man sich angewöhnt hat, herausgerissen. Ach, wenn man doch klarer sehen könnte. Diese ewige Angst, was noch werden wird, ist schrecklich. Wenn dir etwas passierte, wäre mein Leben zerstört und ich wüsste nicht, wie ich meine Kinder großziehen sollte. – Gewöhne Dir ein dickes Fell an. Setz Dich über alles weg, freue Dich über jeden Dreck. Dein einsames Frauchen. –
Hoffentlich wirst Du Deinen Husten los. Schreib mir gleich darüber.
Eben ging ein Paket an dich ab. Ich sitze schön gemütlich zu Hause, und was wirst Du armer Kerl eben machen.? Gestern Abend war es sehr nett bei Frau

Siebert. Erst haben wir zusammen Abendbrot gegessen und dann sind wir in den lustigen Film „Opernball" gegangen. Es war zum Totlachen.
Der Omnibus war gerade weg, da haben wir noch mal Rotwein getrunken. – Trotzdem ich bis beinahe 11 Uhr wieder Schnee auf dem Boden (Speicher und Ziegel undicht) kehren musste, sind wir doch noch zur Platte losgezogen.
Nachdem wir gegessen hatten sind wir oben noch etwas Ski gefahren und dann ging es in fabelhafter Abfahrt bergab. In einer ½ Stunde waren wir vor Eigenheim. Dort auf der großen Wiese war ein richtiger Übungshügel und sehr viele Skifahrer. Auf dem Heimweg kam die Sonne heraus und die Tannen waren dick verschneit. Es war einfach feenhaft. Wenn Du wirklich meinst, Du könntest Karriere machen, dann musst Du in Deinem und unserem Interesse alles tun, um es zu ermöglichen. Dein Bruder Hans versteht das besser.
Es ist bestimmt leichter, einen Rang zu haben, als einfacher Soldat zu sein. Und Du bist klug und gebildet. Du kannst es erreichen. Ich vermisse Dich jetzt sehr. Heute Nacht schläft Irene wieder bei mir. Da ist das Bett neben mir wenigstens nicht leer. –
Du sagtest am ersten Abend mit Recht, ich wäre nicht nett zu Dir.
Weißt Du, ich hatte gerade in Frankfurt (bei Freundin Anneliese Möhring) angefangen, mich etwas auszuruhen und alles hinter mir zu lassen (Haushalts- und Unterhaltssorgen) und da musste ich mich wieder umstellen. Es war aber wunderschön, dass Du mal acht Tage da warst. Es wäre zu schön, wenn es keine Offensive gäbe und Du nicht in Gefahr kommst. Vielleicht kann ich mich in Frankfurt nach einem Assessor umsehen.
Frankfurt, im Februar. Das ist ja kaum zu glauben, dass Du schon einen Unterführerkursus mitmachst. Du bist doch noch gar nicht so weit, dass Du so eine Stellung schon ausfüllen kannst. Wir waren in dem Film „Befreite Hände". Wunderschön. Ich habe eine große Bitte. Ich sagte es Dir ja oft. Mache doch bitte zu meiner Beruhigung ein Testament. Ich möchte nicht später von meinen Kindern abhängig sein. Du kannst es ja so einrichten, dass ich nicht an das Vermögen heran kann. Ich sehe immer wieder bei Erbschafts-Auseinandersetzungen, wie hässlich das dann alles ist. –
Gestern wandelte ich allein durch Frankfurt, da das Kino schon besetzt war.
Wie schön wäre es gewesen, wenn wir das Wochenende hätten zusammen verbringen können. Du läufst in Nürnberg allein herum und ich in Frankfurt. Wie sinnlos ist das alles. Ich ging mal in den Hirschgraben und dann an den Römer. <u>Das ist das wirkliche Frankfurt.</u>
Der Dom im Abendsonnenschein und die alten Häuser waren ein wunderbarer

Anblick. Man sah im Geiste alles, was sich dort seit Jahrhunderten ereignet hat, Kaiserkrönungen und so weiter. –. Weißt Du, ich könnte nicht mehr allein leben. Es ist doch schön, glücklich verheiratet zu sein. Du musst doch etwas dagegen tun, wenn Du wieder soviel Eiweiß und rote Blutkörperchen im Urin hast. –
Heute, am Sonntag sitze ich wieder mit den Kindern allein im Haus, denn Schwesti hat Ausgang. Ich muss mich jetzt ernstlich um ein Pflichtjahrmädchen kümmern. –
Also, ich habe mit Dr. Friedrich gesprochen.
Er sagte, er wundere sich sehr, dass sie Dich für den Außendienst verwendet haben. Er hätte extra Dir ins Gesundheitsbuch geschrieben, dass Du zwei schwere Krankheiten durchgemacht hättest und nur für den Innendienst zu verwenden wärst. – Harald ist wieder auf, hat aber noch erhöhte Temperatur.
Irene klagt immer über Leibweh und hat auch erhöhte Temperatur.
Renate geht es wieder gut. Sie ist die Widerstandsfähigste. Gert hat auch wieder eine Erkältung. Wenn doch erst der Winter vorbei wäre. –
Du hast recht. Ich schreibe eben nicht sehr fleißig. Aber es ist nicht menschenmöglich. –
Gestern Abend musste ich stopfen. Früh schafft man durchgehend bis 3 Uhr im Haushalt oder mit Besorgungen. Gestern Nachmittag war ich das erste mal mit dem Fahrrad in Sonnenberg. – Dein letzter Brief klang ja sehr sehnsuchtsvoll.
Ich freue mich sehr auf Ostern. Wenn man nur ein Mädchen hätte! –
Gestern Abend war ich mit Isa Siebert im Film. Hinterher trafen wir uns mit (Nachbarn) Lehr und Fieseler und gingen noch in den Ratskeller.
Heute hatten mich Görtzes (von den Lyssia-Werken) mit in den Nassauer Hof zum Tee eingeladen. Es war einmal ein schönes Milieu.
Man kam sich gar nicht wie im Krieg vor. Görtz meinte, er müsste mich doch noch trösten, während Du weg bist.
Er hat nächstens wieder eine größere Sache. Aber wenn niemand auf dem Büro ist, will er sie nicht hingeben. Schreibe doch mal an ihn, dass er Dir ja auch die Akten nach Nürnberg schicken könnte. Versuche doch, dass Du los kommst. Es wäre für Deine Gesundheit, Deine Praxis und uns das Allerbeste.
Morgen dürfen Diddi (Renate) und Gert wieder aufstehen. Hoffentlich bekommen sie nicht so schnell wieder einen Rückfall. –
Es ist keine Aussicht, einen Assessor zu bekommen. Ich will Dir nicht hereinreden.
Du musst wissen, ob Du es verantworten kannst, als Familienvater von vier Kindern weiter krank herum zu laufen. Zwei Ärzte haben mich gewarnt. Ich

kann ja verstehen, dass es nicht schön für Dich ist, vielleicht als Drückeberger angesehen zu werden. Aber wenigstens dass Du dich auskurierst, verlange ich von Dir. Ich möchte keinen kranken Mann haben, der nicht mehr arbeitsfähig ist. – Mir ging es übrigens neulich nachts auch wie Dir. Vielleicht in derselben Nacht. Ich träumte, dass wir ganz vereint wären. – Das ist aber eine schlechte Nachricht, dass Du wahrscheinlich
Ostern keinen Urlaub bekommst. Wir alle freuten uns schon so sehr darauf. Am liebsten würde ich dann zu dir fahren. Aber man muss ja sparen. Sieh doch zu, dass Du Urlaub fürs Büro bekommst. Es ist dringend nötig. – Ich bin stolz. Ich habe fast sämtliche Rechnungen, die zu bezahlen wären, heute aufs Büro gegeben und so werden sie vom Postscheckkonto bezahlt. Ich will sehen, dass wir mal ohne Schulden dastehen. Wenn ich nur mal die Schulden von der Deutschen Bank wegbekäme. –
Eben haben sie wieder gesagt, dass vier englische Kreuzer schwer beschädigt. wurden. Es steht also nicht schlecht für uns. – Jetzt ist der erste Tag herum, an dem Du wieder weg bist. Man muss sich wieder ganz umstellen. Ich bin es so leid, alle Verantwortung allein zu tragen. Es wäre ein Segen, wenn der Krieg bald aus wäre. –
Eben habe ich im Garten Erbsen und Radieschen gesät. Eigentlich müsste der Boden ja wieder umgegraben werden. Dann kommen noch die Kräuter dran. Stiefmütterchen bekomme ich erst am Dienstag. Wenn sie Dich nicht loslassen, musst Du drauf dringen, dass sie Dich nach Bad Wildungen schicken, sonst ist Deine Niere futsch. – Schade, daß ich abends immer so müde bin und keinen vernünftigen Brief zurecht bekomme. Im Bett lege ich mir immer so schöne Briefe an Dich zurecht. Es ist doch ein schönes Gefühl, dass Zusammengehörigkeitsgefühl in einer glücklichen Ehe.
Früher, als junges Mädchen, habe ich mich immer so einsam gefühlt, wenn ich ein glückliches Pärchen sah. Jetzt weiß ich, es ist ein Mensch da, dem du viel bedeutest und dem du vertrauen kannst. Das ist sehr schön. –
Gestern Abend war ich mit Isa in „Carmen". Es war eine gute Aufführung. Ich glaube, Isa ist neidisch, dass Du zurückkommst. Ihr Mann sitzt ganz vorne an der Front. Lass Dich auf keinen Fall von einem Militärarzt operieren.
Eben will ich mit den Kindern in Dornröschen gehen im Ufa.
Es küsst und umarmt Dich innigst Dein Dich sehr liebendes Frauchen.
  I. Quartal 1941. Vom Reservisten Ernst haben wir erst im Februar 1941 weitere Nachrichten aus dem Eisenmoorbad Düben an der Mulde in Sachsen. Dort bekam er den letzten Schliff und jede Menge Schulungen bis etwa Ende Juli 1941:
  Man kommt sich wieder vor, wie ein kleiner Schuljunge. Doch man sitzt hier

49

auch viele Stunden nutzlos herum, während man zu Hause so nötig wäre. – Der Dienst lässt sich aushalten, nur werde ich die Müdigkeit den ganzen Tag nicht los, weil ich auf dem ungewohnten Lager und in der schlechten Luft nicht gut schlafe. Ich denke daran, dass heute der 1. März ist. Jetzt beginnen die entscheidungsschweren Monate. Ich mache mir Gedanken, wie heute zu Hause das viele Geld für die Gehälter aufgebracht werden soll. –

Zunächst begrüße ich Dich mit besonderer Freude wieder im eigenen Heim. Mit dir zieht nun unsere kleine Dagmar in das Elternhaus ein.

Möge sie auf der Höhenstraße ebenso gut gedeihen wie die anderen Kinder! Wir hatten heute Morgen Sport und dabei einen Waldlauf von fast einer Stunde. Bei dem schönen Wetter war das sehr gesund und anregend, nur hätte man sich hinterher ausruhen müssen. Statt dessen geht es dann direkt nach dem Essen wieder los und man soll dann von 2 – 6 Uhr im Unterricht aufpassen. – Es ist ja zu ärgerlich, dass wir jetzt wieder diese verd .... <u>Geldsorgen</u> haben. Es werden ja wohl auch mal wieder bessere Zeiten kommen, sodass wir dann endlich in die Lage kommen, die Schulden abzubezahlen. Allen Kindern viele Küsschen, sie haben mir alle so nette Briefchen geschrieben. –

Heute ist ein ruhiger Sonntag. Ich bin den ganzen Nachmittag zu Hause geblieben und habe geschrieben und gearbeitet. Bürovorsteher/Fuhr hat mir Akten geschickt, sodass ich genug Beschäftigung hatte. Höre nur ja mit dem Stillen auf, damit Du bald wieder zu Kräften kommst; Du darfst Dich auf keinen Fall überanstrengen. Die Sonntage sind in diesem Nest nicht gerade berückend. Heute kam auch das Geld vom Büro. Es war höchste Zeit, denn ich war vollkommen abgebrannt. –

So ist unsere kleine Dagmar eben ein rechtes Kriegskind und für Dich ist alles besonders schwer. Aber man muss sich immer wieder sagen, dass wir alle gern ein Opfer für die große Sache und unseren Führer bringen.

Wir können dann wenigstens später sagen, dass wir unsere Pflicht gegenüber unserem Volk getan haben. Du glaubst nicht, wie groß oft meine Sehnsucht nach Dir und den Kindern ist. Nun bin ich mit meiner Manneskraft schon über 6 Monate kaltgestellt, da kannst Du Dir denken, wie das Blut oft drängt!

Aber, hier kommt man aus der Müdigkeit überhaupt nicht heraus. –

Morgens machten wir einen Ausmarsch von 15 km. Hinterher gabs keine Mittagsruhe, sondern nach dem Essen ging es direkt zum Unterricht und dann 4 Stunden auf den harten Schulbänken sitzen. Wenn wir nur Ostern Urlaub bekommen, leider steht das immer noch nicht fest. Es wäre für mich eine große Enttäuschung, wenn wir die Ostertage hier in diesem trostlosen Nest verbringen müssten. Du brauchst keine Angst mehr vor der Liebe zu haben, mein Herzchen. Ich verspreche Dir, dass

ich immer ganz vorsichtig sein will, wenn es auch auf Kosten des Liebesgenusses geht. Der Beitritt Jugoslawiens zum Dreimächtepakt ist ja sehr wichtig. – Es ist schon eine schwierige Sache mit der Säuglingsernährung. Sicher wäre es das Beste, wenn Du Dagmar länger stillen könntest. Aber ich kann doch nicht zulassen, dass Du dabei ganz von Kräften kommst. Du musst natürlich sehen, dass Du tadellose Kindermilch bekommst. Gibt es denn nicht die Säuglingsmilch in Flaschen von der Milchkuranstalt? Der Kompaniechef erklärte uns heute, dass an Urlaub zu Ostern nicht zu denken sei. – Heute habe ich mehrere Stunden Schwerarbeit geleistet. Ich war mit 30 anderen zum Arbeitsdienst eingesetzt. Wir mussten erst eine Miete mit Möhren und Kohl ausgraben und aufladen, dann wieder abladen. –
II. Quartal 41. Das Schlimmste ist die ewige Müdigkeit und das viele Frieren. An ein so kaltes Frühjahr kann ich mich überhaupt nicht erinnern. Es müsste schon ein Wunder geschehen, wenn es in letzter Stunde doch noch Urlaub geben sollte. ...Dabei habe ich solche Sehnsucht nach Dir und den Kindern.
Du machst Dir solche Mühe mit dem UK. Gesuch. Das Wehrbereichskommando kann aber darüber nicht allein entscheiden, da die SS niemand loslässt.
Das hat man nun davon, dass man in der SS ist!
Eine große Freude und Aufmunterung für mich war wieder Deine Post.
Wenn man nur so unter fremden Menschen ist, hat man ein besonders großes Verlangen nach liebevollem Zuspruch. Nur Frühlingsgefühle kann ich jetzt nicht gebrauchen. Dafür ist es ganz gut, dass sie hier so viel Hängolin in das Essen tun, da hat man wenigstens einigermaßen seine Ruhe. Dass ich Ostern nicht bei meinen Kinderlein sein kann, greift mir auch sehr ans Herz, aber ich muss hart bleiben. Grüße sie alle innigst von mir. –
Der Unterricht ist vollkommen weggefallen, dafür machen die K.V.-Männer jetzt den ganzen Tag Ausbildung am schweren und leichten MG. Einige wurden für einen Funkerlehrgang ausgesucht, während wir anderen hier ziemlich beschäftigungslos herumsitzen ... Es ist wieder mal genauso, wie so oft bei der SS: Alles was bisher gemacht wurde, war umsonst, jetzt wird wieder von Neuem angefangen. Bei der Wehrmacht würde einem so was nicht passieren. <u>Dir</u> *habe ich es zu verdanken, dass der UK. Antrag durchgegangen ist. ...Wenn Du nur bald ein tüchtiges Mädchen bekämst! –*
Ich bin nun mal gespannt, ob die Woche nach Ostern nun endlich Klarheit über mein Schicksal bringt. Ich war sehr glücklich zu hören, dass Du Dich auch äußerlich wieder von der Geburt gut erholt hast und wieder schlank und schön geworden bist. Nur habe ich leider nichts davon.

Was sagst Du zu den fabelhaften Erfolgen auf dem Balkan? –
Während wir hier <u>tatenlos</u> in Düben herumsitzen, fallen die <u>großen Entscheidungen.</u>
Jetzt müssen noch die Engländer aus Griechenland herausgeschmissen werden. Ich glaube jetzt doch, dass wir mit England noch diesen Sommer fertig werden. Wie herrlich, wenn dann erst mal wieder richtiger Friede ist.
Dann fängt für uns ein neues Leben an. –
Fuhr (der Bürovorsteher) schrieb mir heute wieder, wie dringend ich im Büro nötig bin. Und wir sitzen hier schon 14 Tage so gut wie beschäftigungslos herum. Morgen ist <u>Führers Geburtstag</u>. *Was ist übrigens aus der Unterstützungssache geworden? Ich hoffe, dass sie einen Zuschuss zu den Geburtskosten von Dagmar gegeben haben.* –
Wir sinken so nach und nach auf die Stufe von Häftlingen herab.
Heute war unsere Beschäftigung den ganzen Tag Kartoffeln auslesen und entkeimen und zwar in einem eiskalten Keller. Morgen sollen wir angeblich Erdarbeiten in einem Schießstand machen. ...Ist das nicht unerhört, wie man mit uns Schindluder treibt?! Man ist gern zu jedem Opfer und jeder Arbeit bereit, wenn man nur einen vernünftigen Sinn dahinter sieht.
Hier aber ist alles <u>organisierter Wahnsinn</u>. Kein Mensch kann einem hier sagen, warum wir eigentlich hier sind und was aus uns werden soll.
Man will offenbar so und soviel tausend SS-Männer als einberufen auf dem Papier stehen haben. Ob zu Hause alles drunter und drüber geht und der größte Schaden in der Praxis entsteht, ist diesen Herren ja gleichgültig! Das ist nun der Dank dafür, dass man so dumm war, vor sieben Jahren in die SS einzutreten. ... die Stimmung hier ist auf dem Nullpunkt angelangt. Keiner will mehr was mit der SS zu tun haben. ...das letzte bisschen Idealismus ausgetrieben.
Ich beneide jeden, der bei der Wehrmacht ist, dort ist er doch wenigstens Soldat. Das einzige, was uns aufrecht hält, sind die glänzenden Nachrichten vom Kriegsschauplatz. In Kürze wird ja Griechenland auch erledigt sein. Dann kommt hoffentlich der Hauptschlag gegen England. –
Es beunruhigt mich sehr, dass Du Dich nicht richtig wohl fühlst und Dich die Arbeit so anstrengt. ...Dass Du nun auch ausgerechnet jetzt nach der Geburt ohne Mädchen dastehen musst. ...Sollten sie mir den Urlaub wieder abschlagen, so mache ich eine Beschwerde an die nächst höhere Dienststelle. Jetzt habe ich mich zwei Tage nur damit beschäftigt, Verdunkelungsrollos zu reparieren. Sonst sitze ich regelmäßig abends auf unserer kümmerlichen Bude. Wir haben alle nur einen Wunsch, endlich von hier wegzukommen. Nun, einmal wird es ja wohl klappen.

Im übrigen nehme ich alles nicht mehr so tragisch und lasse mir das Leben nicht verbittern.

Hoffentlich behältst Du auch guten Humor bei aller schwerer Arbeit. – Heute gabs wieder zahlreiche große Sondermeldungen:
<u>Athen in Deutscher Hand</u>*, SS Truppen auf dem Peloponnes! Wer hätte das noch vor wenigen Wochen für möglich gehalten, dazu in so unglaublich kurzer Zeit.*

Diese Kriegsführung trägt den <u>Stempel des Genialen</u>*, wie alles was der* <u>Führer unternimmt</u>*! –*

habe das Vergnügen, heute Nacht Wache zu schieben.

bin sehr müde. Wir haben nämlich heute morgen einen Ausmarsch von über 20 km gemacht und das spürt man doch in den Knochen. ...immerhin war es eine ganz angenehme Abwechslung. ...Urlaub immer noch nicht klar. ...Der Spieß sagte aber, bis zu vier Tagen Urlaub könnte ich bekommen. Also habe ich heute noch einmal Urlaub beantragt, und zwar vom 2. bis 6. Mai. ...Ich kann es mir noch gar nicht vorstellen, dass ich vielleicht in 2 Tagen Dich und die Kinder in die Arme schließen kann. Also hoffentlich auf baldiges Wiedersehen. Innige Grüße und Küsse Dein getreuer Ernst. –

Nach der Geburt von Tochter Dagmar am 23. Febr. 1941 schrieb Mutti im März an ihren Soldaten aus dem Krankenhaus:

Der Samstag und Sonntag ist nicht schön ohne Dich. Zum Glück kommt ja um vier Uhr meine süße Dagmar. Die Milch reicht doch noch. Ich denke, dass ich 6 bis 8 Wochen stillen kann. Nur habe ich im linken Bein eine leichte Venenentzündung und darf nicht aufstehen, leider. Frl. Klein kommt jetzt zur Bettgymnastik. Das bekommt mir sehr gut. Ich habe schon wieder Bauchmuskeln. Außerdem habe ich mit Vergnügen festgestellt, dass <u>ich meine alte Figur schon</u> *wieder habe –*

Gestern früh war ich sehr niedergeschlagen. Die Nacht hatte ich so starkes Herzklopfen und morgens fühlte ich mich sehr elend. Ich hatte 38 Grad und noch Brustschmerzen. Noch dazu ist kein Mensch von meinen Angehörigen da, der sich um mich kümmert. ...Zum Glück habe ich doch keine Grippe und die Brust wurde durch Auflegen der Eisblase besser. Es war eine Stauung, weil die Kleine nicht leer trink ...Beinahe hätte ich das Wichtigste vergessen. Sie haben mir aus Nürnberg geschrieben. (Ich lege das Schreiben bei) Sieh zu, dass Du vom Arzt untersucht wirst. Das kannst Du verlangen. Wenn es Dir nicht unangenehm ist, schreibe ich an Deine Dienststelle. –

Mein Liebster! Vor dem Stillen abends will ich schnell noch mal an Dich schreiben. Ich bringe fast den ganzen Tag mit Stillen und Ausruhen zu. Ich habe jedes Mal so Kopfweh und Rückenschmerzen hinterher. Außerdem immer noch so starke

Blutungen. So fünf Geburten bleiben doch nicht in den Kleidern hängen. Aber Dagmar macht mir viel Freude. ...Hoof macht übrigens doch Deine Strafsachen. Ich meine aber, Du müsstest dann die Gebühren mit ihm teilen. –
Seitdem ich nur noch dreimal stille, erhole ich mich viel besser.
Das arme Kind hat abgenommen. Ich hatte meistens nur 70 g und 130 g muss es bekommen. Allerdings staune ich über mich selbst. Soviel habe ich noch nie in der dritten Woche nach der Geburt geleistet. Es fällt mir ja nicht immer leicht. ...Ich bin heute Nachmittag mal über die Wilhelmstraße gegangen. Ich komme mir selbst wie neu geboren vor. Dieses Gefühl kann nur eine Frau verstehen, die geboren hat. Jetzt kommt eine gefährliche Zeit, wenn ich meine Kräfte richtig wiederhabe. –
Ich möchte mir gerne schöne Sachen kaufen. Aber es geht so rasend viel Geld weg für Haushalt. Auf dem Büro wäre sehr viel zu tun. Die Kinder freuten sich über Deine Karten. Harald schrieb Dir aus sich heraus schon wieder. Eben ist Tanzmusik. Ich hätte große Lust zu tanzen. –
Also wir haben das U.K. Gesuch noch einmal zurückgeholt und
Siebert will selbst zum Präsident gehen. Außerdem wollen wir es zum Präsidenten von der Anwaltskammer schicken. Anneliese meinte, wenn der Landgerichtspräsident nicht unterschreibt, hätte es keinen Erfolg. ...Es ist doch alles noch etwas viel. Gestern hatte Schwesti wieder Ausgang und Elfriede um 7 Uhr Luftschutz. Da konnte ich kaum mehr vor Rückenschmerzen.
Auch das Einkaufen und schwere Schleppen ist eigentlich noch zu viel. Dagmar ist zu niedlich, wenn sie einen so mit großen Augen unverwandt anstarrt. –
Heute habe ich mich ziemlich aufgeregt und mir Vorwürfe gemacht, dass ich nicht länger gestillt habe. Dr. Winter, zu dem diese Frau (?) zuletzt noch ging (nach dem Tod eines Kindes), sagte, die Säuglingssterblichkeit wäre jetzt im Krieg sehr groß, auch durch die zusammengeschüttete Milch.

Warum zum Donnerwetter sollen wir noch und noch Kinder kriegen

wenn dann nicht dafür gesorgt wird, dass einwandfreie Nahrung, Kinderärzte und richtige Pflege im Krankenhaus da ist. Hätte ich nur jetzt einen elektrischen Kühlschrank. Die Kinder sind jetzt so ausgelassen und frech.
Sie brauchten einen strengen Vater. Aber das bist Du ja nicht. Ich muss mir

jetzt einen Stock anschaffen. Dein U.K. Gesuch ist in Frankfurt beim Präsident der Anwaltskammer. Eigentlich müsste meine viele Mühe doch belohnt werden. Habe auch mehrmals nach Fr. telefoniert. Ich finde, einen Familienvater von fünf Kindern können sie doch Ostern in Urlaub gehen lassen.
Dagmar wird immer niedlicher. Wenn Du nur Ostern kommen kannst. –
Ich gehe Montag mal aufs <u>Wehrbereichskommando</u> *und frage, ob sie das UK Gesuch bekommen haben. Es ist besser, man macht alles persönlich.*
Manchmal hat man das Alleinsein wirklich so satt und wenn der Krieg noch lange dauert, ist es trostlos. Aber man darf den Mut nicht sinken lassen. Für Dich ist es sicher noch schwerer. Alles braucht Dich hier nötig. –
Das sind ja keine gute Nachrichten. Sieh nur zu, dass Du Deine Erkältung bald los wirst. Trink heißes Zitronenwasser.
Was das UK Gesuch betrifft, so haben mich Sieberts falsch beraten. ...Ich würde mir gerne mal ein anständiges Kleid kaufen, aber ich gebe mein Geld immer für den Haushalt aus. Wenn wir Geld hätten, könnten wir uns auf halben Wege treffen.
Es muss doch schön sein, wenn Du auf Urlaub kommst. Klein-Dagmar hat gut zugenommen, über 300 g. Sie ist immer goldiger, hat so wunderschöne große Augen. Die anderen sind ganz verrückt mit ihr. Wenn man die Kinder nicht so nah aufeinander bekommt, hat man viel mehr Freude daran. –
Es ist doch alles noch zu viel für mich. Neben dem schweren Schleppen und Stehen in Geschäften den ewigen Ärger mit Elfriede. Sie ist eine richtige Dirne. Läuft jeden Abend zu den Flaksoldaten ins Feld. Es wäre kein Wunder, wenn sie uns eine Krankheit einschleppt. Kannst Du nicht Arbeitsurlaub bekommen? Du wirst so dringend gebraucht. Dann bleiben die Klienten weg. Du darfst Dir auf keinen Fall gefallen lassen, dass sie dich für so schwere Arbeit einsetzen. Das bist Du Deiner Familie schuldig.
<u>Ich vermisse Dich wirklich jetzt in jeder Beziehung sehr.</u> *–*
Jetzt bin ich für Ostern gerüstet. Du kannst kommen. Ich habe einen Hut und Stoff für ein Kleid. Ich will es selbst nähen. Gibt es denn wirklich keine Möglichkeit, dass wir uns Ostern sehen? Harald schreibt die Briefe an Dich immer ganz alleine und aus sich heraus. Schicke mir den Photoapparat so bald wie möglich. Ich muss Dagmar öfter knipsen. –
Heute kann ich Dir eine freudige Mitteilung machen.
Das Wehrbezirkskommando hat das <u>U.K. Gesuch genehmigt</u>*. Ich lege es bei. Jetzt setze Deinem Kommandeur noch mal alles auseinander. Ich habe mein Möglichstes getan. Du musst auch Deine Krankheit in den Vordergrund schieben. Ich sitze eben (wie Mama sonst immer) im Cafe Blum und schreibe an Dich. Ich will*

gerade mit Gerda ins Theater. Was bin ich doch solide. Gehe nur mit Weibern aus. Heute habe ich mir Dauerwellen machen lassen. Ich denke im Stillen, dass Du doch noch kommst. Harald hilft manchmal so nett, viel besser wie Irene. Bin mal gespannt, wann wir in Jugoslawien einmarschieren.

Übrigens gehen von den Einnahmen auch noch 340 M für Gehälter ab. – Nun ist der Krieg da mit Jugoslawien. Dass sie nicht klüger geworden sind aus allem. Wenn sie nur die Engländer selbst auch ordentlich treffen. Aber was wird es wieder für Verluste geben? Unter diesen Umständen werden sie Dich wohl nicht freigeben. Kunzmann traf ich gestern im Omnibus, ziemlich blau.

Er sagte nur immer wieder: „Er wird sich schon rausschälen." Damit meint er Dich. Ich bin zwar sehr müde. Aber ich muss doch noch etwas mit Dir plaudern. Ich kann mich nicht eher erholen, als bis ich eine ordentliches Mädchen habe. Hoffentlich kommst Du nicht auf den Balkan. Ich habe heute die Rosen gehackt und Kleberinge von den Obstbäumen abgemacht. Vielleicht komme ich noch zum Säen. Ich sende Dir noch ein paar harte Eier und wenn ich bekomme noch Süßigkeiten. – <u>Es war ein anstrengender Tag</u>*. Wäsche und an Elfriede hat man ja dabei keine Hilfe.*

Sie verdirbt nur alles. Ich bin so unruhig. Kommst Du nun weg oder wirst Du U.K. geschrieben? Ich habe mir doch kein Kleid gekauft. Habe schon zu viel Geld ausgegeben. Ich muss jetzt mehr sparen.

Ich sehe mich schon als einsame Strohwitwe im Garten arbeiten. Ja, wie wird alles auf dem Balkan werden? Es ist ein schwieriges Gelände. <u>Es wird viele Opfer geben</u>*. Aber wir werden siegen. –*

Was wird nun aus Dir werden? Bist Du vielleicht doch entlassen?

Wie schön könnte es jetzt an Ostern sein, wenn Du bei mir wärst und ich hätte Zeit. Mehrere Leute haben mir schon gesagt, ich hätte mich verjüngt und verschönt. Wenn Du erst kommst, wenn ich abgearbeitet bin, ist es wieder vorbei. Mit Mama ist es wieder sehr schlimm. Sie will weg von Vater (Albert Fischer).

Der Ärmste tut mir in der Seele leid. Aber schreibe lieber nichts. Vater hat es mir im Vertrauen gesagt. –

Eigentlich könntest Du mir ja täglich schreiben, wenn Du so viel Zeit hast. Ich war heute, trotz des Sonntags, fleißig. – Es ist jetzt wunderschön hier oben. Die Obstbäume blühen und der kleine Forsythienbaum vor dem Wohnraum auch. Im Zimmer habe ich auch mehrere Vasen mit Kätzchen und Kirschblüten. Du müsstest jetzt kommen. Irene ist jetzt ein begeistertes Hitlermädel.

Es macht ihr sehr viel Spaß. Sie eignet sich zur <u>Führerin</u>*. – Bin mal gespannt, ob Elfriede morgen wiederkommt. Trotz der vielen Arbeit, habe ich Angst davor.*

Klein-Dagmar lächelt jetzt so goldig. Es ist, als ob ein Sonnenschein über das Gesichtchen streicht. Herr Lehr hat sie heute noch mal geknipst. Fuhr verlangt dringend nach Dir. Wenn Du doch nur freikämst. -
Ich war gestern unsolide. Bin mit Sieberts ins Kino gegangen.
Danach gingen wir noch ins Rote Haus und ich wollte nicht nach 20 Minuten wieder aufbrechen beim letzten Omnibus. ...ich lief schließlich mit Jochen nach Hause. Der Ärmste. Er bekam aber noch einen Cognac. Interessanter wäre es ja gewesen, wenn ein schicker Junggeselle mitgegangen wäre. ...Heute ist wieder ein großer Tag. 3 Sondermeldungen. Sie haben Athen und werden wohl bald Schluss machen mit den Griechen. -
Sie müssen zu dem U.K. Gesuch Stellung nehmen. ....
Elfriede (das kl. „Flittchen") ist ja wieder zurückgekommen. Das hat aber die Arbeitsfront veranlasst.
Eben ist sie ganz vernünftig. Mal sehen, wie lange es vorhält. Ich will mal mit Rub. sprechen, ob man von hier aus nichts wegen Dir unternehmen kann. Wenn es nicht so weit wäre, würde ich dich besuchen. Aber es ist zu teuer. ...Es wäre nötig, wenn jemand im Garten arbeiten würde. Die Erdbeeren sind ganz verunkrautet, die Himbeeren müssen angebunden werden.
Wir hätten viel mehr in den Boden stecken müssen. Die Erde wird so hart und vieles geht nicht auf. -
Habt Ihr am Montag gehört, was mit Euch wird? Diese Ungewissheit ist zum Verrückt werden. Heute Nacht hatten wir wieder mal Fliegeralarm.
Mehrmals flogen Flugzeuge über uns. Aber die Flak ist ganz aus Wiesbaden weggekommen und so haben wir davon (?) nichts zu befürchten. Ich war aber bis 3 Uhr nachts wach, weil ich ja nun allein die Verantwortung habe. ...Ja die Ereignisse auf dem Balkan sind fabelhaft. Sie haben ja auch eine Menge Engländer erwischt.

<u>Der Kampf ging weiter.</u> Der Führer ließ schon im April 1940 Dänemark und Norwegen besetzen und kam somit den Engländern zuvor. Am 10. Mai 1940 folgte endlich der höchst erfolgreich verlaufende Angriff auf Frankreich, von dem der Propagandachef Goebbels nach dem Waffenstillstandsabkommen vom 17. Juni als dem *größten Sieg aller Zeiten* sprach. Danach erlebte aber der Führer mit den forschen „Adler-Angriffen" auf England seine erste, „ordentliche Schlappe".

Wie ein verspätetes Christkindchen war also im Februar 1941 noch ein Mädchen auf der Höhenstraße bei Fischers erschienen, Daggi. Es war der Sonnenschein im Haus, der noch fehlte. Aber sie war nur die Vorhut, denn im März 1943 folgte noch Hansi und im September 44 schließlich Heidikind Stolz, Freude auch für mich (ollen Esel), wenn ich Daggi im Kinderwagen ausfuhr, die dann folgenden Kinder ebenfalls, füttern und auf den Topf setzen, war auch dabei. Daggi war inzwischen zum Wildfang geworden, dem kein Baum zu hoch war. Streiche machte sie jede Menge. Ihre liebsten Worte waren *Du Dollo* und *garnit wahr*. Kam Onkel Hans zu Besuch (das war aber schon die Nachkriegszeit), war sie nur das „Puppchen, Du bist mein Augenstern" und saß meistens bei ihm auf dem Schoß. Die Kleineren waren auch nicht übel, ja goldig. Zeitweise wurden sie irgendwo abgelegt oder ins Kinderheim gesteckt, als das Haus, nach einem schweren Luftangriff demoliert war.

Das Afrikanische Abenteuer

Unser Onkel Hans, Bruder von Ernst, meldete sich freiwillig zum Afrikakorps.
  Damit wollte er dem Einsatz im mörderischen Eroberungs- und Vernichtungskrieg, der Aktion „Barbarossa" gegen die bolschewistische UdSSR entgehen. –
  Zur Entstehung dieses (Afrikan.) Krieges und der neuen Front-Stellung wäre zu sagen: Bereits im September 1940 hatten italienische Truppen die libysch-ägyptische Grenze überschritten, ohne sich vorher mit dem Bündnis-Partner, dem OKW und der Führung des Deutschen Reiches abzustimmen.
  Aber schon Ende des Jahres 1940 waren die Angreifer weit nach Libyen zurück geworfen worden. Nur mit Hilfe des eingreifenden deutschen „Afrika-Korps" gelang es, den Rest des „Imperio Romano" zu halten; die Kumpanei zwischen den Diktatoren funktionierte also glänzend. Hitler verhinderte somit eine weitere Blamage und, vorläufig, eine entscheidende Niederlage des „Duce" und seiner Truppen:
  Benito Mussolini war ja der Begründer, wenn nicht der ‚Erfinder' des „Faschismus".
  Der hatte schon einmal mit seinem Angriffskrieg gegen Griechenland, eine fatale Niederlage erlebt. Auch da mussten die Deutschen eingreifen und gewannen nach schwersten Kämpfen die Oberhand über die britischen Truppen, was dann den geplanten Angriffskrieg gegen das bolschewistische Russland (fataler Weise, wie auch die ganze Aktion *Barbarossa* sich dann zur Katastrophe ent-

wickelte) um einige Wochen verschob. – Anmerkung: „Die deutsche Führung war sich in diesen Monaten in der Beurteilung der weiteren politischen und der einzuschlagenden strategischen Entwicklung äußerst unsicher, was sich aus dem Hin und Her um die Prioritäten in der Rüstungsplanung deutlich ablesen lässt. Nach dem Sieg über Frankreich sollten zunächst Flugzeuge und U-Boote für den Kampf gegen England, dann wieder Panzer und Panzerabwehrkanonen für einen Feldzug gegen Russland, dann wieder alles gleichzeitig mit Vorrang produziert werden. …Nach den teils wirren Vorstellungen von Hitler und der Erkenntnis, dass eine Landung auf der Insel zu riskant, ja praktisch kaum zu ermöglichen sei, verlegte sich der „Führer" auf eine periphere Strategie gegen das britische Kolonialreich. Für den Kampf gegen England und die hinter ihm stehende USA sollten nach Hitlers Vorstellungen Deutschland, Italien, (das besetzte) Frankreich, Spanien, die besiegte (?) Sowjetunion und Japan einen euroasiatischen Kontinentalblock gegen die angelsächsischen Mächte bilden." Zitat nach: Walter Post, „Unternehmen Barbarossa" – Deutsche und sowjetische Angriffspläne 1940/41. – Der Führer soll gesagt haben:

„Ist erst Russland zerschlagen, dann ist Englands letzte Hoffnung getilgt", aber auch, dass es *seine schwerste Entscheidung* überhaupt war. – Was sagten die Berliner gern über ihren Führer? „Gröfaz", *Größter Feldherr aller Zeiten* –.

Gehen wir zu den Angriffen unter General Rommel auf die schwer umkämpfte Stadt Tobruk, die zunächst erfolglos waren und sehr verlustreich. Im Juni 1942 jedoch gelang es den deutschen Truppen – mit entspr. Luftunterstützung – die Stadt zu erobern, was einen Siegestaumel auf deutscher Seite auslöste. Sogar der „Führer" meinte, damit wäre der Afrikakrieg doch schon gewonnen. Allerdings war das ein ziemlicher Irrtum.

Rommel und seine Truppen marschierten und rollten zwar bis nach El Alamein, immer nur „Vorwärts", wo sie dann im Oktober '42 festsaßen. Schließlich mussten sie sich in einen tunesischen „Brückenkopf" zurückziehen, wo sie im Mai 1943 kapitulierten – entgegen der Order des Führers: „Heldenhaftes Ausharren und Kampf bis zum letzten Soldaten!" Soweit zur der damaligen „Lage".

Als „Einlage" werden hier einige Sätze und Auszüge aus den zahlreichen, brüderlichen Briefen von Hans an Ernst gebracht, die etwas von dem „heldenhaften Geist der unverdrossenen, tapferen deutschen Soldaten" wiedergeben.

III. Quartal 1941. Im September schrieb Hans:

Sengende Hitze. Die meiste Zeit des Tages ist niemand in der Stellung zu sehen, es sei denn der Durchfall treibt ihn hinaus oder der Engländer wirft Bomben – dann springt alles in die provisorischen Bunker…. Nachts liegt der B-Offi-

zier *(Beobachtungs- und Artillerie-Leit-Offizier)* im engen Einmannzelt und hört das Artilleriefeuer der Front, hört die Bombeneinschläge auf dem nahen Flugplatz. Wann wird unsere Stunde kommen? –
Schließlich gilt es ja noch, Tobruk zu nehmen (ein Problem für sich) und dann Marsa Matruk! – Die Umstellung vom Lazarett auf die Wüste, von Bett, Zimmer mit elektrischem Licht, Wasserleitung, Rote Kreuzschwester, Extrakost auf Zelte und Bodenlöcher wird wieder mit einem „hörbaren inneren Ruck" vollzogen werden müssen. Die anderen Offiziere bei der Einheit sind aber so gute Kameraden, dass ich mich jedoch dort hingezogen fühle. Und dann die „Landser", die unermüdlichen, unverdrossenen deutschen Soldaten! …Herzliche Grüße an Edith und viele guten Wünsche für Eure Kinder Dein getreuer Bruder Hans.

In einem langen Brief vom November heißt es (hier nur einige Auszüge):
Als Soldat verlässt einen ja bis zu einem gewissen Grad nie das Gefühl und eine gewisse Sicherheit der Geborgenheit im Vaterland, das mit seinem mächtigen Arm sogar über das Meer hinüberreicht. – Deinen Brief lese ich noch oft. Briefe liest man hier Dutzende Mal. Die letzten Tage im Lazarett verbringt man mit Heiterkeit über die wiedergewonnenen Lebensgeister. Dann erhebe ich mich eines Morgens in die Lüfte und hoffe auf diesem Wege möglichst weit vorzudringen. –

Nach dem schweren Kampftag am 23. November, an dem wir relativ hohe Verluste hatten, habe ich mit Vorwürfen zu kämpfen, dass ich meiner Verantwortung für meine Leute und als Regimentskommandeur nicht genügt habe; das belastet mich.

Doch es gibt zu viel zu organisieren, zu regeln – auch das über Hand Nehmende, Schriftliche und Formelles – dass ich diesen Selbstvorwürfen kaum weiter nachhängen kann. – Wie kurios, wenn nun in einem verfallenen Türkenfort (die Türkei war im Ersten Weltkrieg Bündnispartner der „Achsenmächte" und verlor dann ihr großes „Osmanisches Reich") *bei Agadir die Inschrift eines deutschen Kommandanten eingemeißelt findet, der im I. WK den erfolgreichen Kampf der Stämme gegen Italien schürte.*

Ja, in diesem Land lernt man nicht nur was Zeit, man lernt auch, was Geschichte ist. (es folgt eine lange, sentimental angehauchte Betrachtung, ja Verdichtung der Eindrücke über Araber, Geschichte und Landschaft – und der wenigen „Steppenblümlein" am Rande der Wüste; die so anfängt:)

Das große Staunen, das große Schauen geht auf, wenn der Blick über die meilenweiten Blütenfelder der Cylreneika schweift. Und wessen Auge, das monatelang nur den gelben Sand und den weißblauen Himmel ertrug, öffnet sich nicht wie am siebten Schöpfungstag, wenn Palmen, Kakteen, Ölbäume, Eukalyptusbäume, Obstbäume in der Wirklichkeit auftauchen. – Jahrtausende gemeinsamer Ge-

schichte von Natur und Mensch werden durchmessen, wer von den Hirten und Nomaden in das urbane Klima des tripolitanischen A ... (Agadir?) kommt, wo Lehmmauer an Lehmmauer grenzt.

Und doch ist Wüste wie Meer, wenn man hindurchfährt, im Uferlosen und ist Wüstenkrieg wie Seekrieg. – Manchmal ist es, als werde die brennende Sehnsucht nach der Heimat von einer zweiten überschattet, die wieder hinaustreiben will in die Wüste oder aufs Meer. –

Während ich dies schrieb, rauschten wieder 12 englische Bomber über uns hinweg, begleitet von 26 Jägern und warfen ihre Bomben . Ein Bomber stürzte brennend vor meinen Augen ab.. Nachts kommen sie im Tiefflug und beschießen uns mit den Bordwaffen. Was kommt, wann es kommt, weiß man nicht. Wie manche Vorbereitung wie mancher „Rückzug", wie mancher Befehl hat uns schon genervt, uns und den Engländer! Und doch ist es das fünfte ‚Rechenexempel', der **Krieg**. –

Dann wurde ja plötzlich alles anders. Ein hochinteressantes Kapitel Kriegsgeschichte erlebte ich unmittelbar am Feind und auch zeitweise in der Nähe der oberen Stäbe.

In dem Erlebnis des Kampfes habe ich oft an dich gedacht. Du hättest mich beneidet um diese Daseinserfahrung, die ein Angriffskampf besonders für den Offizier erzeugt. Unabhängig von allem Sinn und Unsinn des Krieges lässt sich das nicht leugnen. Eigenartig ist folgendes: Hatte man in den brenzlichen Situationen Glück und nimmt das Tempo der Schlacht und damit auch der Gefahr weiter zu, so wächst der Mut.

Tritt eine Pause ein, so kann man die eigene Tollkühnheit nicht mehr verstehen und wird überaus vorsichtig und berechnend. Bis eben der nächste Höhepunkt erreicht ist. Am großartigsten aber ist der Bewegungskrieg in der Wüste, wenn die Panzer aufeinander losgehen und geschossen wird und dahinter gleich die Artillerie steht.

In gewisser Weise ist dieser Kampf dem vergleichbar, wie im Mittelalter die gepanzerten Ritter auf einander losgingen, Einzelkämpfer gegen Einzelkämpfer.

Ich wünsche Euch und den Lieben Kindern zusammen ein gutes Kriegsweihnachten Euer Hans.

Brief von Februar 1942. Wenn du schreibst, wie herrlich es sein muss, bei großen kriegerischen Ereignissen dabei zu sein, so ist damit freilich das wahre Gefühl der Frontsoldaten grade hier nicht getroffen. Bei dem unablässigen Katz- und Maus-Spiel in der Wüste kommt man täglich nur mit Mühe und viel Glück an

Tod oder Gefangenschaft vorbei, besonders in meiner immer wieder doch sehr gefährlichen Funktion.
Aber man hat hier doch eine (irgendwie) naive Freude am <u>Kriegsspielen</u>, *denn tatsächlich spielt sich der Krieg häufig wie eine Zinnsoldaten-Schlacht ab.*
Gewaltiger Anblick, wenn eine ganze Panzerdivision – mit allem Drum und Dran, also anders als in Europa – durch die Wüste zum Kampf vorgeht ....
Sehr freue ich mich über die Anhänglichkeit von Helge . Nur du solltest unter keinen Umständen wieder Soldat werden, einmal wegen deiner Gesundheit, und dann eignen wir Brüder uns alle nicht für den Komiß. –
Hier ist Regenzeit, oft stürzen große Wassermassen vom Himmel.
An Urlaub ist wohl nicht zu denken. Leb wohl, mein Guter! Herzliche Grüße an Edith und die Kinder, Hans.

Hans nennt dann Lektüre, die er sich wünscht wie „Goethes Kampagne in Frankreich", antike Feldherren oder Kaiserbiografien – und schreibt über ein von Ernst zugesandtes und gelesenes Buch von Jacques Bainville, 1879-1936:

So hast du mir mit dem Bainville mehr als eine Freude gemacht, denn dieses scharfsinnige Buch liest sich äußerst spannend. Das dargelegte Problem beschäftigt ja die <u>Geschichte wird heute im größten Rahmen und in unserer Zeit endgültig gelöst und entschieden werden.</u>

Bainville schrieb z.T. bedeutende Geschichtswerke, angefangen 1905 mit „Bismarck et la France", und u.a. darauf 1915 „Geschichte zweier Völker – Frankreich und das Deutsche Reich"; das waren immer wieder die Themen von Bainville, die damals unseren „Afrikakämpfer" anregen konnten. Im Brief heißt es weiter:

Die Erfolge der Japaner sind für Deutschland von der größten Bedeutunfj. Es wird klar, welche ungeheure Aufgabe es für uns alleine wäre, England und Amerika zu schlagen. Wir in Afrika müssen immer noch warten, bis im Osten die Entscheidung gefallen ist. – Ganz schön hochgestochene Ansichten hat der Onkel! (weiter im Bf.:)

Wenn auch der Feldzug uns alle und mich bes. stark mitgenommen hatte, so kam der Zusammenbruch doch durch persönliche Konflikte und Enttäuschungen (wahrscheinlich hatte Hans schlechte Nachrichten, so von seiner Liebsten aus der Heimat, die wohl einen anderen geheiratet hatte). *Aber jetzt geht es wieder, es muss gehen, bei aller Sorge um den Sommer, denn dabei sein will ich, wie lange es auch dauern mag. Herzlichst Dein getreuer Hans.*

Die Briefe gehen weiter, bis zum 17. Mai 42; da wird stolz berichtet von der Verleihung des EK I. Kurz danach wird Hans F. schwer verwundet und bald

darauf in die Heimat transportiert. Im <u>August 1944</u> liegt einer der letzten Briefe von Hans vor, in dem es heißt:
Nachdem ich wieder wie so oft <u>mitten durch den Tod geschritten</u> *bin, bedürfte es schon außerordentlicher Impulse, dem Leben noch sehr viel abzugewinnen. Leider habe ich auch an der Natur nicht mehr die naive Freude wie ehemals. Aber das zeugt im Grunde nur davon, dass man in der Erkenntnis einen Schritt weiter gegangen ist.*
Meine Verwundungen zehren natürlich auch sehr an mir. Was das für mich bedeutet, nie wieder ganz den vollen <u>Gebrauch meiner rechten Hand</u> *zu haben (als produktiver Schriftsteller) ist schon erheblich beeinträchtigend. Ja, wenn man sähe, dass man etwas für einen großen Erfolg geopfert hätte!*

Nach dem Motto *Viel Feind viel Ehr* erklärte übrigens Hitler-Deutschland im Dezember 1941 den USA den Krieg, was ja von Präsident Roosevelt (s. S.114, „Alberts patriarchalische Geschichte") angestrebt und so gewollt war, da er schon längst im besonderen die Briten tatkräftig mit Waffenlieferungen unterstützte.

Mutti im April 42.. *Ich denke jetzt überhaupt nichts mehr. Es kommt, wie es kommt. –*
Es könnte alles so schön sein und man könnte so glücklich sein. Aber es ist mir nicht vergönnt.
Dieses Mal feiern wir unseren Hochzeitstag nicht zusammen, aber es ist vielleicht besser so. Es ist sicher ungerecht von mir, wenn ich Dich in den ersten Monaten immer so schlecht behandle. Aber ich habe noch nie ein Kind bekommen können, wann ich wollte. Warum klappt es denn bei anderen Ehepaaren? Warum muss ich denn immer wieder <u>diese entsetzlichen neun Monate</u> *mitmachen? Das kann man ja auf die Dauer gar nicht aushalten.*

Mutti schrieb ihrem Ehemann von dem ‚Familiengut' Menne im Juli einen weiteren Brief:
Du hast mir einen so rührenden Brief geschrieben. Ich nehme mir ja auch immer vor, vernünftig zu sein, aber die Zukunft liegt so schwarz und düster vor mir, dass ich wirklich manchmal keine Lust mehr habe weiter zu leben. ...
Wie soll es denn in Zukunft werden, wenn wir nur einmal im Monat zusammenkommen, vorsichtig sind und trotzdem passiert was? Dann müssen wir uns eben vollkommen trennen.
<u>*Zu was führt man dann eine Ehe?*</u> *Ich glaube nicht, dass ich meine Tage noch bekomme. Seit ein paar Tagen bin ich wieder so schlapp und ewig müde.*
Mein guter Appetit ist weg und nachmittags habe ich wieder so einen Druck auf den Magen. ...Ich denke viel an Daggilein (die Kleine wurde im Febr.41 geboren).

Dann lief noch etwas anderes völlig schief, nämlich das Unternehmen „Barbarossa": Dem großen Führer erschien der schon verspätete Angriffskrieg gegen die Sowjetunion als unausweichlich. Einige der schlauen Historiker gehen davon aus, dass sonst die Bolschewiki ‚schon' im September 1941 selbst das Deutsche Reich angegriffen hätten. Ist auch egal jetzt; jedenfalls war der Führer noch voller Mut, setzte aber voll auf Risiko; noch hielt die Mehrheit des Volkes treu zu ihm, wenn auch der Generalstab teils äußerst skeptisch zu der ganzen Aktion stand . –

Vater war ja im Jahr 1941 vom Truppenarzt als „nicht kriegsverwendungsfähig" beurteilt und schließlich entlassen worden. Aber er glaubte noch an den Endsieg und wollte unbedingt seinen Beitrag dazu leisten. Also meldete er sich nochmals freiwillig und wurde schließlich im Februar 1943 (Stalingrad war das Fanal) eingezogen.

I. Quartal 43. In Prag Dewitz meldete er sich bei der Waffen-SS und trägt in sein <u>Merkbuch</u> ab März 43 ein:

Mit Bi. Abends in Lindenthal im Cafe und Barock-Restaurant.

Weiter ging's, am nächsten Tag, mit Übungen im Bereitschaftszug, Alarm, Übung Panzer Nahbekämpfung! Dann: *Schießen mit MG und Gewehr, Unterricht, Wache, Arbeitsdienst, Schießen beim Vorkommando, 300m liegend,. nicht erfüllt.*

Ausmarsch mit MG auf Höhe 328, Stellung ausgebaut, getarnt und so weiter.

Es war schon hart.

An Führers Geburtstag (natürlich Antreten, Ansprachen, Singen und reichlich Feiern) *Festkonzert der H.J. Dann ging's wieder los mit Gefechtsübungen, Schießen (nicht erfüllt)* und dergleichen. Sohn *Helge* (dessen Gesundheit in einem "fortschrittlichen Kinderheim gestärkt" werden sollte) *an Scharlach erkrankt, kein Urlaub, Sperre.*

Im. Mai Verlegung der Einheit nach **Debica** *G.G., (also Polen) ein Teil nach Dachau und Warschau. – Spieß teilt mit, dass Versetzung nach Berlin bevorsteht, Abfahrt – über Krakau, Stadt angesehen. In Berlin Meldung bei SS Führungshauptamt Abt. T.O ..../ Bruder Hans angerufen.*

Dienst als Schreiber bei Abt. T.O. begonnen, Abendbrot bei Hans in der Stallupöner Allee.

Hans am 20.5. ab nach Leningrad, verbringe zwei Nächte gemütlich in seiner Wohnung. – Abreise nach München wg. Versetzung.

Beim Chef Ostuf (Obersturmbannführer: ist dem Oberstleutnant in der Armee gleichzusetzen*) Schw. – Wochenendurlaub nach Immenstadt, Helge im Krankenhaus besucht, hat noch hohes Fieber. – Sonntag Besuch der Ausstellung*

Münchener Künstler im Maximilianeum. – Beim Hauptamt SS-Gericht, Stubaf (Sturmbannführer/Major) Klahre will mich anfordern. –
Ankunft von Edith und Helge in München, wohnen in Pension Anita.
im alten Botanischen Garten Kaffee getrunken, anschließend zum Haus der Deutschen Kunst, morgen fahren sie nach Hause. –
Mitteilung, dass ich Gerichtsoffizier bei der Stadtkommandantur werden soll. Plötzlicher Entschluss zum Antrag auf Jahresurlaub, wird bewilligt. – 2 Wochen in Wiesbaden. – mit drei Kindern im Opelbad, abends mit Sieberts zum Glas Wein und Sekt. Viel im Garten gearbeitet und auf dem Büro. –
Telegramm, dass ich zum Hauptamt SS-Gericht versetzt. – Stubaf Dr. Klahre teilt meine Versetzung zum SS-Gericht X nach Den Haag mit. –
Zum SS-Richter d. Res. vereidigt, Reisepapiere erhalten, in Den Haag viel, viel Arbeit. – Protokoll in Sitzung geführt, Übernahme eines Dezernats wg. Urlaubsvertretung, nochmals viel viel Arbeit. – Beförderung zum Oberscharführer. – erstmals als Beisitzer Teilnahme an einer Hauptverhandlung des SS und Polizei Gerichts: 2 Urteile –
Obergruppenführer (Generaloberst!) Breithaupt zu Besuch. /
Im September: Samstag abends großes Fest im Führerheim, verschiedene deutsche und holländische Ehepaare eingeladen, auch der Intendant der Deutschen Theater. Es wird getanzt und ich bin sehr eifrig. –
Im Vortrag über Farbe und Licht, Professor Buchwald, Niederländischer Kulturverein. –
Hauptverhandlung, Fünf Urteile. Chef genehmigt 4 Tage Sonderurlaub zur Bestellung einer Struktur im Büro. – Morgens im Büro und bei Kollege Stempel. Endgültige Übernahme des Dez. von Ostuf Heergesell; sehr viel Arbeit.

Erfolgreiche Verteidigung

Oktober: in der <u>Sache Fisch</u> *wg.* <u>Fahnenflucht</u>
statt Todesstrafe <u>nur 3 Jahre Gefängnis wg. Unerlaubter Entfernung</u> *(von d. Truppe).*
Von Sonnabend. 4 Tage. Edith hier zu Besuch.
Ortstermin in Amsterdam, Luftw. Lazarett., S. De Boer wg. Selbstverstümmelung.

Das war schon eine recht schwierige Aufgabe mit der Übernahme der Verteidigung des Sohnes eines angesehenen Bürgers und Geschäftsmannes der Stadt Den Haag. Dieser Sohn saß damals bei der Gestapo in Frankfurt a.M. In Haft und sollte hingerichtet werden. – Am 24. November schließlich wird endlich und mit persönlichem und höchstem Einsatz von Ernst Fischer die Freilassung erreicht. Am 10. Dezember abends wird der Erfolg mit dem glücklichen Vater und dem Bürgermeister von Den Haag im Führerheim gefeiert. Herr Hoyng überreicht Pa als Dank einen wertvollen Delfter Wandteller, der noch existiert. – Am Ende des Merkbuchs heißt es dann:

Heilig Abend 1943: Gegen Abend schöne Weihnachtsbescherung mit den Kindern / Abends Sylvester schön mit meiner lieben Frau allein und intim bei einer Flasche Sekt. (Ende der Notizen im „Merkbuch")

Der Kampf ging weiter, auch an der Heimatfront. Unser Blockwart war der Nachbar und Architekt Lehr. Gab es Alarm, setzte er einen großen Kaffeewärmer auf, um sich vor Splittern zu schützen. Ansonsten ging er abends die Straße ab, um die Verdunkelung zu überprüfen. Die Gasmasken, die jeder hatte, wurden regelmäßig überprüft, besonders auch bei Probealarm.

Der Blockwart war wie der Teufel hinter der armen Seele hinter den Dienstmädchen und anderen hinterher. Sein tolles Ford Cabrio durfte er zwar nicht offiziell fahren, stellte es aber vor die Garage, putzte und wartete es stundenlang. Bei Probealarm ging es zum riesigen Bunker in der Kronenbrauerei an der Dietenmühle. Als es dann wirklich krachte, stürzten wir aber in den eigenen Keller. Mutter hatte inzwischen die Fahrräder, Kartoffelgestell und sonstiges rausräumen lassen. Dafür kamen kleine Kinderbetten plus zwei Feldbetten rein, in denen wir uns oft die Zeit um die Ohren schlugen oder die Nächte verbrachten. Mutter schrieb ihrem Soldaten im März 1943 einen gesalzenen Brief:

(noch: I. Quartal 43) *Du weißt wohl nicht mehr, in welchem Ton und auf welche Art Du mir damals Deine freiwillige Meldung mitgeteilt hast, 6 Wochen vor der Geburt. Außerdem hat mir jeder gesagt: Hätte er nicht bis nach der Geburt warten können? Du hast überhaupt keine Rücksicht auf mich und meinen Zustand genommen. Du sagtest mir ja krass, Du wolltest an die Front und <u>in erster Linie käme das Vaterland</u>. Ich weiß ja, dass Du SS-Mann bist und ich möchte auch keinen Drückeberger zum Mann haben. – Du weißt ja nicht, wie namenlos ich bei mehreren Kindern in den ersten Monaten gelitten habe. Frau Hees sagte neulich erst zu mir, ich wäre doch die zarteste in der Klasse gewesen und jetzt bekäme ich 6 Kinder! Mich haben wirklich nur meine Kinder vor dem Äußersten abgehalten. Es war keine Anstellerei.*

Alle Leute meinen, ich mache das spielend. Du als mein Mann müsstest ja eigentlich Verständnis dafür haben, dass es für eine zarte Frau keine Kleinigkeit ist, immer wieder so schnell nacheinander Kinder zu kriegen. Wenn Du mich dann noch mit Deiner Mutter verglichen hast, dann war es restlos aus.

Es macht sich eben bemerkbar, dass Du so eine komische Mutter hast und leider nicht mit Schwestern aufgewachsen bist.

Außerdem hätten ein paar Liebschaften in der Studentenzeit auch nicht geschadet.

Aber jetzt wollen wir die Sache endgültig begraben. –

Dass sie Dich mitten in der Nacht nicht im Wehrmachts-Heim aufgenommen haben, finde ich ja allerhand. Das hätte ich mir nicht gefallen lassen. Es wird wohl noch eine Zeit dauern, bis Du Dich wieder beim Militär eingelebt hast. Ich will ja nicht schadenfroh sein. Aber Du wirst wohl noch oft denken: „Hätte ich nur abgewartet." Es ist ein ziemlich geschäftlicher Brief geworden. Es hängt eben jetzt alles an mir. Gestern lag ich mal wieder auf dem Sofa. Es (das Kind) *hat sich immer noch nicht gesenkt. Ich halte es kaum mehr aus. Es knackt richtig an den Rippen. –*

Ich war heute wieder auf Büro und Bank, weiß gar nicht.wie der Kontostand ist. Da musste ich mich orientieren. Ich bin froh, dass ich noch so viel leisten kann. Frau Hess (vom Feinkost- und Lebensmittelgeschäft) *wunderte sich auch, dass ich außer anderem 2 Flaschen Wein mitschleppte.*

<u>*Wenn es sich nur senken würde.*</u> *Wenn ich mich bücke, habe ich arge Schmerzen. – …die Bemerkungen von allen möglichen Bekannten sind zum Schießen. ‚Sie sind aber tüchtig.' ‚Schon wieder ein Baby? Das Wievielte?' Andere Männer müssen für mich sorgen. Eigentlich traurig.*

Ich will jetzt schließen. Habe noch zu nähen und schon so Rückenschmerzen.

Es küsst Dich Dein getreues Frauchen. –

Mein Liebling! Sonnabend, Sonntag fühlt man sich immer am einsamsten. Statt mich auszuruhen habe ich Besen und Schrubber repariert und Einmachgläser nachgesehen. Die Feuerpatsche (zum Löschen) habe ich auch gemacht. Gestern hatten wir wieder Alarm. Sie flogen öfters über uns und die Flak schoss ziemlich. Sie hätten ganz doll in Köln gehaust. Wir haben das Schießen und die Bomben so deutlich gehört. Das ganze Haus hat gewackelt. Es sind jetzt meistens schwere amerikanische 4 Motor-Bomber.

Wenn wir nur einen anständigen Luftschutzkeller und Splitterschutz hätten. Daggi hatte schon Angst, als es schoss. –

Ich schrieb heute schon mal einen ziemlich melancholischen Brief.

Es ist oft alles so schwer in dem Zustand. Seit 4 Tagen habe ich fast immerfort

krampfartige Schmerzen im Oberschenkel. Ob es doch eher kommt? Oder ob es so lange braucht, bis es sich setzt? –
Das ist ja ein angenehmer Gedanke, dass die Briefe geöffnet und wichtige Papiere herausgenommen werden. Ein alter SS Mann ist doch kein Spion! Ich glaube, ich muss schon bis 18.3. mit der Geburt warten. Seit einer Woche hat es sich zum Glück gesenkt. Denk mal an, sie schaffen jetzt auch aus Wiesbaden die Kinder weg. Sie scheinen doch allerhand von den Fliegern zu erwarten. Daggi ist zu süß. Wenn man sie schimpft, hält sie sich die Ohren zu und macht dann das, was sie nicht soll. Sie ist jetzt den ganzen Tag draußen (sie tollte mit dem kleinen Ludi von nebenan im Wäldchen herum und kam manchmal ohne Kleider nach Haus) und fährt schon allein Roller.

Was soll mit der Steuererklärung werden? Soll ich sie schicken oder aufs Büro geben? Soll man das Geld auf dem Bankkonto nicht anders anlegen? Es verzinst sich so schlecht. Außerdem soll alles Vermögen hoch besteuert werden. –
Wir hatten gestern Nacht wieder einmal Alarm. Sie warfen mehrere Leuchtschirme ab. Hoffentlich haben sie nichts vor mit Wiesbaden. In Nürnberg wären sie gewesen. Hoffentlich passiert dann nichts, wenn Du womöglich hinkommst. Jetzt fällt mir das Laufen doch schwer. Der Kopf sitzt schon im Becken. War trotzdem heute 3 Stunden in der Stadt. Überall muss man so lange warten. Hab' Rückenschmerzen. Will schließen. Vermisse Dich sehr. Dein einsames Frauchen –
Hans rief eben aus Berlin an. Er ist heute früh dort angekommen.
Zwei Wochen war er an der Front und des öfteren in großer Gefahr. Ein Glück, dass er vorläufig aus dem Hexenkessel heraus ist. Der Angriff auf Berlin soll sehr schwer gewesen sein. Die Hedwigskirche ist zerstört und über tausend Tote. Was wird von den Fliegern noch alles angerichtet werden? Denk mal an, hier werden <u>*alle Kinder von der Schule aus evakuiert.*</u>
Ich lasse unsere natürlich nicht weg. Es wird mit Gasangriffen gerechnet. …
Man kann es eben wirklich nicht mehr verantworten, weiter Kinder in die Welt zu setzen. Mit fünf Kindern und einem kleinen Baby ein Haus im Stich lassen und bei Fremden Unterkunft suchen, ist nicht leicht. …Das Zukünftige muss schon allerhand Aufregungen im Mutterleib mitmachen. Gestern Nacht war dreimal Alarm. Auch tags ist öfters Voralarm. Deine getreue Edita. –
Im Brief aus Prag vom März 1943 antwortet Papa: *Deine Briefe haben mich ein wenig wieder versöhnt, obwohl natürlich ein Stachel sitzen geblieben ist.*
Du hast mir ja meine vielen Fehler deutlich vorgehalten. Ich bin halt doch nicht der richtige Mann für Dich gewesen, wie ich immer geglaubt habe.
Aber nun musst Du es halt mit mir aushalten. Was hat aber meine Meldung

als Freiwilliger mit meiner Liebe zu Dir zu tun? Ich bin gerade der Auffassung, wer Frau und Kind richtig liebt, *muss heute* als Soldat für den Sieg kämpfen. *Denn was würde aus Euch allen werden, wenn wir den Krieg verlieren! Aber nun endgültig Schluss mit der Debatte! Zu dumm ist ja, dass Helge nun vorläufig wegen des Scharlach nicht fahren kann. Grüße alle Kinderlein und gib ihnen viele Küsschen. –*

Mitte März schreibt Mutti: *Das hättest Du gestern miterleben müssen, die Exkursion ins Krankenhaus. Um 9 Uhr waren wir glücklich da.*

Da hatten sie mein Zimmer schon vergeben, mussten erst wieder eins frei machen. Am liebsten wäre ich gleich wieder umgekehrt. Ich habe eine sehr schlechte Nacht verbracht. Da es beim Frühstück mit den Lebensmittel- Marken nicht klappte, bin ich wieder abgehauen und bin selig, dass ich wieder zu Hause bin. Dann schätzt man erst sein schönes Heim. Da ein Sanitätswagen auf jeden Fall fährt, auch bei Alarm, kann ich ja ruhig sein. –

Mutti: *Da hast Du aber Pech gehabt, dass Du Wache halten musstest. Nächstes Mal verdrücke Dich rechtzeitig am Sonnabend. Ich finde, Du dürftest den Außendienst aber nicht mitmachen. Das ist doch zu anstrengend. Du bist doch nicht feldtauglich. Viel bringe ich heute Abend doch nicht mehr fertig im Schreiben. Habe auch jeden Tag jetzt geschrieben. Es ist wirklich Zeit, dass es zu Ende geht. Alles ist zu viel. Man kann sich nicht bücken, nicht laufen usw. Heute war die neue Praktikantin da, ein sehr hübsches Mädchen. Schade, dass Du beim Militär bist!? – Du armer Kerl wartest jetzt mehr, wie ich auf das Baby. Ich rufe nachher mal Dr. Diemer an, ob er nicht am Montag die Geburt einleiten kann. …ich bekam so Leibschmerzen, dass ich bestimmt dachte, ich müsste ins Krankenhaus.*

Allmählich wird es mir auch zu dumm, denn jeder Tag länger, ist es über- tragen. Ich bin auch sehr ansehnlich geworden. Ich sagte Dir schon am Telefon, es wäre vielleicht schöner, wenn Du kämst, bevor ich aus dem Krankenhaus komme. … Gestern hatte ich noch Kränzchen bei mir. Man kann ja nicht immer nur dasitzen und warten. Helge ist das zweite Mal geimpft (beim ersten mal wurde er ohnmächtig) worden und Diddi ließ ich auch impfen. Sie bekam nachts Fieber. Es wird wohl Mitte April bis Helge wegkommt. – Ich glaube, alle anderen sind unruhiger, wie ich. Was hat es auch für einen Zweck, wenn ich wie ein ungeduldiges Raubtier im Käfig herumlaufe.

Dr. Graf ist allerdings der Meinung, dass es nicht gut ist, wenn es übertragen wird.

Er greift ein, aber Dr. Diemer lässt die Natur walten. Beim Brüder war es schrecklich, dass er übertragen war. – Helge ist doch von Natur ein großer Au-

genmensch. Er fragt wie oft, ob ich dann wieder schlank wäre, wenn das Baby da ist. Siehst Du, Dein Melden war nicht so nötig. Vielleicht kommst Du dann ein paar Wochen. Es wäre ja drollig, wenn Du vor der Geburt da wärst. –
Am 24. März 1943 wurde Hans-Jürgen geboren. Mutter: *Die Geburt dauerte nur ¾ Stunden. Er kam um 8 ¼ abends auf die Welt. Er war 56 cm groß und seine Kopfweite war 38 cm, er wog 9 Pfund und 150g. Leider bekam er bald Geschwüre am Kopf, aus denen Eiter herauskam. Es ist ein besonders kräftiger Kerl, hebt schon den Kopf wie ein drei Monate altes Kind. Leider musste er schon im Krankenhaus das Fläschchen nachbekommen. Ich habe zu wenig Milch.* –
Ernst schreibt am 20.3.43 aus Prag: *Zunächst ist so eine Versetzung immer wenig schön. Man wird aus dem vertrauten Kreis herausgerissen und muss sich wieder neu eingewöhnen. Wir haben auch bisher keine Spinde und müssen aus dem Tornister leben. Ich war sehr froh, Dich gestern am Telefon gesprochen zu haben. Deine Geduld wird ja diesmal auf eine harte Probe gestellt. Vielleicht wird es ein <u>Sonntagsjunge</u>, der dazu noch zu Frühlingsanfang kommt.*
Nun will ich Dir einiges von mir erzählen: Meine Versetzung hat sich als ein ziemlicher Fehlschlag erwiesen. Bei der Abteilung, zu der ich kommen sollte, ist mir ein anderer Jurist zuvorgekommen. Ich bin also dort überflüssig. Auch in puncto Unterbringung und Kameraden hatte ich es früher besser. Hier liege ich mit 20 Kameraden auf einer Stube ohne Spinde. Dazu der Staub und Schmutz! …sich noch alles selbst machen und anderen Leuten den Dreck wegputzen! Leider bin ich auch jetzt nicht mehr Stubenältester und muss Stuben- und Flurdienst machen. Aber unsere Soldaten an der Ostfront haben es ja noch viel schwerer, dagegen ist es bei uns noch golden. Nun ist es schon wieder neun Uhr und noch immer keine Nachricht. Wenn Du nur endlich erlöst bist. –
II. Quartal 1943. Dein lieber Brief vom 11. machte mir besondere Freude. Ja es ist schon traurig, dass wir so viel von der schönsten Zeit des Lebens verlieren. Nun müssen wir leider damit rechnen, <u>auf lange Zeit getrennt</u> zu bleiben. Du hast wenigstens die Kinder und bist zu Hause. Ich habe oft sehr Sehnsucht nach Dir, dass ich Dich herbeizaubern möchte. Nachts träume ich auch oft sehr wüste Dinge, bei denen immer Du bei mir bist. Aber das kommt ja für uns in Zukunft nicht mehr in Frage. –
Wir hatten jetzt mehrmals hintereinander Fliegeralarm, allerdings ohne Angriff. Weil ich Brandwache hatte, habe ich mich leider von Neuem erkältet. Ich will sehen, dass ich in eine andere Stube komme, denn bei uns ist es jede Nacht so unruhig, dass ich andauernd im Schlaf gestört werde. Ich habe mir leider immer noch nicht den festen Schlaf angewöhnt, wie ihn der Soldat eigentlich haben muss. Wann werde ich wieder

einmal neben dir im Bettchen liegen, ich meine natürlich nur in meinem?! – Mutti an Ernesto: . *Du schreibst so liebe Briefe voll Fürsorge. Wenn Du dann da bist, kannst Du oft nicht verstehen, wenn ich mich beklage, dass es mir zu viel ist. Manchmal meint man wirklich, es ginge nicht mehr und es geht doch immer noch irgendwie. Jetzt hat er* (Hans-Jürgen) *sein Geburtsgewicht wieder, nachdem er doch einiges abgenommen hatte. –*
Es war so schön, Deine Stimme am Telefon zu hören. Ich bin immer erstaunt, dass Du auf einmal wie bei einem Ortsgespräch am Apparat bist. Bei mir geht es auf und ab. Ich dachte, ich könnte Bäume ausreißen wie ich am ersten Tag wieder im eigenen Heim auf war und das hat sich gerächt. Aber die Blutungen sind nicht mehr so schlimm. ...Ich merke doch jetzt aus Deinen Briefen Deine große Liebe. ... Hoffentlich haben die Aufregungen dem Kleinen nicht geschadet. –
April.43. Mein Liebling! Es ist schon sommerlich warm und alle Obstbäume blühen. . Die schönste Zeit des Jahres ist jetzt. Und wir sind getrennt.
Gerade jetzt kommt man sich doppelt verlassen vor. Ach, man hat wirklich allmählich den Krieg satt. Die Zeit vergeht zu schnell, seitdem Hans Jürgen da ist. Ich will bald stillen, falls es Alarm gibt. Bin müde und will in mein einsames Gemach gehen. Dein einsames Frauchen. –
Der getreue Ernesto schreibt:
Das war wirklich Pech, dass Du bei meinem Anruf gestern nicht zu Hause warst. Von mir kann ich Dir heute allerhand Neues berichten.
Denke Dir, ich mache wieder Dienst bei der Kompanie und zwar bei den Führerbewerbern. Ich fühle mich dort sehr wohl, denn es sind doch sehr nette (zum Teil prominente) Leute dabei. Allerdings ist das schöne Leben auf der Schreibstube jetzt vorbei. Jetzt ist man wieder den ganzen Tag angespannt und muss sich mit Appellen, Antreten, Geländeübungen, Schießen und anderen schönen Sachen quälen lassen. Aber man fühlt sich wenigstens als richtiger Soldat.
Mein Dienst bei den Führerbewerbern hatte insofern einen sehr netten Anfang, als wir gleich am Sonntag einen Kameradschaftsabend im Deutschen Haus hatten, wo es gutes Essen, Wein und Schnaps gab. –
Mutti: *Ich stille jetzt nur noch zwei mal. Will aufhören, weil ich bald zu Helge* (lag mit Scharlach im Krankenhaus in Immenstadt) *fahre und Schwesti ja länger krank ist. Er* (der Kleine) *lächelt schon so niedlich. –*
Rudolf schrieb aus Menne an Bruder Ernst in Prag am 2. Mai 43 einen Brief:
Ich bedaure sehr, dass Du keine Einreisegenehmigung schicken konntest, ich käme gerne mal. Die alten Soldaten müssen scheinbar jetzt noch ran; die Jahrgänge 1897-1900 werden hier jetzt nachgemustert und eingezogen. Für mich als „Betriebshalter" besteht z.Z. Keine Gefahr, eingezogen zu werden.

Jetzt blüht hier der Flieder *und die Natur hat ihr schönstes Kleid angelegt. – Was wird nur die Zukunft bringen? Man grübelt und fragt sich, wie soll alles enden. Wenn ich zweifellos in einer glücklichen Lage bin in vieler Hinsicht, so bin ich natürlich nicht ohne Kummer und Sorgen; vor allem sehe ich traurig in die Zukunft. ...Nun habe ich zwei Töchter, die ich sehr lieb habe, aber ein Sohn fehlt mir doch unendlich. Wofür arbeite ich, gerade als Landmann, wenn kein Sohn mir folgt? In all dem tun mir auch meine Frau und die Kinder so leid, dass sie hier leben müssen. Was hätten sie in der Stadt für liebe Menschen, für Unterhaltungs- und Ausbildungsmöglichkeiten!*

– Endet der Krieg gut, habe ich selbst, nicht Soldat und nicht Parteimann, gar nichts zu erwarten; endet er schlecht, so wird man auch an die Wand gestellt. Eine düstere Zukunftsmusik ...Du musst vor allem gesund bleiben und Dich Deiner Familie erhalten. – Vom Krieg nun ganz zu schweigen! Nur die Arbeit kann einen über all dies hinweg helfen. ...

Zu Deiner Lage jetzt, wage ich nichts zu sagen. Ich streite nur für das Gute und Schöne. Sei umarmt ... Rudolf. –

Ernesto an Edith: *Heidelager, im Mai:. Mein Herzchen, Du hast recht, wenn Du das Schicksal anklagst, das uns so auseinandergerissen hat. Aber es hat keinen Zweck, darüber nachzudenken. Man muss in den Tag hineinleben.*

Vor allem als Soldat muss man allzu weiche Gefühle möglichst ausschalten, sonst geht man vor die Hunde. Ich habe mir jetzt die richtige Art und Weise angewöhnt, alles hinzunehmen, eine Art Fatalismus. Ich suche meinen jeweiligen Lebensumständen die besten Seiten abzugewinnen und gebe die Hoffnung auf bessere Zeiten nicht auf. Es ist ja ein merkwürdiges Leben, das wir hier in unserer Waldhütte mitten unter all den Ausländern führen. Wir sind hier so quasi bei den Esten zu Gast. Den ganzen Tag hört man sie ihre freundlichen Lieder singen. Für unsere Begriffe sind sie ja keine richtigen Soldaten.. Für die deutschen Ausbilder keine leichte Aufgabe. Wir denken hier alle mit Sehnsucht an das goldene Prag zurück. –

.Mutti an Papa: Gestern habe ich schlapp gemacht. Schwesti soll längere Zeit zur Erholung weg. Hoffentlich halte ich durch. Ich vermisse Dich sehr. –

. Schließlich kam dann ein älterer Arzt. Helge hat also Bronchitis und außerdem wäre es mit dem Herzen nicht in Ordnung. Es wäre ja schrecklich, wenn er etwas zurückbehielte. Ich höre jetzt von allen Seiten nichts Gutes vom Kinderheim. Es war schön, dass Du an Pfingsten da warst. Aber zu schnell kommt immer der Abschied. Man fühlt sich gar nicht mehr wie eine verheiratete Frau. –

Vater an Mutter: *Ich muss trotz allem dankbar sein für die Pfingsttage. Ein vollkommenes Glück kann man vom Schicksal nicht verlangen.*

Aber wir beide waren doch wieder mal nach langer Zeit zusammen und konnten einige Stunden glücklich sein. Die Freude des Beisammenseins wurde ja leider durch die Sorge um unseren Helge getrübt. Schön wäre es ja gewesen, wenn wir beide in einem Zimmer hätten wohnen können; aber es schadet ja nichts, wenn die Liebe jetzt für uns nur in kleinen Dosen verabreicht wird. Schön wäre es, wenn wir noch mal ein paar Tage oder besser gesagt, Abende und Nächte in München zusammen sein könnten. Meine besten Wünsche für Euer beider Wohlergehen begleiten diesen Brief. –
24. Juni: Ankunft von Edith und Helge in München, wohnen in Pension Anita.
Im alten Botanischen Garten Kaffee getrunken, anschließend zum Haus der Deutschen Kunst, morgen fahren sie wieder nach Hause. –
III. Quartal 1943. Mutters Briefe gingen nun nach Den Haag.
Ich vermisse dich so sehr, wie noch nie, trotzdem du doch erst ein paar Tage weg bist. Wenn ich nicht gerade meine Tage gehabt hätte, würde ich sagen: „Es ist wieder was los bei mir." Es ist scheußlich, wenn man so gar keine Entschlusskraft hat und zu keiner Arbeit fähig ist. Hoffentlich habt Ihr nicht auch so eine Weiberwirtschaft, wie in den „Vier Jahreszeiten" (ehemaliges Hotel). Das wäre kein angenehmes Gefühl für mich. Aber du wolltest mir ja untreu sein, weil.... Dann müssen wir eben nur noch eine Kameradschaftsehe führen. Gestern war Jochen Siebert da. Er soll sich zur Rücksprache beim SS Führungshauptamt melden in Berlin. Willst du dann Stempel als Vertreter nehmen? Was sagst Du dazu, dass Berlin evakuiert wird? Wie lange lassen wir uns noch unsere Städte kaputt schmeißen? Das schöne Hamburg (ist auch hin). –
Ich bin so schrecklich bedrückt. Am besten geht man nicht mehr in die Stadt. Man sieht und hört nur noch von Bombenbeschädigten und Fliegerangriffen. Es ist ja entsetzlich, dass eine Stadt von etwa zwei Millionen wie Hamburg einfach vollkommen ausradiert wird. Was da an Menschenleben und Werten zerstört worden ist. Wie lange sehen wir uns das denn noch an? Jetzt wird außer Berlin auch schon Frankfurt evakuiert.
<u>*Kann man es mit sechs Kindern verantworten, hier zu bleiben?*</u>
Hans hat wirklich Recht. Es kommen noch harte schwere Zeiten. Dann wäre mir schon lieber, weniger zu essen und keinen so entsetzlichen

Bombenterror gegen Frauen und Kinder.

Ich mache lieber Schluss und trinke meine letzte Pulle Rotwein. –
Zum Oberscharführer befördert: Den Haag, im August.43. *Obwohl heute morgen erst ein Brief an dich herausgegangen ist, will ich dir doch heute Abend noch mal schreiben. Ich habe Dir nämlich etwas Erfreuliches zu berichten: Heute kam meine Beförderung zum Oberscharführer heraus. Was sagst Du dazu? Ich bin gleichzeitig SS-Richter d. Res. geworden. Das ist wirklich ein Sprung.! Ich hatte nicht damit gerechnet, dass es so schnell gehen würde. Nun bin ich ein vollgültiges Mitglied des fleißigen Gerichts. …*

Ich muss mich immer wieder im Spiegel betrachten, um es zu glauben. Meine alte schäbige Uniform passt allerdings gar nicht zu meinem jetzigen Rang. Nun habe ich es also wirklich geschafft! *Man muss sich auch das teuer erkaufen. Manchmal stöhne ich über die Arbeit und Verantwortung, die ich mir da aufgehalst habe. Aber man muss mit den Wölfen heulen.*

Ich bin sehr betrübt, dass Du so wenig schreibst. Noch ein paar Wochen und der Sommer ist wieder herum. Was mag dann kommen? Am politischen Himmel sieht es immer noch trübe aus. Italien kämpft vorläufig weiter, aber wie lange noch? Werden wir die Ostfront gegen den dauernden wütenden Ansturm der Sowjets halten können? Man wartet jeden Tag auf eine günstige Wendung, aber es kommen nur Hiobsnachrichten. *Dazu dieser furchtbare Bombenkrieg. Hier sind drei Unterführer aus Hamburg, die alles verloren haben und z.Z. noch nicht wissen, ob ihre Angehörigen noch leben. Die* Umstände in Hamburg müssen ja grauenhaft sein. *Die Holländer werden immer frecher und wittern schon Morgenluft. Wenn erst die Saison wieder anfängt, will ich sehen, dass ich öfter ins Theater und Konzert komme. –*

Mutti: *Ich habe mich entschlossen, die vier Jüngsten nach Schlesien zu schicken. Es fällt mir zwar sehr schwer, mich von den beiden Kleinsten zu trennen. Sie sind unser Sonnenschein. Der Kleine lacht schon so nett laut und Daggi ist zu süß. Sie werden mir sehr fehlen. Aber ich sehe dann dem Kommenden gefasster entgegen. – Herr Dewald, den ich heute anrief, weil ich mir in seinem Grundstück (gegenüber des Hauses, Unterstand) einen Schützengraben machen lassen wollte, meinte, es würde hier nicht so schlimm werden. Er meint, hier würde es sich nicht ‚lohnen' für die Flieger. Wenn Lehr mir nicht so dringend dazu geraten hätte, würde ich die Kinder hier behalten. Dann ist unsere Familie in drei Teile gespalten.*

Ich habe jetzt beinahe täglich geschrieben. – Ruthi bringt ihr Kind hierher. Frau von Schenk auch und ich schicke die Kinder weg!

In halb Deutschland sind die Leute kopflos. Soll ich es doch riskieren, sie hier zu lassen? Aber wenn sie weg müssen, dann gibt es eine Panik, dann kann man nicht mehr mit sechs Kindern fort! –
Vater an Mutti zum Geburtstag: Ohne Deinen Mann und mit vielen Sorgen gehst Du in Dein neues Lebensjahr. Trotzdem hoffe ich, dass Du den Kopf nicht hängen lässt. Wir wollen alles, was kommt, gemeinsam mit starkem Herzen tragen. Wolle Gott, dass das Schicksal gnädig mit uns ist. –
Mutti an Vati: Gestern hatte Irene einen Unfall im Opelbad. Sie stürzte vom Dreimeterbrett und fiel auf die Steine. Sie hat den rechten Arm gebrochen, oberhalb des Ellenbogens. Helmut Schmitz sagte, sie wäre aufs Geländer geklettert. Ich glaube, mit Irene werde ich noch mehr solche Sachen erleben.
Ich war fertig gestern Abend. Hatte rasende Kopfschmerzen, dass ich nicht mehr schreiben konnte. Ich kann auch nicht mit Schlafmittel schlafen.
Heute früh war ich abwechselnd in Helges Schule, im Josefs-Hospital und Büro. Dann war noch Alarm. Heute hat Diddi auch noch 39 Grad Fieber bekommen. Es ist wirklich etwas viel, was seit Deiner Einberufung auf mir lastet. –
Freute mich so über Dein Telefongespräch.
Es war der schwärzeste Tag für mich seit Wochen. Der Unfall mit Irene hat mir den Rest gegeben. Und der Gedanke, dass ich die Kinder weggeben muss, hat mich ganz krank gemacht. Der Mann vom Rollkontor (das war ein Fuhrunternehmen, das brachte vom Bahnhof Kartoffeln und andere Lebensmittel aus Menne im Schließkorb oder in Kisten) *sagte mir dann: Warum wollen Sie denn die Kinder weggeben? …Wenn dann was passiert* geht man halt zusammen drauf.
Das schlug dem Fass den Boden aus. Ich habe mich nun entschlossen, mit den Kindern hier zu bleiben. Die Krankheit von Helge hat mir auch zugesetzt. Gestern Abend haben Schwesti und ich die letzte Pulle Sekt ausgetrunken.
Da sah ich alles durch die rosa Brille. –
Also den ersten Schritt zum Seitensprung *hast Du gemacht.*
Hoffentlich bleibt es dabei. Es ist wahr, so lange wir zusammen glücklich bleiben, ist alles gut. Aber ob Du mir auf die Dauer treu bleibst? Gelegenheit macht Diebe. –
Ob Du heute auch wieder mit der Griechin ausgehst? Ich könnte mir eigentlich auch jemand zum Ausgehen zulegen. Es gibt nur so wenig Männer. Jetzt, nachdem wir unseren Splittergraben gemacht haben, sagte mir Nachbar Riedle und Leuthe, die Gräben müssten so unter der Erde sein, dass der Kopf nicht herausguckt. Lehr hat mich wieder einmal falsch beraten. Ich werde den Graben noch tiefer machen lassen. –
Der Inhalt Deines letzten Briefes hat mich mit Besorgnis erfüllt.

Ich sehe dich immer mehr in das Fahrwasser aller Offiziere *in den besetzten Gebieten kommen. Da wäre mir beinahe lieber gewesen, Du wärst einfacher Landser geblieben. Du kannst dich sicher nicht ausschließen, wenn Du mit den anderen zusammen bist. Jedenfalls kann ich Dir unmöglich monatlich 200 RM schicken. Ich habe Dir heute 130 RM von meinem eigenen Geld geschickt. Aber Du musst mir darüber abrechnen und darfst es nur für Einkäufe ausgeben. Irene freut sich sehr auf zu Hause. Nach der letzten Röntgenaufnahme ist alles in Ordnung. Es küsst Dich Dein vielleicht auch bald betrogenes Frauchen. –*

Papa an Frauchen: *Mit dem* Seitensprung war es bisher noch nichts. *In Brüssel war ich in leichtsinniger Stimmung, aber das Schicksal hat mich Gottlob vor Dummheiten bewahrt. Manchmal ist die Versuchung verdammt groß. Treu bleiben werde ich Dir in tieferem Sinne immer. Nur will ich nicht hundertprozentig dafür garantieren, dass ich nicht auch mal eine Gelegenheit zu einem kleinen Amüsement ausnütze. Jedenfalls gehe ich nicht darauf aus, Dich zu betrügen, das ist die Hauptsache. –*

Mutti schreibt: *Gegen den Unteroffizier* (der Irene vom 3-m Brett schubste) *reichen sie jetzt Klage wegen fahrlässiger Körperverletzng ein. Fuhr meint, er mache einen sehr rücksichtslosen Eindruck. Gestern war ich in Hochheim bei Frau Schröder. Ihr Mann ist nach Albanien gekommen.. Heute haben wir 40 Pfund Mirabellen eingemacht. Hilde ist schon 5 Tage krank. –* Papa an Mutti: *Es ist ja höchst betrüblich, dass das ganze schöne Guthaben auf dem Bankkonto schon verbraucht ist. Jetzt fängt die Schuldenwirtschaft wieder an. Ich will mich mal erkundigen, wie hoch die Kriegsbesoldung eines Untersturmführers mit sechs Kindern ist. ...Du brauchst Dir also wirklich keine Gedanken um mich zu machen. Ich habe keinerlei Veranlagung zum Leichtsinn. Am Wochenende war hier in Den Haag Alarm. Auch bei uns auf der Dienststelle wurde alles für den Ernstfall eingeteilt und Waffen ausgegeben.*

Mutti im September: Bitte schreib mir alle zwei Tage. *Ich bin in einer so schlechten seelischen Verfassung. Habe es dringend notwendig. Also den Anfang zum Seitensprung hast Du doch gemacht. Na, ich bin ja nicht so kleinlich. Wenn Du Dir allerdings eine richtige Freundin anschaffst, das könnte ich nicht haben. Ich hätte gar nicht gedacht, dass es so schwer fällt, ohne Dich auszukommen. Schreib mir so oft es geht. –*

Vater: *Den Haag. Gestern Nacht haben wir ein großes Fest gefeiert. Der Chef hatte einige Bekannte eingeladen mit Damen. Es waren im ganzen vielleicht 25 Personen. Zu Schallplattenmusik wurde eifrig getanzt. Ich habe mich als Tänzer besonders hervorgetan. Bis fünf Uhr morgens habe ich fast keinen Tanz ausgelassen. Die Frau Intendant hat versucht, mir Swing beizubringen! –*

Papa: *Es macht mir so Kummer, dass es Dir nicht gut geht und Du mit den*

Nerven so herunter bist. Wenn ich meine anstrengende und aufreibende Tätigkeit betrachte, meine ich immer, Du hättest doch so ein ruhiges und schönes Leben. ...Dann musst du eben mal das Geld dranhängen und Dir zwei Wochen Ausspannung gönnen. Es hat ja keinen Zweck, dass Du Dich herumschleppst und allmählich ganz herunterkommst. Vor allem musst Du auch mehr ausgehen und Dir öfter ein Vergnügen gönnen. -
Mutti: Lieber Ernesto! Ihr lebt ja dort, als wenn Frieden wäre. Es kommt mir so vor, als wenn Du in einer anderen Welt wärst. Hier sorgt sich alles. Fast jede Nacht und jeden Tag haben wir Alarm. Täglich wird ein Terrorangriff erwartet.
Ernesto: Die Bildchen von den Kindern sind ja nett.
Vor allem freue ich mich über das Bild von dem kleine Hansi.

Der Führer beherrscht die Situation immer noch.

Auf die weitere Entwicklung kann man gespannt sein. -
Den Haag:. Eben hört man wieder den Kanonendonner von See her, wie in der ganzen letzten Nacht. Was sagst Du zu der Befreiung des Duce? Das war wirklich ein Heldenstück von antiker Größe. Die Deutschen müssen kommen, um den Italienern ihren Nationalheros aus unwürdiger Gefangenschaft zu befreien. Das kann wichtige Folgen für die Stimmung in Italien haben. Die Kämpfe dort unten scheinen ja auch nicht schlecht zu stehen. Ich hoffe morgen wieder auf Post von dir. Ist Irene wieder in die Schule?
Mutti: Mein bester, liebster Junge! Die zwei Urlaubstage waren sehr schön, trotzdem der Abschied dann so bitter ist. Ich glaube, ich gehe nicht mehr mit auf den Bahnhof. Es ist scheußlich dann allein zurück zu bleiben. ...Da hast Du so viel von der Gefahr gesprochen, der Ihr vielleicht bald ausgesetzt seid. Und dann noch die zweite Sorge, dass Du mir doch noch untreu wirst und unsere glückliche Ehe auch zerstört wird, wie so viele andere. Ich will ja nicht kleinlich sein.
Amüsiere Dich, wenn Du es nicht bleiben lassen kannst. Aber belüge mich nie und sei weiter immer so offen zu mir. Du bist so kolossal selbstlos mir gegenüber. Da will ich auch nicht kleinlich sein. Allerdings kann ich dann auch nicht mehr garantieren, unbedingt treu zu sein. Aber es war wunderschön unser Zusammensein. Die Tage und Nächte. Man meint nicht, dass wir 13 Jahre verheiratet sind. Wenn man nur kurz zusammen ist, fällt der ganze Alltagskram weg. Es ist dann etwas besonderes.

Papa an Mutti: *Die Tage in Wiesbaden waren doch etwas anstrengend! Aber wunderbar und schön war es. Ich kann nicht sagen, wie glücklich du mich mit Deiner Liebe gemacht hast. Hoffentlich müssen wir unseren Leichtsinn nicht büßen. Die Erinnerung an die schönen Tage zu Hause, an Deine Liebe und den Frohsinn der Kinder wird noch lange in mir nachleben. Die ersten Tage nach so einem Urlaub bin ich immer noch ganz benommen und kann mich gar nicht wieder ans militärische Leben eingewöhnen.*

Es täte mir sehr weh, wenn Du Dich durch meine offenen Geständnisse über ein paar in Leichtsinn begangene harmlose Vergnügungen an meiner Liebe und Treue irremachen ließest. Es ist vielleicht ein Fehler, dass ich meiner Frau gegenüber zu ehrlich bin. Aber Du willst doch auch nicht, dass ich Dir etwas vorlüge. Ich nehme mir vor, gegenüber allen Versuchungen fest zu bleiben. Du kannst jedenfalls gewiss sein, dass meine Liebe und Treue zu Dir unverändert bleibt. Hier auf der Dienststelle erwartete mich gleich wieder sehr viel Arbeit. Ostuf. H. siedelt morgen nach Brüssel um. Er hat mir ganze Berge von Akten zurückgelassen. Da ist auch die Freizeit ausgefüllt. – Für mich gibt es zur Zeit nur Arbeit und diese Arbeit ist nicht gerade sehr erfreulich. Je länger der Krieg dauert, desto höher wird die Kriminalität in der Truppe. Dazu haben wir die vielen unzuverlässigen Niederländer, die uns viel Arbeit machen. Die Nachrichten von der Front lauten auch sehr ungünstig. Wir gehen dauernd zurück, die Russen stehen schon mitten in der Ukraine. ...Wegen mir brauchst Du Dir keine Sorgen zu machen. Denn dass unsere Ehe einmal ernstlich in Gefahr kommen sollte, davon kann keine Rede sein. Ich habe kein Verlangen, mich hier zu amüsieren, aber ich will auch kein Sauertopf sein und immer abseits stehen. Jetzt gehe ich noch eine ½ Stunde durch die Luft bis zu unserer Villa und lege mich in mein schmales Feldbett.

Mutti an Ernesto: *Komisch, trotzdem ich doch die Kinder habe um mich habe, kommt mir alles öd und leer ohne Dich vor. Wie ich Deinen Anzug und Deine Schuhe wegräumte, kam es mir vor, als ob Du nicht mehr am Leben wärst. Jetzt, wo ich hoffe, keine Kinder mehr zu bekommen (?), könnten wir es schön haben. Es ist vielleicht unklug von mir, aber mir geht es auch so, ich muss Dir alles sagen, wie* **meinem zweiten Ich**. *Komme nicht mehr zur Ruhe, wo ich weiß, welchen Gefahren bzw. Mädchen du ausgesetzt bist und dazu die Sauferei. Tue mir doch einen Gefallen und trinke nicht zu viel. Erstens bekommt es Dir so schlecht und dann weiß man nicht, was man tut. ...Eben ist das Radio abgestellt. Wird wohl Alarm geben und Schwesti ist nicht da. –*

Ich bin wie erlöst. Habe heute pünktlich meine Tage bekommen. Erst, wenn ich Matrone bin, wird diese ewige Angst von mir genommen werden.

Über Deinen ersten Brief freute ich mich sehr. Es war ein richtiger Liebesbrief. Die Urlaubstage waren anstrengend und aufregend, aber so schön, wie noch nie. Wie Du im Kino meine Hand nahmst, war noch schöner, als alles andere. Nur am ersten Abend hast Du mich gefoltert. Bei der ersten Umarmung sagtest Du mir, Du wärst jetzt verwöhnt im Küssen.
Da hätte ich dich ohrfeigen können. Aber jetzt ist endgültig Schluss damit. – Ich sitze ganz einsam vor dem schwach brennenden Kamin. Mir ist heute eingefallen, ich kann ja die Wurzeln aus dem Garten verbrennen.
Ich komme sehr gerne nach Kleve. Bestelle ein Zimmer für mich. Könnte ich anschließend noch mit nach Den Haag fahren? Ich habe gar nichts von Hans aus seinem Urlaub gehört. Das ist eigentlich nicht nett von ihm, wo ich mich immer so viel um ihn gekümmert habe, und er immer ein Heim hier finden kann. Jetzt hat er Ellen. Da braucht er mich nicht mehr. Seitdem Du da warst, denke ich gar nicht an ihn. Wenn Du so scharf auf ein Mädchen bist, wie auf die in Brüssel, denkst Du ja auch nicht dabei an mich. Wenn du sie am zweiten Abend wieder getroffen hättest, wäre es sicher nicht so harmlos abgegangen. Die Innenstadt von Darmstadt ist jetzt auch sehr zerstört.
Den Haag, Wie ist es mit Dir? Denkst Du immer noch so viel an Deinen Schwager Hans und bist Du mir in Gedanken untreu? Das ist eigentlich viel schlimmer, als meine harmlosen Flirts. ...Vor einigen Tagen waren ja wieder große Luftangriffe auf Darmstadt und Mannheim. Da wird sicher bei Euch auch allerhand los gewesen sein. Heute stand wieder in der Zeitung von der Überraschung, die den Engländern nächstens bereitet wird. (Vergeltung mit V-I und V-II)
Wenn es nur mal endlich so weit wäre! –
IV. Quartal 43. Morgen gehen das erste mal vier Kinder in die Schule. Irene darf endlich wieder in die Schule. War die ganze Woche täglich im Josefshospital wegen dem Massieren und Heißluftbestrahlen. Ich bedaure sehr, dass ich nach Überlingen abgeschrieben habe. Es ist eben prachtvolles Wetter. Ich hätte eine Ausspannung sehr nötig. Kann die Kinder überhaupt nicht mehr um mich vertragen. Ist es vielleicht möglich, dass ich einige Tage mit nach Den Haag komme?
Den Haag, Ich bin augenblicklich wieder in einem Zustand, dass ich unbedingt eine Frau brauche; der ‚Sexus' quält mich wieder sehr stark. Gestern Abend war ich nur allein im Kino. Hinterher ist das Verlangen nach einer Frau immer besonders groß. Ich komme mir oft vor wie ein Jüngling, der noch in der Pubertät steckt. Es wäre also gut, wenn Du bald wieder mal bei mir wärst. In Kleve wäre ja eine gute Gelegenheit, uns zu treffen. Ich habe jetzt ein schönes großes Zimmer bezogen, da

wäre für Dich auch noch Platz. Sonst gibt es nicht viel Neues. Arbeit, Arbeit und wieder Arbeit! Man weiß oft nicht, wie man es bewältigen soll. Du bist ja sehr böse auf Hans, weil er Dir nicht geschrieben hat. Wohl etwas eifersüchtig auf Ellen? –
Mutti: Heute war ein Großangriff auf Frankfurt am helllichten Tag. Wir haben seit drei Nächten Alarm. Man hörte große Bombengeschwader und die Flak schoss auch. Ich war in der Küche und kochte, die Kinder mit Schwesti im Keller. Auf einmal hörte ich mehrmals hintereinander ein Sausen und Krachen, ich dachte unser Haus stürzt ein. Eben schon wieder Alarm. Ob wir uns noch mal wiedersehen? Eine schreckliche Zeit. Ich glaube, nach dem Krieg gibt es kaum Überlebende.
Jetzt wäre es besser, nicht so kleine Kinder zu haben. –
Den Haag. Inzwischen war der schwere Angriff auf Frankfurt vor zwei Nächten. Da werdet ihr die ganze Nacht im Keller gesessen haben.
Hoffentlich ist nichts passiert. Ich bekam einen schönen Schrecken, als ich im Radio davon hörte. Nun haben sie also doch Frankfurt, das bisher immer verschont war, drangenommen. Von unserer Vergeltung hört man immer noch nichts. Der Termin für Kleve hat sich noch einmal um eine Woche verschoben.
Willst Du hinkommen? In der neuen Woche gibt es viel Arbeit, es nimmt hier nie ein Ende. Heute Abend bin ich wieder ziemlich erledigt. Ich werde früh schlafen gehen. –
Den Haag. Wenn auch in den Freudenbecher ein Wermutstropfen gemischt war, so waren doch die Tage in Kleve wunderschön. Du warst ganz groß in Form in der Liebe. Ich hoffe auch, dass die Tage in Kleve eine kleine Ausspannung für Dich gewesen sind. Hier fand ich viel Arbeit vor. Vor allem muss ich jetzt erst meine sechs Urteile absetzen. Sie müssen sorgfältig begründet werden, da die Sachen alle nach München zur Begutachtung gehen.. In treuer Liebe Dein Ernesto. –
Mutti: *Also Irene hat seit Mittwoch kein Fieber mehr. Gott sei Dank. Aber ich bin seit Kleve so mit den Nerven fertig. Kann nicht mehr ohne Schlafmittel schlafen. Die Hochspannung der Nerven jedes mal für 2-3 Tage und dann die Aufregung wegen Irene. Ich schrieb gestern einen langen Brief an dich und zerriss ihn dann. Ich bin so unruhig und alles in mir ist zerrissen. Aber es hat ja keinen Zweck, darüber zu reden. Du verstehst es ja doch nicht. – Zum Glück habe ich heute meine Tage bekommen.*
Dann werde ich auch ruhiger. (durchgestrichen: *man muss sich unbedingt vertrauen können. Sonst wankt der Untergrund der Ehe.*) –
Den Haag, Dein Brief hat mich beunruhigt. Warum diese grundlose Eifersucht und dieses mangelnde Vertrauen? Ich lebe hier brav und solide, habe keine Freundin und lebe nur der Arbeit. Dass ich vielleicht etwas leichtlebiger geworden

bin, mag sein, aber das müsstest Du doch als Vorteil empfinden. Ich war doch immer zu ernst und schwerlebig.
Du musst schon deshalb herkommen, um zu sehen, wie solide ich hier lebe. Warum machst Du Dir also ohne irgendwelchen Grund das Leben so schwer? Wenn alle Frauen, die ihre Männer draußen haben, so empfindlich sein wollten, wo kämen wir da hin. Sei also vernünftig und habe weiter Vertrauen zu mir, wie Du es immer gehalten hast. Ich werde es bestimmt nicht enttäuschen. Mir machst Du das Leben auch schwer damit, es ist alles schon schwer genug. Nichts wäre mir lieber, als wenn ich wieder zu Hause sein könnte. Grüße mir alle Kinder. –
    Mein liebster, bester Ernesto! Auf ein Telefongespräch wartete ich leider vergebens. Ich schrieb Dir ja schon, dass ich meine Tage zwei Tage früher bekommen habe, Gott sei Dank. In der Zeit vorher habe ich immer so Komplexe. Ich wollte eigentlich gar nicht mehr davon sprechen, weil ich es für undiplomatisch halte. Aber ich bringe es doch nicht fertig, vor Dir zu schauspielern. Eine schreckliche Unruhe ist die Folge. Seit Deinem Erlebnis in Brüssel finde ich mein früheres Gefühl der Ruhe und Sicherheit nicht mehr wieder. Seit Kleve geht es mir nicht gut. Dieses Zusammensein mit Dir in Dosen ist anstrengend. Von der höchsten Höhe in die tiefste Tiefe. Außerdem habe ich mich zu sehr über Renate aufgeregt. Man ist als Frau so sehr Stimmungen unterworfen. Manchmal hat man gar keine Lust und möchte den Mann doch nicht zurückweisen. Meine Rückreise war sicher noch schlimmer als Deine. Ich musste mir andauernd die Tränen verbeißen. So schwer bin ich noch nie nach Hause gefahren. –
    Zum Glück geht es Renate wieder besser. Gestern haben wir sie in die Sonne gelegt im Garten. Sie hat keine Temperatur mehr, aber die Lungenentzündung ist noch nicht behoben. Dr. Fürstchen ist sehr tüchtig. Mit Alarm ist es jetzt schlimm. Am Mittwoch vier mal, usw. Am Donnerstag abends von 8 Uhr ab, am Freitag von 8 ¼ bis 11 Uhr. Da war ausgerechnet Schwesti nicht da. Also mein Liebster, auf Wiedersehen in Holland. –
    Gestern war ich einmal im Theater. Aber so allein ist doch alles nur ein halber Genuss. Du hast ganz recht, wenn Du mir den Kopf zurecht setzt. Brief zerrissen. Ich will auch nie mehr davon sprechen. Will es mit uns allein abmachen. Es ist eine Nervensache bei uns. Im August hatte ich die Fliegerkrise. Jetzt, wo es gefährlicher ist mit den Fliegern, habe ich gar keine Angst mehr davor. Und weißt Du, diese Hochspannung der Gefühle, wenn Du da bist und dann das Alleinsein. Ich komme mir übrigens jetzt vor, wie eine jungverheiratete Frau, die erst die Liebe entdeckt hat. Sicher wirst Du mich jetzt auslachen. Bedauerlich ist allerdings, dass Du erst leichtlebiger geworden bist, seitdem Du von mir getrennt bist. Wie ich gern tanzen

ging in die Nassauer Hof Bar oder auf Bälle, hattest Du keine Lust oder warst um 1 Uhr müde und jetzt tanzt Du bis 6 Uhr! Daggi ist eine kleine freche Person, der man nicht den Willen lassen darf. Hänschen ist so schwer, dass man ihn nicht mehr tragen kann. Aber er hat noch keine Zähne und sitzt noch nicht. Der Kopf ist zu schwer. Heute Nachmittag waren Generals (Fischer) *da. Sie waren begeistert von meiner Apfeltorte. Weißt Du, das ganze sind auch bei mir etwas Minderwertigkeitskomplexe. Seit meiner großen Enttäuschung mit Georg in Schlesien konnte ich niemand mehr voll vertrauen. Bei Dir hatte ich es wieder gelernt. –*

So gut habe ich es noch nie gehabt. Drei Tage hintereinander hatte ich von Dir Post. Da fängt man den Tag schon viel freudiger an, wenn ein lieber Brief morgens kommt. Wer hat Dir denn die Lektion erteilt? Aber halte es jetzt wie Du willst, ich will nur meine Ruhe wieder haben. Solange es so harmlos bleibt, ist es ja nicht schlimm. Dass ich kleinlich bin, kannst du doch nicht sagen. Es war eine schreckliche Nacht. Ich glaube an keinen Sonderfrieden mit Russland. Das hat Stalin nicht nötig, wo sie siegen. Es sieht nicht gut aus. –

Dein Liebesbrief hat mir große Freude bereitet. Wie schön ist es doch, so ganz ohne Gewissensbisse glücklich zu sein. Wenn es nur so bliebe.

Das erste mal in meinem Leben habe ich diese vollkommene Verschmelzung von Körper und Seele kennen gelernt. Es gibt nichts Schöneres. Es hat richtig eine ganze Zeit gedauert, bis ich mich hier in meinen Pflichtenkreis wieder hereinfand. Auch jetzt bin ich noch ziemlich gleichgültig gegenüber früher. Es geht mir nicht sehr gut. Schon zwei Monate kann ich nicht mehr richtig schlafen. So leicht wird mir schwindlig. Die Erkältung hat mich wohl auch gepackt. Es ist schon wieder ein leichter Stirnhöhlenkatarr. Habe mir eine Rotlicht Lampe bei Stoß geholt. Da muss ich doch protestieren. Einen Trottel habe ich ja nun gerade nicht geheiratet. Allerdings, wenn ich deshalb erst so seelisch leiden muss, wie in den letzten Monaten, dann verzichte ich lieber auf alles. Ich muss meine Ruhe und das Vertrauen zu Dir behalten. Ich hoffe auch, dass es so bleibt. Dass Du mir nun alles Heikle verschweigst, denke ich doch nicht. Oder? Eine Schweinerei, dass sie jetzt den Süden (Deutschlands) *vernichten. Schweigen wir über das Kapitel. ...*

Eben habe ich mir Deine Flasche Rotwein aufgemacht. Was soll das schlechte Leben nützen? Also Gute Nacht mein Liebster. Nur in Gedanken kann ich bei Dir sein. Wo wirst Du heute am Samstag sein? –

Heute Vormittag war wieder richtiger Alarm. Ich war froh,
    dass ich mein Fahrrad bei mir hatte und nach Hause fahren konnte. Ich war auch wieder in der Gymnastik heute. Alle Frauen sind immer sprachlos, wenn sie hören, ich hätte 6 Kinder. Aber es ist doch etwas anstrengend hinterher Besor-

gungen und dann noch kochen. Ich kann jetzt gar nicht mehr verstehen, dass ich dort (in Den Haag) *ein Fest mitfeierte und dass man überhaupt, wo wieder so viel Menschen durch Bomben umgekommen sind. Wenn wir siegen, wollen wir ja gerne alles Schwere tragen. Hoffentlich bleibt es uns allen beschert, am Leben zu bleiben. Gestern Abend war ich mit Frau Schweitzer in dem Film „Die Gattin". Man kann sehen, wie eine kluge Frau sich benimmt, der ihr Mann untreu geworden war. –*
Es treibt mich heute schon wieder, an Dich zu schreiben.
Unser Schicksal drückt mich doch manchmal sehr hart, <u>zwei Glückliche zu trennen</u>*. Besonders, wenn ich abends alleine bin, habe ich Sehnsucht nach Dir.*
Für Dich ist das Wochenende Erholung und für mich doppelte Arbeit. Was wirst Du heute angefangen haben? Warst Du mit Zapf aus oder mit einem Mädchen? Du schreibst, mit dem Feuer spielen wäre schön. Man kann sich aber auch dabei verbrennen. Ich hätte zu flicken und sticken und tue abends nichts als schreiben. Es ist mir auch fast alles egal. Wenn nur der Krieg endlich vorüber wäre und wir wieder vereint wären. Nun gute Nacht. Gehe mit einer Flasche Rotwein ins Bett. Leider allein. –
Freute mich sehr über Deinen letzten Brief. Aber so leicht kommen solche Stunden nicht wieder. Da müssen die Umstände auch entsprechend sein. Ich war ganz losgelöst von allem, auch von den Kindern. Zu Hause kann es nie so sein. Da ist man zu viel Mutter und Hausfrau und zu abgehetzt. …als Vater von sechs Kindern musst Du doch über Weihnachten Urlaub bekommen können. Kannst Du wenigstens über Sylvester bleiben oder können sie nicht ohne dich feiern? Harald hat jetzt zwei Tage gelegen und Umschläge bekommen. Ich bin noch immer ziemlich erkältet. Der Husten ist quälend. –
Die Zeit in Holland war wirklich sehr schön in jeder Beziehung.
Ich kann mich nicht näher auslassen, weil Du ja meine Briefe so herumliegen lässt. Ich hätte nicht gedacht, dass man, je länger man verheiratet ist, immer noch glücklicher werden kann. Mein Gefühl ist jedenfalls immer stärker geworden. Der einzige Vorteil der Trennung ist ja auch, dass das Zusammenleben nicht mehr alltäglich ist und die Macht der Gewohnheit fort fällt. Jedenfalls vertraue ich dir wieder vollkommen. Wenn wir alle den Krieg lebend überstehen, können wir dem Schicksal dankbar sein. Viele Familien hat so unsagbar viel Leid getroffen.
I. Quartal 1944. Den Haag, im Januar
Mein geliebtes Frauchen! Dabei bleibt hier die Arbeit liegen. Dass wir zwei so glücklich zusammen waren, ist für mich die schönste Erinnerung. Du warst diesmal ja wirklich ganz groß in Form und hast mir so unendlich viel Liebe geschenkt. Mach Dir nur keine Sorgen um mein sittliches Wohl. Ich werde brav sein, wie bisher immer. –

Mein Geliebter! Gestern war wieder ein schwarzer Tag für mich, nachdem Du abgereist warst. Das muss anders werden, sonst gehe ich seelisch zu Grunde. Ich werde jetzt bewusst anders leben, mich mehr zerstreuen und vielleicht auch einen kleinen Flirt zulegen. Dass ich erst jetzt diese vollkommene letzte Erfüllung empfinden kann, macht mich sehr froh für uns beide. Nur braucht eine Frau Jahre, um sich einem Mann ganz seelisch und körperlich zu geben. Helge lag heute wieder im Bett. Er macht mir Sorge. –

Haag, Dein Brief vom 11. hat mich ebenso entzückt wie nachdenklich gestimmt. In Deinen Briefen schwingt ein ganz neuer Ton mit. Ich sage das nicht als kühler Kunstkritiker, sondern als liebender Ehemann. Ich war noch erfüllt von den glücklichsten Stunden meines Lebens, als ich schon wieder weg musste. Erschöpft und ermüdet kam ich von Oldenburg zurück, musste gleich an Sitzungen teilnehmen, wieder für zwei Tage auf Reise gehen (menschliches Elend, Gefängnisse, Straflager: das tägliche Bild); wie soll da das Blümlein Liebe gedeihen? So brauchst Du nicht daran zweifeln, dass ich glücklich mit Dir immer war und bin. Ich habe ja wenig mit anderen Frauen erlebt.. Meine Liebe zu Dir war die einzige und wird immer, so hoffe ich, die einzige bleiben. Aber ein letzter, <u>unerfüllbarer Rest</u> bleibt ja bei uns <u>überzüchteten, geistigen Menschen</u>, die wir fast mehr in der Phantasie, als in der Wirklichkeit leben, immer übrig. Die Aussicht, den Sonntag wieder allein herumzulaufen oder mit den ewig gleichen Gesichtern der Kameraden zusammen zu sitzen, ist nicht gerade verlockend. Wir werden wahrscheinlich nächste Woche mit der ganzen Dienststelle nach Arnheim umziehen; hoffentlich ist es nur vorübergehend. –

Haag,. Mein lieber Schatz! Du sollst jedenfalls immer Deinen Gefühlen Ausdruck geben und Dein Herz ausschütten. Deine Annahme, dass ich, während Du Dich plagen musstest, mit einem netten Mädchen ausgegangen sei oder getanzt hätte, war ja wieder mal unrichtig.

Dafür haben wir gestern Abend mal eine Herrenpartie ins Trocadero gemacht. Die Kapelle, die eben dort spielt, ist vorzüglich. Natürlich haben wir auch nach den mehr oder weniger schönen Mädchen Ausschau gehalten und in Gedanken gesündigt. …Ich hoffe, bald einen frohen Brief von Dir zu bekommen. Sei meiner Liebe gewiss! –

Mutti: Mein Liebling! Es fällt wirklich schwer, noch den Kopf oben zu behalten und an den Sieg zu glauben. Die Rede vom Führer war auch nicht sehr ermunternd. Mama schreibt über das Flüchtlingselend. Viele Kinder erfroren und sind zerquetscht worden. Trotzdem wäre die Haltung der Menschen fabelhaft. Ich kann nur immer wieder schreiben: Bestelle ein Behelfsheim für uns. Wegen Deiner

Versetzung, das verstehe ich nicht. Ich, als Frau hätte es ja auf andere Art längst erreicht. Wenn es nicht vorne herum geht, muss man es hinten herum probieren. Wir hatten gestern wieder einen schlimmen

Angriff auf Mainz – es brannte lichterloh

Ein Bekannter von Herrn Müller nebenan kommt jetzt öfters telefonieren und leistet mir Gesellschaft in meiner Einsamkeit. Da Du so großzügig und nicht eifersüchtig bist, brauche ich ja keine Angst zu haben. Er ist schon älter und sieht gut aus. Junge Springer interessieren mich auch nicht. Es muss schon ein Mann mit Erfahrung sein, der weiß, was er will. –
Leider kann ich Dir immer noch keine Gewissheit geben (Schwanger?). Also immer noch das zermürbende Warten. Es ist entsetzlich. Aber was soll man machen? Du machst mir jetzt mehr Sorgen. Du hättest doch mit der Operation nicht so lange warten sollen. Jetzt ist die Niere futsch.
Ich möchte aber auf jeden Fall, dass Du Dich hierher ins Lazarett legst. Ich war heute mal unsolide. Nachdem ich bei Dr. Graf war, ging ich ins Cafe Blum, ganz allein. Du hast recht, es ist ganz schön, etwas mit dem Feuer zu spielen. Dann war ich noch mit Frau Schweitzer im Kino und bei Mutter Engel (ein Weinlokal). –
Es macht mir doch Sorge, dass du so mit den Nerven runter bist.
Ich verspreche Dir, <u>standzuhalten</u>, was auch kommt. Vorläufig hat man ja noch ein kleines Fünkchen Hoffnung. Ich will nicht Gleiches mit Gleichem vergelten. Du hast mich seit dem Herbst zwar allerlei erleiden lassen. Na ja, Schwamm drüber. Was die Leute sagen, wenn bei mir wieder was los ist, ist ja ganz egal. Aber ganz ohne Schuld bist Du ja auch nicht. Ich war ja auch leichtsinnig. Du weißt den Gedanken, dass Du schon mit anderen Frauen ins Bett gegangen sein könntest, so empört von Dir. Du schreibst doch immer von den großen Versuchungen. Ach, wenn doch endlich mal aller Druck und alles Ungewisse von mir genommen würde und dazu die ungewisse Zukunft in politischer Beziehung. Morgen gehe ich mit Rudi ins Theater. Weißt Du übrigens, dass Hans geschrieben hat, er würde am liebsten die verfluchte Uniform ausziehen? Was mag da vorgefallen sein? Ich werde tapfer sein.. Es wird ja dann ein Kind der Liebe. –
Augenblicklich mache ich mir gar keine Gedanken sondern lebe in den Tag hinein. Allerdings habe ich noch immer die Hoffnung, dass es eine Stockung ist.

Jedenfalls beruhige dich mein Liebster. Ich bin eben ganz vergnügt und möchte Dich auch vergnügt sehen. Es ist sowieso schon schlimm genug, dass es mit Deiner Niere nun so weit gekommen ist. Der viele Alkohol in den letzten Monaten war sicher nicht sehr gut. Bitte versprich mir, dass Du nicht mehr diesen scharfen Genever trinkst. Du musst jetzt mehr an Deine Gesundheit denken. – Ich nehme alles zurück und behaupte das Gegenteil, Du bist der beste treueste Ehemann. Ich kann dich jetzt verstehen, weil es mir jetzt ähnlich geht. Ich habe auch das Verlangen nach Erlebnissen und sage mir, wir können jeden Tag von einer Bombe getroffen werden. Trotzdem liebe ich Dich. Ich konnte das nicht mehr mit Deiner Liebe zu mir in Einklang bringen. Du hast Dich aber auch wie ein kleiner Tollpatsch benommen. Herzlichen Dank für die schönen Sachen. Du sorgst rührend für uns. –
Wir haben den ganzen Nachmittag den Keller aufgeräumt, eine Sauarbeit. Es ist kaum zu schaffen, einen Keller für alles und dann noch Luftschutzkeller. Ich war am Montag noch mit Rudi im Theater. Aber Rudi kann sich ja gar nicht richtig freuen und lustig sein. Das ist schade.
Hatte gestern so ein Schwindelgefühl und Druck auf den Magen.. Ich hätte nie geheiratet, wenn ich das alles geahnt hätte. Gestern Nacht schlief ich erst gegen vier Uhr ein. Bis dahin hatten wir zwei mal Alarm und früh um fünf Uhr schon wieder. Vielleicht bin ich manchmal etwas ungerecht zu Dir. Es ist ja auch nicht leicht für dich, fern von Frau und Kindern. Aber im Vergleich zum Frontsoldaten geht es dir ja gut. Bitte verstehe mich doch richtig, Liebster. Ich leide so sehr unter der Trennung von Dir. Außerdem bin ich seelisch zu empfindsam und ich liebe Dich jetzt vielleicht zu sehr. Jetzt trinke ich den Wein allein, den ich für Dich bei Hees gekauft habe. Einen Trost muss man doch haben. –
Ich verstehe nicht, dass Du schreibst, Du hättest nur Vorwürfe und Klagen über Dich ergehen lassen müssen. Ich kann mich nicht daran erinnern. Ich weiß nur, dass Du sehr verzweifelte Briefe geschrieben hast und ich Dir noch Mut zusprechen musste. Trotzdem ich nicht beim Arzt war, weiß ich jetzt genau, dass was ‚los' ist. Ich habe schon Beschwerden, die ich sonst nur in den letzten Monaten hatte. Ich kann den Gedanken kaum ertragen, das siebte Mal wieder dieses Entsetzliche (der Schwangerschaft) mitzumachen.
Du hast gar nichts geschrieben, ob Du mal mit einem Mädchen aus warst. Wieviele Küsse hast Du denn wieder ausgeteilt? –
Velp bei Arnheim, Endlich mal ein Brief von Dir, der mir Freude brachte. Wenn ich weiß, dass Du vergnügt bist und tapfer den Lebenskampf bestehst, dann ist das Leben für mich noch mal so schön. ...
Endlich scheinst Du jetzt die richtige Einstellung zu haben. Ich hatte ja gehofft,

in Deinem Brief die befreiende Nachricht zu hören, dass bei Dir wieder alles in Ordnung ist. Wenn die Bombenangriffe nicht wären, könnten wir uns mal über Sonntag in Kleve treffen. –

Velp, Meine geliebte Frau! Heute ist wieder Sonntag. Wir sind jetzt eine Woche hier. Gleichzeitig ist heute auch der Jahrestag meiner Einberufung. Ein Jahr bin ich jetzt wieder dabei und habe in dieser Zeit allerhand erlebt. Mit dem Erreichten kann ich ja auch zufrieden sein (schon Hauptsturmführer?). Trotzdem geht es mir auch wie Hans. Ich wäre froh, wenn ich die Uniform ausziehen und wieder ein freier Mensch sein könnte. Gerade in den letzten Tagen stand es mir oft bis zum Halse. Hier in Velp ist man wieder besonders angebunden, da wenig Möglichkeiten bestehen, mal außer Hause zu gehen. Immer muss man mit den gleichen Leuten zusammensitzen und die Sauferei mitmachen. Entweder wird gefachsimpelt oder gezockt, andere Themen gibt es kaum. Es ekelt mich manchmal an. Ich merke ja auch schon an mir, wie sehr das Soldatenleben verroht. Zu feineren Empfindungen ist man überhaupt nicht mehr fähig. Daher erklärt sich auch mein Bestreben, so oft auszugehen. Dieser ganze Ton, der im Führerheim herrscht, ist mir unerträglich; mit dem Chef verstehe ich mich auch nicht. Ich sitze meistens schweigend dabei und suche mich frühzeitig zu drücken. Dann wird man am nächsten Tag wieder angepflaumt. Wie schön wäre es, wenn man wieder abends in seinem eigenen Heim mit seiner lieben Frau sitzen könnte. Dann habe ich kein Verlangen mehr, auszugehen. Aber wer weiß, wie lange es noch dauern wird, bis wir wieder ein normales Leben führen können. Es hat sich allerhand Post von Dir angesammelt, die ich beantworten muss.

Schade, dass Du nun wieder für alles büßen sollst! Heute Mittag nach Tisch wurde ich wieder angepflaumt. Der Chef und die anderen Banausen machten rohe Witze über Musik. Sie verstehen nicht, wie man an Beethoven, Brahms, Reger und so weiter etwas finden kann. Ich sagte, dass mir diese Namen heilig sind und dass ich es nicht vertrage, wenn man darüber rohe Späße macht. Da wurde ich natürlich wieder aufgezogen. Man muss sich ein dickes Fell angewöhnen. Mir graut schon wieder vor dem Abend. Den Chef interessiert ja außer gut Essen und Trinken, „Frau Wirtin- oder Bonifazius Kiesewetter-Versen" nichts mehr. Es ist schade:

In der SS herrscht ein arger materialistischer Geist. Ich bin tatsächlich der einzige Idealist hier. Ich wundere mich oft, dass ich trotz meines Alters immer noch so <u>romantisch veranlagt bin wie ein Jüngling</u>. Etwas habe ich mich ja schon an die übrige Welt angleichen müssen. Erkundige Dich doch bitte mal auf dem Büro, wie viel jetzt monatlich als mein Gehalt überwiesen wird. (Mein Geld geht aber jetzt allmählich auch zu Ende.) Einen Sonntagsgruß und viele innige K.

Von Deinem sich sehr nach Dir sehnenden Ernesto. –
Velp, Mein liebes armes Herz! Dass nun tatsächlich bei Dir etwas im Gange ist. Es ist wohl besser, ich stelle mich darauf ein. Ich war erst sehr niedergeschlagen, aber was nützt alles Verzagen! Das Schwerste musst Du wieder tragen und ich habe Dir das wieder aufgebürdet. Ich kann gar nicht sagen, wie sehr ich diesmal mit Dir fühle und Dich auch bewundere. Du bist wirklich eine Heldin! Ist es nicht eigentlich doch wie ein Wunder, vor dem man immer wieder in Andacht verstummen muss? Während jeden Tag die Vernichtung über unsere Städte rast und Tausende von Menschen sinnlos hingemordet werden, bist Du begnadet, immer wieder neues Leben hervorzubringen. Wenn es nur nicht körperlich und seelisch so schwer wäre. Gerade jetzt hättest Du meinen Beistand so nötig. Warum quälst Du Dich und mich immer mit Deinen Fragen über Ausgehen und Mädchen? Als ich Dir früher alles erzählte, hast Du es mir schwer verübelt.
Ich kann Dir nur versichern, dass ich keine Freundin oder Geliebte habe und alles andere harmlos ist. –
Velp, Dein Brief vom 20.2. hat mich sehr getroffen. Ich kann immer noch nicht darüber wegkommen (Mutti schreibt dazu: ‚ist schon geschehen'), dass Du nun wieder so leiden musst. Dass ich Dir so wenig helfen kann und du alles alleine tragen musst (‚stimmt'). Mann in der Etappe, während Du alles Schwere selbst durchkämpfen musst (ja ‚ungerecht').
Wenn man nur einen Ausweg wüsste (‚kaum'). Ich schäme mich diesmal wirklich vor allen Menschen (‚nicht nötig, mir egal'), denn jeder wird mich doch für einen <u>rücksichtslosen Ehemann</u> *halten. Ist es nicht beinahe wie eine Strafe für meine Treue und unser glückliches Eheleben (‚Nein'). Wenn ich mir hier ein Verhältnis zugelegt hätte und wäre zu Dir im Urlaub gleichgültig gewesen (‚Dann wäre Schluss'), dann wäre alles nicht passiert. Dass Du auch einen Mann bekommen musstest, der so unerfahren ist und seiner Frau ein Kind nach dem anderen macht (,ja leider'). Ich bin wirklich oft zerknirscht, aber was nützt es? (Die folgenden Sätze sind von Mutti meist, nachträglich, unterstrichen:) Um Dir die Ruhe und Sicherheit zu geben, bin ich zu jedem Opfer bereit. In dem Zustand, in dem Du jetzt bist, kann ich es mir ja auch nicht leisten, mir irgend ein harmloses Vergnügen zu gestatten.*
Ich verstehe durchaus, dass Du das als Treubruch empfinden musst.
Meine Liebe ist auch groß genug, um jedes Opfer zu bringen (‚wirklich?').
Dein Glück und das Glück meiner Kinder sind mir tausendmal wichtiger.
Also glaube mir, mein Liebling und verjage diese Hirngespinste! ...
Bitte schreibe mir alles, was Du auf dem Herzen hast (‚ist unklug'). Ich werde

mich nie mehr über Klagebriefe beschweren. Ich will wirklich alles mit Dir tragen (‚aber wie?'). Ich werde Dir auch nach Möglichkeit wieder täglich schreiben (‚mal sehen'). Für heute sage ich Dir Lebewohl! Wenn ich Dir doch helfen könnte! –

Velp, Mein geliebtes Frauchen! Bin gestern Abend ziemlich erschöpft hier angekommen (von der Beerdigung seines Vaters) . Die ganzen traurigen Ereignisse haben mich doch arg mitgenommen. Aber zur Ruhe komme ich nicht. Denke dir, heute muss ich schon wieder fort nach Brüssel.

Soll dort morgen und Montag Sitzung machen. Diesmal passt es mir gar nicht. Ich hatte mir vorgenommen, mich in der nächsten Zeit ganz ruhig zu verhalten und vor allem meine Rückstände aufzuarbeiten. Der Aktenbock liegt hoch voll. Damit ist es nun wieder nichts. Trotzdem: „Bei Dir war es immer so schön!" Ich liebe Dich so sehr und verlange von Dir nur ein wenig Vertrauen. Sei weiter tapfer und frohen Muts. Ich schrieb etwas eilig, muss in einer Stunde schon wieder fort. –

Mutti: Seelisch geht es mir sehr schlecht. Wenn jetzt nichts zwischen uns stände und Du mir allein gehörtest, könnte ich mich vielleicht dieses eine Mal auf das Kind der Liebe freuen . Aber es ist alles düster und dunkel in mir. Was wirst Du in Brüssel angefangen haben? Habe schweren Herzens 500 RM abgehoben. 140 RM kostet schon die Fahrt hin und zurück. Ich mache mir Vorwürfe, dass ich II. Klasse genommen habe. Es ist nun kaum mehr etwas auf dem Konto. Und bei Dir spielen 100 RM an einem Abend keine Rolle! So verschieden ist unser Leben. –

Aber ich muss stillhalten, komme unentwegt in andere Umstände bis ich alt werde. Das ist meine Entwicklung, keine geistige Entfaltung, die ich sehr nötig hätte, kann es da auch nicht zu kommen. Du schreibst immer, dass ich auch meinen Vorteil davon hätte. Meine Liebe hätte dadurch einen Aufschwung genommen. Ja aber unter welchen Qualen. Manchmal habe ich alles verwünscht. Ich muss sagen, ich beneide Euch ja nicht um dieses ewige Feiern und den Tanz auf dem Vulkan. –

Velp, Der letzte Brief brachte mir die überraschende Nachricht, dass Du nun ein Quartier in Gmund bekommen hast und am 15.3. fahren wirst. Ich freue mich ja riesig, dass Du nun endlich zu Deiner so redlich verdienten Erholungsreise kommst. Aber bitte nicht gleich mit Skilaufen anfangen! Sei nur recht vergnügt, genieße Dein Leben und mache Dir eine schöne Zeit. Ich bin viel glücklicher wenn ich weiß, dass Du es auch gut hast. Es trifft mich immer schrecklich, wenn Du so lebensmüde bist und z.B. schreibst, dass Du Vater beneidest, weil er unter der Erde liegt. Das Leben kann Dir doch noch so viel Schönes bieten, und ist unsere Liebe gar nichts wert? ...Hier habe ich eine Menge Arbeit vorgefunden, da komme ich nicht auf schlechte Gedanken. Hast Du meine Brief aus Brüssel noch bekommen?

Also recht schöne Ferien, Sonne, Schnee und einen netten Schikavalier wünsche ich Dir! –
Velp, Jetzt bist Du also schon zwei Tage in Gmund. Ich hoffe bestimmt darauf, dass es Dir in dem schönen Bayern bei dem Herrlichen Frühlingswetter auch seelisch besser gehen wird. Es ist doch eigentlich ein Jammer, dass man so ein goldiges, kleines Wesen, das seine wunderbare Entstehung einer Stunde höchsten Glücks verdankt, nun nicht mit Freuden erwartet. Wenn Du doch aufhören würdest, Dir noch durch eifersüchtige Gedanken das Leben schwer zu machen. Ich schrieb Dir schon, dass ich in Brüssel nichts erlebt habe. –
Velp, Dort oben in den Bergen werdet Ihr auch nicht ganz von den Fliegern verschont sein. Gestern am Tag waren die Amerikaner in München, in der Nacht die Tommys in Frankfurt. An der Südfront im Osten sieht es auch böse aus. Mir hat der Chef allerhand Schmeichelhaftes gesagt, dass ich in München sehr gut angeschrieben sei und man mich gerne als aktiven Richter übernehmen möchte. Reinicke meinte, dass doch vielleicht das Gericht nach Wiesbaden kommt. Dieser ganze Ton, der bei der Waffen-SS herrscht, liegt mir nicht. Dazu müsste ich meine Freiheit aufgeben, die ich hier noch habe. Ich warte sehr auf Nachricht von Dir. –
Statt guter Nachrichten musste ich zunächst wieder eine lange Strafpredigt über mich ergehen lassen. Nun, wenn Du Dir dadurch Deinen Kummer von der Seele geschrieben hast, will ich es gerne hinnehmen.
Dazu die große Sorge um den Bestand des Reiches und den Ausgang dieses schrecklichen Krieges. Man muss wirklich alle Kraft zusammen nehmen, um nicht mutlos zu werden. Wenn ich so vergleiche, dann finde ich immer, dass es kaum einen treueren, zärtlicheren und besseren Ehemann geben kann. Ich habe Dich anscheinend zu sehr verwöhnt. Dieses Aufflammen der Gefühle zueinander hat uns ja kein Glück gebracht. Da ist es schon besser, wir treffen uns wieder auf einer etwas nüchternen und sachlichen Basis. Der Stumpfsinn ist groß. Entweder wird gesoffen oder man ödet sich gegenseitig an. – Die Invasion scheint doch nicht zu kommen. Hoffentlich bringt Dein nächster Brief etwas bessere Nachrichten. Meine Stimmung ist heute auch ziemlich auf dem Nullpunkt. Nun mein Liebling, nichts für ungut! Sei vernünftig und behalte mich lieb. Etwas Lebenskunst muss der Mensch auch haben, das musst Du Dir vor allem merken. –
Gestern habe ich nach langer Zeit mal wieder ein schönes Konzert gehört. Ich fuhr abends kurz entschlossen nach Arnheim ohne ein Ziel zu haben. Als ich an dem Konzerthaus vorbeikam, hörte ich dort Klänge klassischer Musik. Es war eine Aufführung von Händels Messias. Obwohl es schon angefangen hatte, nahm ich eine Karte und ließ mich 1 ½ Stunden wieder einmal von der

reinen Welt des Geistes und der Kunst gefangen nehmen. Ich werde das jetzt mal öfter tun. –

Man sagt ja meistens, es wäre ein gutes Zeichen, wenn jemand nicht schreibt. Ich mache mir natürlich Sorgen. Hoffentlich ohne Grund. Von Schwesti kam heute gute Nachricht. Frankfurt muss ja übel zugerichtet worden sein.. Vielleicht hast Du mit einem netten Mann einen Spaziergang gemacht. Ich glaube, Du liebst mich noch zu egoistisch. Richtig ist auch, dass große Liebe den Geliebten nur für sich haben will. Das macht mich auch stolz. Ich habe Dir noch keinen Anlass gegeben, daran zu zweifeln, dass ich Dir allein gehöre. Schreib mir, dass Du mich auch allein liebst, trotz allem Kummer, den ich dir angetan habe! –

Zur Erholung gehört ja auch etwas Freude. Das gönne ich dir so sehr und einen netten Flirt, obwohl Du mich anscheinend durch Deine Unterschrift als „noch treue Pussi" auf einen Seitensprung vorbereiten willst. Ich möchte wissen, ob du in meiner Lage so lange standhaft bleiben würdest. in jedem Brief musste ich Vorwürfe wegen meiner Untreue einstecken. Du bringst es so weit, dass ich mir sage, meine Frau glaubt ja doch nicht, dass ich ihr treu bin, also kann ich es mir ja leisten.. Ich glaubte früher einmal, dass ich ein Heiliger sein könnte, aber ich bin es nicht. Meine Liebe war immer gleichbleibend, wenn sie auch in der Ehe noch inniger geworden ist. Aber ich glaube, die große Leidenschaft ist keine gute Grundlage für eine Ehe. Es wird nie etwas eintreten, was unser Glück ernstlich gefährden kann. Ich möchte einmal einen wirklich frohen Brief von Dir bekommen, dann kann ich auch froh sein. Die militärischen Ereignisse geben auch wenig Anlass zu Freude und Zuversicht. Grüße Irene herzlich von mir. Ich warte auf ihr Briefchen.

(Gmund am Tegernsee?) Alle sind hier unzufrieden und fühlen sich nicht wohl, die zwei neuen Frauen auch. Du müsstest auch nach Kranichfeld Bericht machen. Sowie ein Mann da ist, ist alles anders. Eben hat Frau Besuch ein Schreiben von Kranichfeld bekommen, dass sie das Heim räumen müsste. Ob sie dann auf der Straße sitzt ist egal. So sorgt man in der SS für kinderreiche Familien. Aber Kinder sollen die Frauen noch und noch bekommen und alles Schwere allein tragen. Zum Dank dafür betrügen sie die Männer. Nie mehr möchte ich als Frau auf die Welt kommen.

II. Quartal 44. Ich will mich in die Sonne legen nach Tisch und vielleicht nach Tegernsee fahren. Gestern war ich in Wiessee, ist viel schöner als Gmund. Dort hätte man vielleicht noch unterkommen können. Aber jetzt ist es zu spät. Es geht ja auch alles über Kranichfeld. Das Haus hat sich gefüllt, es sind 3 Ehepaare mit einem Kind und einer Dame gekommen.

Irene sagte schon „Endlich haben wir mal wieder Männer im Haus." Ich muss

sagen, mir graut doch ziemlich davor, jetzt schon wieder ein Kind zu bekommen, wo wir auch dauernd Fliegerangriffe haben. Das Einjährige und schon wieder in dem hilflosen Zustand. Wenn Du wenigstens bei mir wärst.
Es ist zu viel, was das Schicksal von mir verlangt, und dazu die politische Lage. –
Mutti: Ich musste lachen, dass Du meinst, ich hätte am Sonntag einen Spaziergang mit einem netten Mann gemacht. Also, wenn Frauchen nicht hinter dem Ofen zu Hause in Sicherheit sitzt, ist der Herr Gemahl auch nicht so ruhig. Du hast recht, wenn Du sagst, Du liebst selbstloser. Du bist selbstloser und liebst selbstloser. Ich bin nun einmal anders. Ich liebe wie ein Mann oder eine temperamentvolle Frau. Entweder ganz oder gar nicht.
Kompromisse schließe ich nicht. Bevor wir nun endlich mit diesem Thema Schluss machen, wollte ich dir nur noch sagen: Du hast mir doch versprochen, jetzt während ich ein siebtes Kind erwarte, mir ganz treu zu sein.
Allerdings möchte ich auch keinen Heiligen als Mann haben. –
Wiesbaden, Den ganzen Tag habe ich in Gedanken die zärtlichsten Briefe an dich geschrieben und jetzt bin ich so erledigt, dass ich nichts Vernünftiges fertig bringe. Außerdem hatten wir immerfort Alarm von 1 bis 5 Uhr. Fünf Geschwader waren eingeflogen. Über Mainz waren Luftkämpfe.
Es ist das erste mal seit dem Herbst, dass ich nicht mehr so erregt und so unruhig und auch nicht so traurig zurückgeblieben bin nach dem Urlaub. Hoffentlich bleibt es so. Ich will mich jetzt auf das Kind freuen, das in den schönsten Liebesstunden gezeugt ist. Nun will ich mein einsames Lager aufsuchen. Wenn Du doch noch bei mir sein könntest. –
Statt einen liebevollen Brief nach den schönen Urlaubstagen, hast Du mir ja eine schöne kalte Dusche versetzt. Ich glaube, Du wirst es später noch bereuen, dass Du mein schönes, großes Gefühl für dich so abdrosselst. ...Oder Du treibst mich einem anderen Mann in die Arme. Aber das ist schon wieder unklug zu sagen. Ich werde aber nur noch klug und mit dem Verstand handeln. Deshalb ist es wohl auch klüger, wenn ich nicht nach Holland komme. Vielleicht ist es Dir ja auch peinlich, wenn jemand merkt, dass ich ein siebtes Kind erwarte. Allerdings merkt man gar nichts, seit ich das Korsett trage. Ich bin oft sehr (sexuell) gereizt und kann mich nicht zügeln. Mancher wäre froh darüber. Mama rief eben an. Sie meint, es wäre nur meine Angelegenheit. Nur ich müsste es aushalten und erleiden. – .
(morgens) Mein sehr geliebter Mann! Eben kam Dein lieber Brief. Ich kann nicht nur Verstandesmensch sein. Ich würde mich ja auch innerlich von Dir entfernen, wenn ich nicht schreibe, wie mir ums Herz ist.
Einen kleinen Teil von all dem Schweren musst du eben auch auf Dich nehmen.

Dazu gehört es eben, dass ich seelisch so empfindlich bin. – In Eile.

Velp, Endlich bist Du soweit, dass Du den Trübsinn überwunden hast und Dich positiv zu dem nun einmal nicht zu ändernden Ereignis einstellst. So liebe und bewundere ich Dich!. Ich bin ja so glücklich, wenn ich weiß, dass Du Deinen Seelenfrieden wieder gefunden hast und voll Vertrauen an mich denkst. Es war sicher gut, dass ich Dir meinen Seelenzustand geschildert habe. Es ist eine Periode meines Lebens, durch den ich hindurch muss. Ich weiß, dass ich dadurch reifer und überlegener werde. Ich hatte bisher immer das Gefühl, dass ich noch keine Persönlichkeit war. Vielleicht bin ich jetzt auf dem Wege dazu. Wie heißt es bei Schiller: „Es bildet ein Talent sich in der Stille und ein Charakter in dem Strom der Welt."

Bisher habe ich den Strom immer gemieden, ich muss aber einmal hindurch schwimmen. Hast Du nicht bisher auch Gewinn davon gehabt, dass ich einmal dem engen Familienkreis entzogen wurde? Unsere Liebe ist dadurch nur noch tiefer geworden. Wenn ich auch sehr vergnügt war, so kann ich doch des vielen Feierns nicht so recht froh werden. Ich muss immer an die schwere Kriegslast der Heimat und an die Kameraden draußen an der Front denken. Ich möchte doch ganz gern mal von hier weg. Der Chef will mich aber nicht weg lassen. Ich bekam wieder ein großes Lob von ihm. Denke Dir, der Chef will mich voraussichtlich Anfang Mai für einige Tage nach Paris schicken. Nicht das Vergnügen suche ich da, sondern weil das vielleicht eine einmalige Gelegenheit ist, Paris kennen zu lernen. –

Heute ist der sechste Tag ohne Post von Dir. Das ist noch nie da gewesen. Was ist nur mit Dir los? Ich bin sehr unruhig. Lässt Du mich absichtlich zappeln? Bitte, lass mich nicht länger warten und schreibe mir bald einen recht lieben Brief. Ich habe das doch nicht verdient. Bin in Eile, muss Schluss machen. –.

Mein Liebster! Seit einer Woche erwarte ich Deinen Anruf.

(Er hatte es aber des öfteren versucht) *Ich hätte doch morgen fahren können, auch wenn Du nach Paris fährst. ...Gescheiter wäre es ja wirklich, auf die Reise nach Holland zu verzichten. Ich habe mühsam mein seelisches Gleichgewicht wiedergefunden. Und in jedem Urlaub bin ich wieder soviel seelischen und körperlichen Erregungen ausgesetzt, dass es mich jedes mal umschmeißt. Es ist ja wohl auch klüger, nicht in Deine Entwicklungsperiode einzugreifen. Zwangsweise muss ich mich ja nun auch anders entwickeln. ...*

Wir sind jetzt so geplagt von Alarm. ...Jede Nacht und mehrmals am Tag, dass ich, wenn es so bleibt, das Kind nicht hier bekommen kann. Der Kleine ist goldig. Jeder staunt, wenn er das kräftige Kind sieht. Ich werde allgemein bewundert, dass ich so hübsche, kräftige Kinder habe und dabei so schlank und jung geblieben bin. Da Du immer von Deiner jünglingshaften Figur sprichst und was Du alles für Komplimente gemacht bekommst, muss ich es ja auch mal aussprechen. ...Daggi hält Dir immer die Stange. Wie ich zum Spaß sagte, der Papi wäre bös, wurde sie wütend und sagte „Nein, der Papi ist lieb!" Wie soll es mit Irene werden? Sie will konfirmiert werden. Natürlich nur wegen der Ferien. Soll man sie nicht durch die SS weihen lassen? – und es kam doch ein sehr lieber Brief von Dir. Das Kind macht mir dies mal nicht so viel aus, wie alles andere. ...Es ist wunderschön, wenn man sich so versteht und ineinander aufgeht. Ich will dann also Freitag d. 5.5 kommen. Es passt mir zwar nicht. Aber wenn du nach mir verlangst, komme ich natürlich gerne. – Drei Tage habe ich wieder keine Post. Dabei hätte ich täglich einen Brief so nötig. Mir geht es körperlich nicht so gut und dann gibt es auch gleich wieder einen seelischen Rückschlag. Ich vertrage das Stehen in den Geschäften gar nicht. Dann kam ich schon mehrmals ganz schwach nach Hause, musste einen Cognac trinken und mich hinlegen, statt zu kochen oder im Garten zu arbeiten. Das deprimiert mich so.

Die Hälfte der Zeit meiner Ehe war ich mit Kinderkriegen beschäftigt

und nicht Herr über meinen Körper. Ich merke doch, dass ich mich vom letzten Kind noch nicht erholt habe. ...Aber du willst ja nur frohe Briefe haben. Dazu noch Deine Entwicklung. Es ist wirklich etwas viel für mich, was du mir zumutest. Wenn ich so wäre, wie Du mich haben wolltest, müsste mich ein Engel sein. Leider bin ich nur ein schwaches Menschenkind. Ich weiß ganz genau, dass eines Tages die Reaktion auf alles bei mir eintreten wird. Dann musst du standhalten. Auf Carossas Worte (Möchte gerne etwas von ihm lesen.) über die Eifersucht will ich Dir heute antworten. Erstens bin ich kein Mann und Dichter von Goetheschen Format. Außerdem bin ich kein reifer abgeklärter Mensch wie dieser Mann sein muss, der dieses geschrieben hat. Dazu habe ich leider zu wenig erlebt. Du bist ja auch nicht mal reif und abgeklärt mit 42 Jahren, sondern augenblicklich das Gegenteil. Also diese Worte sind wunderschön. Aber ich bin jung oder fühle mich noch jung und bin eine temperamentvolle Frau. Ich empfinde anders. Wenn Du meine Gefühle nicht so hinnimmst, wie sie sind, musst Du nächstens die Konsequenzen tragen. Außerdem missgönne ich Dir nicht jede Bereicherung, die von anderen kommt.

Oder meinst Du, Du wirst bereichert, wenn Du andere Mädchen küsst? *Den Garten habe ich bald ganz besät und bepflanzt. Es macht mir viel Freude. Jetzt ist niemand mehr auf dem Büro. Es wird überhaupt sehr zurückgehen durch (die Anwalt-Vertretung) Stempel. Kannst Du keinen anderen finden? Es wäre in vieler Beziehung nötig, wenn Du hier wärest. Aber Du musst ja durch den Strom schwimmen. Dabei bist Du so ein schlechter Schwimmer. Ohne mich kommst Du gar nicht durch. Ich liebe dich ja noch so sehr.*

Velp. Ich fand hier ein Fernschreiben vor, wonach nun doch die Verhandlungen in Paris sein sollen, und zwar am 8. und 9. Mai. Es hat dann natürlich keinen Zweck, wenn Du vor dem 12. kommst. Ich denke, wir setzen mal als Termin Deiner Ankunft den 14.5. fest, dann kannst Du Irenes Geburtstag noch feiern. Bis dahin wird man auch klarer sehen, ob die Invasion kommt oder nicht. Man erwartet jeden Tag den Angriff. Sie bombardieren schon dauernd die Bahnhöfe in Belgien und Holland. Wenn es nur endlich mal losginge, damit die ewige Nervenanspannung mal aufhört. Bei uns fangen sie jetzt auch endlich mit etwas militärischer Ausbildung an. ...Ich fand wieder zwei liebe Briefe von Dir vor. Heute habe ich nicht die Ruhe und Sammlung, um darauf zu antworten. – Wenn es nur klappt mit unserem Zusammensein! Dann werden wir uns wieder ganz nahe kommen. Bis dahin noch etwas Geduld. Dein Dich liebender Ernesto. – Ich konnte wegen den dauernden Reisen keine ausführliche Briefe mehr schreiben.

*Überhaupt ist unser Leben jetzt etwas militärischer und damit unruhiger geworden. Das ist wegen der drohenden Invasionsgefahr. Wir hatten auch Führerausbildung bei einer Kompanie des hiesigen SS-Bataillons mit Gefechtsschießen und so weiter. Es war eine Wohltat, sich mal wieder richtig als Soldat zu fühlen. Im Herbst nehme ich dann meinen Urlaub, wenn es bei Dir so weit ist. Du brauchst also keine Angst zu haben, wieder in der schweren Stunden allein zu sein. Ich sehe ja immer mehr ein, dass ich so vieles in meinem früheren Leben falsch gemacht habe, auch Du hattest sicher darunter zu leiden. Diese Schule, die einem das Leben gibt, hätte ich früher haben müssen. Ich habe das Gefühl, dass sich doch alles günstig für mich und auch für Dich auswirken wird. Ich hatte früher zu **wenig Selbstbewusstsein**.*

Das Herrenleben, das man als Offizier führt,

kann leicht zum Gegenteil verleiten. Ich meine aber, ich bin viel männlicher geworden.
Wenn sich das auch in meinem Verhältnis zu Frauen auswirkt, so kann das mir nicht gefährlich werden. Es schmeichelt natürlich jedem Mann, wenn er merkt, dass er bei Frauen Erfolg hat. Aber deshalb werde ich noch kein Don Juan! ... Beide sind wir sehr empfindsam, nehmen alles schwer und entwickeln uns spät. Du hast Dich entschieden geistig in der letzten Zeit entwickelt, das merkt man an Deinen Briefen. Du bist eine kluge und erfahrene Frau geworden. Manchmal komme ich mir neben Dir noch so unfertig vor. Die schönen Worte über die Einsamkeit habe ich mit tiefstem Verständnis gelesen. Niemand hat mehr Einsamkeit erlebt, als ich. Daher kann ich sie auch vielleicht jetzt so schwer ertragen. Aber ich betäube die Einsamkeit nicht mit Genuss, sondern versuche zu mir selbst zu gelangen. Ich lese gute Bücher und behalte meine Liebe zu allem was schön und edel ist. Unser Briefwechsel soll doch gerade die **innige Gemeinsamkeit** zwischen uns aufrechterhalten. –

Mein Liebster! Ich muss wirklich sagen, ich trenne mich sehr schwer vom Garten. Müsste noch Krautpflanzen setzen und Bohnen säen.

Nach Deinem letzten Brief nehme ich ja an, dass Du endlich gemerkt hast, worum es bei mir geht, bevor es zu spät ist. Ich bin ja so glücklich, wenn wir uns ganz restlos verstehen und uns nichts trennt. Komisch was ich jetzt für Träume habe.

Ein junger Mann kam aus irgend welchen Gründen ins Haus, tanzte und tanzte mit mir, wollte mich auch küssen und ließ mich gar nicht mehr los.

Velp. Heute habe ich eine große, unerwartete Neuigkeit erfahren: Ich werde von hier versetzt. Wohin weiß ich noch nicht. Der Chef hat heute früh am Telefon mit München gesprochen, da wurde es ihm gesagt.

Was mögen sie mit mir vorhaben? Es muss irgendeine geheimnisvolle Sache sein. Schön wäre es ja, wenn ich irgendwo in die Nähe der Heimat käme. Ich lege Dir eine Gehaltsabrechnung bei. Das Gehalt hat sich jetzt auf 506 RM erhöht. Die Nachzahlung von RM 1038 (von Januar bis Juni) erfolgt Ende Mai. Was ist mit Irenes Krankheit? Was hast Du mit Helge vor? Er muss doch allmählich wieder in die Schule gehen, sonst verlottert er ja ganz. Man muss alles hinnehmen, was das Schicksal uns zudenkt. Man ist doch meistens nur der Geschobene. –

Mutti an den Gebieter!
Statt, dass ich nun zum Wochenende bei Dir bin, fährst Du nach Paris.

Ich ertrage das alles nicht mehr. Dazu war ich wieder 6 Tage ohne Post. Trotz allem ist es wohl doch besser, Du erzählst oder schreibst mir alles. Wenn ich aufhöre zu kämpfen und gleichgültig werde, Dir gegenüber, ist alles zu spät. -Ich war schon nahe daran –
Mein Liebster! Nun muss ich außer den anderen auch noch um Dein Leben bangen. Ich kann das alles in dem Zustand kaum mehr ertragen. Hättest Du Dich jetzt nur bald zur Operation beurlauben lassen. Wenn ich doch schon Nachricht von Dir hätte. Ich habe Pech mit meinen Reisen zu Dir. Hättest Du mich gleich nach Ostern kommen lassen, wären wir mindestens zwei Wochen zusammen gewesen. Aber da stand ja dieses Biest dazwischen. –
Paris, d. 8.5.44. Ich bin gestern (Sonntag) früh nach langer Fahrt von 22 Stunden hier angekommen. Überall fuhr man durch zerstörte Bahnhöfe.
Schon einen kleinen Eindruck von Paris habe ich gewonnen. Die Großzügigkeit und Schönheit der Stadt sieht man ja sofort. Gestern Abend habe ich eine Revue im „Casino de Paris" besucht. Es wird natürlich allerhand geboten an nackten Frauen, doch wirkt es nie obszön.. Es waren wirklich vollendet gewachsene Frauen darunter. Man bekommt Appetit, aber ‚gegessen' wird natürlich nicht. Man sagt ja, dass man seine Frau nicht mit nach Paris nehmen soll. Trotzdem denke ich oft, wie schön es wäre, wenn wir alles zusammen erleben könnten. Ich habe so das Gefühl, dass ich mit Paris Abschied vom Westen feiere. (Vielleicht komme ich nach dem Osten?) Also muss ich Paris noch etwas genießen, natürlich alles mit Maß. –
Von Annemarie Dähler, der „Schwesti":
Lieber Pappi, <u>Mutti macht mir große Sorgen</u>, sie ist so furchtbar nervös und schlafen tut sie auch kaum oder sehr schlecht. Ich möchte Sie ein wenig warnen: Überlegen Sie nächstens sehr gut, was Sie ihr schreiben. Sie ist augenblicklich in einer furchtbaren Verfassung und es muss sich hier irgend etwas ändern. Entweder sie macht eine Dummheit oder es wird ihr in Zukunft alles egal sein und das möchte ich doch nicht hoffen. Sie können sich denken, dass sie mir das meiste erzählt und ich gebe mir die größte Mühe, ihr alle Dummheiten auszureden. Weil es mit der Reise zu Ihnen nicht klappte, ist wieder der Teufel los. Es ist auch immer nach den Briefen so schlimm. Warum können Sie denn nicht ihrer Frau, die Sie doch so über alles liebt, ein kleines Opfer bringen und ihr wenigstens jetzt in der schweren Zeit ihrer Schwangerschaft wenigstens fest versprechen, dass Sie allen Gefahren und Anfechtungen aus dem Wege gehen wollen. Treiben Sie bitte nichts auf die Spitze, denn Ihre Frau ist in einem annormalen Zustand eben, das dürfen Sie nie vergessen. Sie haben doch so ein reizendes Heim, ganz entzückende Kinder und eine schöne Frau, die sie liebt. Was wollen Sie noch mehr? Sonst wäre von

uns nichts weiter zu erzählen, als dass wir fast jeden Tag und jede Nacht Alarm haben. Alles Gute auch zur Versetzung. – Ihre Schwesti

München. Nur ein paar Stunden durfte ich zu Hause sein, um wieder mit dem Gefühl wegzugehen, wie viel ich mit Dir, den Kindern und unserem schönen Heim aufgeben muss. Jetzt sitze ich in meinem trostlosen Hotelzimmer und bin weiß Gott nicht sehr rosiger Stimmung. Das schöne München ist übel zugerichtet. Wie manche schöne Erinnerung knüpft sich aus meiner Studentenzeit an die nun ausgebrannten Häuser, Kirchen und schönen öffentlichen Gebäude. Wenn man aus den sauberen, unzerstörten und <u>reichen holländischen Städten</u> kommt wie ich, ist das wirklich ein arger Kontrast. Auf jeden Fall wird es auch in dienstlicher Beziehung für mich ein großer Abfall gegen Holland sein. Aber vielleicht ist es ganz gut, wenn ich wieder mal etwas geduckt werde. Ich weiß, daß ich an Dir gesündigt habe, wenn auch nur in verhältnismäßig harmloser Form. Ich hatte selbst so ein Verlangen nach etwas Lebensfreude, nachdem ich früher (durch meine eigene Schuld) davon so wenig gehabt habe. Ich will mir die größte Mühe geben, wieder anders zu werden. Wenn ich doch wenigstens einen treuen Freund als Kameraden finden würde! Aber so sehe ich mich wieder allein herumlaufen. Nun will ich schließen. Hoffentlich kommt kein Alarm, ich bin hundemüde. –

Mutti: Mein Liebling! Will Dir gleich antworten. Den Kindern geht es wieder gut. Nur Hansi hat noch erhöhte Temperatur. Bei Daggi sind es doch keine Masern geworden. ...Da Du nun endlich <u>zur Vernunft gekommen</u> scheinst, <u>hoffe ich auch meinen Seelenfrieden wiederzufinden</u>.. Ich kann Dir alles verzeihen, sogar, wenn Du Dich wirklich mal ganz vergessen haben solltest. Aber wenn Du mich angelogen haben solltest, das kann ich nicht verzeihen. Du hast mir ja eigentlich nicht gesagt, was zwischen dem Biest und Dir vorgefallen ist. Ich kann noch nicht ganz darüber hinweg. <u>Deine Umkehr kam wirklich in letzter, zwölfter Stunde</u>. Ich war nicht weit davon entfernt, mich von Dir loszulösen. Nach unserem Zusammensein in Holland und an Weihnachten, konnte ich nicht verstehen, was Du bei anderen Frauen wolltest. Ich habe Dir mit Körper und Seele alles gegeben, was man einem Mann geben konnte. Erst jetzt, nuchdem du mir Deine Entwicklung geschildert hattest, hatte ich Verständnis dafür. Ich sehe allerdings ein, wenn es solche Biester von Frauen gibt, die sich wie Dirnen benehmen, dass es möglich ist. Du hättest eben das Tanzen vermeiden sollen. Ich habe mich ja auch nicht richtig benommen. Ich hätte mehr über allem stehen müssen.

Und daraus entsprang auch mein seelisches Leiden. Du warst mir sonst an Selbstlosigkeit und Güte überlegen. Da muss ich Dir auch dieses verzeihen können. Ich glaube, Du würdest mir auch verzeihen, wenn etwas vorgefallen wäre. Oder?

Bitte tue mir die Liebe an und suche Dir ein Zimmer außerhalb von München in einem Vorort. München wird bestimmt noch Terrorangriffe bekommen. Ob Du wohl an Pfingsten kommen kannst? –

München. Obwohl erst heute Morgen ein Brief an Dich abgegangen ist, muss ich heute Abend schon wieder meinem Herzen etwas Luft machen. Diese Versetzung ist wirklich ein großer Reinfall. Nachdem ich mich heute früh auf der Dienststelle gemeldet habe, erfahre ich, dass ich in die Gutachterabteilung komme. Meine Tätigkeit besteht darin, die Urteile, die an den Gerichten gemacht werden, zu begutachten. Eine recht schwierige, wenn auch interessante Arbeit, allerdings von einer ermüdenden Gleichförmigkeit: Immer nur Akten lesen und Gutachten diktieren, niemals selbst praktisch Recht sprechen, das liegt mir gar nicht. Außerdem traue ich mir auch noch nicht so viel Erfahrung und wissenschaftliche Erkenntnisse zu, daß ich mir anmaße, die Urteile älterer Kollegen zu kritisieren. Die Arbeitslast muss eine ganz ungeheure sein. Die Kameraden, die in dem Amt sind, erzählen, dass sie täglich von 8 Uhr morgens bis in die Nacht hinein arbeiten.

Es sind wirklich liebliche Aussichten. In Wirklichkeit ist es eine Strafe.

Was habe ich jetzt davon, dass ich in Haag so gut gearbeitet habe?

Ich musste das schöne Holland verlassen. Dazu noch die unerfreulichen äußeren Verhältnisse. Bin im Hotel „Deutscher Hof" am Karlstor einquartiert.

Ein dürftiges Zimmer nach dem Hof mit einem Blick auf meist halb oder ganz zerstörte Dächer und ausgebrannte Häuser; Bett, Tisch, Schrank, das ist alles. Dann die Misere mit dem Essen. Satt wird man nie oder man muss viel Geld ausgeben.

In den Abendstunden läuft man zwischen den Ruinen und Dreckhäusern herum, ein herrliches Leben! O du mein schönes Holland, wie weit bist Du entschwunden! Aber Strafe muss sein. Du wirst ja sicher froh sein, dass der Amüsierbetrieb in Velp nun für mich zu Ende ist und ich das Leben mal wieder von der anderen Seite kennen lerne. Ich will mich ja auch nicht weiter beschweren, aber der Absturz ist zu groß. Im Grunde genommen ist man hier wieder Referendar, muss die Arbeit für die hohen Herren machen und dauernd vortragen. Dazu bin ich eigentlich zu alt.

Ein Trost, dass meine Vorgesetzten und Mitarbeiter einen sehr sympathischen Eindruck machen. Ja mein Liebchen, so ändern sich die Zeiten.

Dein Ernesto hat es zu lange zu gut gehabt. An unser schönes Heim draußen im Grünen darf ich auch nicht denken. Wie schön hast Du es doch dort. Sei Dir dessen auch immer bewusst. Ein Trost für mich ist, dass Du jetzt beruhigt sein wirst. Hier habe ich keine Zeit und Gelegenheit, auf dumme Gedanken zu kommen.

Mutti beruhigte sich nur langsam, schlief auch wieder besser; hie und da holte sie die alten Themen mal wieder vor. Ansonsten schrieb sie am 6. Juni 44:

Jetzt ist die Invasion doch Wirklichkeit geworden

Wie wird es ausgehen?
Jetzt kommt die Entscheidung. Mein Gott, in dieser Zeit muss ich noch ein siebtes Kind kriegen! –
Heute kommt Harald vom Gut Menne zurück. Dafür fährt morgen Irene mit Rudolf hin. Den Kindern geht doch viel Liebe verloren, wenn sie so in Mengen groß werden. Man kann sich nicht mehr so um sie kümmern.
Nachdem die Vergeltung in Gange ist, ging ein Aufatmen durch alle Menschen. Man schöpft jetzt wieder Hoffnung. Es wäre noch nicht die letzte Waffe. Endlich bekommen sie es heimbezahlt auf ihrer Insel. –
III. Quartal 44. Vaters Dienststelle wird etwa Mitte Juli nach Prien am Chiemsee verlegt. Von dort schreibt er am 20.7.44:
Um mich brauchst Du Dir jetzt keine Sorgen mehr zu machen. Wir haben es hier sehr schön. Abends nach Dienstschluss gehen wir zum See und rudern und baden. Unterkunft und Verpflegung sind sehr ordentlich. Ich habe mich schon etwas erholt hier. Arbeit gibt es ja auch weiterhin mehr als genug, aber man lebt doch wenigstens gesund und mitten in der Natur. –
So richtig freuen kann man sich ja nicht über all das Schöne. Hier fliegen jeden Tag feindliche Geschwader herüber; man denkt an das Elend der armen Menschen in den Städten. Auch an der Front ist die Lage überall ernst. Ich hoffe sehr, dass es Dir gut geht und die Tage in München nicht zu anstrengend waren. Nun hast Du noch zwei schwere Monate vor Dir, dann hast Du es überstanden. Ich denke, dass ich spätestens Mitte August hier abhauen werde. Jetzt haben wir allerdings hier keinen Arzt zur Verfügung.
Von Hans bekam ich eine Karte. Es geht ihm besser. Nun leb wohl, mein Schatz! –
Der Schatz schreibt:
Heute früh war wieder ein Angriff auf München, schrecklich. Immer hat man wieder die Sorge, ob Dir etwas passiert ist. Wenn ihr nur rechtzeitig das Amt verlegt hättet. Wie entsetzlich wird das schöne München jetzt zugerichtet sein. Eine Schande. Trotz allem habe ich meine Reise nach München nicht bereut. Die Tage und Nächte mit

Dir waren trotz meines Zustandes wieder schön. Außerdem hatte ich wieder ganz das Gefühl der Zugehörigkeit zu dir. Der Garten sieht bös aus, muss alles gehackt werden und Unkraut gejätet. Habe aber zu viel einzumachen jetzt. Jeden Tag, wenn wir das viele Obst haben, tut es mir in der Seele weh, dass Du nichts davon hast.

Daggi spricht am meisten von Dir. Dass ein Kind zwischen 2 und 3 Jahren so an ihrem Papi hängt, wenn er nur im Urlaub kommt, ist allerhand. Hansi ist zu süß. Nur dass er so an Schwesti hängt und nicht an mir, schmerzt mich oft etwas. – Bekam heute Deinen lieben Brief zu unserem Hochzeitstag.

Ja, es war eine schöne Zeit, die wir schon zusammen verlebt haben. Bis auf die Zeit in Holland war ich auch sehr glücklich. Wir müssen sehr dankbar dafür sein. Ich hatte bei meinen Großeltern und Eltern keine glückliche Ehe erlebt und Du ja auch nicht bei Deinen Eltern. Auch, dass unsere Kinder so gesund und nett geraten sind, ist nicht alltäglich. – Aber ich muss sagen, allmählich langt es mir doch mit dem Kinderkriegen. Das dritte Kriegskind und das 7. Kind ist doch keine Kleinigkeit. Heute in der Hitze habe ich mich nur so durch die Stadt geschleppt. Wir hatten wieder mehrere Stunden Alarm. Da waren nachher Geschäfte und Busse überfüllt. Nachmittags hatte ich dann Luftschutzunterweisung. Heute war wohl wieder ein Angriff auf München. Es sollte doch die Ausstellung im Haus der Deutschen Kunst eröffnet werden. Der Führer und Göring wären dort gewesen. Den Zeitpunkt haben sie sich ja gut ausgesucht.

Habe so viel Arbeit, dass ich abends todmüde bin. Will jetzt noch ein Gläschen auf unser Wohl trinken. –

Ich bedaure sehr, dass Du noch gar keine Post von mir hast.

Ich habe treu und brav alle zwei Tage geschrieben. Wir hatten nun zwei Nächte hintereinander Alarm. Als nur Voralarm war, fielen Luftminen zwischen Biebrich und Erbenheim; dann kam erst der Vollalarm. Es nimmt einen schon sehr mit, wenn man aus dem Schlaf gerissen wird, da ich sowieso so spät einschlafe. Das hätte ja eine schöne Geschichte mit dem Führer geben können. Ich hatte mir gar nicht gedacht, dass das Attentat so verhängnisvoll hätte werden können. Es ist ja direkt ein Wunder, dass dem Führer nichts passiert ist. Das Schicksal hat doch noch Wichtigeres mit ihm vor. (Anmerkung: Vernichtung – auf der ganzen Linie – war die Devise.)

Ich kann nicht mehr hören, wenn so dumme Weiber immer reden, dass wir bald den Krieg verloren hätten. Ich glaube an den Sieg. –

Das war doch ein ordentlicher Schreck für uns heute hier.

Die Kinder, Schwesti und H. Lehr standen vor der Haustür und sahen sich seelenruhig die sehr hoch fliegenden Verbände an. Es war nur Voralarm.

Da zweigten plötzlich einige von den Bombern ab und flogen auf den Bahnhof zu, warfen etwa 70 Bomben.
Bahnhof, Landeshaus, Lutherkirche, sowie am Ring und Luxenburgplatz wurden getroffen. Ich sprach eben Anneliese, die einen 10 jährigen Jungen besuchte, dem das Bein im Josefshospital amputiert wurde. Da wurde gerade ein Lastwagen mit Schwerverletzten abgeladen. Sie sagte, so etwas Entsetzliches hätte sie in Frankfurt noch nicht gesehen.. Was sind das für Zeiten? Ich muss sagen, es fällt mir sehr schwer, tapfer zu sein. Die Frauen, die in diesen Zeiten, jedenfalls in den Städten, Kinder kriegen, sind Helden. Ich kann mich jetzt nicht mehr verstehen, dass ich so inkonsequent war, Dir gegenüber, dass ich immer wieder vergesse, was man in diesem Zustand durchmacht. Hatte heute drei schwere Einkaufstaschen und dann ging kein Bus. Wann werden wir mal wieder ruhige glückliche Zeiten zusammen erleben? Helge hat noch keine Schule, weil sie auch beschädigt ist.
Es ist mir schrecklich, die Kinder in der Stadt zu wissen. Bald lasse ich keins der Kinder mehr aus dem Haus. Es küsst und umarmt Dich innigst Deine Dich sehr liebende Frau. –
Schwesti ist heute in Urlaub. Ich weiß nicht, wie ich die 14 Tage aushalten soll, in meinem Zustand (sie war hochschwanger) und der

Ständigen Fliegergefahr

Ich kann mich ja jetzt, wo so viel Alarm ist, überhaupt nicht von zu Hause weg bewegen. Sonst kann es passieren, dass man nach Hause kommt und nichts mehr vorfindet. Aber da der Führer durch ein Wunder verschont geblieben ist, wird schon alles gut werden. Für die Nachlasssachen wärst Du auch dringend nötig. Frau Werner vom Bettengeschäft rief an. Ihr Mann sitzt schon lange im Gefängnis. Angeblich hätte ihn die Konkurrenz angezeigt.
Er soll Waren zurückgehalten haben und einen von der Sicherheitspolizei beleidigt haben. Jetzt haben sie ihm das Geschäft geschlossen. Sie hätten Dich gerne als Anwalt. Die Ostarbeiter sollen alle in die Rüstungsindustrie.
Es wäre ärgerlich, wenn sie mir Lydia (Praktikantin) jetzt wegnehmen würden.
Außerdem sollen alle Privattelefone abgeschafft oder abgegeben werden. ...
Ich bin jetzt schon stark geworden und leide sehr unter der Hitze. Harald meinte, es wäre doch schade, dass ich nicht mal mit ins Opelbad gehen könnte. Ich muss

eben wieder auf alles verzichten, wie schon so oft.. Wenn Du nur nicht alles so verzögert hättest und bald kämst. –

Ich habe einen sehr anstrengenden Tag hinter mir. Wir haben ohne Schwesti und Putzfrau noch Hausputz im Wohnzimmer gemacht, damit alles schön ist, wenn Du kommst. Es ist bedauerlich, dass Du so viel Arbeit hast. Das hältst Du auf die Dauer gar nicht aus. – Aber lass nur nicht den Kopf hängen. Vielleicht setzen wir gegen Russland und England noch andere Vergeltungswaffen ein. Wir alle freuen uns auf Dich. –

Gestern bekamst Du einen Brief in sehr schlechter Stimmung. Ich hatte mir wohl zu viel zugemutet und schlafe nicht genug. Gestern nach 12 Uhr, wie ich hätte einschlafen können, war wieder Voralarm. Da musste ich aufpassen. Weil jetzt so oft bei Voralarm Bomben gefallen sind. Fuhr sagte, ein Herr hätte sich bei Dr. Te. einen großen Nierenstein heraus nehmen lassen. Er hätte es fabelhaft gemacht. Frage, ob die Möglichkeit besteht, dass Du es bei ihm machen lässt. –

Prien. Man kommt aus den Sorgen nicht mehr heraus. Die Lage draußen ist so ernst, dass man mit schwerster Besorgnis in die Zukunft sieht. Die Russen stehen bald an der Reichsgrenze und rücken täglich vor.

Die ganze Ostfront scheint zerschlagen. Wo soll das hinführen? Sollte wirklich **Wieder alles umsonst gewesen?** sein? Ich kann es nicht glauben, aber es müsste wirklich ein Wunder geschehen. Wenn wir nur nicht mit den Maßnahmen zur letzten totalen Mobilisierung zu spät kommen! Soll ich trotzdem, wo jetzt jeder Mann gebraucht wird, ins Lazarett gehen?

Onkel Hans schreibt am 13. August44: Liebe Edith! Zu Deinem Geburtstag sende ich Dir herzliche Glückwünsche. Nun, Ihr habt fünf Kriegsjahre so gut überstanden, dass es schon gut wäre, wenn es weiter so bliebe. Als kinderreiche Mutter gehörst Du doch zu den Bevorzugten der Nation. Bevor Du wieder in die ‚Schlacht' gehst (mit der Geburt), werden wir uns wohl sehen. Glück wünsche ich Dir vor allem mit Deinen Kindern, dass sie an Leib und Seele gesund, tüchtig und edel sein mögen. ...

Unser Vater aus: Neustadt. Also ich bin gestern Abend glücklich hier im Lazarett angekommen. Ausgerechnet jetzt, wo es um den letzten Einsatz geht, das ist für mich auch nicht angenehm. Die Nachrichten drücken auf die Stimmung. Die Lage scheint immer hoffnungsloser. Iim Westen wird es auch bedrohlich. Werden wir diese Lage, in der uns das Wasser bis zum Hals geht, noch meistern? Ich hoffe sehr, dass ich Ende der Woche noch einmal nach Hause fahren kann, denn mit der Operation wird es doch so schnell nichts werden. Wie geht es nun Dir? Ich möchte wünschen, dass Du bald befreit bist. Zeitlich ist es ja mit mir sehr ungünstig.

Aber nun habe ich mir die Sache mal eingebrockt. Dafür erholen wir uns dann beide hinterher zusammen. Gebe Gott, dass bis dahin die Lage besser ist.
Onkel Hans schreibt am 9. Sept. 44 an Mutti: Es gibt gute und schlechte Pessimisten, Du bist in die Hände der schlechten gefallen. Es wird viel geredet und den Leuten die Hölle heiß gemacht, um dadurch angeblich „den Widerstandswillen zu stärken". Lass Dich nicht irre machen, von wegen „SS-Familie" und „Kinder abnehmen". Auf meinen Rat wird ja nie gehört.

Wenn Du ihn befolgen willst, so bleibst Du unter allen Umständen mit Deinen Kindern in Haus und Heim, selbst wenn dort Kriegsgebiet werden sollte. Flüchtlinge verlieren alles. Wer bleibt, bewahrt und rettet in eine neue Zeit hinüber.

Mehr kann ich nicht sagen.. Es ist alles kein Grund, jetzt ausgerechnet in der letzten Minute die Nerven zu verlieren. Im Gegenteil, jetzt muss man die <u>Nerven behalten</u> und sehr <u>klug</u> sein.. Also, liebe Edith, übersteh auch Deine letzten Wochen und lass Dich nicht irre machen. Herzlichst Dein getreuer Hans. –

Mein geliebter Mann! Hoffentlich bist Du ungefährdet dort angekommen. Hier ist wieder Alarm. Es fielen wieder <u>Bomben</u>. Das Licht ging aus und blieb weg. Kalle und Albert sind getroffen. Es brennt noch lichterloh.

Eine Bekannte von Schwesti ist ins Krankenhaus gekommen und ihr drei Monate altes Kind ist tot; grausig. Werden wir noch gut alles überstehen? Trotzdem bin ich jetzt gar nicht mehr mutlos. Du hast mir wieder Kraft gegeben, alles zu tragen. Und nachdenken, wie alles werden wird, darf man nicht. Ich habe das Gefühl, dass wir uns bald wiedersehen. Es muss ja nicht immer die erotische Liebe sein, um glücklich zu sein. Ich muss schon sagen, ich bin doch sehr glücklich mit Dir geworden, trotz der vielen Schwangerschaften. Es ist schön, wenn man immer fester zusammen wächst und es trotzdem nicht Gewohnheit wird, sondern immer wieder neu ist, natürlich auch bedingt durch die Trennung. Wegen der Geburt brauchst Du Dir ja keine Gedanken zu machen. Das erledige ich ja immer glatt. Deine dich innigst liebende und auf ein baldiges Wiedersehen hoffende Frau. –

Mutti: Kam gar nicht zum Schreiben gestern. Wir hatten noch so viel für Gert zu richten. Ausgerechnet heute, wo er nach Kassel fuhr, waren die Flieger in Kassel. Ewig ist jemand in Gefahr jetzt. Schrecklich.

Ich bin ziemlich fertig heute Abend. Seit mehreren Tagen haben wir immer nach Tisch Alarm. Das ist sehr anstrengend für mich, wenn ich nicht meine Mittagsruhe habe. Hetzerei.. Am Mittwoch habe ich endlich Dr. Diemer Bescheid gesagt. Er war sehr geknickt (dass er die Geburt nicht machen sollte) und hat es mir auch erst übel genommen. Am nächsten Tag rief er aber an. Er hätte sich erkundigt, es wäre ein Frauenarzt im Bahnholz-Heim.

Außerdem hätte er wieder Benzin. Wenn ich kein Auto bekäme, könnte er mich herauffahren und er wollte mich besuchen. Er ist doch ein rührender Kerl oder hat wirklich was für mich übrig. Jetzt drückt das Kind so sehr auf alle inneren Organe, dass ich es leid bin. –. <u>Nun sitze ich wieder allein da.</u> *Ich habe ja immer das Glück,*
von Mann und Kinderschwester verlassen zu werden. Jetzt habe ich für morgen 20 Pfund Pflaumen zum Einmachen dastehen und am Dienstag Wäsche.
Weiß nicht, wie ich es bewältigen soll. Wenn mir nur der Arzt einen Ätherrausch macht. Er hat es nicht fest zugesagt. Man hält schon so genug aus, wenn man immer noch genäht wird. Fuhr hat Kartoffeln für uns, weiß aber nicht, ob sie jemand bringen kann. Sie sind alle schippen am Westwall. Der Führer hätte in Saarbrücken zur Truppe gesprochen, sie sollten noch aushalten.
Bald würde die <u>Vergeltung</u> *eingesetzt.* <u>Das Ende würde fürchterlich</u> *(Allerdings:)* <u>für die Anderen.</u> *Ich glaube und denke überhaupt nichts mehr. – Durch den unentwegten Alarm kommt man zu nichts. Ich bin aber froh, dass ich noch so leistungsfähig bin. Nachdem wir die letzte Nacht im Keller verbringen mussten, habe ich von morgens bis abends durchgearbeitet.*
Herr Hesse kam und wollte die Regale aus dem Keller schaffen und zersägen. So haben wir vier Stunden geräumt, geschleppt und geputzt. Jetzt sind auch alle Glassachen heraus. ...Hier wird jetzt alles Lazarett, Hotel Rose und Nassauer Hof. Wiesbaden soll zur offenen Stadt erklärt werden.
Aber ob sie sich daran stören oder nicht, ist eine andere Sache. Durch den schweren Angriff auf Frankfurt, habe ich wieder keine Post von Dir. Es ist trostlos. Gestern haben sie mehrere Bombenteppiche dahin gelegt. Es war scheußlich. Ich dachte, halb Wiesbaden wäre kaputt. Es war aber nur auf Mainz und Amöneburg. Das Gaswerk ist auch wieder getroffen und wir haben kein Gas. Morgen Nachmittag werde ich dann (hoffentlich) zu Fuß in das SS Heim „Lebensborn" gehen. Die Kinder können mir den Koffer fahren.
Hoffentlich bekomme ich morgen Post von Dir. –
Prien. Ich bin todunglücklich, weil ich gar keine Nachricht von Dir bekomme. Es wäre schrecklich, wenn ich nun noch weiter vergeblich auf Nachricht warten müsste. Ich möchte so vieles wissen, wie es Euch geht, ob Ihr viel unter den Fliegern zu leiden habt und vor allem, wie es mit Dir ist. Die Gefahr, dass der Feind ins Land kommt, scheint ja vorläufig gebannt zu sein. Die Front im Westen ist ja ziemlich stabil geworden. Mit großer Liebe denke ich an Dich, mein Herzchen, und möchte Dir so gern beistehen. Vielleicht hast Du gerade jetzt Deine schwere Stunde und ich kann nicht helfen. –

SS Heim Taunus/Bahnholz. *Nun sitze ich hier wieder auf dem* <u>Warteposten</u>. <u>Gestern Nacht bekam ich viertelstündlich Wehen</u>. *Ich weckte Schwesti, die selig mit ihrem Rudi in einem Bett schlummerte. Sie rief das Rote Kreuz an, die ihr sagten, sie hätten kein Benzin, die Schwesti sollte die Entbindung selbst machen. Doch unglaublich. Zum Glück fuhr mich dann Herr Günther. Alle Mütter werden hier per Frau und Vorname genannt. Ich komme mir vor wie bei den Soldaten. Bei Tisch im gemeinsamen Speisesaal sitzt die zuletzt Angekommene neben der Oberin. Niemand darf anfangen, bevor die Oberin isst. Sonst ist alles sehr schön, modern. Narkose wollen sie mir nicht geben. Die Hebamme sagt, man würde nicht so leicht reißen. Da werde ich mich ja gut erholen, vielleicht machen sie bei mir eine Ausnahme* (mit dem frühen) *Wecken*. –
Am 30. Sept.44. wurde um 8.30 Uhr Ingeborg/Heidikind geboren, IV. Quartal 1944.

Das „Kind der Liebe"

Da Du den Brief nicht bekommen hast, worin ich von der Geburt schrieb, will ich Dir noch mal kurz berichten. Nachts am 28. Sept. um 3 Uhr früh fuhr mich Herr Günther heraus. Leider gingen die Wehen wieder zurück, trotz Klistier und heißem Bad. Von 5 – 7 Uhr habe ich aber auf dem harten Kreißsaalbett geschlafen. Am nächsten Tag bin ich dann wieder herum gelaufen, wir waren viermal im Keller. – Nachts um 5 Uhr bekam ich dann leichte Wehen und ging in den Kreißsaal. Eine andere war schon unten und bekam nach einer halben Stunde ihr Kind. Das erste Mal sah ich richtig ein Neugeborenes direkt aus dem Mutterleib. Es hatte eine dicke Fettschicht um sich, damit es im Fruchtwasser nicht Schaden leidet. Fabelhaft von der Natur eingerichtet.

Erst um 8 Uhr bekam ich starke Wehen und um ½9 Uhr war die kleine Ingeborg da. Zuletzt kam dann der Doktor und im letzten Moment gaben sie mir dann eins aufs Dach, weil ich zu sehr tobte.

Es geht zwar schnell bei mir, aber die Wehen sind irrsinnig stark ohne Atempause.

Ich merkte aber trotzdem, wie das Kind durchkam. Das war aber nicht das Schlimmste. Gerissen bin ich diesmal nicht. Die Hebamme ist fabelhaft, ganz modern und sehr gewissenhaft. Leider musste ich ein paar Stunden nach der Geburt schon in den Keller. Der Doktor hob mich eigenhändig auf die Bahre. Sie ließen uns dann unten über Nacht. –

Es ist doch der schönste Lohn nach der Geburt, wenn man hinterher sein Kindchen an der Brust hat und es dann neben sich liegen hat.

Jedes Mal ist es wie ein Wunder. Alles ist gleich so vollkommen ausgebildet. Den Müttern, die nicht so viele Kinder kriegen, entgeht doch viel. Aber trotzdem muss bei uns ja mal Schluss sein. –

Mein Liebster! Jetzt geht es hart auf hart bei uns in Wiesbaden. Heute Nacht wären 13 Luftminen gefallen. Unser Büro ist stark demoliert. Die ganze Gegend und auch die Wilhelmstraße ist verheerend getroffen. Ich fürchte, dass sie in den nächsten Tagen Wiesbaden erledigen.

Hätte ich nur die Kinder weggeschickt. Es ging mir schon gut, aber das bringt ja eine gesunde kräftige Frau herunter. –

Da wir letzte Nacht Ruhe hatten, schöpft man wieder etwas mehr Mut. Aber alle Menschen und auch die Kinder sind sehr erregt, seitdem hier die vielen Luftminen fielen. Fuhr sagte, in der zweiten Nacht wären 13 Luftminen gefallen.. Es muss schlimm in der Stadt aussehen. Fuhr sagte, in der Gegend Bahnhofstraße, Rheinstraße, untere Wilhelmstraße wären alle Häuser demoliert, auch in Deinen Miethäusern. Er will sehen, dass er mit dem Büro woanders unterkommt. Sonst nimmt er die Schreibmaschinen mit zu sich. ...Wir müssen darauf gefasst sein, dass Wiesbaden in nächster Zeit kaputt geschmissen wird. Komisch, man stumpft allmählich ab. –

Unser Leben steht in Gottes Hand.

Du bist ja jetzt wie erlöst, nachdem das Kind da ist. Also, Ihr besauft Euch auf meine Kosten! .Ich werde wahrscheinlich die Kinder im Keller schlafen lassen. Es sind tatsächlich neuartige Raketenbomben, die sie bei uns angewendet haben. Sie würden sie R.V.I nennen. Wir sind kaum mehr ohne Alarm und müssen auch bei Voralarm auf alles gefasst sein. Letzte Nacht waren wir drei mal im Keller. Es wurde 4 Uhr, bis die Kinder schlafen konnten. Um 6 Uhr musste ich schon wieder stillen. Um 7 Uhr hatten wir erneut Alarm und mussten im Keller frühstücken und stillen. Wenn in der Nähe eine Bombe fällt, platzt die Lunge von so einem kleinen, zarten Lebewesen. Ich stille nicht mehr 6 mal: Das kann ich ja nicht aushalten.

Aber stillen will ich auf jeden Fall länger, weil man nicht weiß, wie noch alles wird. ...Vielleicht bekommst Du Urlaub und bist morgen schon da. Das wäre sehr schön. Sie sollen Dich gleich hierher versetzen. Ich riskiere nicht mehr, die Kinder

in die Stadt zu schicken. Lass sie auch nicht mehr in die Schule gehen. Außerdem fahren seit 3 Wochen die Busse nur von 5-8 und 17-20 Uhr. Helge soll nicht mehr so viel Fahrrad fahren, sagt Dr. Keutzer.
Er gefällt mir gar nicht. Du hast also Angst, ich könnte meine Figur verloren haben – und wenn es nun der Fall wäre? Vielleicht behalte ich jetzt einen dicken Bauch und bekomme einen B.H. Liebst Du mich dann nicht mehr? Vor allen Dingen wünsche ich sehnlichst, dass wir wieder bald vereint sind. Ich träume immerfort von Dir. –

Vater in *Prien: Ich bin immer noch in sehr froher, glücklicher Stimmung, dass alles so gut gegangen ist und wieder ein kleines, süßes Mädchen als Frucht unserer Liebe auf der Welt ist. Diesmal wirklich ein Kind der Liebe. Für die Kameraden ein willkommener Anlass, sich mal wieder unter Alkohol zu setzen. Es war dann ein sehr lustiger Abend. Es geht jetzt ganz militärisch zu bei uns.*

Wir haben jetzt zwei Führerkompanien und rücken öfter zum Schießen und Geländedienst aus. Arbeit gibt es unendlich viel. –

Mein Liebster! Jetzt habe ich wieder fünf Tage keine Post.

Es ist trostlos. Das ist schlimmer, wie alles andere, dass ich so wenig von Dir höre, mein Schatz. Ich denke so viel an Dich und lebe in Gedanken ganz mit Dir. In jedem Traum bist Du bei mir. Manchmal komme ich mir schon lächerlich vor. So eine alte Ehefrau und benimmt sich, wie in den Flitterwochen.

Gestern bin ich in die Stadt gelaufen und zurück gefahren. Es hat mich so angestrengt, dass ich bis abends erschossen auf dem Sofa lag. In den Geschäften musste ich stehen und auf den Bus lange warten. Dann war er so voll, dass ich auf dem äußersten Trittbrett stand und ein Mann mich festhielt, damit ich nicht herausfiele. Klein-Inge nimmt gut zu. Ich glaube, sie wird mal ein lebhafter kleiner Racker. Ihr Appetit ist jedenfalls so gut, wie bei Hansi. Die V-2 scheint ja doch gut zu sein. – Eben 12 Uhr haben wir schon wieder 2 Stunden Alarm.

Ingeborg wird im Keller groß. Lehr sagte, dieses Raketengeschoss wäre 30 km von hier abgeschossen worden. Das wäre entsetzlich. Hoffentlich sehen wir uns bald wieder. Ich sehne mich sehr nach Dir.

Gestern Abend um ½ 8 fielen wieder einige von den verdammten Raketen (Bomben).

Es beruhigt mich, dass Du seelisch so stark bist eben.

Dann würdest Du auch den Verlust von Frau und Kindern überstehen. Die Zwei in (Gut) Menne werden ja wohl am Leben bleiben. Aber, eine Bitte habe ich: Wenn Du wieder heiratest – und das müsstest Du ja – dann suche Dir Deine Frau danach aus, ob sie den Kindern eine gute Mutter sein wird. Es ist entsetz-

lich, wenn Kinder unter einer Stiefmutter zu leiden haben. Sie kann ja jung und hübsch sein. Ich gönne Dir von Herzen noch mal ein junges Liebesglück, wenn ich nicht mehr bin. –
Da ich gar nichts von Dir höre, habe ich noch mal die ganzen Briefe aus Holland von dir gelesen. Ich muss sagen, in Deinen Briefen hast Du dich nicht verändert, aber im Urlaub fühlte ich immer deutlich, dass Du von dem leichtsinnigen Leben angesteckt warst. Das beunruhigte mich so sehr. – Ein paar <u>Zeilen über Hölderlin</u> und Susette Gontard: „Es hat nur wenige Menschen gegeben, die das Wesen der Liebe in ihrer reinsten und edelsten Form erlebt haben und die durch dieses Gefühl innerlich wahrhaft geläutert und erhoben wurden. (Kann man von Dir nicht mehr sagen). Die Reife der Empfindung hängt stark von der seelischen Struktur ab; nur Menschen die auch von früher Jugend an gelernt haben, ihr inneres Leben zu kultivieren und zu bereichern, sind auch fähig mit allen Fasern ihres Lebens das beseligende Glück einer wirklich großen Liebe bis zur Neige auszukosten (könnte stimmen bei Dir). Freilich leiden sie auch umso stärker unter allen Schlägen, mit denen das Schicksal nun einmal jede große Leidenschaft zu treffen pflegt (Leider)."
Jedenfalls war ich sehr glücklich mit Dir. Ich bin zum Glück nicht so veranlagt wie Deine Mutter, die nie vergisst was sie bei den drei so nah aufeinander folgenden Geburten ausgehalten hat und hat es Vater nie verziehen. –
Prien. Dein lieber Brief vom 24.10. machte mich heute sehr glücklich. Aber mein Liebchen, Du schreibst ja den reinsten Abschiedsbrief. Deine Liebe und Selbstlosigkeit ist ja so groß und rührend, aber so darfst Du nicht denken und schreiben. Du machst mir damit das Herz zu schwer. Mein Leben würde ja zerstört, wenn ich Dich und die Kinder verlieren würde. Ich will kein junges Liebesglück mit einer anderen Frau, sondern will weiter mit Dir bis an unser Lebensende glücklich sein. Ich glaube nicht, dass ich mit einer anderen Frau so glücklich würde. Ich glaube auch fest daran, dass wir alle am Leben bleiben und den grausamen Krieg glücklich überstehen. Ich schäme mich fast, dass ich als Soldat hier so in Sicherheit lebe und Ihr jede Stunde um Euer Leben bangen müsst. Wenn ich nur wüsste, wie ich Euch herausbringen könnte. Aber was nützt auch ein Behelfsheim, wenn wir die nötigen Möbel nicht herausschaffen können. Ich müsste sehen, dass sie mir von der Dienststelle einen LKW zur Verfügung stellen. Sollte es gar nicht gehen, dann werde ich alles in Bewegung setzen, nach Wiesbaden zu kommen, denn die ewige Sorge um Euch kann ich auch nicht ertragen. Dann wollen wir alle zusammen zu Grunde gehen, so es denn sein muß. Kannst Du nicht ein Bett herunterstellen, damit Du, wenn etwas los ist, unten schlafen kannst? Ja mein Liebling, unser Zusammensein gibt auch mir wieder neue Kraft. Es ist schön, wenn man immer

mehr zusammenwächst. Ich hoffe, dass Ihr jetzt wieder Gas und Licht habt. Was macht die kleine Inge? Ich muss immer noch staunen und Dich bewundern, wie Du das wieder gemacht hast. Nur für heute ein inniges Lebewohl. Ich denke an Euch und bitte den Himmel, Euch zu schützen. –
Wiesbaden. Was war denn das für eine Dame? Sie hat Dir ja einen schönen Bären aufgebunden (Sie wollte das Haus ihres Vaters vermitteln, da der besorgte Papa dringend ein Heim zum Umzug seiner Familie nach Süddeutschland suchte. Der Vater der Dame sei auch SS-Offizier, so behauptete sie; das Haus wäre in Dachau.) *Hoffentlich hat sich sonst die Bekanntschaft gelohnt!! Du hattest Dich ja gerade beschwert, dass Du kein Glück hast. Reg Dich nur nicht so auf, mein Liebling. Es wird uns schon nichts passieren. Eben ist wieder Vollalarm. Aber weiß der Teufel, was die mit dem Alarm machen. Drei Nächte hat wieder ein Flieger gebrummt und es gab keinen Alarm, einmal fiel eine Luftmiene in die Röderstraße, so viel ich weiß. Ich schrieb Dir ja schon mehrmals, ich will doch hier bleiben.*

Wenn Du Irene und Helge dort unterbringen kannst, wäre es für die Nerven der Kinder ja gut, obwohl ich sie vermissen würde, auch mit der Arbeit.

Sie kaufen alles ein. Ich möchte uns doch das Heim erhalten. Wenn ich das Haus aufgebe, bekomme ich sofort jemand hereingesetzt und wer weiß, wann man die Leute wieder heraus bekommt. Komme eben aus dem Keller.

Das ist wirklich kein Leben mehr. Aber man muss trotzdem die Ohren steif halten. Beruhigender wäre es ja, wenn Du hier wärest. Es geht mir jetzt wieder besser, habe auch keine Unterleibsschmerzen mehr. Die Blutungen haben fast aufgehört. Aber ich weiß noch nicht, wie ich morgen zum Zahnarzt kommen soll. Fahrrad fahren kann ich nicht wieder riskieren. –

Ich war den ganzen Morgen in der Stadt mit dem Rad, erst beim Friseur, dann besorgen. Ich habe es zwar ausgehalten (man kann viel mit Energie), aber hinterher und heute geht es mir nicht gut. Wenn die Busse führen, wäre es leichter. Besser ist es allerdings, man geht nicht unter Menschen.

Sie sind alle so erregt und verstört, dass man davon angesteckt wird. –

Ich muss mich doch auf alle Fälle mal nach zuverlässigen Leuten für unser Haus umsehen. Fuhr kam gestern mit den Kartoffeln, leider nur 10 Zentner. Jetzt kann ich sehen, woher ich die anderen bekomme. Der Wagner von der Milchkur muss den größten Teil der Kühe abschaffen, weil er kein Kraftfutter mehr aus dem Allgäu bekommt. Man soll aber ständig Kinder bekommen. Wer weiß, ob ich die Kleine durchbekomme. Helge ist wieder aufgestanden. Die Kinder verbummeln ganz. Ob ich sie wieder in die Schule gehen lasse? –

Prien. Gestern Nachmittag kam endlich die langersehnte Post, und zwar gleich mit fünf Briefen von Dir und einem von Helge. Das war eine große Freude! Endlich werde ich die drückende Sorge um Euch etwas los. Ich verstehe Dich schon, dass Du nur im Notfall aus unserem schönen Heim herauswillst. Die Unterbringung einer so großen Familie in einem Notquartier wird natürlich immer sehr schwierig sein und viele Unbequemlichkeiten mit sich bringen. Spart nur ja mit den Kohlen. Ich fürchte, dass es eine große Kohlennot geben wird. Ich kann es immer noch nicht glauben, dass mich diese Person belogen haben soll. Aber sicher ist man ja dort auch nicht. Wegen Irene und Helge will ich mal bei der Heimschule in Margnatstein anfragen. Es wird allerdings zu teuer für uns sein. Dass Stempel in mein Büro gezogen ist, freut mich. Ob es überhaupt Zweck hat, das Büro weiter aufzuhalten? Ist es wahr, dass Du so Sehnsucht nach mir hast? Mir geht es auch so. –

Mutti. Endlich bekam ich einen Brief von Dir, wie ihn sich mein Herz ersehnte. Ich glaube auch fest daran, dass wir den Krieg gut überstehen. Man kann es als liebende Frau nicht oft genug hören, dass man geliebt wird und unentbehrlich ist. Ich habe seit Deiner leichtsinnigen Periode in Holland eben oft Minderwertigkeitskomplexe. Dann habe ich auch oft das Gefühl, Du möchtest gern das Versäumte Deiner Jugend nachholen. Nur Deine Anständigkeit und weil ich darunter leide, hindert Dich daran. Gestern haben sie den Flugplatz bombardiert und Erbenheim ziemlich kaputt gemacht, auch Bierstadt und Kloppenheim hat was abbekommen. Es strengt mich noch sehr an und immer fängt es wieder an zu bluten. Wenn ich mich kräftiger ernähren könnte, wäre es auch besser. Eier, Butter, Fett fehlen. –

Wenn die Amerikaner wirklich durchbrechen sollten, kommen wir nicht mehr hier weg. Gestern war das Schießen der Westfront so stark, dass bei uns die Fenster klirrten. …Die Busse fahren wieder gar nicht und Gas ging auch wieder nicht. Ich denke andauernd an Dich und bin so traurig, dass ich keine Post von Dir bekomme. Die Kinder sind die einzige Freude, die man noch hat. –

Mein lieber Ernesto!

Heldentod von Jochen Siebert

Gestern und heute schrieb ich Dir erst. Aber es treibt mich schon wieder, an Dich zu schreiben. Ich bekam heute eine sehr traurige Nachricht. Isa Siebert rief mich an: Jochen ist gefallen. Das ist doch schrecklich. Sie war sehr gefasst.

Man kann es am Anfang gar nicht fassen. Sie wollte ein Fernschreiben oder Te-

legramm an Dich schicken. Ein Anwalt hat ihr gesagt, sie müsste sofort die Praxis aufgeben. Sie wollte Dich um Hilfe bitten. Sie meinte, Jochen hätte doch mit Dir darüber gesprochen. Die Ärmste.
Wer weiß, was uns noch blüht. Ob wir alle heil herauskommen. Ich glaube auch, ich behalte die Kinder bei mir. Die Familie soll zusammen bleiben in solchen Zeiten. Es sind doch schrecklich grausame Zeiten. Ich habe manchmal das Gefühl, sie rotten uns Deutsche mit Stumpf und Stiehl aus. – Am Sonnabend sind 12 Raketenbomben abgeworfen worden. Zum Glück in den Rhein und in freies Land alle. Sonst wäre halb Wiesbaden kaputt. Wenn nur die Westfront hält. Jeden Tag höre ich mit Spannung den Wehrmachtsbericht. Das Schießen klingt immer näher. Die einzige Freude, die man hat, sind die Kinder und trotzdem sagt man sich: In den schweren Zeiten wäre es besser, nur die 4 Großen zu haben. Wenn wir fliehen müssen. – Nicht denken darf man. Deine Dich sehnsüchtig erwartende Frau. –
Es ist doch entsetzlich, dass Jochen gefallen ist. Isa möchte gerne, dass Du ihr beistehst und eventuell die Praxis mit zu Dir nimmst, damit sie für den Sohn erhalten bleibt. Ich war mit Helge bei Dr. G.
Er sieht derartig schlecht aus, dass ich mir die größte Sorge mache. So kann ich ihn doch nicht in die Schule gehen lassen. Seit 2 Jahren macht er so herum, immer erhöhte Temperatur. –. Es war nicht nötig, dass wir eine Woche ohne Licht waren. Gas haben wir auch nur stundenweise. Hoffentlich bekommen wir das zweite Quantum Kohlen noch. Sonst sitzen wir ab Weihnachten ohne Kohlen da.
Du schreibst so schön, Du freust Dich, dass ich einsehe, mich nicht richtig verhalten zu haben. Ich schmeichele mir ja nicht, viele gute Eigenschaften zu haben, aber eine der wenigen guten Eigenschaften von mir ist, dass ich meine Fehler offen zugebe, wenn ich sie eingesehen habe. –
Schließlich ist ja alles erst durch Dein Verhalten gekommen.
Du meinst, im Urlaub hätte immer schönste Harmonie geherrscht. In meinem Inneren aber nicht. Ich habe den Himmel und die Hölle zu gleicher Zeit erlebt. Schön war das nicht immer. Es war jedenfalls für meine Seelenfrieden und unser Eheglück höchste Zeit, dass du von Holland wegkamst.
Hoffentlich haben die Aufregungen der Kleinen nicht geschadet. Isa ist sehr tapfer. Ich bewundere ihre Haltung. Ich könnte das nicht. Ich bin weicher und empfindsamer, leider. Man fühlt anders und leidet mehr. Es umarmt Dich sehr Dein Weib. –
Mein geliebter Mann, erst gestern Abend bist Du abgereist und schon heute treibt es mich, an Dich zu schreiben. Unser Zusammensein war, wie sonst, wunderschön. Du fragst mich immer wie es gewesen ist und meinst, ich müsste Dir um den Hals fallen und mich vielleicht noch bedanken.

Siehst Du, dies alles ist so anders wie früher. Der Mann muss derjenige sein, der sich beschenkt fühlt und nicht umgekehrt. Du bist eben mit Frauen zusammen gekommen, die sich den Männern an den Hals werfen.
Hansi sucht dich überall. Immer, wenn er sich an Dich gewöhnt hat, reist Du wieder ab. Mit Fuhr sprach ich über die Praxis Siebert. Er meinte auch, es wäre besser, wenn Du es sein ließest. Ich rate Dir auch dringend ab.
Außerdem ist ja nach dem Krieg nichts mehr dran an der Praxis und Du kannst doch nicht bei Deinen sieben Kindern noch eine Familie durchschleppen.
Wir müssen doch auch mal daran denken, etwas zu sparen für die Aussteuer der Kinder und unser Alter. Du fehlst mir so sehr, ich kann es kaum mehr ohne dich aushalten. –
Mir ist gar nicht nach Weihnachten zu Mute. Die Gasleitung ist wieder kaputt. Wir müssen in der Nachbarschaft kochen gehen, bei Fieselers.
Weil unentwegt Alarm war, saßen wir gestern von Mittag bis 12 Uhr nachts im Keller. Ich fürchte, ich muss doch das Stillen sein lassen.
Aber was soll aus dem Kind werden, wenn ich keine Milch mehr habe? Wenn ich bald wieder ein Kind bekommen sollte, dann würden wir alle unglücklich, denn davon könnte ich mich nie mehr richtig erholen. Manchmal denke ich, man lebt ruhiger und ohne seelische Erregungen, wenn man nicht so sehr liebt. Es wäre Zeit, dass Du wieder ganz zu mir zurückkehrst. Ich empfinde es eben doch oft sehr, dass Du Dich äußerlich gewandelt hast. Du hast so sehr den Ton angenommen, der beim Militär herrscht. Nach Deinen Redensarten hast Du gar keine Achtung vor den Frauen.
Das schmerzt mich alles. –
Sonst ist alles trostlos hier. In Biebrich werden Panzersperren gebaut. Die größeren Betriebe kommen weg und die Lazarette. Alte Leute und Kinder sollen auch wegkommen. Bis die Behelfsheime stehen, ist es vielleicht zu spät.
Vorgestern ist wieder die chemische Fabrik Albert bombardiert worden. Vier Stunden flogen sie unentwegt über uns, viele Verbände, ich weiß gar nicht, wo überall hin. Gestern hatten wir beinahe Daueralarm.
Für uns gibt es wirklich nichts mehr als Alarm und Arbeit. Gar keine Lebensfreude mehr. P.S. Wenn ich nur nicht immer wieder Angst haben müsste, ob wieder was „los" ist. Was soll das noch werden? –
Heute kam Dein lieber Brief. Er hat mich sehr glücklich gemacht.
Ich scheine doch an Minderwertigkeitskomplexen zu leiden. Ich habe gar nicht gemerkt, dass Du so sehr verliebt in mich warst. Es war alles so wunderschön, wie immer. Nur die letzten 2 Tage überkam mich wieder alles so. Ich habe leider wieder einmal Deine dummen Redensarten für bare Münze gehalten.

Ich muss mir das abgewöhnen. Du schreibst selbst, es wäre bei uns noch wie bei einem jungen Liebespaar. Ich liebe Dich auch so, als wenn wir uns noch nicht so lange kennen würden und dann meine ich auch immer, es müsste so sein, dass Du für kein anderes weibliches Wesen Interesse hast. Aber das ist ja dumm von mir. „Müssen Männer so sein?" „Ja, Männer müssen so sein" heißt es oft. Ich muss doch aufpassen, dass nicht gleich wieder was los ist bei mir. Ich schrieb Dir schon einmal: Wenn es jetzt bald der Fall wäre, würden wir alle unglücklich, weil ich mich nie mehr richtig davon erholen könnte.. Ich kann es körperlich, pekuniär und mit der Arbeit nicht mehr schaffen. Du fehlst auch den Kindern sehr. Du gibst ihnen geistig mehr, als ich. Ich bin meistens zu abgespannt und abgehetzt. Die kleine Inge ist zu süß.

Es gibt doch nichts Schöneres für eine Mutter, als wenn einen so ein kleines Wesen anlacht. Sie lacht richtig schon laut. Schrecklich, dass wir kein Gas haben und immer in die Nachbarschaft kochen gehen müssen. Auch Busse fahren nicht. Elektrisch soll auch bald aufhören. Das kann ja noch heiter werden. Nun wird es Zeit zu stillen. So lange wie möglich will ich durchhalten. Gute Nacht mein Liebster. -

Das muss ja eine schreckliche Bahnfahrt gewesen sein, dass Du 30 Stunden unterwegs warst. Den Kindern geht es allen gut. Es bekommt ihnen besser, dass sie im Keller schlafen. Klein Ingeborg lacht schon so nett, macht weit ihr Mündchen auf dabei und fixiert auch schon seit einer Woche. Ich habe heute noch einmal die N.S.V. Angerufen, wegen der Flaschenmilch. Meine Milch lässt sehr nach. Das ist sehr bedauerlich, aber kein Wunder bei den vielen Aufregungen. Nun Gute Nacht mein Liebster. Es ist Entwarnung und brummt schon wieder. Bin so müde. Es ist zum Kotz.

.Im Lebensborn-Heim waren nach dem Sonntag Abend 40 Scheiben kaputt.

Das Geschoss fiel über dem Goldsteintal auf der Höhe. -

So viele schöne Gedanken hatte ich, die ich zu Papier bringen wollte und jetzt liege ich wieder abends erledigt auf dem Sofa. Schwesti ist weg. Und ich kann es auch nicht länger aushalten. Habe den ganzen Tag schreckliche Rückenschmerzen. Um ½ 7 war schon Vollalarm, von 12 - 2 und von 19 - 20 Uhr wieder. Es ist zwar immer schwer für mich, nach dem Urlaub wieder allein zu sein, aber zum Glück bin ich dies Mal nicht so trüber Stimmung. Die Tage mit Dir waren wieder wunderschön. Du hast mich sehr glücklich gemacht. <u>Deine große Güte und Liebe hat mich wie ein Mantel eingehüllt.</u> Mutter hat geschrieben. Sie ist zum Glück nach 3 Tagen in Menne angekommen, musste zwei mal übernachten. Nun Gute Nacht mein Liebster. Ich liebe Dich sehr und wenn Du es hören willst, werde ich es immer wieder sagen. -

Mein liebster Mann! Dein lieber, Brief hat mich sehr glücklich gemacht. Auch Du verstehst mich jetzt noch besser, als früher.
Du hast in allem Recht, was Du zu mir gesagt hast. Ich benehme mich, wie ein dummes, unreifes Frauchen. Ich halte es kaum mehr aus, länger ohne Dich zu sein. Aber ich muss vernünftig sein und ich will auch nicht, dass Du Dich davon beeinflussen lässt. Bleibe noch dort, wenn die Tätigkeit interessant und für Deine Karriere gut ist. Denkst Du noch an voriges Jahr Sylvester? Vorgestern ist das Klavier gekommen. Da habe ich mir was Schönes aufgeladen. Irene und Helge klimpern den ganzen Tag. Helge ist übrigens auch musikalisch. Er spielt auswendig mehrere Lieder. Sie müssen beide Unterricht bekommen. –
I. Quartal 45. Januar. Wenn es sich nur um Leben und Tod dreht. Aber daran können wir nichts ändern. Kann nur im Keller leben. Alles will man ja gerne ertragen, wenn wir den Krieg nicht verlieren. Mama wollte 200,- Rm dazu geben, wenn Irene dort in ein Internat käme. Hast Du dich mal danach erkundigt? Wenn wir aber amerikanische Besatzung bekommen sollten, sieht man sie nicht wieder.
Zum Glück haben sie ja Wiesbaden nicht im Wehrmachtsbericht genannt, erstaunlicherweise, denn so einen schweren Angriff haben wir für meinen Begriff noch nicht gehabt. Es war entsetzlich. Unentwegt fielen Bomben und die Luftminen rauschten über uns. Das ganze Haus zitterte.
Wir dachten nicht, dass wir heil davon kämen. Ich habe <u>eine irrsinnige Angst vor dem nächsten Angriff</u>. Ich wünschte, wir hätten in der Nähe einen Bunker. –
Schwesti in Biebrich hat allerhand mitgemacht. Dort sind die meisten Bomben gefallen. Im Büro sind auch wieder alle Pappdeckel aus den Fenstern heraus. Es ist doch sehr anstrengend für mich, dass Schwesti immer nur halbe Tage kommt. Du fehlst mir sehr. Ich kann das Leben schwer ertragen ohne Dich. – Kohlen habe ich noch keine. Deine einsame traurige Frau.
Eine freudige Mitteilung kann ich Dir machen: Ich habe meine Tage bekommen. Ich bin doch erleichtert. Ob ich noch mal ein paar Jahre mit Dir genießen kann, ohne diese ewige Angst? Es wäre zu schön. Ich kann es mir gar nicht denken, dass wieder mal Frieden wird und wir zusammen leben. Ich glaube, dass Wiesbaden noch viel über sich ergehen lassen muss. Nach dem letzten Angriff war ich ganz apathisch und nicht fähig, etwas zu denken oder zu tun. Man hört alles so fürchterlich in dem leicht gebauten Haus.. Du solltest <u>ein Behelfsheim bestellen</u>. Entweder weiß ich kaum wohin vor Arbeit oder ich liege im Bett. Jeden Abend wird es 12 Uhr bei mir.
Nun leb wohl. Ich sehne mich nach Dir und hoffe, dass Du bald mal wieder überraschend vor der Tür stehst. –

Es ist ja grauenhaft, dass sie immer weiter im Osten vordringen. Wenn das so weitergeht, ist bald Schluss. Aber ich lasse trotzdem den Mut nicht sinken. Ich will Deinen Glauben teilen und als Frau eines SS-Führers tapfer sein. Am Schwersten ist ja doch die Trennung von Dir zu ertragen.
   Ich habe richtig Herzweh und meine manchmal, ich kann nicht mehr lange ohne Dich leben. Für Helge wäre es auch gut, wenn Du da wärst. Er macht wieder, was er will. Gestern sagte ich ihm, er sollte sich nach Tisch hinlegen, weil er doch erst Fieber hatte; stattdessen geht er Ski Laufen. Er läuft übrigens fabelhaft, Irene auch. Die Jahre, die wir nicht zusammenlebten, sind verlorene Jahre, die wir nie wieder nachholen können. Das heißt für Dich war die Zeit in Holland ja schön und nötig! Nicht? Ich werde mich jetzt auch höllisch in Acht nehmen, dass mir wenigstens brieflich nichts mehr entschlüpft. Nicht, dass ich kein Kind mehr haben möchte von Dir. Das darfst Du nicht denken. Aber in den nächsten drei bis vier Jahren darf ich keins mehr bekommen. Wenn Du es gerne willst, will ich gerne noch ein Friedenskind bekommen. –
   Wir waren auf der Platte, es war sehr schön und hat mir gut getan.
   Nur Haushalt Kinder Kochen Putzen Waschen und so weiter hält man ja auf die Dauer nicht aus. Irene und Helge fahren schneidiger als ich Ski. Sie fahren die steilsten Hänge und springen über einen Sprunghügel.
   Nur Technik haben sie keine. Ich muss mich bald vor meinen eigenen Kindern schämen. Es ist entsetzlich, dass ich jetzt immer so unter Depressionen zu leiden habe. Die letzten Tage war es scheußlich, ich meine dann, ich könnte das Leben nicht mehr ertragen. Es war ja wunderschön für Dich, dass Du so Sylvester in Kitzbühel feiern konntest. Ich muss gestehen, ich habe dich darum beneidet. Das ist ja auch, was ich so vermisse, etwas Lebensfreude und Abwechslung in dem grauen Alltag. Ich habe das immer gebraucht, Du nie. Und jetzt ist es umgekehrt. Du schreibst so schön, Du wolltest kein Spielverderber mehr sein, wenn wir ausgingen. Dazu ist es leider zu spät. Wenn der Krieg aus ist, bin ich eine alte Frau und habe große Töchter. In der Beziehung habe ich bei Dir viel vermisst. Du warst immer gleich müde und hattest keine Lust. Du bist großartig. Du meinst, ich könnte hier alles im Stich lassen und zu Dir kommen. Klein Inge ist so empfindlich, dass sie im Hals ganz wund ist und Dr. Fürstchen kann nicht kommen, er hat kein Benzin. Ich denke unaufhörlich an Dich. Ja, es ist wirklich schön, wenn einem ein Mensch ganz gehört. Aber es ist so wahnsinnig schwer allein zu sein, wenn man sich so nach dem anderen sehnt. Also, mein Liebster, verzeihe mir mein dummes Benehmen. –
   Mein Geliebter! Der Einschreibebrief wurde wieder nicht angenommen. Da will ich es morgen mit einer Urkunde versuchen. Sende sie wieder zurück.

Heute geht es mir nicht gut. So labil, wie mein Seelenzustand ist mein Körper. Der Ausflug auf die Platte war wohl etwas viel, weil ich mich hinterher nicht schonen konnte. Bis 12 Uhr musste ich aufbleiben, denn die Heizung war fast aus. Ich mache mir sehr große Sorge um Mama in Schlesien. Jetzt sind die Russen schon vor Breslau. Wie soll das noch werden? Man kann nichts für sie tun. Es ist trostlos. Ich vermisse Dich so sehr und habe so große Sehnsucht nach Dir. Ich halte es kaum mehr aus. Unaufhörlich denke ich an Dich. Dass es nicht möglich ist, einen Familienvater von 7 Kindern in seinen Heimatort zu versetzen, verstehe ich nicht. Ein halbes Jahr ist das Gericht schon hier. Es ist alles so schwer für mich.

Die Kinder brauchten Dich so nötig. Ich bin so gleichgültig in allem geworden, weil es mir oft nicht gut geht. Habe immer noch so mit Übelkeit zu tun und kann nichts Richtiges essen. Ein Glück, dass ich meine Tage hatte. –

Unser Vater schrieb aus Prien noch Ende Dezember 44: *Sonst lebe ich natürlich von der Erinnerung an die schönen Tage zu Hause. Es war wieder mal ganz herrlich trotz der Kriegsnöte und der geschäftlichen Sorgen. Das Glück mit dir und den Kindern zusammen sein zu können, habe ich mal so richtig genossen. Du hast mir den kurzen Aufenthalt mit Deiner Liebe so verschönt, dass ich dir nicht genug danken kann. Wunschlos glücklich war ich in unseren Liebesstunden. Es ist kaum zu fassen, dass wir uns nach so langer Ehe immer noch so neu und begehrenswert in der Liebe sind. Keine Spur von Gleichgültigkeit und Gewöhnung, sondern eine Vollkommenheit im Zusammenklang von Körper und Seele, wie sie nur bei einem jungen Liebespaar vorkommen kann. Ich habe mir auf der Reise vorgehalten, was ich doch für ein Glückspilz bin, dass ich eine solche Frau habe, die treu und doch nicht spießig, aber jung und hübsch trotz sieben Kindern geblieben ist, und dazu eine vorbildliche Mutter und Hausfrau und eine vollkommene Geliebte ist. Das will wirklich etwas heißen. Die Kinder waren alle so lieb, sie sind jedes Einzelne für mich ein großes Glück. Wenn Du nur nicht so lange auf Nachricht warten musst! –*

Hast Du meinen ausführlichen Bericht über unseren Sylvester-Neujahr Ausflug nach Kitzbühel bekommen? Du wirst sicher sagen, dass ich es gut habe und mich amüsieren kann, während Du zu Hause alles Schwere allein tragen musst. Trotzdem würde ich auf alle diese Vergnügen gern verzichten, wenn ich dafür nach Hause kommen könnte. Du glaubst es vielleicht oft nicht, aber es ist wahr. Ich bin dauernd am Bohren bei (Chef) Heyer wegen meiner Versetzung nach Wiesbaden, aber er wird jetzt schon ganz böse, wenn ich davon anfange. Marschner und ich wollen Sonntag zum Skifahren ins Gebirge auf die Prien-Hütte. Wie ist es mit den Kohlen geworden? Habt Ihr das Klavier bekommen? Wie schön wäre es, wenn ich jetzt abends zu Hause sein und dir etwas vorspielen könnte. Bekommen Irene und Helge Klavierstunde? (Wünsche hat der Mann!) –

Jetzt mache ich mir schon wieder Sorgen, dass Du meinen Sylvesterausflug nach Kitzbühel falsch aufnimmst. Wenn ich Deinen Brief lese, komme ich mir oft bald selbst wie wie ein großer Ehebrecher vor, was ich doch gar nicht bin. Deine Politik ist, das muss ich Dir offen sagen, ganz verkehrt.
Wenn der Mann weiß, dass er überhaupt keinen Schritt tun kann, ohne von seiner Frau beargwöhnt zu werden, so erreicht damit die Frau das genaue Gegenteil. Grüße alle lieben Kinder, die ich so gern habe und auf die ich so stolz bin. Dein gedenkt in inniger Liebe und Treue und mit 1000 Küssen Dein Dich sehr liebender Mann. –
Es ist kaum zu glauben, dass man dieses Übermaß von Sorgen und dieses tägliche Gegenüberstehen von Katastrophen so erträgt. Jetzt bin ich wieder in großer Sorge um Euch. Nach dem gestrigen Wehrmachtsbericht war ein Angriff auf Wiesbaden. Wie mag es Euch gehen und wie mag unser liebes Wiesbaden aussehen? –
Seit Tagen versuche ich vergeblich, mit einem dringenden Dienstgespräch nach Wiesbaden durchzukommen. Heute war der Personalchef bei mir und bot mir quasi den Posten als Chefrichter in Wiesbaden an. Ich habe natürlich sofort zugegriffen, aber Heyer erhob wieder sein Veto.
Mein Liebes, ich bin mit allen Gedanken bei Dir und den Kindern. –

In der Nacht vom 2. auf den 3. Februar 45 war es, dass endlich der teils erwartete, <u>schwere Angriff statt fand</u>. Damit wurde den Spekulationen ein Ende gesetzt, ob Wiesbaden doch noch „entscheidend angegriffen" würde.

Die Amis jedenfalls waren es nicht, doch den Tommys schien es ein Dorn im Auge zu sein, dass die amerikanischen Bundesgenossen die schöne Kurstadt schon als Hauptquartier ihrer Luftwaffe vorgesehen hatten. Die British Air Force hatte gerade noch ein paar Ressourcen an Bombern frei und Sir A. Harris entschied die Sache kurzfristig „Go to the fucking Wiesbaden!".

Selbst wenn das nur ein Spaziergang für die erprobten Bomberpiloten gewesen sein soll. – Jetzt muss ich noch ein anderes Ereignis erwähnen: Rund zehn Tage nach dem einzigartigen, schweren Angriff auf Wiesbaden, beobachtete ich am 14. Februar stundenlang die nicht enden wollenden Formationen an glänzenden, herrlich gleichmäßig brummenden und fast über unser demoliertes Haus gen Osten fliegenden Festungen: Kein Flieger oder eine Flak deutscher Seite hielt sie auf, ihr Ziel war die Stadt Dresden. Die hatte zwar keine irgendwie kriegswichtigen Objekte, aber jede Menge Flüchtlinge aus dem Osten. Nachts davor waren es erst mal eben rund 1000 Flieger der cleveren Tommys, die auch bei Dunkelheit verdammt gut fliegen konnten, im Gegensatz zu den Amis. Die kostbare Last von einigen tausend Tonnen Bomben wurden befehlsgemäß und zielgerecht in die Innenstadt geworfen, die damit so gut wie ausgelöscht war. Etwa 2 Stunden später kam die nächste Radikaltour der „Hamburgisierung" (so nannten die Briten das), denn die Britisch Airforce war inzwischen perfekt im Auslöschen von deutschen Städten. Alles war wissenschaftlich erprobt, wie die „Feuerstürme" funktionieren, wie es ja im Juli 1943 in Hamburg so toll geklappt hatte. Kassel, Pforzheim und Darmstadt u.a. wurden ähnlich auch noch abgefackelt. – Auf der vorhergehenden Konferenz in Jalta vom 4. bis 11. Februar 1945, hatte Churchill dem bolschewistischen Kumpel Stalin, auf dessen Drängen hin, versichert: *Well, „more bombing" ist going on.*

Am nächsten Mittag also, dem 14.2. folgte die nächste Welle von vielen Hunderten und Aberhunderten von US-Bombern, obwohl so gut wie nichts mehr zu zerstören war. Aber der Terror war wichtig.

Raffiniert war die bewährte Mischung von Spreng- und Brandbomben, von den letzteren allein 640.000 Stück. Die Berge von zu Kindergröße verkohlten Leichen wurden dann von tapferen Wehrmachts-Angehörigen mit Benzin übergossen und verbrannt. Mit Zählen war da nix drin, denn die Soldaten und einzelne Schüler waren in Eile, damit keine Seuchen entstanden

Der „Report of the Joint Relief" des Internationalen Roten Kreuzes gibt die Zahl der Getöteten später mit der Zahl von 275.000 an. Wie üblich ist die offiziell genannte Zahl der Ermordeten von angeblich 23.00 bis höchstens 35.000 reine Propaganda-Sache gewesen und wird auch noch heute so verkündet.

Unser lieber Führer hatte wieder einmal Mist gemacht, er war nur von seinem fürchterlichen Hass – anfangs war es eher Bewunderung, eine Hassliebe zu dem „Herrenvolk" – getrieben, Vergeltung mit der V-2 zu üben, die oft nicht funktionierte und, im Vergleich, wesentlich weniger Schaden anrichtete. Hätte er die längst zur Produktionsreife entwickelten Düsenjäger rechtzeitig fertigen und einsetzen lassen, wäre das die Lösung für eine ernsthafte Gegenwaffe gegen die Bomberflotten gewesen.

Die Katastrophe

Mein Liebster! schrieb Mutti am 6. Februar 1945.
Es war eine Katastrophe. Entsetzlich.

Wiesbaden ist nicht mehr. Von Niedernhausen bis Freudenberg alles zerstört. (was so nicht ganz stimmt) *Unser Dach ist abgedeckt. Alle Türen und Fenster heraus. Kinderzimmer völlig offen und verwüstet. Alle Kinder sind mit Schwesti bei Günthers. Sind rührend. Sonst keine Hilfe. Kein Mann. Es hat schon durchgeregnet bis ins Wohnzimmer. Kann nicht mehr schreiben. Keine Zeit auch. Die Kinder haben sich tapfer gehalten, Helge besonders. Haben gelöscht bei Balz und gerettet (das schöne Haus war aber schon bis auf die Grundmauern abgebrannt). Ich habe mich auch gut gehalten. Es war einfach grauenhaft.* (1+) *Wenn ich nur die drei kleinen Kinder wegschaffen könnte mit Schwesti. Sie werden wohl noch öfter kommen. Lieber tot, als das noch mal mitmachen. Hoffentlich kommst Du. Wir sind sehr verlassen, aber lassen den Kopf nicht hängen.*

(1+ Dadurch, dass die Verriegelung des schweren Kellerfensters entzwei ging, während von der anderen Seite der Anhöhe der Luftdruck von „Luftminen", die also auf der anderen Seite über dem Tal gefallen waren und die Türen und Fenster zum Bersten brachten, wurde jede Explosion in der Umgebung zu sehen und zu hören war, gab es nur den einen Wunsch: Hoffentlich fällt die nächste Bombe nicht auf uns. Alle schrien, weinten oder riefen zu Gott.

Nur Heidikind, das Baby, lag still in ihrem Körbchen (Helge schrie auch nicht, fürchtete sich aber auch nicht schlecht). –

Will Dir schnell ein paar Zeilen schreiben. Schufte den ganzen Tag schwer oder bin am Rasen, um Material zu beschaffen. Abends bin ich total fertig dann. Es gießt eben in Strömen und regnet (läuft) bis in den Keller, weil nur ein kleiner Teil vom Dach gedeckt ist. Bin patschnass und muss jetzt wieder zum Ortsbauernführer. Habe mir nun für Mutter einen Schein besorgt, dass sie total beschädigt ist (das Haus in der Steubenstr. war völlig zerstört, sie aber nicht dort). *Sende Dir eine Bescheinigung von der Ortsgruppe, dass Deine Mutter total und wir schwer beschädigt sind. Da wirst Du doch wohl kommen können? Ich hätte gerne, dass Du die drei Kleinen nach Menne bringst mit Schwesti* (die hochschwanger war)*: So etwas können sie nicht noch mal mitmachen. Hansi hält sich schon die Ohren zu, wenn ein Auto kommt und sagt „Angst". Dann bleiben wenigstens fünf Kinder am Leben und Du auch.* –

Die Kinder sind jetzt bei den lieben, alten Fischers (Tochter = Frau von Schenk).

Habe eben gar keine Zeit für Gefühle. Gott sei Dank. Lebe wie ein Zigeuner, schlafe im Keller in Kleidern und wasche mich kaum. Wenn Du nur kämst. Es wäre sehr nötig. Nun leb wohl.

Vater kam dann wirklich, in voller Montur, mit Verspätung in seiner arg gebeutelten und demolierten Vaterstadt an, um wie vorgesehen die drei Jüngsten und Schwesti (unsere Kinderschwester, die hochschwanger war) nach dem „Rittergut" Menne zu bringen, wo sie zunächst gut und sicher aufgehoben waren.

Der unselige Krieg ging dem Ende zu, war verloren. Wie andere unsinnige und noch viel schlimmere Schicksale auch, war der weitere Weg von Vater verworren, völlig ungewiss für die Familie. Aus Gefangenschaft (und nur, weil er im Lazarett lag) kam dann (immerhin) der erste Brief von Vater: –

22 August.45. Liebste Frau, liebe Kinder! Heute kann ich Euch endlich ein Lebenszeichen geben. Ich bin seit 13. Mai in englischer Gefangenschaft in Italien. Es geht mir gut, Ihr braucht Euch keine Sorgen zu machen. Ich bin eben wegen meiner Nieren für einige Tage (es waren aber Monate, auch wegen TB) *im Lazarett. Unser Lager ist in Süditalien bei Tarent* (Rest unkenntlich gemacht). *Nun bin ich schon über fünf Monate ohne Nachrichten von Euch. Was werdet Ihr Armen alles mitgemacht haben? Habe große Sehnsucht nach euch und der Heimat. –*

Onkel Rudolf, der Gutsherr in Menne und Schwager unserer Mutter, schwang sich dann zu einem entscheidungsvollen Brief an Frau Edith auf, datiert vom 25. Januar 46. *Ich muss Dir aber persönlich schreiben, damit Du siehst wie ich zu den Dingen stehe. Das Leid, die Sorge und der Kummer, den Du jetzt zu tragen hast, ist riesengroß und es bleibt nur die Hoffnung auf das Durchhalten in dieser schrecklichen Lage. Alle Angelegenheiten, die Hilfe und Unterstützung Dir bringen sollen, überlegen wir (Hans und ich) zusammen. Solange ich nun Geldmittel zur Verfügung stellen kann, tue ich dies in einem bestimmten Rahmen. Meine Einnahmen sind 1945 erheblich gefallen und wie sich die Landwirtschaft in Zukunft rentieren wird, ob wir all das Land behalten werden und so weiter ist ebenso ungewiss wie, ob Ernst im Laufe dieses Jahres wiederkommt oder später. Den Rahmen, den ich in der Hilfsaktion für meinen Bruder und Dich mit den Kindern herstellen will, liegt in der Hypothek, die auf meinem Gut lastet und die Ernst gehört. Ich werde ein Sonderkonto schaffen, von dem alles gezahlt wird und das später mit dieser Hypothekenforderung verrechnet wird. –*

Gertchen und Irene wollen wir dann erst noch mal den Sommer hier behalten, damit du nicht überlastet bist und sich die Verhältnisse erst einmal klären.

Dagmar bitte ich dich, auch mit nach Wiesbaden zu nehmen, wenn Du kommst bzw. Irene nach Hause übersiedelt. Ich möchte nach Möglichkeit Jutta zum kommenden Frühjahr und Sommer entlasten, die nun ein Jahr durch den großen Kinderhaushalt überlastet und übernervös ist. Der Winter ist schrecklich hart; nun noch die Kältewelle, welche den hungernden Menschen grausam zusetzt. Wir müssen durch all dies durch, um etwas ganz Neues für Deutschland zu schaffen.

Halte dich weiterhin so tapfer und sei gewiss, dass ich das ganze Unglück, das Dich betroffen hat, verstehe.

Schließlich kam noch ein Briefzettelchen, aus dem Güterwagen geschmuggelt, von Vater Ende April 1946.

Zunächst die erfreuliche Nachricht, dass wir mit einem Transport aus Italien in Deutschland eingetroffen sind. Wir stehen eben mit dem Zug bei Gemünden. Wahrscheinlich fahren wir über Kassel – Hannover nach Munsterlager. Ob wir bald entlassen werden, steht noch nicht fest. Ich glaube noch nicht daran. Es ist hart, als Gefangener im geschlossenen Viehwagen durch Deutschland zu fahren. Wir sind nun den 5. Tag unterwegs. Bei der Hitze ist die Fahrt sehr anstrengend, aber ich werde auch das überstehen. Wenigstens sind wir einen Schritt näher der Entlassung. Mach dir aber keine Sorgen um mich, ich lasse mich nicht unterkriegen.

Einmal wird auch die Stunde der Freiheit und Entlassung wieder kommen! –

Erstaunlich war das schon, dass der Vater *körperlich und seelisch ungebrochen* war, wie sein Bruder Hans seiner Schwägerin Edith in Wiesbaden dann berichtete. Onkel Hans war nämlich in anstrengender Fahrt Anfang Mai 1946 nach Munster gefahren und hatte den fast unverändert aussehenden Bruder Ernst dort schließlich und tatsächlich gesehen und gesprochen.

Hans, der noch um seine eigene Anstellung als Oberregierungsrat bei der Verwaltung für Wirtschaft (später Bizonales Amt) in Minden rang, nahm sich aber immer wieder Zeit, um dem geliebten Bruder und seiner Familie in den schweren Zeiten behilflich zu sein. Für den Gefangenen Ernst war es wahrscheinlich noch ein Glück, dass bei ihm im katastrophalen Lager bei Tarent-Crottaglie (wo die Gefangenen unter freiem Himmel und in Erdlöchern so dahin vegetierten) in Süditalien Nierenversagen auftrat, er für mehrere Monate ins englische Lazarett kam, operiert wurde und dort nicht schlecht verpflegt wurde. Es ist auch von einer schweren TB die Rede, von der Ernst aber nie sprach; das Lazarett war aber seine Rettung, wie es uns ein früh Entlassener auch erzählte.

In Abständen von Stunden konnte Hans in Münster den Bruder immer wieder einmal sprechen, während Ernst mit einem Holzkommando in den Wald ging.

Vater berichtete dann unter anderem von über einem Jahr zurückliegenden Vorgängen. Es stellte sich heraus, dass sein Wiesbadener Kollege (1+) und SS-Kamerad Neuberger ihn beim Hauptamt Prien wegen defaitistischer Äußerungen denunziert hatte.

(1+ der war noch in den letzten Monaten des Krieges zum „Stadt-Kommandanten" von Wiesbaden ernannt worden, ließ hier fleißig schanzen und ranzen,

auch den Volkssturm ausbilden, um gegen den anrückenden Feind gerüstet zu sein, um, wie der Führer das befahl, zu kämpfen bis zum letzten Mann. Unser Vater kam in sein Büro und sagte erregt zum Kollegen:
„Bist du wahnsinnig? Das bringt doch jetzt gar nichts mehr. Du gefährdest doch nur die Frauen und Kinder hier, denn die Amis werden den Rest von Wiesbaden zusammen schießen ".)

Dies sei ein schwerer Schlag gewesen, der ihm habe versetzt werden können (war er doch ein wenig ‚naiv'?) und habe beinahe das Ende bedeutet. Ernst wurde nach Prien beordert. Dort kam es zu heftigsten Zusammenstößen mit dem Herrn Kollegen.

Sicher durch Eingreifen wohl von ‚höherer Stelle' sei die Sache aber schließlich zu Ernsts Gunsten eingestellt worden. Da er aber letztlich nun auch in Berlin in Ungnade gefallen war, sollte er aus dem Reich verschwinden.

Sozusagen strafversetzt wurde er an die Front nach Norditalien, und zwar nach Gardone am Gardasee. Dort lief Ernst den amerikanischen Truppen fast in die Arme; Ernst und seine Einheit wurden dort und in der Umgebung in heftige Gefechte verwickelt. Er landete in Bozen und schließlich in der Umgebung von Kaltern in Südtirol und besuchte sogar noch seine Verwandten in Calavino bei Trient (die wollten ihm Zivilkleider geben und ihn verstecken, was Ernst entrüstet ablehnte). Anfang Mai ‚45 trafen die Alliierten auch in Kaltern ein, Ernst und seine Leute (die nun zwar gefangen), meist von der SS, stolzierten aber eine ausgedehnte Woche weiterhin in vollständiger Uniform und Ausrüstung herum; es war sogar die Rede vom Einsatz gegen die Russen im Osten!

Ernst wurde auch wieder als Chef des Gerichts eingesetzt! Am 13. Mai 1945 war der Zauber endgültig vorbei. Die Amis nahmen den deutschen Haufen offiziell gefangen, alle SS-Leute wurden nun verhaftet und äußerst radikal eingesperrt.

Zu der Affäre der Denunzierung meinte sein Bruder Hans:
Ernst hat eben in seiner angeborenen Anständigkeit nie die Schuftigkeit der Nazis durchschaut.

Im Gefangenenlager

dann ist es ihm einige Mal sehr schlecht gegangen, da er aufgrund von Namensverwechslung (wahrscheinlich mit dem Sturmbannführer Erich Fischer, meines Wissens vom SD/Sicherheitsdienst) mit anderen „Fischer" schwer belastet wurde.

Doch stünde er wohl nicht mehr auf der Liste der eigentlichen Kriegsverbrecher. Er habe ein reines Gewissen und habe *nur nach Recht und Gesetz gehandelt, wie jeder Kriegsgerichtsrat des Heeres auch.*

Innerlich hat Ernst eingesehen, *dass der Nationalsozialismus ein falscher Weg war, der das Deutsche Volk in den Abgrund geführt hat.* ...

Zum Christentum glaubt er nicht zurückfinden zu können, wünscht aber, *dass die Kinder unbedingt* **christlich** *erzogen werden.* ...

Er will, wenn ihm die Möglichkeit in der weiteren Gefangenschaft geboten wird, *ein Handwerk erlernen.* Mit großer Sorge betrachtet er die Zukunft der Kinder und wünscht, *dass sie sich praktischen handwerklichen Berufen zuwenden* (wenn überhaupt, wurde das wenigste davon dann umgesetzt).

Der Berichterstatter, der ich hier bin, hält jetzt kurz und spontan an für einen Rückblick, eine Einblendung mit einem der Briefe des Vaters an Mutter, in dem Falle von Gut Menne.

Es ist das Jahr des Hausbaus 1937, der dem Guten viel Sorgen und Kummer bereitete, nicht nur wegen der Finanzen, und anlässlich des sieben-jährigen Hochzeitstag im Juli 1937 verfasst Ernst beschwörend darin ihre Liebe, die Vergangenheit, aber auch *ein neues Atemholen für den Weg in die Zukunft.* ...

Wenn einem Lebensbund eine solche Schar liebreizender Kinder *entspringt, so ist dies das beste Zeichen, dass die* <u>Hand Gottes segnend</u> *über unserer Ehe schwebt* <u>Man kann nicht nur Glück vom Schicksal verlangen</u> *und so wird uns auch Leid nicht erspart bleiben, aber wenn wir es* <u>zusammen tapfer tragen</u>*, wird es auch leichter zu tragen sein..*

1937 also beschwört der Vater die „segnende Hand Gottes" und damit seinen Glauben.. Wurden ihm diese „Flausen" unter der impertinenten Nazi-Ideologie schließlich ausgetrieben? – Scheint ambivalent zu sein. Vater landete dann Mitte Mai 1946 im Lager Sandbostel bei Bremervörde, wo Mutter und ich ihn im Frühjahr 1947 besuchten.

Mensch, werde wesentlich,
Denn, wenn die Welt vergeht,
Fällt aller Zufall weg:
Das Wesen, das besteht.

So zitiert und schreibt Ernst im Juni 1947 an seinen geliebten Sohn Helge aus dem Lager Sandbostel:

Mein lieber Junge!
Niemals habe ich die Trennung von meinen Kindern – und besonders von Dir – so schwer empfunden als gerade jetzt, wo ihr "Großen" allmählich von Kindern zu Erwachsenen heranreift und ich durch ein grausames Schicksal in Gefangenschaft gehalten, nur von ferne Eurer Entwicklung tatenlos zusehen muss.
Nun ist bald Dein 14. Geburtstag. Ich habe neulich gesehen, wie weit Du schon Deinen Jahren voraus bist und wie ähnlich Du in vielen Dingen mir, Deinem Vater, bist. Wie gut könnte ich Dir helfen, Dir mit väterlicher Liebe und gereifter Lebenserfahrung beiseite stehen. Es kann vorläufig nicht sein. – Es war mir eine große Freude, Dich vor kurzen nach langer Trennung wiederzusehen. Ich weiß, wie schwer gerade die kommenden Jahre für Dich sind und wie entscheidend für Deine Entwicklung. ...Laß mich immer stolz auf meinen Helge sein! Gehe einen sauberen, geraden Weg und werde ein aufrechter Charakter. Laß immer Güte und Liebe zu Deinen Mitmenschen die Grundlage Deines Handelns sein. Hasse alles Oberflächliche und Minderwertige! ...Dein neues Lebensjahr wird für uns alle nicht leicht sein. Wenn es mir doch endlich die Freiheit bringen möchte, dann wollen wir alle fest zusammen stehen und alle Schwierigkeiten schon meistern. Wir lassen uns jedenfalls nicht unterkriegen und behalten immer frohen Mut und Vertrauen, <u>Das Gute muß doch schließlich siegen!</u>

In einem weiteren Brief an Helge (etwa drei Monate später) heißt es u.a.:
Ich habe immer noch den Wunsch, daß Du doch einmal einen wirklichen, möglichst gleichaltrigen, Freund finden mögest. Nichts ist schöner, als wenn zwei junge Menschen in inniger Seelengemeinschaft miteinander durchs Leben gehen, sich ihre Gedanken und seelische Kämpfe anvertrauen und Freud und Leid miteinander teilen. Wir neigen alle etwas zum Einsiedlertum; laß das bei Dir nicht aufkommen! –

Es folgen weitere fromme Wünsche, so auch: *Selbst schöpferisch tätig sein zu können, sei es nun im Schreiben, Malen oder Musizieren, ist ja die schönste Gabe, die einem Menschen vom Schicksal verliehen werden kann. Deshalb begrüße ich es ja auch, daß Du durch die Pfadfinder hinaus kommst in die herrliche Natur. Dort kann man, wie Du richtig sagst, am Lagerfeuer wirkliche Kameradschaft und Freundschaft kennen lernen. ... ...*

Da hatte doch der hilfreiche Onkel Hans schon im Mai 1946 – in Vertretung des noch vermißtern Erziehungsberechtigten und Bruders Ernst – in einem aufrüttelnden Brief an seine Schwägerin Edith vor einem gewissen "Lord" (bisexuell, begabt und charismatisch, Pfadfinderführer) drastisch gewarnt:
Auf Deine Frage wegen dem **Lord** *antworte ich nun K l i p p und K l a r:*

Sowohl Helge als auch Irene müssen <u>sofort</u> *ihre Beziehungen zu diesem Lord lösen; weil weise Erziehung dies anraten lässt. Vor allem aber musst Du Dich entschließen, diesen verantwortungslosen jungen Mann seiner Wege gehen zu lassen und auf seine* <u>Besuche</u> <u>strikt zu verzichten!</u> – Die Gewandtheit, der Charme und die große, auffallende Erscheinung des „Verführers" waren schon bemerkenswert.... Diese besorgte Warnung nützte allerdings wenig oder nichts mehr. Denn nicht nur Helge als auch Irene gingen diesem Pfadfinder-„Führer" ins Netz und jeder wurde auf seine Weise entspr. doch auch geprägt. Es waren sowohl Helge als auch Irene (1+) sexuell in keiner Weise aufgeklärt, die armen Kinder. (1+ Irene hing ihm – überaus abhängig – noch Jahre an, als er später über drei Jahre – wg. Verführung Minderjähriger, – zu „Zuchthaus" verurteilt wurde.) –

Die Herrschaft auf dem Rittergut Menne

im Westfälischen hatte allerdings
auch nicht wenig auszustehen, zum Beispiel war das Haus zur reinsten Herberge geworden. Nicht nur jede Menge Kinder schwirrten herum, sowie Verwandte des Ehepaares Rudolf und Jutta, auch Flüchtlinge und Fremdarbeiter waren da, die letzteren allerdings, also Russen und Polen, wohnten in den Gesindestuben über den Ställen. Als dann die Amis kamen und alles besetzten, errangen die Arbeiter ihre Freiheit, die aber vorher auch nicht stark eingeschränkt war. Mit einem Russen war ich einmal zweispännig im Kastenwagen einige km über Land zu einem Dorf gefahren, wo wir riesige Laibe Brot für die ganze Belegschaft holten. Ein anderes Mal fuhr ich auch alleine im Einspänner, was eine tolle Sache war. Ich fühlte mich als Herrscher, nicht nur über Pferd und Wagen, sondern über den ganzen Erdkreis, der bis zum Horizont reichte und von Feldern, Weiden mit Vieh und kleinen Anhöhen gesäumt war. ...Zum Abend hin waren viele Tische und Bänke vor der Küche im Garten aufgestellt und die Speisung der hungrigen und durstigen Feldarbeiter wurde arrangiert. Es war gerade Erbsen- oder Kartoffelernte, bei der hauptsächlich Frauen aus dem Dorf und der Umgebung gegen Stundenlohn arbeiteten. Auf dem Hof gegenüber dem Schweinestall zur Dorfkirche hin wohnte Familie Plätzinger, von denen er der zweite Mann auf dem Hof war. Er war auch als Mechaniker tätig und reparierte technisches Gerät.

Den Bulldog warf er in einer schwierigen Prozedur mit Anwärmen durch einen Spiritusbrenner an und fuhr diesen auch meistens.

Über Plätzinger wohnte die überaus zahlreiche Familie Wagemann, wohl jedes Jahr ein Kind. Er war dürr und groß, ein Stiller, dafür redete sie um so mehr, war recht rundlich. Sie hatten das Amt der Schweizer inne, also den Kuhstall unter sich und sorgten dafür, dass die Milch ordentlich und sauber abgeliefert wurde.

Später gab es einen bärenstarken, blonden Herkules als Schweizer, der mit einem Finger eine volle Milchkanne hochheben konnte. Er hatte zwei bildschöne Töchter, deren Anblick mein Herz und Gemüt erfreuten, sobald ich sie im Hof erspähte. Das Vieh in den Ställen war immer wieder ein Anziehungspunkt. In dem großen Kuhstall mit einem Bullen, der einen Ring durch die Nase hatte und über ein starkes Stirnband einen Schlitten zog, um den Mist herauszuschaffen, herrschte eine geheimnisvolle, faszinierende Atmosphäre; recht andächtig und ausdauernd kauten die schwarz-weißen Viecher das Futter wider, oder sie brüllten auch mal. Im Pferdestall dagegen ging es sachlicher, rassiger zu. Auch gab es ein Reit- oder Kutschpferd für die einspännige Kutsche, mit welcher die Töchter des Hauses Fischer zur Hüffert, dem Lyzeum in Warburg, gefahren wurden. …

Wurde der Mist abgefahren aus der Kuhle vor dem Stall, der ‚Miste', war das eine unheimliche Aktion mit Peitschen auf die Pferde, die auf dem glatten Basaltpflaster ausrutschten und die letzten Kräfte aktivieren mussten, um den überladenen Wagen da rauszuziehen. …Das Konzert des Krähens der Hähne reihum im Dorf vergesse ich, glaube ich, mein Leben lang nicht. Höre ich einen wohl- tönenden Hahn, so sehe ich oft das Land und Umgebung der Warburger Börde vor mir, seinen Geruch glaube ich zu atmen, sehe die Lerchen und Schwalben, die Felder und großen Scheunen, in denen ich mich tummelte.

Beeindruckend war auch, einem Gewitter oder einem Landregen zuzusehen; ich stand am Fenster und konnte mich nicht satt sehen am Schauspiel der Natur und den brodelnden Pfützen. – Mein Onkel Rudolf stand morgens sehr früh auf und ging auf die Felder. Nach einem kräftigen Frühstück stand er dann oben auf dem herrschaftlichen Treppenabsatz und gab laut und deutlich seine Anweisungen an den Vorarbeiter im Hof.

Etwa Ende Mai 45 kehrte ich mit Mutti nach Wiesbaden zurück. Das war eine abenteuerliche Fahrt auch mit streckenweise zu Fuß gehen. Jedenfalls gab es keine feindlichen Jabos mehr, die uns beschossen. In Wiesbaden war ziemlich noch alles so wie wir es nach dem schweren Luftangriff im Februar verlassen hatten, nur dass sich jetzt überall die Amis breit machten. Die damals so freundlich in das einigermaßen abgedichtete Haus aufgenommenen ‚ausgebombten' Mieter wollten uns allerdings nicht mehr reinlassen. Sie hatten schon längst mit gewissen Nachbarn alles aufgeteilt, was nicht niet und nagelfest war, auch den Garten. Sie hielten uns doch glatt für endgültig verschwunden: Der Vater, war er nicht ein schlimmer Nazi und SS-Verbrecher, was hatten wir da hier noch zu suchen?

Na ja, Mutti stellte sich ganz schön auf die Hinterbeine und zeigte denen was eine Harke ist. Ich schaute mich inzwischen in der Umgebung um und sah noch vereinzelt meist überstrichene, einst aufrüttelnde Parolen an den Mauern und Bretterzäunen in Sonnenberg an: Von „Räder müssen rollen für den Sieg" bis zu dem makabren Spruch „Lieber tot als Sklave" war noch alles zu sehen. ... Inzwischen gab es aber einiges Neues, weil die GI's aus Amerika die ganze Sooderstraße und die alte Pfahlerstraße besetzt hatten.

Da gefiel es den Amis so gut, dass sie bis 1954 blieben. Außerdem waren die Villen in der Egidystraße und das große Gebäude mit roten Klinkern in der Parkstraße am Amselberg beschlagnahmt, wo immer viel los war; der Park darunter war mit Fahrzeugen, auch Panzern, vollgestellt und bewacht.

Überall schlichen wir Jungen herum, die Mädchen wagten sich dann auch in ihren kurzen Röckchen dazu, ob nichts zu holen sei. Helmut Schmitz war meist dabei und einer der ersten, der etwas ‚abstaubte'. Die Familie Schmitz wohnte oberhalb der Bergstraße nahe des Plätzchens, also mitten im Geschehen und war schon etwas Besonderes. Sie hatten ein Mädchen und insgesamt drei Buben, alle stattlich und schön gewachsen, blond und blauäugig, so richtig nach dem Geschmack des „Führers", also reinrassig und hervorragend als Nachwuchs für des Führers große Pläne geeignet. In den Kriegsjahren sah ich ihren Vater öfters in seiner imponierenden schwarzen Uniform der SS, stocksteif und sehr groß die Bergstraße hinuntergehen, stolz, still und streng zum Dienst für seinen Führer und dem SD oder dem Hauptamt für Rasse- und Siedlungswesen schreitend. ...

Unbeschwert, forsch und selbstverständlich ganz auf die Parolen des großen Führers eingeschworen waren die ältesten der Jungen dafür prädestiniert, auf die Junkerschule der SS/NAPOLA geschickt zu werden, wo sie Karriere zu machen versprachen. Helmut erzählte mir dann begeistert, wie er als Aufnahmeprüfung dort eine gefährliche Mutprobe bestehen musste und wie toll und zackig das alles sei. – Für meiner Mutter Sohn weniger geeignet, doch interessant zu hören. –

Von Helmut hörte ich, deren Mutter Marianne ginge mit ihren Buben zusammen in die Badewanne, was ich mir nun gar nicht vorstellen konnte und überhaupt für unschicklich hielt: Bei uns zu Haus gab es so etwas nicht, unmöglich. –

Die Schule begann auch wieder. Sehnlichst hatte ich immer gewünscht, dass doch eine Bombe drauf fiele; dem war aber nur bedingt so.

Nun konnte Oberstudiendirektor Becker, ein alter Nazi und PG/Parteigenosse, wieder seine Kopfnüsse in Latein und Griechisch verteilen, wozu er drohend durch die ganze Klasse gerannt kam, wenn einer falsch übersetzte oder so.

Dann gab es noch den Pfarrer Jung für Religion, eine Seele von einem Menschen. Als er Rektor geworden war (es gab halt sonst nur PG's), ging meine Mutter zu ihm und fragte, was wir mit mir machen könnten: Alt-Griechisch wäre nun mal partout nichts für ihren Sohn. Nach einer längeren Besprechung kamen sie zu dem Ergebnis, ich solle in das Realgymnasium einsteigen. Somit wechselte ich zum dritten Mal die Klasse und musste Englisch nach lernen. Aber da gab es ja auf der Höhenstraße Nr. 13 eine Lichtgestalt, den allseits beliebten Oberstudienrat Ludwig Lendle von der Zietenringschule. Bei dem machte das Lernen Spaß und ich tatsächlich gute Fortschritte.

Ludwig Lendle gab übrigens außer Englisch auch Sport und ging bis ins hohe Alter jeden Tag im Opelbad schwimmen; ein gutes Gedenken verbindet mich mit ihm.

Etwa ab Mitte 1947:

Unser Erzeuger erscheint wieder auf der Bildfläche

Er war jetzt im Lager Darmstadt interniert und musste allerdings noch länger auf seine Entnazifizierung warten, aber wir sahen ihn jetzt öfters. Im Februar 48 war es soweit und im Spruchkammerverfahren *„gab der Betroffene zu, an den Nationalsozialismus geglaubt und von der Richtigkeit seiner Lehren überzeugt gewesen zu sein ..."* (siehe „Alberts patriarchalische Geschichte", S. 118). Abgesehen davon, dass er in die Gruppe III der Minderbelasteten eingestuft wurde, war nicht unerheblich, dass der Vater 1.000 RM bezahlen musste und es ihm vorläufig verboten war, in seinem Beruf als Anwalt zu arbeiten.

Er war aber auch so heilfroh, die Freiheit wieder errungen zu haben.

Große Hoffnungen setzte er auch darauf, nun an der künftigen Heimatfront wie der Familie, also besonders bei den Kindern, einiges nachzuholen. ...In einem Brief aus Darmstadt an seine Kusine Irmgard schrieb er: *Es wird die höchste Zeit, dass ich nun endlich nach Hause komme, denn Edith kann sich ja bei ihrer vielen Arbeit gar nicht um die Erziehung der Kinder kümmern.* Na ja, da war eigentlich nicht mehr allzu viel zu erziehen, bei den Ältesten sowieso nicht, die waren schon ganz schön abgedriftet.

Ab 1949 in der Anwaltspraxis gab es auch so einige Stolpersteine, die nicht so einfach wegzuräumen waren. – Irgendwann nahm er eines Abends seinen Ältesten an der Hand, es muss Anfang des Jahres 1950 gewesen sein, und ging mit ihm auf der Höhenstraße ein Stück spazieren. „Pass mir gut auf die Mutti auf" sagte er zu mir; in der Praxis wäre ihm ein dicker Hund oder so etwas ähnliches passiert und er wüsste nicht weiter.

Er kam dann in eine Klinik in Königstein. Sein besorgtes Frauchen schrieb Papa dann eindringlich: *Ich bitte Dich inständigst, Dich ganz der Behandlung der Ärzte anzuvertrauen. Hans meint es doch so gut mit Dir. Wir wollen nur, dass Du wieder ganz gesund wirst. ...Du musst Deine ganze Energie aufwenden, um Deine Gedanken umzustellen. Du bist doch so ein* <u>geistiger Mensch</u> *Wende Deinen Geist jetzt für positive Gedanken an.*

Papa machte sich aber wieder und fand später den Kuno Kerber als guten Kumpel, der ihm einmalige Gewinne versprach, wenn sie nur zusammenhielten. Zuerst musste Papa aber noch eine Hypothek aufnehmen, damit der gute Kuno noch die restlichen Kinos in Wiesbaden aufkaufen könnte, um dann den ganz großen Deal mit Ernst zu machen.

Irgendwann war Kuno (Kleber) dann verschwunden und mit ihm das Geld.

Na, diese Sache hat den Vater noch lange verfolgt, ja manche schlaflose Nacht gekostet. Man kann eigentlich nicht sagen, dass er nun in die innere Emigration ging.

Denn: „ *hat der Krieger seine Aufgabe* erfüllt (fürs Vaterland? Oder: die Familie?, den Beruf oder auch für die Kunst und Musik?), *wird er keinen Kommentar abgeben.*

Ein Krieger des Lichts ist auf der Welt, um seinen Brüdern zu helfen, und nicht, um seinen Nächsten zu verurteilen (z.B. „revanchierte" sich Ernst nicht an dem Herrn Kollegen, der ihn denunziert hatte und ihn vor ein sogen. „Kriegsgericht" brachte).

Über seine Niederlagen spricht er nicht".

(aus dem „Handbuch des Kriegers des Lichts" von Paulo Coelho) –

Unser Vater hatte noch einiges vor, arrangierte sich, ließ gewisse Schatten der Vergangenheit (meist) hinter sich, wurde vielen seiner Kinder gerecht, hatte gute Freunde und nahm einen <u>Teil der Schönheit der Welt</u> mit.

Die Verlobten (ca. 1929)

Die Hochzeit (Juli 1930)

Ernst Fischer als Soldat (1939)

Edith 1940

Die Eltern Fischer mit den zwei Ältesten (ca. 1935)

Unser Haus auf der Höhenstraße (1937)

Auf der Treppe: Edith Fischer und ihre Kinder (1941)

Heimatort Sonnenberg

Onkel Hans mit Edith
Der Professor
Zwei die sich mögen

Gutshof Menne in Westfalen

Besorgte Mutter mit fünf Kindern (1943)

Die sieben Kinder (1951)

Die ganze Familie (1951)

Frohe Weihnachten

Auf Wanderung von Freiburg zum Bodensee (1988)

Mit Reinhard im Odenwald

Sommerfest der SPD

Ansprache zu Mutters 80. Geburtstag

Die Eltern glücklich

Die (jungen) Alten

Die Nachkommen
hinten Hans, Jürgen, Nichte Monika, Harald und Bärbel

In Hansis Garten (1997)

Das Rosenkranzfest
(Albrecht Dürrer 1506, ursprünglich in der Kappelle der Kirche San Bartolomeo in Venedig, befindet sich heute in der Nationalgalerie in Prag)

Betende Maria (Albrecht Dürrer 1518)

Frühes Selbstbildnis Albrecht Dürrers

*Selbstbildnis Albrecht Dürrers
Der erste Weltstar der Kunst*

Da spürten wir noch nichts vom Krieg (1941)

II. Teil

– Spuren der Zivilisation –
– Geschichten und Historien –

Hier die Aufzeichnungen des Vaters über

Die Kunstreise 1953

nach dem *Land der Sehnsucht.*
Im „Tagebuch der Italienfahrt mit meiner lieben Frau im April/Mai 1953"
schreibt er:
Was ich seit Jahren ersehnte, soll nun Wirklichkeit werden! Unsere Fahrt geht den uralten Weg aller Deutschen nach Süden. Ich werde Rom sehen! So alt muss ich werden, um die Erfüllung dieses Wunsches zu erleben. Ein Jahr lang weilte ich auf Italiens Boden als Gefangener, jetzt ist es mir durch ein glückliches Geschick vergönnt, als freier Mann und verhältnismäßig sorglos seine Schönheiten zu genießen. Unser Weg soll uns über Mailand nach Rom als Hauptziel und zurück über Florenz auch zu den Verwandten (der Kusine Antoinette de Negri und Familie) in *Calavino (bei Trento) führen. Vor fast dreiundzwanzig Jahren kamen wir auf unserer Hochzeitsreise nur bis Lugano, jetzt ist es schon bald unsere Silberne Hochzeitsreise. Unser Herz ist aber noch jung geblieben und so werden wir Italiens (Kunst-) Stätten mit offenen Herzen und gereiftem Schönheitssinn erleben.*
  – Im Holland-Italien-Express geht es dann zunächst nach Mailand. –
Als wir aus dem Dunkel des Gotthards auftauchen, strahlt die Sonne aus blauem Himmel. Man glaubt, die milde Luft Italiens zu spüren. ...Je mehr sich der Zug herabsenkt, desto zahlreicher werden die Anzeichen des Frühlings und des Südens. Die ersten Weingüter und Palmen erscheinen vereinzelt. Dann fahren wir an Lugano vorüber, prachtvoll liegt Castagnola am Hang des Monte Bre. „Weißt du noch?"
So reden wir zueinander, „damals, als wir noch jung waren?" An Como vorbei erreichen wir um 16 Uhr verhältnismäßig frisch Mailand.
Vom Hotel fahren wir in die Stadt zum Domplatz. Kaum haben wir Muße, uns das gewaltige Wunder des Doms anzusehen, als sich schon ein Fotograf auf uns stürzt ...
In Rom angekommen schreibt Ernst am 19. April 1953:
Mit dem Gefühl, in Rom, der Hauptstadt der abendländischen Welt, zu sein, stehen wir auf. Die großen Erwartungen, die wir den nächsten Tagen entgegen bringen, sollen nicht enttäuscht werden. ...

Unser erster Tag führt uns nach St. Peter. ...
Diese Gegend hat Vorstadtcharakter. Das Bild ändert sich in dem Augenblick, in dem man die Kolonnaden von St. Pietro durchschreitet und vor dem größten Dom der Christenheit steht. –
Unnötig, die Größe und Schönheit dieses Platzes zu beschreiben oder die schon von Burckhardt gerügten Mängel der Fassade Madernas aufzuzeigen. Ich kann nicht sagen, dass mich das Innere enttäuscht hat. Die Pracht und Größe des Kuppelraums ist schon beim ersten Anblick überwältigend. Für unser nordisches Gefühl sind vielleicht die Mosaiken und der Deckenschmuck zu bunt.
Nicht alle Papst-Denkmäler sind Meisterwerke, aber was tut das? Der Gesamteindruck bleibt erhalten. – Die Pieta Michelangelos hatte ich mir größer vorgestellt. Leider steht sie auch sehr hoch, so dass man aus der weiten Entfernung ihre Schönheit nur erahnen kann.
Vom Petersplatz fahren wir mit einer Droschke in die Stadt. Vorher knipse ich Edith vor Berninis Kolonnaden und der Fontäne: Die moderne Heidin vor dem Vatikan! ...
(Soweit zu den Kunst-Sachverständigen Eintragungen in das eine der zwei vollen Tagebücher dieser Reise der Eltern)

Elend der Geschichte, Glanz der Kunst

Philosophische Betrachtung zu Teil I.

Darüber zu spekulieren, wie die Welt heute aussähe, wenn im Versailler Vertrag (1919) das besiegte Deutschland nicht gedemütigt und Europa anders aufgeteilt worden wäre und wenn sich statt des Kommunismus, des Nationalsozialismus und des japanischen Militarismus die Demokratie durchgesetzt hätte, ist illusorisch. –
Im Nachhinein jedenfalls besteht angesichts der beiden Weltkriege, des Archipel Gulag, des Holocausts und der Atombombe unter „vernünftigen Menschen" eine dreifache Übereinstimmung (genannt werden nur die ersten):
Dass der **Faschismus** *in Italien, Spanien, Portugal und der – den Zweiten Weltkrieg und die Judenverfolgung auslösende –* **Nationalsozialismus** *in Deutschland, wiewohl modern aufgemacht und organisiert, doch letztlich romantisch-*

reaktionäre nationalistische Bewegungen waren, welche die Entwicklung einer <u>*friedlichen Weltordnung*</u> *aufgehalten haben.*
(Hans Küng in „Projekt Weltethos")
Bei Friedrich von Schiller lesen wir, im achten seiner Briefe „Über die ästhetische Erziehung des Menschen" (1795):
„Ein alter Weiser (Horaz) hat zum Prinzip der Wahrheitsfindung gesagt: <Erkühne dich, weise zu sein.>"
In Schillers „Die Jungfrau von Orleans" steht der bekannte Ausspruch:
„Mit Dummheit kämpfen Götter selbst vergebens."
Und Johanna sagt gegen Ende des Dramas: „Ein trüglicht Bild der Hölle war's, ein widerspenstiger Geist, herauf gestiegen aus dem Feuerpfuhl, mein edles Herz im Busen zu erschüttern." – Was sagt uns das? Dazu gehen wir in Schillers „Die Braut von Messina", in dem de Schlussverse des Chors lauten:
Das Leben ist der Güter höchstes nicht,
Der Übel größtes ist die Schuld.
Die Braut von Messina ist ein „Chordrama" nach dem Beispiel der griechischen Tragödien-Dichter. Der Chor besteht – das ist das Besondere – aus wirklich handelnden Personen. Die dann angesprochene *Weltentsagung*, die es nicht geben kann, die – in Versen formuliert – nichts ändern kann, aber für Augenblicke <u>Gedanken und Glück</u> hervorrufen, das <u>einmal wirklich werden könnte.</u>
Und daran hält Schiller immer wieder fest und kommt oft darauf zurück:
Der Weg zu diesem <u>Glück</u> führt über die <u>Freiheit</u>; ergänzend fügt Schiller an:
Die wahre Kunst aber hat es nicht nur auf ein vorübergehendes Spiel abgesehen, es ist ihr ernst damit, den Menschen nicht bloß in einen augenblicklichen <u>*Traum von Freiheit*</u> *zu versetzen, sondern ihn wirklich und in der Tat frei zu machen, und dieses dadurch, dass sie eine Kraft in ihm erweckt, übt und ausbildet, die sinnliche Welt, die sonst nur als ein roher Stoff auf uns lastet, als eine blinde Macht auf uns drückt, in eine objektive Ferne zu rücken, in ein* <u>*freies Werk unseres Geistes*</u> *zu verwandeln, und das* <u>*Materielle durch Ideen*</u> *zu beherrschen.*
So erhebt sich der Mensch als moralisch-sittliches Wesen über die Zwänge der Natur und des „Schicksals"; am Ende sollte der Sieg erlangt werden, der <u>Sieg des freien Willens</u> über den nicht abzuwendenden Zwang der zur Tragik führenden Verhältnisse.
Es ist <u>die Kunst,</u> die den <u>Menschen, der sie „allein" hat</u>, in besonderer Weise auszeichnet, <u>die ihn zur Sittlichkeit und zur Wahrheit führt</u>. Denn: „Nur durch das Morgentor des Schönen, dringst du in der Erkenntnis Land."
Unabhängig vom jeweiligen Weltzustand befördert die Kunst, insbesondere

die Dichtung, unermüdlich den geschichtlichen Fortschritt, allen Rückschlägen barbarischen Terrors trotzend, so dass die Utopie nicht abstrakt erscheint, am Ende werde es den Künstlern gelingen, die entzweite Welt in einen glücklichen Zustand hinüberzuführen, in dem Schönheit und Wahrheit zur Identität gelangen.

Dabei hilft auch die aus der Geschichte gewonnene Erfahrung, dass stets, wenn die Menschheit in Barbarei verfiel, die Kunst sich der Realität entgegenstellte und die <u>Idee der Freiheit</u> machtvoll behauptete.

(Quelle: Norbert Oellers, „Schiller – Elend der Geschichte, Glanz der Kunst")

Neben seinen neun Dramen hat Schiller auch mindestens zwei bedeutende Historische Schriften erstellt: „Geschichte des Abfalls der Vereinigten Niederlande von der spanischen Regierung" sowie:
„Geschichte des Dreißigjährigen Krieges".

Neben seiner Lyrik, den philosophischen Schriften, Erzählungen und seinen wundervollen Balladen war Schiller also auch ein hervorragender Historiker. –

Einführung zu Teil II

Außer der amüsanten Wiedergabe einer *Familien Saga – Sternschnuppen*, incl. Der Erzählung *Ein Hippi aus gutem Hause* folgen erlebnisreiche Erzählungen, wie „Renate – eine tragisch-schöne Geschichte", in der auch auf die kommunalpolitischen Aktivitäten in einem Ortsverein der SPD eingegangen wird. Ihre Existenz wollte Renate auf eine neue Basis stellen, was nur z.T. gelang. – Eine Wanderung mit „Der Weg nach oben", „Flieger – auf Abenteuer der Liebe" geben auf unterhaltsame Weise abwechslungsreiche Informationen wieder. „Geschichte einer Freundschaft" macht uns mit der Beziehung von Goethe und Schiller bekannt und zeigt das Entstehen des „Wilhelm Tell" auf. –

In der amüsanten „Korrespondenz mit Alena" geht es auch um das Buch „Christiane und Goethe", aus deren gemeinsamen Schicksal interessante Aspekte erzählt werden. Zur Historie: Unter den „Großen der europäischen Geschichte" werden ausführlich Alexander d. Große mit der Einführung „Die Antike und der Hellenismus", G. J. Caesar, mit dem ausführlichen Kapitel „Macht und Bürgerkrieg" vorgestellt. Der „Reformator Luther", dem vorangestellt wird die Schilderung aus der Apostel-Geschichte „Aus Saulus wird Paulus", ist zu einem der einflussreichsten, bewegendsten Gestalten der Historie und der Religions-Geschichte geworden. –

Das Kapitel „Klimaschock" ist ein aufwühlendes Thema, das teils bekannte, doch höchst brisante Erkenntnisse für die Zukunft unseres Planeten feststellt; hilft ein „Gegensteuern" noch? Ebenso gibt das Kapitel „Die Ehrfurcht vor dem Leben" unakzeptable, menschlich unwürdige Praktiken gegenüber den Kreaturen der Schöpfung wieder, die verheerende Auswirkungen haben. Der Artikel „Die Aufklärung – Licht und Schatten" wirft ähnlich kritische Fragen, auf. – „Friede den Hütten, Krieg den Palästen" schildert gesellschaftliche Missstände. Nach einem „Interview" und Berichten über das „Afrikanische Abenteuer", in dem ein Onkel kämpfend verwundet wurde, folgt noch die Abhandlung: „Das Afrikakorps rettet Mussolini". – Als eins der großen Wunder in den deutschen Landen erscheint dagegen „Der erste Weltstar der Kunst", nämlich Albrecht Dürer, der als bedeutendster Maler seiner Zeit gilt. Es folgt die Erörterung „Schiller als Philosoph"; zur Anschauung sei ein Auszug aus den „Philosophischen Briefen" zitiert: *Das Universum ist ein Gedanke Gottes* usw. Nach einigen Jahren der Erfahrung entwickelt sich Schiller zu einem eher skeptisch gewordenen Autor, der die früher vorgetragenen Ansichten in Frage stellt: *„Unser ganzes Wissen läuft endlich auf konventionelle Täuschung hinaus …"* Vermutet wird, dass Schiller inzwischen davon erfahren hat, dass Kant mit seiner Veröffentlichung *„Kritik der reinen Vernunft"* (1781) neue Maßstäbe philosophischen Denkens gesetzt hat. Schiller las auch Kants *„Kritik der Urteilskraft",* wo Kant zuletzt schrieb: *Das Schöne ist das, was ohne Begriffe, als Objekt eines allgemeinen Wohlgefallens vorgestellt wird.* Schiller hingegen drückt sich in einem Brief von 1793 an Freund Körner so aus: *Schönheit ist nichts anderes als* **Freiheit der Erscheinung**. Damit ist für Schiller womöglich ein zentrales Thema für die wichtigen Briefe Über die ästhetische Erziehung des Menschen vorgegeben. – Es folgt als letztes Kapitel: „Goethe und Napoleon – Das Künstlergenie und das Genie der Macht begegnen sich." Goethe war ja ein eifriger Bewunderer von Kaiser Napoleon I., denn Goethe beurteilte Napoleons (Aktionen und Kriege als) „Sendung" mit einer möglichen Auflösung der feudalen Ordnung, ja als Notwendigkeit und Chance einer Neuordnung. Erwähnt seien die außergewöhnlichen, teils lebensbedrohlichen Erlebnisse bei der französischen Besetzung von Weimar Mitte Oktober 1806. Danach zieht Goethe eine Art Bilanz mit dieser Strophe eines Gedichts: *Nach ewgen, ehernen Großen Gesetzen*
Müssen wir alle Unseres Daseins *Kreise vollenden!*

Im letzten Kapitel „Unstillbar? Die Gier nach Wachstum", wird die Möglichkeit aufgezeigt, dass die Menschheit und das Klima durchaus *noch zu retten* sind.

Ralf, einer der „Macher" im BZRM („Bildungszentrum der Radikalen Mitte", wo die Vorträge, Diskussionen und einzelne Aktionen stattfanden) hatte sich zuletzt noch näher mit Goethe beschäftigt und meinte:

Dass der Schriftsteller Safranski in seiner Biografie über Goethe im Untertitel von einem „Kunstwerk des Lebens" spricht, finde ich übertrieben. Eine andere Aussage fiel mir auf, die ich besonders interessant finde: Im Juli 1812 hielt sich Goethe schon einmal abwechselnd im geliebten Karlsbad oder im Heilbad Teplitz auf. Von hier aus schrieb er an seine Frau Christiane in Karlsbad, wo sie sich mit einer Freundin einige Wochen aufhielt: *Es ist Herr von Beethoven von hier nach Karlsbad gegangen; wenn ihr ihn finden könnt, so brächte mir der am schnellsten einen Brief von dir.* Christiane ist auch die Adressatin seines ersten Eindrucks von Beethoven: *zusammengefasster, energischer, inniger habe ich noch keinen Künstler gesehen. Ich begreife sehr gut, wie er gegen die Welt wunderlich stehen muss.* Wenig später formuliert Goethe noch: *Ich habe Beethoven hier in Teplitz kennen gelernt. Sein Talent hat mich in Erstaunen gesetzt. Allein, er ist leider eine ganz ungebändigte Persönlichkeit, die zwar gar nicht Unrecht hat, wenn er die Welt detestabel findet, aber sie freilich dadurch weder für sich noch für andere genussreicher macht.* – Beethoven dagegen urteilt im August des Jahres 1812 in einem Brief an seinen Verleger Breitkopf: *Goethe behagt die „Hofluft" sehr* (womit schon ein wesentlicher Charakterzug des Dichtergenies erkannt wird). *Mehr als einem Dichter ziemt. Es ist nicht viel mehr über die Lächerlichkeit der Virtuosen hier zu reden, wenn Dichter, die als die ersten* <u>Lehrer der</u> <u>Nation</u> *angesehen sein sollten, über diesem Schimmer alles andere vergessen können!* –

Geschichten – Historien

FAMILIEN – SAGA – Sternschnuppen

Mutti war im Herbst 1948 in der Klinik „Hohe Mark" eingezogen.
Wie kam das, denn sie war doch sonst weiß Gott psychisch gesund? Nun, es war so, dass sie nach Vaters Heimkehr wieder schwanger geworden war und musste dann leider abtreiben lassen, was ihr arg zusetzte.
Vorher gab es Schwierigkeiten, zwei Ärzte zu kriegen, die das gutachterlich befürworten mussten.
Erst im sechsten Monat kam es zu dem Eingriff, meines Wissens, bei dem die Arme sehr viel Blut verlor.
Eine ähnliche Prozedur dann noch mal zwei gute Jahre später.
Mutti lernte im Herbst 1951 die Freuden und Wohltaten einer Kur in Bad Mergentheim schätzen, wo sie bald den charmanten Herrn Freund kennen lernte.
Der besuchte sie dann später öfters zu Hause und wurde intern als „Ihr Hausfreund" gekürt.
Im Juli 52 war sie schon wieder in Mergentheim, *sie brauchte das*, und hing gleich noch einen erholsamen Aufenthalt in Berchtesgaden dran.
Tochter Renate mit Freundin Lydia besuchten sie dort und die Mädels amüsierten sich auf ihre Art, nicht nur beim Kahn fahren auf dem Königssee.
Mutti war also bald wieder mehr für die Familie da, wie sie auch unerschöpflich dafür sorgte, das Haus zum Schmuckkästchen zu machen, in dem Geborgenheit und Anregung, Austausch mit Freunden und Kindern stattfinden konnten.
Der jüngste Sohn beschrieb das ein paar Jährchen später bei einem Familienfest so: *Für uns bedeuten das Zuhause und die Eltern der ruhenden Pol, das Zusammenkommende, das Verbindende Und das ist das Lobenswerte und das Wunderbare, was so eine Familie eigentlich zustande bringen kann; und trotzdem wurde keiner gehindert, seinen Abenteuern, die er in dieser modernen Zeit eben durchlebt hat, tatsächlich nachzugehen.*
– Vater kam von seiner Kur irgendwann im Frühjahr/Sommer 1950 zurück und stellte sich neuen Aufgaben.
Außerdem ging er nun nach Sonnenberg in den Männergesangverein „Ein-

tracht" singen und war voll dabei, ja er vertrat den Dirigenten sogar schon einmal.

Auch ließ er sich sonntags wieder in der Messe sehen und fand ein wenig zurück zu der Innigkeit seines katholischen Glaubens in der Jugend.

Zu Hause widmete er sich nun abends den Klängen klassischer Musik der großen, meist deutschen Meister vor dem alten Radio.

Eine enorme Errungenschaft war später die vom Nachbar van der Heide gestiftete und installierte Stereo-Musikanlage.

– Wie ernst Ernesto nun die Aufgabe als Familienvater nahm, ersehen wir aus einem Brief aus Menne vom 15. 8. 1952, in dem er Mutti zu ihrem Geburtstag gratulierte.

Außer seinen Glückwünschen heißt es da: *Was ich für Dich fühle, weißt Du, ebenso dass mein ganzes Fühlen und Trachten nur auf Dein Glück und das Glück meiner Kinder gerichtet ist.*

<u>Gott gebe mir die Gesundheit und Kraft, diese schwere Aufgabe erfüllen zu können!</u> *Für so viele liebebedürftige weibliche Wesen sich sorgen zu müssen, ist auch keine leichte Aufgabe.*

– Ja, die Töchter waren inzwischen schön und knusprig, halt „flügge" geworden.

Irene, die Älteste und Star der Truppe, hatte ein längere Liebesbeziehung zu Herbert P. , dem „Lord".

Gemäß ihrer Rolle, der immer hilfsbereiten, völlig ergebenen Weiblichkeit , blieb sie ihm auch weiterhin treu, als dieser Mal eben für drei Jahre hinter schwedischen Gardinen verschwand.

Lord wechselte aber danach das Revier und Irene suchte und fand dann einen anderen Favoriten unter ihren vielen Verehrern: Wirklich kein so ganz reizloses Unternehmen, fand ich.

– Dann passierte etwas ganz Unvorhergesehenes: Ihre Schwester Renate zog an ihr vorbei, das konnte und durfte eigentlich nicht wahr sein! Unsere Nati nämlich war über die Familie Schmitz mit einem feschen, blonden Air Force Soldaten bekannt gemacht worden, mit Namen Ed.

Es funkte zwischen den beiden ganz schön und sie wurden ein Liebespaar.

Ein wenig irritierte das zwar den Vater, als bald Soldaten einstiger feindlicher Armeen in seinem Haus verkehrten.

Aber er war kein Unmensch und nach einiger Zeit trank er die ersten Whiskys mit dem künftigen Schwiegersohn.

Das bekam ihm zwar überhaupt nicht, denn vor der Bettkante rutschte er aus und brach sich die Rippen.

Die Nati hatte sich einen dem Filmidol James Dean ähnlich aussehenden Typen ausgesucht, der nun bei ihr den Helden spielen durfte.
Das ging eine ganze Zeit so, bis die gottesfürchtige Oma Else ihnen mal eine moralische Standpauke hielt.
Man wird's kaum glauben, aber das wirkte tatsächlich bei dem aus einer frommen Familie der Südstaaten stammenden Ed, dessen Vater ein Prediger vor dem Herrn war. Im Jahr 1957 fand die Trauung in der Bergkirche statt und sie machten ein Jahr später in die Staaten über den großen Teich rüber.
Die Freude war riesengroß, als am Heilig Abend im Jahre 1959 die Nachricht aus den USA kam, dass ein ChrisKindchen eingeflogen war, das erste Enkelchen: Monika Pamela hieß sie und kam schließlich, gerade mal drei Monate alt, mitsamt der Mutter ins Elternhaus nach Wiesbaden zurück: Leider hatte sich der Ed als gelegentlicher Säufer seine Chancen bei Nati verspielt.
– Nach einem ziemlich schweren Sturz ging es Anfang Oktober 1964 mit unserer Oma Else zunächst abwärts vom Altenheim Ludwig-Eibach-Haus, wieder aufwärts die Röderstraße hoch zur oberen Schwalbacher Str. zu den alten Städtischen Krankenanstalten.
Dort lag sie dann mit mindestens zwanzig Kranken in einem Saal.
– Noch kurz zuvor hatte Oma mir einen ihrer vielen Briefe geschickt, in denen sie sich über die **Liebe** (Erster Bf. an die Korinther, K. 13, V. 1, V.4 u. V. 13) ausließ: <u>Gott ist Liebe! Und damit ist Alles gesagt.</u>
Wer sich fürchtet, ist nicht in der Liebe und nicht in der Vollkommenheit.
Liebe will betätigt werden! Als Bild und Gleichnis Gottes und seiner geistigen Wiederspiegelung ist der Mensch der Ausdruck der göttlichen Liebe und sollte sein Bewusstsein so ausfüllen, dass er Liebe ausstrahlt.
Oma, überzeugte Anhängerin der „Christian Science", stellte in früheren Zeiten auch eine erfolgreiche Unternehmerin in Schweidnitz dar, von wo sie fliehen musste.
Sie war stets rührend, liebevoll besorgt um Tochter und Enkel.
– Onkel Hans schrieb anteilnehmend zu ihrem Tod am 13.10.64 an seine *Liebe Edith! Mit großer Trauer und herzlicher Anteilnahme habe ich die Nachricht erhalten, dass Deine liebe Mutter heute von dieser Welt genommen worden ist.*
Das Eingehen in das Tor des Todes ist für sie das Eingehen in das Reich Gottes.
Auch für mich ist es ein Abschied, denn viele schöne Erinnerungen verbanden mich mit Deiner Mutter.
Schon 1924 lernte ich sie und Dich im Kurhaus bei den Abenden des Deutschen Schriftstellerverbandes kennen.

Später war ich sehr oft Gast bei Euch (Else und Edith, auf die er schon lange vor Bruder Ernst ein Auge geworfen hatte) *in der Kapellenstraße, wo wir immer vergnügt waren.*
Nach dem Krieg waren wir zusammen in einer Sylvesterandacht in der Marktkirche, wovon sie nachher noch lange Jahre sprach.
– Zurück zu meiner Schwester Renate.
Wie ging es denn weiter mit ihr? Sie wagte es einfach noch einmal und heiratete 1964 den Horst Ryschka.
Leider, leider erfolgte fünf Jahre später schon wieder die Scheidung.
Immerhin hat Tochter Monika den Nachnamen des Stiefvaters angenommen.
1969 war das Jahr, in dem Renate mit gewissen Vorschußlorbeeren im Hessischen Innenministerium anfing.
– Ich dagegen war bald darauf nach Frankfurt versetzt worden, also 1975.
Ich lernte dann darauf in der Pause eines Mozart-Konzerts im Kurhaus Renates neuen Freund Rudolf kennen.
Da war ich doch erst doch erbost, dass sich da schon wieder ein für mich Fremder und Außenstehender an mein Schwesterchen heran wagte.
Seinem Charme und Witz aber und der Art und Weise, wie dieser fröhliche Lebenskünstler dies vollzog, konnte man nicht lange widerstehen.
Dann war der Rudolf auch noch im Mainzer Carneval Verein im Vorstand und Renate machte manch lustige Sitzung in „Mainz wie es singt und lacht" mit.
– Es kann sein, dass das gute Leben ihm vielleicht die Zuckerkrankheit einbrachte.
Außer den schönen Urlaubsreisen, oft nach Südtirol, machten die beiden auch 1986 eine Reise nach Kreta, wo der gute Rudolf einen für Renate nicht so angenehmen, kritischen Schock erlebte, denn das Insulin war vergessen worden mitzunehmen, meines Wissens.
Das veranlasste aber Renate, mit einem der nächsten Flieger zurückzujetten und ihren kostbaren Urlaub rückgängig zu machen.
Sie musste sich erst einmal von dem Schreck erholen.
Im Herbst des gleichen Jahres fuhr sie mit Schwägerin Bärbel und mir in den Bayerischen Wald und wanderte fleißig mit uns durch die Wälder und Auen.
Anschließend verfasste sie ein nettes Gedicht, das fing so an:
Es hatte Probleme die Renat', da waren Helge und Bärbel parat.
Sie fuhren mit ihr in den Bayerischen Wald, es kam gute Stimmung auf bald.
Sie wanderten tagaus, tagein, mit Brot und Tee und Sonnenschein.

Harald versucht es immer wieder, zu singen frohe Wanderlieder, doch es wird nie allzu viel daraus, sie kannten sich mit dem Text nicht aus.
Nach jeder Wanderung, das war doch klar, war immer wieder ein Wirtshaus da.
– usw.

Irene jedoch fand bei Firma Total in Düsseldorf, wo sie tätig war, den lieben „Dicken", den sie in ihr Schlepptau nahm.

Prompt heiratete sie ihn, ganz in Weiß, nur ein knappes Jahr später, also 1958, und zog mit ihm nach Remscheid, wo sie ihm beim „Export-Importgeschäft" – außer Haushalt – behilflich war.

War ihr das auf die Dauer vielleicht zu spießig dort? Diese leicht ausgedehnte Bewährungsphase bei Herrn Rücker gab wohl nicht genug her.

Sie schleuste sich also wieder in die Szene nach Wiesbaden ein.

– Mitte/Ende der 50er Jahre waren auch Ernst und Edita wieder jemand, denn nicht nur im gastfreundlichen und vor Lebensfreude sprühenden Hause Ott waren sie gern gesehene Gäste.

Willi Ott und sein Weib Lucia teilten ihren erfolgreich und generös errungenen Wohlstand mit Grandezza und netten Menschen ihrer Wahl.

Die Zeit brach an, wo manches Starre, Verschwiegene und Unterdrückte sich etwas lösten; in lockerer Gesellschaft wurde nun auch über bisherige Tabus gesprochen, gelacht, getrunken und sogar getanzt.

Da erwarb sich Ernst bald den Ruf eines nicht ungalanten Chameurs und Unterhalters, während Editha ansonsten auch einiges mitmachte, aber strenger gewisse Grenzen einhielt.

Beruflich und finanziell brachte der Kontakt zu Otts und dem Universum-Verlag etwas ein, die Praxis lief auch sonst wieder gut.

– Ein anderes Ereignis war von besonderer, kultureller Art: Vater wurde in einen Gründungsvorstand berufen, der dann im Februar 1962 die später sehr erfolgreiche und hoch geschätzte Mozart-Gesellschaft in Wiesbaden aus der Taufe hob.

Fortan war also Ernst ein Stellvertreter des rührigen und geschickten Vorsitzenden Kurt Breuer.

Im Gründungsvorstandes waren ferner Dr. Emil Debusmann und Eduard McCann.

Das Ehepaar McCann kannten Ernst und Edith längst vom Deutsch-Amerikanischen Klub und sie waren mit ihnen befreundet.

Manche schöne und aufheiternde Stunden verbrachten sie mit ihnen und anderen im Kurhaus oder bei sich zu Hause.

Na klar, es schlossen sich Treffen mit Künstlern, Musikern und anderen interessanten Menschen an, Reisen nach Salzburg und sonst wohin.
Zum Abschluss zitiere ich noch einmal meinen Freund P.
Coelho, selbst wenn manches etwas abgehoben erscheint: „Der Krieger des Lichts weiß, dass alles, was ihn umgibt – seine Siege, seine Niederlagen, seine Begeisterung und seine Mutlosigkeit – Teil des guten Kampfes ist; er lernt, mit seinen Widersprüchen zu leben.

„Sind das Erkenntnisse eines Weisen, eines an Jahren gereiften Menschen? Schwester Dagmars Ehemann Michel Ward nun war eher ein stiller und braver Mann.

Nach der Geburt des Ältesten Mitchell im Januar 1964 und des „Götter-Sohnes" Mark ein knappes Jahr darauf, wohnte sie im Hause Böttcher, direkt an der Höhenstraße und es war nur ein Sprung zum Elternhaus.

Das Jahr 1966 verbrachte sie mit Mann und Kindern in den USA, wo die „Ehe zerbrach", wie man so locker sagt.

Also: Trennung vom Erzeuger.

Nicht müßig, stellte sich Dagmar auf die eigenen Füße, ging eine Ausbildung als Mannequin an und bekam prompt Angebote, schon während der Ausbildung, sich auf dem Laufsteg zu produzieren.

In Organisation und Konsequenz ihrer Entschlüsse war sie groß und normalerweise hätte sie auf dem eingeschlagenen Weg den rechten Erfolg haben können.

Sie machte als Model Eindruck, groß, schlank, blond, stolz und auffallend gut aussehend, wie sie war.

Das Blöde und der entscheidende Fehler waren wohl, dass sie dem Drängen ihres Noch-Ehemannes irgendwann nachgab, wegen der Kinderchen es noch einmal zusammen zu versuchen.

Na, es war aber nichts mehr zu retten, außer dass der liebe Ehemann gewisse Bedürfnisse befriedigte.

Die Folge war eine weitere Schwangerschaft und das Abbrechen der vielversprechenden Karriere.

Sie erinnerte sich an die allen Kindern offen stehende „Pension Editha" in Wiesbaden und düste in die Heimat zurück.

Dieses Kind von ihm wollte sie nicht mehr.

In dem letzten Endes doch noch fremden, puritanischen Land USA dachte sie, nichts riskieren zu wollen.

Im Juli 1967 erschien sie also wieder auf der Bildfläche in Old Germany und wohnte fürs erste in der Höhenstraße 24, wo der Opa rührend Vaterstelle an den allerliebsten „Halbwaisen" vertrat; darin hatte er ja reichlich Übung.

Eines Tages kam Dagmar die Idee und auf die Sache mit Ithaka (siehe Seite 79, „Die schöne Last einer Familie") in den Sinn, wo sie einen Haufen Kohle investierte.

Das war aber auch nicht das Rechte für Mutter ihr Kind, also suchte sie andere Wege, spiritueller Art.

Vielleicht war das ihr Karma.

Dagmar jedenfalls, sie begab sich nun auf einen eigenen oft waghalsigen Weg, das war sicherlich die Suche nach Gott, nehme ich an.

Das Göttliche in Dir zu wecken, ist das Ziel, vernahm sie.

Dagmar oder Ma Niraj, Sannyasin, war zu Bhagwan geflogen, der ihr sagte: Erfreue dich an allem, was das Leben gibt, aber bleibe immer frei! – und daran hielt sie sich fortan.

– Ich bin ein alter Nazi, und du bist ein kleiner Bazi So sagte Vater einmal scherzhaft zu Hansi, da war er kaum sechs.

Unser Jüngster, Hans-Jürgen war ein schlaues Bürschchen.

Er machte 1963 sein Abi und ging anschließend zum unvermeidlichen Dienst bei der Bundeswehr zur Heeresartillerie in Stadt Allendorf.

1965 waren die Rechtswissenschaften in Frankfurt dran.

Das Studium dort wurde etwas durchlöchert, denn zu seinen Prämissen zählte unbedingt die Musik.

Man höre und staune: Im Jahr 1967 gründeten die beiden Saxophonisten Hans Fischer und Tom Belbe die Gruppe „Soul Caravan"'.

Schon Ende 67 erschien „Get in high", ihre erste Platte und die kam an.

Bald waren sie *eine der ersten und bekanntesten Underground-Gruppen in Deutschland, Teil der Studentenbewegung und Wegbereiter der psychedelischen Musik mit „Gesellschaftsverändernden Anspruch".*

Dunnerwetter! Die Single „Planet Earth"/"So down" erschien Anfang 1969, klar, auch ein Hammer.

Den größten Erfolg hatte die Gruppe, die sich jetzt „Xhol Caravan" nannte, kurz darauf mit der progressiven LP „Electrip", die heute noch unter Kennern begehrt ist.

– Unser Hans, der kanns: 1974 machte er dann das erste Staatsexamen in Jura, für das zweite ließ er sich etwas Zeit, denn die Beanspruchungen durch die Musik waren hoch.

Das zweite Examen schaffte er 1977 und postwendend erfolgte die Zulassung zum Rechtsanwalt in Wiesbaden.

Nach der Heirat 1979 mit Frau Marion erfolgte auch schon die Geburt des ersten Stammhalters Robert, der heute ein strammer, cleverer junger Mann ist, als auch ein bekannter Schlagzeuger in der Szene.
 – Ein wichtiges Datum ist das Jahr 1985, als Bruder Hans zum Notar bestellt wurde.
Aber seine Musik ließ Hans sich nicht nehmen und er gründete mit anderen die „Sonnenengel-Musik", die inzwischen schon fünf CD's auf den Markt gebracht hat.
Die zweite Ehe schloß er mit der bezaubernden Lilli Weidmann aus München.
Daraus entsprossen, wie schon gesagt, der hübsche, aufgeweckte Sohn Leo und 1994 die kleine Prinzessin Isabella (keine schlechte Fortsetzung also der Fischerchen Linie.
 – Unsere Jüngste dagegen wurde nur die „liebe Heidi" genannt, obwohl sie doch die Taufnamen Ingeborg Adelheid hatte.
Als emanzipierte junge Frau verbat sie sich aber diese Verniedlichung.
Ihr Lebensweg zeigte dann wiederum andere, neue Nuancen.
Nach dem Abitur 1964 legte man ihr nahe, Apothekerin zu werden.
War da nicht die Frau Dr. Pongs, mit ihrem Mann Walter beste Freunde der Eltern Fischer, die einen Haufen Geld in ihrer Apotheke verdiente? Was auch immer, Heidi begann ein Praktikum in einer bekannten Apotheke Wiesbadens, wobei sie auch viele schöne Kräuter und Heilpflanzen sammelte und presste.
Es ist also selten im Leben etwas ganz umsonst, denn wahrscheinlich so entdeckte sie ihre Liebe zur Natur und Biologie.
Sie erkor sich aber dann selbst, Lehrerin zu werden und trat zum Studium in Gießen an der PH an, mit dem Wahlfach Biologie, als Nebenfächer Sport und Französisch.
Da gab es nun noch jemanden, der die Fächer Sport und Französisch belegt hatte, nur wollte der noch höher hinaus, also Gymnasiallehrer werden.
Die beiden liefen sich nicht zufällig über den Weg und wurden ziemlich unzertrennlich.
Hans Blancke hieß der Aufsehen erregende „kühle Blonde" aus dem Norden der Republik.
Im Dezember 67 war Heidis I.
Staatsexamen fällig, danach ging sie ins einsame Heringen an der Zonengrenze.
Noch vor dem II. Examen heirateten die beiden 1969 im Kreise von Freunden und Kommilitonen.

Der angehende Studienrat allerdings nahm ein gewisses Fernweh zum Anlaß, einen VW-Bus zu kaufen und mit der Angetrauten ab Juli 1972 eine kleine Weltenbummler-Tour zu unternehmen, die sich ein Jahr hinzog.

Der Ernst des Lebens begann für beide in Windeck-Herchen, wo Herr Blancke sich am evangelischen Gymnasium verpflichtete und sogar ein Häusle zur Verfügung gestellt bekam.

Nach fünf doch etwas langen Jahren verschafften sich die Eheleute ein wenig mehr Abwechslung von der Provinz durch einen Umzug mitten in die Großstadt Köln.

Wichtig für Heidi dort war die eingeleitete Selbsterfahrung, Theater spielen, vor allem auch dabei sein bei den vielen Straßenfesten und ähnlichem.

Man sieht es, von jetzt ab ging sie neue Wege, denn Heidi und Hans Blancke beschlossen: Wir werden Pflegeeltern! Vorher bauten sie sich aber im Herbst 1981 noch ein sagenhaftes, duftes Haus aus Holz in Eitorf-Rankenhohn, mitten im Grünen und am Waldesrand.

Die kleinen Püppchen Ilona und Diana waren bald adoptiert und füllten temperamentvoll Haus und Leben aus.

Heidi gründete und leitete in Eitorf eine Frauen- und Theatergruppe.

Schließlich war eine Ausbildung zur Gesundheitsberaterin fällig, wobei die neuesten, schon Aufsehen erregenden Theorien und Anweisungen zur Ernährung von Dr. Bruker eine Rolle spielten.

Das Leben ihrer nun zu auffallender Schönheit herangewachsener Töchter sorgte nicht nur für Abwechslung, sondern bedurfte diskreter aber bestimmter Lenkung.

Ständig, meist wöchentlich, war Heidi auf Achse in Richtung Wiesbaden, um den Geschwistern bei der Betreuung ihrer Eltern behilflich zu sein.

Unser Vater war schon ab 1989 oft hilfsbedürftig.

Er wurde wieder zum Kind, das vielleicht zu wenig Liebe in der Kindheit erfuhr.

Im April 1993 starb er.

Es war ihm nicht vergönnt, im Kreis seiner großen Familie Abschied zu nehmen, wie er es sich gewünscht hatte.

Mutti hielt sich länger und bestand energisch darauf, in ihrem geliebten Haus zu verbleiben.

So mussten sich die Kinder halt um sie kümmern.

Mal einen Brand in der Küche löschen oder sie nach einigen Stürzen wieder aufrichten.

Auch im Krankenhaus und Altenpflegeheim vertrat sie eine eigenwillige Meinung, begann – in Abständen – ihrenen Koffer zu packen, wollte nach Hause oder auf Reisen gehen.
– Erst 2001 segnete Mutti das Zeitliche, doch immer war jemand bei ihr.
Unverzüglich waren ihre Kinder versammelt und begleiteten sie so ein Stück zu Beginn ihrer „weiten Reise"; Hans spielte noch Stücke seiner Engelmusik und sprach von der Seligkeit, in die Mutter jetzt einging.
Und ihre Seele spannte
                    Weit ihre Flügel aus,
                    Flog durch die stillen Lande,
                    Als flöge sie nach Haus. –

Zurück zur Ältesten, Irene.
Es existiert ein schönes Foto der sieben Kinder von 1951 im Garten, dahinter das Haus aufragend mit seinem charakteristischen Scheunendach.
Auf dem Bild sehen wir die Älteste, also Irene, verantwortungsvoll und besorgt, aber bestimmt, wie sie das jüngste Schwesterchen Heidi auf dem Arm hat.
Daneben steht Gert im Selbstverständnis seiner lässig sich immer wieder behauptenden Person von 14 Jahren.
Hansi dann dahinter, vertrauensvoll die Hand auf seinen Vordermann Gert legend und in die Kamera strahlend.
Ernster dagegen der „Herr Baron" (Helge) im alten, schwarzen Konfirmandenanzug.
Dahinter Daggi in ihrer überlegenen Position auf der Tischtennisplatte stehend, vorstehende Zähne, aber Film-Diva reifes Lachen.
Die Nati schließlich sehr versonnen auf die Margerite in ihrer Hand schauend.
– Sinnbildlich ist hier auch das liebevoll-strenge Regiment der Erstgeborenen dargestellt, die gewissermaßen die Erziehungsgewalt über die „Kleinen" inne hatte.
Das Oberhaus nämlich, das waren die Erzeuger, hatten Irenchen in der turbulenten Zeit zwischen 1948 und 49 eines Tages zu sich geholt und sie unwiderruflich gebeten, sozusagen die Verantwortung für die „Kleinen" (Geschwister) zu übernehmen.
Verbunden war dieser Akt mit dem Abgang vom Lyzeum aus der Obersekunda, mit vielen Tränen, denn sie sah kaum eine Chance, dann noch das Abitur und ein Studium zu machen.
Ab Oktober 1949 half und arbeitete sie dann im väterlichen Büro.

Bald war sie die tüchtigste Kraft bei dem Rechtsanwalt und Notar Dr. Eckermann.

Ab 1951 begann sie etwas mehr an ihrer Karriere zu feilen und war in verantwortungsvoller Stellung bei der Raiffeisen-Versicherung in Wiesbaden.

Mit Schwung landete sie dann bei der Deutschen Total Treibstoff GmbH in Düsseldorf, wo sie den Personalchef vertrat.

Ungefähr 1963 begann ihre eigentliche Laufbahn, denn sie stieg in den Deutschen Schützenbund ein, nachdem sie wieder in der Heimatstadt Wiesbaden Fuß gefasst hatte.

Und da ging es steil aufwärts, denn jetzt hatte sie ihren Traumjob gefunden.

Wie sie überhaupt so viele Aufgaben unter einen Hut brachte, weiß ich nicht.

Die sportlichen Schützen hatten ihr es nun einmal angetan und sie nahm die Sache ganz schön in den Griff, gebot jetzt über dieses Imperium wie von einem „Feldherrnhügel" aus, so kam es mir manchmal vor.

– Von der Chefsekretärin zur stellvertretenden Geschäftsführerin avanciert, mischte sie auch bald in der Internationalen Schützenunion mit und hatte sogar noch die Kassenführung sowie die Schriftführung in der Europäischen Schützen-Konföderation inne.

Irene erzählte einmal: An ihrem ersten Arbeitstag im September 1963 im Schützenbund kam ein Herr Schlenker zwecks eines geschäftlichen Besuchs zum Hauptgeschäftsführer Zimmermann, ihrem Chef.

Der sagte zu Helmut dem Schlenker: „Hab' ne Neue, ne Rote, willste mal gucken?" Helmut, der Traum manchen Frauenherzens und mit unwiderstehlichem badischem Charme ausgestattet, ein erfolgreicher Verkäufer von Gewehren, Pistolen und Munition, als er auch ein hervorragender Schütze war.

Später gestand er Irene, er hätte gleich bei der ersten Besichtigung der „Roten" gedacht: „Auch eine Frau zum Heiraten", aber er ließ sich reichlich Zeit dazu.

Ab 1984 waren die beiden tatsächlich ernsthaft verheiratet.

Weil Helmut darauf bestand, kauften sie sich schon 1979 gemeinsam einen auffallend hübschen Bungalow in der Nähe Bad Schwalbachs.

Darinnen und heraußen ist **Er** natürlich der ‚Chef', aber was seine Frau sagt wird meistens getan.

Der kleine Palazzo wurde von der verhinderten Innenarchitektin Irene entzückend eingerichtet.

– Gefordert war Irene aber weiterhin als so eine Art „Familiengeschäftsführerin".

Das erwies sich auch und zum Beispiel im August 1975, als der Siebzigste Geburtstag unserer Mutter recht festlich begangen wurde.
Man muss sagen, im Feiern war ja diese Familie kaum zu überbieten.
„Könnt ihr euch das überhaupt leisten mit den vielen Festen?", fragte Onkel Hans einmal, nicht ganz zu Unrecht.
Jedenfalls war der 18.
August 75 ein Mordsspaß.
Die vielen Gäste machten mit und lachten viel.
Im Garten und auf der Terrasse des Elternhauses war alles geschmückt und illuminiert mit Fackeln und Lampions, das war meist mein Werk.
Zur vorgerückten Stunde fand dann eine Promenade mit den Gästen durchs Gartenzimmer statt, über Terrasse und Treppchen hinab in den Garten, der von flackernden Fackeln romantisch erleuchtet war.
Ein nettes Spektakel besonderer Art also, wobei die fröhlichen Gäste in überschwänglicher Stimmung Lieder anstimmten und die Dame des Hauses Editha hochleben ließen.
– Unser Bruder Hans Jürgen war für die musikalischen Darbietungen zuständig.
Er spielte Klarinette und E-Flöte, wobei ihn drei Kumpels gekonnt unterstützten: Das war mal was anderes und kam an.
Der Höhepunkt des gelungenen Abends war wohl eine improvisierte Reportage durch die neue Schwiegertochter Bärbel.
Sie interviewte also als fiktive Reporterin des „Wiesbadener Tagblatts" zwar nicht das Geburtstagskind selbst, aber den Ehemann derselben, mit dem das vorher abgesprochen war.
So war eine der ersten Fragen: „Herr Fischer, wo haben Sie denn ihre Gattin kennen gelernt, erinnern Sie sich daran noch?" „Ja selbstverständlich, das war in der Tanzschule Bier, wo sie mir zum ersten mal begegnete und ich war gleich entzückt von ihr! Gut, eigentlich war ich ja etwas schüchtern damals …" „Das kann ich nur bestätigen" warf unsere Mutter ein: „Auf dem Heimweg sprach er zwar kaum ein einziges Wort zu mir und es hat gedauert, bis ich mich daran gewöhnte oder ihm doch mal zwei Sätze entlockte."
Unsere Gäste waren auch nicht faul und warfen immer wieder ein paar Brocken in die Debatte ein.
Wer spricht da schon von Sorgen und Nöten, denen sich die Eltern in dieser Zeit ausgesetzt sahen? – Wenn überhaupt, dann später mehr dazu.
Bei Bärbel und mir dagegen stand ein Umzug bevor mit Auflösung zweier

Haushalte in Hannover, das war auch keine so leichte Sonntagsaufgabe für die frisch Angetraute, denn der Ehemann war schon auf dem Rhein-Main Flughafen in verantwortlicher Stellung eingesetzt. –.

Schon ein Jahr später gab es das nächste große Fest bei Fischers auszurichten: Der fünfundsiebzigste Geburtstag im Jahr 1976 von unserem Vater.

Ein paar würdigende Worte sprach auch sein Bruder Hans.

Zum Schluss forderte er die bunte Versammlung von Kindern, Enkeln, Verwandten und Freunden anspornend auf: *So bitte ich anzustoßen auf das Geburtstagskind, denn das Kind im Manne ist bei ihm geblieben.*

Allgemeines Gelächter.

Ernestus, wie er im Freundeskreis auch genannt wurde, sprach seinen Dank aus und meinte, ehrlich wie er war, zu seinem zurückliegenden Lebensweg: <u>Es irrt der Mensch, so lang er strebt.</u>

Ich habe auch manche Irrtümer begangen, habe die Sünden der Zeit mitgeirrt und mitgestrebt, immer, und ich habe manchen Sturz miterlebt , ja und heute bin ich vielleicht nur ein bisschen weise, aber etwas weise bin ich doch geworden.

Ich mache auch keine Dummheiten mehr.

Starkes Gelächter.

Bruder Hans meinte sarkastisch: *Dummheiten machst Du vielleicht doch noch!* – Auch Onkel Hans hatte seinen Sturz erlebt, nicht nur einen, der war tief.

Dr. jur. Hans Fischerhof, so hieß unser Onkel, denn er hatte schon Anfang der dreißiger Jahre seinen Namen ändern lassen.

Der Name „Fischer" war zu abgegriffen für eine große Karriere, die er fest vorhatte.

In der Wirrnis und Krise nach dem verdammten Krieg suchte er einen gangbaren Weg, denn alles war zerstört, zerschlagen, die Ziele, das Land, seine Wohnung, Beziehungen und menschliche Bindungen, die Ehre und Pflichterfüllung eines deutschen Offiziers, der lange unter dem Mythos Rommel in Afrika gedient hatte.

Manche Überlegungen gingen durch sein schlaues Köpfchen, die fürs Erste auch wenig Klarheit brachten.

Gut, er schaffte es, eine Anstellung beim „Zentralamt" in Minden zu erhalten, wo er das Referat „Energie- und Wasserrecht" leitete.

Die Behörde wurde dann als „Verwaltung Wirtschaft" nach Frankfurt/M. verlegt und war die Vorinstanz des Bundes-Ministeriums für Wirtschaf in Bonn.

– Hans Fischerhof legte auf Werte des Idealismus, der Tradition und der Verbindung zu den „Wurzeln" seiner Vorfahren besonderen Wert: Die meisten

„Stammhalter" der Familie Fischer waren Bürgermeister in Warburg, auch einige Abgeordnete gab es.

Im November 1945 ging Hans erstmals, also in seinem Geburtsmonat (1908 geboren), zum alten Burg-Friedhof nach Warburg und las dort interessiert die Inschrift auf dem Grabstein seines Ururgroßvaters, des verdienten Bürgermeisters Heinrich Fischer (1728-1797): *Wie die Harfe verhallt, verweht der einsame Name.*

Nur die höhere Tat *webt in den Zeiten sich fort* – für ihn ein „Leitspruch"?! 1960 hieß es in einer Fachzeitschrift über Hans Fischerhof: *Ab 1949 selbstständig, ist er mit zahlreichen Veröffentlichungen zum Energiewirtschaftsrecht, Wasserrecht und Atomenergierecht hervorgetreten, wobei er sich auch besonders den Fragen der Gestaltung des deutschen Atomgesetzes widmete.*

Der Bundestags- Auschuss für Atomenergie holte dazu ständig seine Stellungnahme ein.

Inzwischen liegt ein Kommentar zum Deutschen Atomgesetz und Strahlenschutzrecht von 1962 aus seiner Feder vor.

Im Rahmen des ihm 1956 erteilten Lehrauftrags hält Fischerhof Vorlesungen über Wasser-, Energie- und Atomenergie-recht an der Universität Frankfurt/Main.

– Später wurde er zum Professor an der Uni in Frankfurt ernannt.

Dann kommt die Aufzählung seiner sonstigen Ämter und Ausschuss- Tätigkeiten, das sind fünf bedeutende Gremien, wie er auch zum Herausgeber- Kreis von Fach-Zeitschriften zählte.

(siehe Buch: „Der Afrikakämpfer").

Onkel Hans war zu Ernsts Jubelfeier aus Frankfurt angefahren gekommen, wo er im „Dichterviertel" in der Grillparzer Straße ein respektablesm schönes Haus besaß.

– Übrigens war Wiesbaden als Wohnsitz für ihn nicht unbedingt akzeptabel.

Zu lau, zu weich auch das Klima, verlockend, mondän wohl, den Lebensgenüssen zu sehr hingegeben (so behauptete er einmal), wenn man intensiv und ausdauernd arbeiten will.

Freund Goethe hat es schon 1814 oder 15 in Wiesbaden so ausgedrückt: *Zu leicht, zu heiter, als dass man nicht verwöhnt (wenn nicht „verdorben") würde für das übrige Leben.*

– Wiesbaden ist und bleibt aber Heimat für die meisten der Fischers Ernst-Kinder.

So ist sie auch die Wirkungsstätte unseres Bruders Hans Jürgen, denn hier hat er meist sowohl seine wilden, doch kreativen jugendlichen Jahre verbracht, als auch die eher gesetzteren, erfolgreichen Jahrzehnte im Beruf.

Berichtet hat Hans über die Zeit als Musiker und seines Studiums in dem lässig und manchmal weit ausholenden Vortrag, auf den wir, wegen seiner Orginalität und der erzählten Geschichte der deutschen Popmusik, nicht verzichten wollen.

„Ein Hippi aus gutem Hause"

Das wäre also und gewissermaßen ein Kontrastprogramm zu der vorigen Abhandlung, wo sich ja die Onkel- und die „Elterngeneration" so einiges zu schulden kommen lassen hat, wie allzu oft behauptet wurde. Jedenfalls: Die Extreme des Lebens liegen oft gar nicht weit auseinander, so scheint mir.

Also, go ahead! Und Hans begann: „Aus gutem Hause, was bedeutet das eigentlich? Für mich war es die Suche nach Wahrheit oder nach der „Essenz des Lebens" Die Begriffe und Wertvorstellungen von zu Hause konnte ich nicht mehr für voll nehmen, ja sie mussten vielleicht sogar zerstört werden.

Das hängt mit der Geschichte in Deutschland zusammen, dem Weltkrieg, der Nazizeit und mit dem, was unsere Elterngeneration alles so angestellt hat.

Ich fragte mich: Wieso hat die ganze <u>Bildung</u> (ich denke da an meinen Vater), <u>nicht vor der Barbarei geschützt?</u> Eine der Möglichkeiten wäre irgendwann, es ganz anders zu machen.

Die in der Musikszene aktiven Briten haben durch die Rockmusik, wie die Beatles, Rolling Stones und andere Rockgruppen, dazu einen Beitrag geliefert.

Da war etwas an Frechheit, Urtümlichkeit, an Bewegung, das war einfach packend und mitreißend.

Ein weiterer Anstoß kam dann aus den USA, aus dem <u>„Underground"</u>, so von Frank Zappa: **Freak out** ! Ausfreaken bedeutete „Aussteigen aus der Gesellschaft" oder einfach aus dem Gewöhnlichen, was alle machen.

Wir gaben dann viele Konzerte und waren dann besonders auf den Studentenbällen an der Uni Mainz die Sensation.

So ein Ball dauerte rund acht Stunden, in denen wir ordentlich „geheizt" haben.

Wir hatten zwei Saxophone, das hatte sonst keine andere Band und wir waren für die Soul-Musik prädestiniert.

– Wie ihr wisst, war vor der Uni noch die Bundeswehr dran.

Na, das hat mir dann doch gelangt und ich habe später die Befreiung von weiterem Wehrdienst beantragt.

Das Jurastudium stellte ich mir etwa in Träumen von Wissenschaft, Niveau und Begegnung auf geistiger Ebene vor.
Doch wegen dem Massenbetrieb, der Arroganz der Hochschullehrer und dem erst einmal arg trockenen Stoff war das eine ziemliche Enttäuschung.
– Aus der Musik heraus entwickelte sich die Liebe zum Bizarren, dem was frisch, was neu ist, wie auch die Liebe zu den langen Haaren.
Anstand ist nicht unbedingt daran abzulesen, wie ein Mensch sich kleidet, wie er aussieht oder an dem was angeblich einen ‚anständigen Menschen' ausmacht.
Es musste etwas anderes passieren, auch wenn man dabei schon mal Pflichten vernachlässigt.
Da tat sich dann von selber etwas, nämlich der Bartwuchs, sowie das Haar.
Die Meinungen dazu gingen zwar auseinander, liefen aber oft auf „Immerhin gepflegt" hinaus.
Ästhetik spielt natürlich eine große Rolle, ob etwas gut aussieht, schön ist in unserem Sinne.
Aus unserer Rolle und unserem Auftreten entwickelte sich auch ein gewisser Stolz, aus der Art geschlagen zu sein, etwas eigenes aufgegriffen und entwickelt zu haben.
Wir Jungs der Xhol-Band gehörten zu den ersten zehn Langhaarigen in Wiesbaden.
Unter anderem war auch das Färben von Klamotten beliebt.
Alkohol war out, auch Kaffee, höchstens Tee wurde getrunken.
Aber Hasch wurde ganz gern genommen, es gehörte zu der Zeit und erzeugte ein gewisses anderes Umfeld, eine „Gegendroge" also.
– Möbel waren bei uns verpönt.
Man saß auf dem Boden, hatte Kissen oder Matten, ein Tablett in der Mitte.
Wir hielten es dann nicht länger aus in unseren Buden oder bei den Eltern.
Es musste eben eine <u>Kommune</u> gegründet werden, was nicht leicht war.
Schließlich fanden wir unsere Unterkunft in Erbenheim, ein Wellblechhaus, so rund wie ein Brot.
Kulturell und musikalisch vollzog sich dann der Wandel der schwarzen Soul-Musik zu anderen Rhythmen und dem Blues.
Da tauchte der Afrolook auf bei den Schwarzen.
Von Miles Davis war ich auch ein Fan; er war ja nun wirklich pechschwarz, aber sein Trompeten- spiel war irgendwie ganz weit und voller Licht.

Dann kam die Band von James Brown her – und da bahnte sich die Natur ihren Weg.
Naturkrause war wieder in: „Black is beautiful".
Dabei denke ich auch besonders an Angela Davis.
Die schwarzen Soldaten verließen uns und aus Soul Caravan wurde Xhol.
Wir entwickelten unseren eigenen Stil, die eigentliche Hippizeit begann.
Die neue deutsche Popmusik war chaotisch, wild und frei.
Es wurden nicht durchkomponierte Stücke gespielt, mit kurzen Improvisationen.
Ein Hauptphänomen für mich war es, dass freie Passagen improvisiert wurden auf einer Grundbasis, durchaus also tonal gebunden, indem sie über eine bestimmte Tonart gingen, vergleichbar etwa mit einer Rondoform.
Bei Xhol nun wurden bestimmte Themen gespielt und dann gemeinsam oder auch von Solisten improvisiert.
Es stand nicht fest, wo die Reise hinging, welche Form oder welche Stimmung sie anspielen würde.
Das war schon sehr reizvoll, aber mit Risiko verbunden, wie alles was frei ist.
Im Nu kam man auf Gebiete, wo man sich nicht so gut auskannte, wo ein gewisses Chaos entstehen konnte.
Dieses Experimentieren entsteht auch da, wo man mit sich selbst konfrontiert wird, mit den eigenen Problemen vielleicht.
– Dazu gehört auch eine andere Art des Hörens, denn es ist ja kein wunderbar geordnetes musikalisches Produkt, wie etwa eine Symphonie.
Das scheint mir ein Prozess, zu dem man bereit sein, Spaß haben muss.
Es ist eine musi-kalische Entwicklung, wie beim Jazz.
Außer Jazz, Rock- und Popmusik wurden auch türkische und orientalische Motive und Klänge aufgenommen, wenn vielleicht doch nicht sehr reflektiert.
Betonen muss ich, dass keine Phänomene in dieser Zeit studiert wurden, sondern einfach aufgenommen, gehört, gelebt, spontan weiterverarbeitet mit der Vitalität, die eben da war.
Andere, wie auch die Beatles, haben indische Musik studiert und verarbeitet.
„West meets East" hieß das dann etwa wie bei J. E. Behrend und anderen, wo auf diese Art und Weise sich die Kulturen begegneten.
Das kann 1967 gewesen sein, lange vor der Ethnowelle.
Tim Belbe und Ich bliesen das Saxophon, er Tenor, ich das Altsaxophon und die Flöte.

Ich zog dann nach München und wurde Mitglied von „Embryo", die als erste den Ethno-Rock machten.

– Irgendwann ging ich zurück an die Uni, machte aber weiter Musik und verdiente als Taxifahrer mein Geld.

Ein Repetitor machte mich schließlich examensreif und ich erreichte eine annehmbare Examensnote.

Doch verunsichert war ich schon, so beim Landgericht in Wiesbaden, denn ich hatte noch teilweise oder besser: zeitweise lange Haare.

Vom Hippi zum Landgericht, das war doch sehr kontrastreich! Vorher war ich ja bei der Bundeswehr, wo ich Strammstehen, Marschieren und was dazu gehörte lernte.

Der **Hasch** als Droge lässt einen ja sehr im Moment leben, wo man ansonsten lange meditieren muss.

Das ist ganz interessant, aber überhaupt nicht für die Juristerei geeignet.

Da geht es um Paragraphen und um die Fähigkeit, zu abstrahieren, um das abstrakte Wissen aufzunehmen, zu verstehen und zu verarbeiten.

Das war schon hart! In der Praxis, beim Staatsanwalt, bei der Verwaltung und beim Landgericht wurde das Ganze wieder mit Leben erfüllt.

Ich eroberte mir eine neue Rolle, wurde sogar Sprecher der Referendare.

Es stellte sich doch ein Quentchen Befriedigung ein, auch dass sich mir nicht von der Schulbank weg, mit bezahltem Auto von Papa, von Abitur zur Uni alles vorgegeben und finanziert wurde.

Ich habe schon einiges andere erlebt, das war doch ganz schön und eigentlich möchte ich diese Zeit nicht missen! " (Ende des Vortrags von Hans) – Mir dagegen lässt jetzt eine schöne Ansichtskarte aus Döbriach am Milstätter See (auf dem ich mit einem Paddelboot herumfuhr) Erinnerungen an den Zeitabschnitt meiner **Bundeswehrzeit** aufkommen.

Die Karte ist vom September 1959 und gerichtet an „Die Flugleitung der Heeresflieger-Staffel in Niedermendig/Mayen".

Den Einstieg zur BW machte ich im Jahr 1958, und zwar war das im Januar in Celle-Wietzenbruch, wo wir drei Monate ordentlich gedrillt wurden.

Wir „nassen Säcke" lernten also erst mal das Laufen und Marschieren.

Dann kam das Närrischste oder Schönste dran, nämlich die infanteristische Ausbildung im reichlich vorhandenen Gelände, sowie das Schießen.

Da war ich ja nicht schlecht und hatte von fünfzig möglichen Ringen 49 derselben, dann auch 50 Ringe mit dem Schnellfeuergewehr FN.

Diese Grundausbildung war nicht von schlechten Eltern, dafür sorgten schon die vom Bundesgrenzschutz übernommenen Ausbilder, die in vielem auf die Traditionen der alten Wehrmacht schworen: „Gelobt sei, was hart macht.

„(Wir gehörten ja zum Heer!) Die Einlage als Hilfsausbilder in Bremen war insofern aufschlussreich, als wir da nicht in Uniform ausgehen durften, sonst bekamen wir die Jacke voll. Die „Roten" im Stadtbezirk wollten damit demonstrieren, dass sie gegen jegliche Aufrüstung waren und jagten jeden Barraskopf.

– Etwa im Juli 1958 wurde ich nach Niedermendig beordert, unweit des Laacher Sees, zur Transport- und Aufklärungsstaffel.

Es begann die übliche Gammelei, die ab und zu durch Manöver im weiteren Umkreis durchbrochen wurde.

Im geländegängigen Unimog, ausgestattet mit viel Technik und Geräten, ging es raus in die Natur, wo wir als Fernmelder auch Strippen zogen, aber hauptsächlich den Funkverkehr in der Truppe aufrecht hielten.

Dann kam bald für mich der spannende Moment, wo ich zur Aushilfe bei der Flugleitung des Platzes eingesetzt wurde.

Die Tätigkeit dort fand ich nicht uninteressant; damit war mein Einstieg bei „Base Operations" schon so gut wie vollzogen.

– Zur weiteren Ausbildung wurde ich zunächst zur Technischen Schule der Luftwaffe in Lechfeld abgeordnet, wo vor allem das Essen hervorragend war; gelernt wurde auch so allerhand.

Bei der weiteren Tätigkeit auf der Flugleitung in Mendig erstaunte mich nicht wenig, dass die alten Haudegen, die ehemaligen Piloten der Reichsluftwaffe, die Uniformjacke voll Miniaturorden und Spangen hatten.

Das war also wieder erlaubt und ich fand es damals ganz imposant.

– Bevor abends der letzte Flieger reinkam, schoss ich ihm mit der Leuchtpistole Grün und schloss den Flugplan vorschriftsmäßig.

Die Herren Kollegen vom Tower waren nämlich schon heimgegangen oder in der Kneipe versackt.

Die Staffel hatte außer den kleinen Bell Hubschraubern noch Allouette II, schnelle und laute Dinger, damals das Neueste.

Ferner gab es die großen Sikorsky Hubschrauber und die „Fliegende Banane", die Vertol mit zwei Triebwerken.

Außerdem gehörten zur Staffel noch jede Menge Flächenflugzeuge, wie die DO 27 und ein größeres britisches Aircraft, Pembroke, mit dem meist der Oberst flog oder geflogen wurde.

Im Jahre 1960 wurde die zur „Heeresflieger-Waffenschule" aufgewertete Staffel nach Bückeburg-Achum verlegt.

Es kamen jetzt von allen Truppengattungen, wie auch von Marine und Luftwaffe, die Piloten zu uns, um den letzten Schliff im Helikopter fliegen und angreifen zu erhalten, also nicht nur Autorotation ständig zu üben, um bei Ausfall des Triebwerks noch heil zum Boden zu gelangen.

Im Januar 1961 wurde ich ausgemustert und bekam einen Job als Maschinist in Obernkirchen bei der Glasfabrik Heye.

Ich erhielt aber kein so schlechtes Übergangsgeld von der BW und machte mich bald auf in heimatliche Gefilde.

– Besonders im Wiebadener Opelbad aalte ich mich auf der schönen Wiese am Waldrand und schwamm immer wieder ein paar Runden, die Augen offen haltend für die Schönheiten der Welt.

Oder ich fuhr mal mit meinem Paddelboot von Schierstein raus auf die Rettbergsaue.

Das war mein Revier, hier fand ich die „Mitte", wenn mein Blick von der Terrasse des erhöht liegenden Restaurants (heute Vereinshaus; in Richtung Mainz gelegen) auf dem Biebricher Freizeitgelände über den belebten Strom zum Rheingau-Gebirgszug schweifte.

Ich meldete und bewarb mich dann aber bei der BfS-Zentralstelle der Flugsicherung in Frankfurt.

Ich machte einen nicht so schwierigen praktischen Test und war postwendend eingestellt.

Allerdings, da wo ich hinwollte, ließen sie mich nicht, so dass ich auf Deutschlands verkehrsreichstem Flughafen landete.

Bald gab es aber Lehrgänge in München-Riem an der dortigen Flugsicherungs-Schule; das war ein dufter Standort, von dem aus wir am Wochenende Ausflüge in die herrliche Umgebung machten; ein Auto war schnell angemietet.

Auf dem Flughafen Frankfurt dagegen war es mir zu aufregend, so dass ich mich zur FS-Nebenstelle Birkenfeld meldete und bewarb.

Ein Hauptgrund war aber, dass die Parole ging, diese Dienststelle würde bald von Eurocontrol übernommen, was doppeltes Gehalt bedeutet hätte; daraus wurde dann leider nichts.

– Birkenfeld an der Nahe ist ja eher eine geografische Bezeichnung, denn unsere Dienststelle lag auf dem höchsten Berg des Hunsrücks, dem Erbeskopf, mit 816 m ganz eindrucksvoll mitten im Wald, dort wo die Füchse sich Gute Nacht sagen.

Das erste, was einem in die Augen stach, waren zwei riesige Radartürme, wo sich die Antennen ständig drehten.

Der Schuppen und Bunker, in dem einmal eine Jägerleitstelle der Reichsluftwaffe gehaust haben soll, war eigentlich eine Zumutung.

Die BfS/Bundesanstalt für Flugsicherung hatte den Laden wohl Anfang der Sechziger von den Amis übernommen, denn vorher durften die Deutschen ja selbst keine Lufthoheit ausüben.

Da unten im Bunker „ging die Post ab", denn was hier „gehändelt" wurde, war der moderne Strahlflugverkehr im größten Teil der Bundesrepublik.

Kontrolliert wurde hier bei „Rhein Control" der Flugverkehr über ca. 7500 m oder fl/ Flugfläche 245, also meist Überflieger.

Genau genommen war dieser „Obere Luftraum" ein Fluginformationsgebiet. Flüge nach Sichtflugregeln waren eigentlich streng verboten.

Da gab es aber den militärischen Flugverkehr der superschnellen Jets und Jäger von vier NATO Luftstreitkräften, die sich da meist einen Teufel drum scherten.

Sie hatten ja höhere, taktische Einsatzaufträge, die nicht jeden was angingen.

Na, die Fastzusammenstöße waren schon heikel; komischerweise passierte so gut wie nichts Ernsthaftes, in meiner Zeit dort jedenfalls.

Die Zuständigkeit der UIR/Upper Information Region „Rhein Control" entsprach gebietsmäßig den Kontrollbezirken der Regionalstellen Frankfurt und München, also etwa der Mitte und dem Süden der BR Deutschland.

– Zunächst hatte ich – in einer Einweisungszeit – nur eine Art Beobachterrolle, was mir fast das Liebste war.

Es gab auch derartig viel Neues und Ausgefallenes zu registrieren, dass immer für Abwechslung gesorgt war.

Die Kollegen fühlten sich jedoch damals durch die sogen. „Verbeamtung" ganz schön vors Schienbein getreten, was nun ein ständiges Streit- und Gesprächsthema war.

Es gab dann ziemliche Unterschiede in der Besoldung, was erneut für Ärger sorgte.

– Der VdF/Verband deutscher Fluglotsen machte meines Wissens im Juli 1968 eine diesbezügliche Eingabe an den Bundestag, die aber rein nichts brachte.

– Im Oktober d. J. ging dann der erste Bummelstreik der Geschichte los, und das von und mit (den neuen) Beamten! Aber das ganze nannte sich allerdings: „Dienst nach Vorschrift".

Die Auswirkungen waren immens; das bekamen wir dann auch in Hannover durch Mehrarbeit zu spüren, denn diese Aktionen liefen über rund fünf Jahre, mit Unterbrechungen, bis die Stars der Truppe ihre anspruchsvollen, aber wohl berechtigten Forderungen durchgesetzt hatten.

– Ich fungierte dann zunächst als eine Art Zuträger, indem ich die Flugdaten der angemeldeten Flüge auswertete.

Die wesentlichen Daten wurden auf schmale Kontrollstreifen übertragen, die dem Fluglotsen oder Assistenten am zuständigen Sektor zugestellt wurden.

Damit lagen also die Flugdaten des Fliegers beim Einflug in das UIR Rhein bereits schon vor.

Der Pilot und sein Flugzeug waren schnell identifiziert, wenn er sich am Meldepunkt, einem Funkfeuer, auf dem „Upper Airway" per Sprechfunk und auf der zugeordneten Frequenz beim Radar- und Verkehrslotsen meldete.

– Durch den Kollegen Preuß lernte ich den „guten Menschen von Kirn" kennen, Willi Dröscher.

Er war dort Amts-Bürgermeister, aber auch Bundestagsabgeordneter im Wahlkreis Bad Kreuznach/Birkenfeld.

Näher kennen lernte ich den Willi in der durch seine Initiative aufgebauten Heimvolkshochschule Schloss Dhaun und fand in ihm einen duften Genossen.

Er war schließlich daran schuld, dass ich in seine Partei, die SPD, eintrat.

Möglicherweise begann damals meine „Laufbahn als politischer Mensch".

Es gibt übrigens noch heute den „Willi Dröscher-Preis" zu seinen Ehren in der SPD für vorbildliche Projekte in der Partei.

– 1963/64 hatte ich ein gutes möbliertes Zimmer in Brücken bei Birkenfeld gefunden.

Bei der Familie des Artur Jung war ich gut aufgehoben.

– Hurrah, bald stand mein erster Schreibtisch am Fenster; an den Wänden hat- te ich einige Drucke von Albrecht Dürer und anderen Meistern.

Gelesen habe ich doch -tatsächlich- von H.

Hesse „Das Glasperlenspiel", Franz Kafka „Tagebücher" u. a. , Novellen von Leo Tolstoi (großartig!), damals.

Soweit ich mich erinnere ferner T. di Lampedusa „Der Leopard", Roman Gary und Luise Rinser, Teilhard de Chardin und Th. Wolfe, C. Zuckmayer, Stefan Zweig und J. P. Sartre.

Vater schickte mir ein Büchlein von Roger Schutz, dem Gründer der Communauté de Taizé.

Ich las dann alles, was dort herkam und fuhr auch mit Hans Ruttloff hin.

Was ich mir noch einverleibte, war das Johannes-Evangelium, Bonhoeffer (auch Luther, Schiller; Gedichte von Rilke, Else Lasker-Schüler, Goethe).

Sicher, die Bände „theatrum mundi" verschlang ich und anderes, wie auch Künstler-Monographien.

– Dann ging's hinaus in die Natur! Im „Schwarzwälder Hochwald" machte ich meine Streifzüge und brachte oft Super-Steinpilze und sonstige hervorragende Speisepilze mit.

Die wurden dann von Frau Jung vorzüglich für die ganze Familie zubereitet.

Erwähnenswert wäre noch, dass ich in eine nette Wohnung in Birkenfeld umzog, wo ich mir einen Musikschrank anschaffte und Klassik zu hören begann.

Die abgeklärte Sinfonie „Merkur" von J.

Haydn machte den begeisternden Anfang, gefolgt von Mozart, Beethoven, J.

Sebastian Bach, dem Unerschöpflichen (ich nenne nur das Violinkonzert E-Dur), auch Orgelkonzerte von Händel oder ähnliches.

Klar hatte ich auch andere Langspielplatten, wie die Lieder des „Donkosaken Chors" unter Serge Jaroff, dieses kleinen, vitalen Prinzregenten und Künstlers.

– Besonders mein Freund Hans Ruttloff, Vikar in der evangelischen Gemeinde, hörte sie zu gern bei mir zu Hause.

In der dortigen Kirche erlebte ich den Hans öfters mit seiner Gitarre vorm Altar stehend und tolle Lieder singend, meist mit einer Jugendgruppe.

Einmal sangen wir im kleinen Kreis die ganze Nacht durch die schönsten deutschen und anderen Lieder, von jedem kannte Hans den Text auswendig.

Die erste Predigt, in Birkenfeld jedenfalls, übte Hans mit mir zusammen ein; ein wenig Lampenfieber war dabei.

Mit den Jungens spielte er auch Fußball, da war er fit.

Hans ging dann nach Saarbrücken und übernahm eine Pfarrstelle in Bübingen, wo ich ihn oft besuchte.

Irgendwann war das Junggesellendasein vorbei, denn die bezaubernde, musikalisch und gesanglich hochbegabte Anne aus Oberstein hatte es ihm angetan.

Bis zur Hochzeit dauerte es noch, denn sie musste erst ihr Abitur machen und wollte eigentlich gleich Musik studieren, Pianistin oder eine berühmte Sängerin werden.

Mit einem Kompromiss zur Ausbildung als Kirchenmusikerin und Chorleiterin fand sie sich zunächst zurecht, da war schon Sohn Johannes da.

Ihm folgten Sebastian, Konstanze, wohl ebenso begabt wie ihre Mutter, und Clemens.

– Viele schöne und gemeinsame Erlebnisse sind in Erinnerung, wie auch die so vielseitigen, interessanten Reisen nach Israel und in die Türkei („Auf den Spuren des Apostel Paulus"), die ergänzt wurden durch eigene Studienreisen an frühchristliche, aber auch die antiken Stätten der Römer in Jordanien und Syrien.

Nach einigen Radtouren mit der Jugend folgte 1990 die aufschlussreiche Busreise nach Mitteldeutschland, an die Lutherstätten (und das sind viele) und zu befreundeten, oft verarmten Kirchengemeinden.
– Klar, da gab es die Gottesdienste, Fürsorge für Mitmenschen und Gemeinde, Lesungen und Gebete.
Genannt sei die Initiative zum Bau von Gemeindehaus und Kirche in Klein-Blittersdorf und was sonst noch so war.
Eines wurde im Hause Ruttloff immer hochgehalten, das war die Musik.
Jedes der Kinder spielt mindestens ein Instrument, wobei die Jungens früher auch unter Leitung des Vaters im Posaunenchor und im Jugendchor der Mutter aktiv waren.
Mutter Anne, leider inzwischen alleinstehend als Ehefrau, da Hans im Mai 1998 tragisch verstarb, ist als Kirchenmusikerin und Chorleiterin im Saarland sehr bekannt und betreibt auch erfolgreich Stimmbildung.
Ihre Einstudierungen und Aufführungen von Konzerten oder Oratorien, wie dem „Elias" von Felix Mendelssohn-Bartoldy, sind unvergessen.
Vor seiner ersten Predigt kniete Vikar Ruttloff nieder und sprach: „Öffne mir die Augen für das Wunderbare an deiner Weisung! Ich bin nur Gast auf Erden."
– Der Schlussstrich wäre eigentlich fällig.
Denn: Weg- und Auslassen ist auch eine Kunst! Ich erwähne jedoch noch, dass die Spielchen bei „Rhein Control" 1968 vorbei waren, denn die Dienststelle wurde nach Karlsruhe verlegt, ich dagegen nach Hannover versetzt.
Auf der dortigen Dienststelle fand ich ein ganz anderes Szenario vor.
Direkt vor meinem Arbeitsplatz konnte ich durch die dicken Scheiben hindurch die Flieger zur Startbahn rollen sehen.
Vorher kamen aber die Piloten oder die Beauftragten der Fluggesellschaften zu uns herein, holten sich eine Beratung für ihre Flugroute und gaben ihren Flugplan mit allen wichtigen Daten auf.
– Zu Zeiten der Messe und der dortigen Flugschau wurde der frühere „Feldflughafen mit Restaurantbetrieb" zum Weltflughafen.
Das bedeutete, dass wir immer Verstärkung an Personal brauchten.
Es gab oft Staus wie auf der Autobahn, was sich erst zum Besseren änderte, als die elektronische Datenverarbeitung eingeführt wurde.
Bis alles automatisiert war, mussten wir die Flugdaten selbst in den Zentralrechner eingeben, wobei viele Nachfragen, laufende Informationen über Airways, „Funk-feuer", Abflugstrecken und dergleichen notwendig waren.

Zuständig waren wir für das FIR/UIR Hannover, also ganz Norddeutschland.
– Entscheidend schließlich für den Abbau der Staus war die Einführung der begehrten „Slots", ohne die dann nichts mehr ging.

Das war zunächst ein organisatorisches Verfahren mit strenger Regelung, was die zeitliche Anmeldung der Flüge, die Koordinierung und Zuteilung durch den Kontrolldienst in Bezug auf die etd, estimate time of departure, die voraussichtliche Startzeit also betraf, und so weiter.

Sicher, da gäbe es noch Erklärungsbedarf, ich sage jetzt jedoch: Bis hierhin und nicht weiter, ziehe einen -vorläufigen- Schlussstrich.

ERINNERUNG

Renate – Eine tragisch-schöne Geschichte –

Es könnte das Jahr 1977 gewesen sein, in welchem Helge Renate kennen lernte. Zum Einstieg in die Szene des SPD-Ortsvereins hatte sie damals eine dufte Party in ihrer bildhübschen Wohnung am Waldrand von Lorsbach gegeben. Alle ihr bekannten oder sympathischen Genossen/innen waren da,wozu auch Barbara gehörte, mit der Helge liiert war. –
Barbara und Renate hatten sich übrigens auf einer Fahrt nach Bonn kennen gelernt.

In einem Riesentopf in Renates Küche wurde also lange an einer hervorragenden Bohnensuppe gearbeitet und geköchelt. Auch sonst war das Angebot nicht schlecht, die Stimmung super. –

Helge traf dann Renate öfters im Ortsvereinsvorstand wieder und fuhr sie schon einmal nach Hause. In den kurzen Gesprächen ergab sich eine angenehme Übereinstimmung, in politischen Themen sowieso; das war doch ein ziemlicher Gegensatz zu Barbara, die sich früher u.a. von der Bild-Zeitung beeindrucken ließ.

Renates wache Persönlichkeit und aparte Schönheit entfachten bei Helge schon mal Herzpochen; flüchtige Küsse beim Abschied waren honigsüß und ein „holdes Versprechen". –

Es dauerte nicht lange und Renate kandidierte zur Kommunalwahl als Stadtverordnete für Lorsbach auf aussichtsreichem Listenplatz.

Sie war dann „drin" in der Stadtverordnetenversammlung. Wenn sie auch putzmunter alles verfolgte und sich so eine Meinung über das harte „Männergeschäft" und die Flügelkämpfe der Matadoren bildete, gab sie selbst dort nicht allzu viel von sich. *Was waren das denn für „Flügelkämpfe"?*

Auf der einen Seite war da der exzellente Wolfgang Winckler sen., der eher unangefochten den OV- und Fraktions-Vorsitz innehatte, dem sich aber oft genug der links einzuordnende Manfred rhetorisch stark entgegen stellte. Um Manfred scharten sich sehr viele Jusos und sonstige „Linke"; die Zeiten sind ja lange vorbei.

Übrigens wurden früher (70er – 80er Jahre etwa) immer ein paar „Alibi-

Frauen" zur Anreicherung des weiblichen Elements in die Fraktion eingeschleust, wie auch Elke Lamm oder (später machte sie den Dr. phil. und wurde Kulturanthropologin:) Erika Haindl bewiesen. Was Erika betrifft – das muss hier einmal gesagt werden: Eine hoch kompetente und couragierte Genossin, die sich in der Stadt einen Namen durch erfolgreiche Initiativen gemacht hatte. Sie und ihr Mann, der Maler (Mitbegründer der Grünen und der Altstadt-Vereinigung) sorgten letztlich dafür, dass das alte Stadtbild von Hofheim nicht verunstaltet wurde, wie das gewisse Superplaner der Gemeinde anstrebten.

Dann war unsere Luise Schulte als Stadtverordnete an der Reihe, eine Genossin mit Herz, Courage und Standfestigkeit. In ihrem Haus entfaltete sich ein Teil der damals noch <u>starken sozialistischen Tätigkeit</u> dieses Orts-Bezirks.

Auch der gesellschaftliche und eher gemütliche Teil kam nicht zu kurz. So wurde die bei der Weihnachts-Tombola gewonnene Gans dort im Team gebraten und verspeist. Das war eine schmackhafte und recht unterhaltende Angelegenheit. –

Aber zum Beispiel auch die Plakatständer für den Wahlkampf wurden in Luises großer Garage gezimmert, mit Hilfe des geschickten Ehemanns von Luise, gelagert und mit Plakaten beklebt. – Auch zum Kegeln ging es oder ab und zu zum Wandern.

Die Aufstellung der rund fünfzig Ständer übernahmen meistens Helge und Franz mit dessen VW-Bus. Die Organisation des ersten Straßenfestes im Ortsbezirk übernahmen Luise, Helge, der ja nun 1. Vorsitzender im OB war, und Barbara, ein gutes, erfolgreiches Team. Das Fest wurde dann ein richtiger „Knaller": Vom Weinstadel und den obligaten Bratwürsten bis zum Kinderzirkus war alles da. –

Jeden Monat gab es eine Mitglieder-Versammlung; oft waren Referenten da, die zu einem aktuellen Thema sprachen und die Genossen diskutierten dann meist heiß.

Es war dann recht lebendig und abwechslungsreich im Ortsbezirk. Helge gab aber (unverständlich für viele) das Amt des Vorsitzenden auf: Die Verpflichtungen häuften sich, die nicht alle sein Fall waren. In der sogen. „Basisarbeit" war er zwar Spitze, ja er kannte auch fast jedes Mitglied des Ortsbezirks, bedingt auch durch seine frühere Tätigkeit als Kassierer. Was brachte es schon, diese Mobilisierung und Animation der eher trägen Basis, wenn man nicht selbst bestrebt war, im Vordergrund zu agieren und sich dort entsprechend profilierte? Helge musste sich ja beruflich fort bilden! Eine kleine, preiswerte Wohnung in der verlockenden Großstadt hatte Helge über den Personalrat seiner Dienststelle zugewiesen bekommen (bestimmt wg. der Wechselschichten, Früh- und Nachtdienst am gleichen Tag, was nicht gerade *Zuckerlecken* war)

Dort, in ‚Mainhattan', zählte es zu den Überraschungen, dass Helge die Genossin Renate eines frühen Abends an der Hauptwache traf. Renate hatte sich insofern verändert, als sie jetzt eine Ausbildung zur Sozialarbeiterin in Darmstadt an der Fachhochschule machte.

Obwohl sie ja keinen schlechten Job bei den Farbwerken in Höchst hatte, suchte sie nach einer echten, sozialen Aufgabe und nahm diesen Weg einer neuen Laufbahn.

Bei „Rhein Control" auf dem Erbeskopf im Hunsrück war Helge ja „weit vom Schuss"; in Langenhagen war es wiederum anders, jedenfalls: zu Messezeiten war da ein rasanter, wenn nicht wahnsinniger Luftverkehr zu bewältigen. In Frankfurt dagegen lockte die Großstadt; es gab da einige *Highlights*.

Zu den Ambitionen von Helge gehörte auch sein Faible für das Theater und Schauspiel; wenn er nicht gerade abends in den „Club Voltaire" oder sonst wohin ging, landete er im „Theater am Turm". Das war eine experimentierfreudige Spielstätte, wo oftmals fragmentarische Produktionen auf dem Spielplan standen. „Küsse Bisse Risse" war so ein Stück (unter der Regie noch von Elke Lang), in welchem Frauen unsichtbar bleiben und doch immer da sind. Da ging Folgendes ab:

In einem Hotel führt *die fortschreitende Nacht der einsamen Wölfe Fremde und Freunde zusammen, Lebenskonzepte prallen aufeinander und vermischen sich mit Alpträumen.* <u>Wann ist ein Mann ein Mann?</u> ....

Die Rituale verbrauchen sich und mit dem Schwinden der Männerbilder werden die Risse an der Oberfläche deutlicher. Da reden acht Männer über sich selbst, die Liebe, Frauen, Geld und den Tod.

... in einem Moment, wo sich das <u>Zeitalter der Aufklärung und Vernunft dem Ende</u> *zuneigt und sich die männlichste Form des Denkens in der Möglichkeit der kaum noch zu steigernden Perfektion der Selbstvernichtung verrannt hat. und am Ende der harten Phase der Frauenemanzipation wird sichtbar, welche Männer sie getroffen und teilweise auch zerbrochen hat, und welche weitermachen wie zuvor.* –

Damit nicht genug; wenn es dienstlich klappte, besuchte Helge dann ein „Theater-Seminar" an der Volkshochschule, das recht spannend inszeniert war. Es wurden Schauspiele besprochen, deren Aufführungen bald darauf besucht wurden. Regisseure und einzelne Schauspieler kamen zur Vor- oder Nachbesprechung.

Im Fritz Remond Theater am Zoo sahen sie dann etwas von Arthur Miller: "Talfahrt" – phantastisch.

Trotz einiger, eher unerwarteter Lachsalven des Publikums – wohl der ‚spaßigen' Äußerungen über *Bigamie* wegen – bezeichnet ja Miller sein Werk als ein ganz und gar ernstes, „politisches Stück": *„Für mich ist Willy Lymann die Verkörperung des Individualisten, der an dem Punkt seines Lebens angekommen ist, wo für ihn der* <u>Rest der Welt bedeutungslos geworden ist</u>*"* sagte Miller.

„Allerdings ist er durch Ronald Reagan nun gesellschaftsfähig geworden. Und: *dieser Lymann ist ein Mann, der jeder Religion abgeschworen hat – den marxistischen Glauben eingeschlossen, der ja (nach seiner früheren Überzeugung) der Menschheit die Erlösung hätte bringen können.* (Uff!)

Trotzdem: Oft redet er von Gott. „<u>Gott, das ist ein Komödiant, der uns gerne mal zum Lachen bringt</u>".

Eines späten Tages traf Helge Renate wieder, die irgendwie ‚geladen', aufgebracht schien. *„Ihr Männer wisst doch angeblich alles – aber weiter kommt ihr damit auch nicht. Habe ich nicht recht, Helge?"*

Weitere, ähnliche Sprüche hatte sie drauf und war auch sonst ziemlich bissig.

In einer ganz urigen Kneipe genehmigten sie sich dann nicht nur einen Drink, während kurz darauf Renate über irgend einen Mann, Vorgesetzten oder Bekannten herzog. „Es ist doch so: der Mann braucht immer Futter für seine Eitelkeit; sein Selbstgefühl muss ständig gestärkt werden", etc. lange sah Helge Renate nicht, aber die war fleißig.

1985 legte sie ihre Diplomarbeit vor, das waren 66 Seiten! Das Thema und die Überschrift lauteten: *Warum kommen immer mehr* <u>medikamentenabhängige Frauen</u> *in Familienberatungsstellen?* –

Barbara war auch öfters Mal in Frankfurt; sie war einige Male in der kleinen Wohnung, fühlte sich wohl und schlief dort auch besser, angeblich, als in Hofheim.

Zu Renates Bestrebungen der Jobsuche dann, meinte Barbara nur: „Das wird doch nie was!". Da kannte sie Renate aber schlecht. Ausschlaggebend war dann ihr engagierter Einsatz im Praktikum auf der Dekanatsstelle des Diakonischen Werkes einer Nachbargemeinde.

Schon bald darauf landete sie tatsächlich in der verantwortlichen Stellung des Sozialdienstes des Bethanien-Krankenhauses in Frankfurt-Bornheim: Betreuung und Nachsorge besonders für ältere Menschen und Pflegefälle, bei der Suche nach Unterkunft in einem Heim oder einer Wohngelegenheit waren unter anderem ihre Aufgaben. Eine Tätigkeit, für die sie sich couragiert, wie sie war, einsetzte. Das ging nicht immer glatt und mit dem Verwaltungschef oder den Ärzten gab es später schon mal Konflikte, wenn Renate für eine von ihr als ‚Notfall' eingestufte Person nicht die notwendige Unterstützung erhielt. –

Dazwischen bildete sich Renate ständig weiter und steckte viel Geld in Kurse für Gestalttherapie und dergleichen, was aber keineswegs zu sonderlichen Erfolgserlebnissen in der Praxis führte.

Aber: Sie gab auch selbst Kurse an der städtischen Volkshochschule mit Anleitungen für Menschen etwa, die in schwierigen Situationen einen Neuanfang wagen wollten, egal ob in einer Beziehung oder sonst wo.

Abschied und Neuanfang waren diese Kurse überschrieben, mit der Anmerkung: *Die kleinen und großen Abschiede ziehen sich durch unser Leben, sie sind oft schwer; aber sie machen auch den Weg frei für etwas Neues.*

Warum dann dieses Festhalten? Und was macht es uns letztlich so schwer, loszulassen? Bei neuen Wegen können uns Methoden der integrativen Gestaltungsarbeit unterstützen.

Ein anderer Kurs lautete: *Vaters Tochter – ein Leben lang?* Oder: „*Phantasie-Reisen*" *– Geschichten, die heilen.*

Eine weittragende Entscheidung fasste Renate etwa Mitte der 90er Jahre.

Sie hatte es nämlich leid, so weit draußen zu wohnen, „in der Provinz", wie sie sagte.

Als Single und ziemlich fern des großstädtischen Angebots an kulturellen und sonstigen Angeboten, kam sie zu dem nachhaltigen Entschluss, sich eine Eigentumswohnung in der dominierenden, pulsierenden Metropole zu suchen.

Das Bittere dabei: Sie hatte wenig Geld.

Sicher, ihre Vermieter in Lorsbach wollten irgendwann nur zu gern selbst Renates Wohnraum nutzen, der Druck war da.

– Das Ganze zog sich hin, die angebotenen Wohnungen waren zu groß und zu teuer, die Finanzierung machte auch Schwierigkeiten.

Schließlich schlug Renate zu und hatte eine hübsche kleine Wohnung in einem alten Haus in Niederrad, mit Jugendstilfassade und pompösen Treppenhaus gekauft, Hurrah! Ihre Freunde schleppten ihre Ausstattung in den dritten Stock, es ging ganz lustig zu, denn die kleine Truppe war recht fidel und schlagkräftig.

Renate saß zwar einmal heulend auf der Treppe des herrschaftlichen Hauses, als die anderen mit einem neuen Transport dort erschienen; noch ahnten diese nicht, was in ihr so vorging.

Der Einsatz von Freund Hans und Helge mit praktischen Arbeiten ging fast ständig weiter.

Dann hatte Renate die glorreiche Idee, in dem arg kleinen Schlaf- und Wohnzimmer einen Podest bauen zu lassen, unter den man das Bett schieben konnte: Platzgewinnung hieß die Devise, bei 32,5 qm Wohnfläche nur zu verständlich! Renate ging neue Wege und fand in der dortigen Kirchengemeinde Anschluss.

Auch zuerst leicht skurril erscheinende Fähigkeiten wie Bauchtanz erwarb sie und anderes, was einige ihrer Freunde oft amüsierte.

„Spaß am Singen" war eine originelle Gesangsgruppe unter Wolfgang Barina, der sie sich anschloss und manche Freude verschaffte.

Trotz finanzieller Flaute machte sie schöne Reisen, wenn auch meistens alleine.

Das ‚Mädchen' hatte eine Energie und gewisse Dynamik, die immer aufs neue erstaunten.

Es kann im Jahr 1996 gewesen sein, als Renate eines Tages Helge anrief und meinte, sie müsse unbedingt mit jemand sprechen, ob er Zeit hätte? Es ergab sich, dass sie sich mit Helge in einem Ausflugslokal traf.

Als Renate erschien, heulte sie erst einmal drauf los.

Nun, die Reihenfolge der Hiobs-Nachrichten, die sie preisgab, ist jetzt nicht mehr so wichtig.

Helge vermischte dann manches, von dem, was Renate erzählte oder schon früher bekannt gewesen sein mag, doch die Tatsachen waren diese: Renates nur ein Jahr ältere Schwester Christiane, Jahrgang 1935, war schon vor einiger Zeit an Krebs elend gestorben.

Vor kurzem nun traf dieses Unheil auch ihre über alles geliebte Mutter.

Der Vater war schon Anfang des Krieges 1939 umgekommen.

Renate selbst war vor einiger Zeit wegen Gebärmutter-Krebs operiert worden.

„Was wird das nächste sein?", fragte sie.

Ihr Tinnitus-Leiden war noch nicht vollständig geheilt, trotz Klinikaufenthalten.

Aber auch sonst war Renate Tod-unglücklich, was vielerlei Gründe hatte.

Außerdem war sie arg verschuldet; mit Partnerschaften und Liebschaften klappte es selten ….

Ihr größtes Leid war jedoch, dass die große Liebe ihres Lebens und Herzens, die sie noch einmal aufrichtete und neue Lebensimpulse gab, auf das endgültige Aus zulief.

Piet, den sie vor etwa zwei Jahren kennen gelernt hatte, verabschiedete sich auf nicht gerade liebevolle Weise.

Das war eine längere Geschichte, von der Helge schon einiges kannte.

Renate meinte, dass sie das nicht überwinden könne und das Leben für sie weiterhin wenig Sinn mache.

Das war in etwa ihre Geschichte.

Was konnte Helge tun, wie ihr helfen? Dass er es versuchte und einige Therapie- ähnliche Methoden und Worte aus seinem literarischen Nähkästchen anbrachte, war allerdings zu wenig.

Renate bat Helge dann, eine von ihr handgeschriebene Familien- Chronik in Verwahrung zu nehmen.

Erst da kam wieder ein wenig Farbe in ihr Gesicht und ihre Stimme.

Doch Melancholie ergriff erneut von ihr Besitz, als sie sagte: „Du kannst mir glauben, ich habe alles versucht und getan für meine Mutter und die kleine Familie – jetzt sind sie tot und in der Grube.

Es gibt nur noch meine Nichte Nicole in Bielefeld, die ich ja ab und zu besucht habe.

– Sollte mir etwas passieren, so bewahre diese Chronik für sie auf, ja?" Nicht dass Helge nun gleich ihre Familiengeschichte studiert hätte, nein, es beschäftigten, ja belasteten ihn noch andere Angelegenheiten.

Er verschaffte sich einen oberflächlichen Eindruck, wunderte sich nur, wie penibel alle Daten und Ausführungen über sämtliche Großeltern und einen Teil der Verwandten aufgeführt waren und schaute die netten Bildchen an.

Bald bemerkte er jedoch, dass die kleine Familie von Renates Mutter mit ihren zwei Töchterchen <u>Schreckliches im Bombenterror und Feuersturm (diesen grausamen Foltermethoden und Morden der Moderne)</u> in Berlin erlebt haben musste.

Später, nachdem sie aufs Land in Schlesien ausgewichen waren, gab es schlimme Erlebnisse auf der Flucht von dort.

Die Leidensgeschichte ging dann weiter: Als sie wieder nach Berlin zurückgekehrt waren, zerstörte bald darauf der Artilleriebeschuss der Russen ihr ganzes Haus.

Die Übergriffe bei der Besetzung der Ruinenstadt, das folgende Elend und der Hunger waren weitere böse Erfahrungen der Mutter und der kleinen Töchter.

Durch eine Landverschickung der Kinder, bei der die Mutter als Aufsichtsperson fungieren konnte, gelangten sie gemeinsam in die Westzone.

Aufenthalte in Flüchtlingslagern folgten, immer erneute Wechsel, Fluchten, Eigeninitiativen, schließlich Einweisungen und Leben auf engstem Raum unter arg unerfreulichen Umständen.

Es war die Zeit der ewig Vertriebenen angebrochen, die be- und überstanden werden musste.

– Die Chronik war übrigens am Ende von Renates Zeit in der Mittelschule 1954 in Osnabrück von ihr geschrieben worden.

Auf der letzten Seite der Chronik hieß es: *Sechs Jahre haben wir in unserer Notwohnung in dem alten Kotten in Tittingdorf durchhalten müssen, oft von der Armseligkeit unseres Heims bedrückt.*

Nie hörten wir auf zu hoffen, dass wir auch einmal wieder besser wohnen würden, dass für uns wieder eine glücklichere Zeit käme.

Unsere Mutter hat sich jahrelang für uns aufgeopfert, damit wir erst einmal mit der Ausbildung fertig wären und eine Grundlage für unser Leben bekommen sollten.

Hoffentlich gelingt uns später, wieder ein so schönes Heim, wie wir es früher einmal besaßen, zu gründen.

Unsere ganze Kraft und Arbeit, all unser Streben sollte einer glücklicheren Zukunft gelten.

– Dann ereignete sich Folgendes: Barbara und Helge erreichten sie jedenfalls ab einem gewissen Zeitpunkt nicht mehr telefonisch, sodass Helge an dem betreffenden späten Abend zu ihrer Wohnung in Niederrad fuhr.

Durch Öffnen der Haustüre durch das reizende Ehepaar im Souterrain gelangte er an Renates Wohnungstüre im dritten Stock, wo er klingelte und unaufhörlich klopfte.

Ihm war klar: Wenn überhaupt, war es jetzt *höchste Eisenbahn*, wenn sie noch gerettet werden sollte.

Helge ging schließlich zur nächsten öffentlichen Telefonzelle an der Ecke; es war sehr spät geworden.

Er warf Geld in den Automaten und rief die Polizei an – nichts.

Er sah: es ging ja auch ohne Geld, aber wieder nichts – alles vergeblich.

Wütend sagte er vor sich hin: *Zum Henker, was ist los mit euch? Wollt ihr nicht oder könnt ihr nicht?*, oder ähnliches, probierte es noch einmal.

Auf die Idee, in die nächste Kneipe (es war auch keine zu sehen) zum Telefonieren zu gehen, kam er einfach nicht.

Nein, er setzte sich wieder in sein Auto und fuhr in Richtung Hofheim: *Unterwegs gibt es ja auch noch Telefonzellen*, tröstete er sich.

Dann vergaß er dieses Ansinnen – oder war das der *innere Schweinehund?* Wann kam eigentlich der Gedanke auf, dass Renate von einer noch rechtzeitigen Rettung auch nichts mehr hätte? Irgendwie schien sie physisch und psychisch zerstört.

– Ja, einmal, bei einem der Besuche von Renate – die viel zu selten waren – in der Psychiatrischen Klinik in Bad Nauheim, da erfasste Helge es, wie weit es mit ihr war: Er zog sie an sich.

„*Geht doch Mal ein Stück weiter!*", rief er den anderen Zwei zu, *ich muss sie jetzt küssen und etwas Liebe vermitteln*, sagte er zu sich selbst.

Am nächsten Morgen, nach der Aktion mit dem vergeblichen Polizeianruf, fuhr Helge wieder hin zu Renate, klingelte bei dem netten Ehepaar und besprach sich kurz mit ihnen.

Ob Helge nun dort erst die Polizei anrief oder den Schlüsseldienst, wusste er dann nicht mehr.

Jedenfalls lief erneut etwas schief.

Die Kriminalpolizei sagte dann: Der Schlüsseldienst wäre ihre Sache gewesen.

Das hieß dann, dass das (neu vereinte) Paar Barbara und Helge die Rechnung für Öffnen der Türe und ein neues Schloss bezahlen musste; da kamen natürlich noch andere Kosten auf sie zu, was soll's.

– Als Helge schließlich in die Schlafstube von Renate trat, lag sie dort ganz friedlich, zur Seite, zum Fenster hin und zugedeckt: Sie schlief, so sah es aus.

Er sprach sie leise und zärtlich zugleich an; dann schlug er die Bettdecke ein wenig zurück und fasste den Arm von Renate an.

Der war noch warm, *Donnerkeil, jetzt wird's aber Zeit, hilf, lieber Gott!* Als die Kriminalpolizei kam, jagte sie Helge erst einmal hinaus und untersuchte alles mögliche.

Dann traf die Notärztin mit Begleitung ein – Helge war nun dabei – die sich das Mädchen genauer anschaute; sie kletterte über Renate hinweg, schaute in ihre Augen, fühlte an der Schläfe nach dem Puls und dergleichen und sagte: „Exitus".

„Das kann nicht sein!", behauptete Helge störrisch, „sie war doch noch vor zehn Minuten ganz warm."

– „Das ist kaum möglich, vielleicht war unter der Bettdecke noch eine gewisse Wärme; sie ist tot!" meinte sie nun deutlicher und ging bald darauf, nachdem sie ein Formular ausgefüllt hatte.

aus: WANDERUNGEN

Der Weg nach oben

Helge dagegen nahm bald darauf einen Vorschlag seines alten Wanderfreundes Egon an, im oberbayrischen Alpenvorland zu wandern, und schulterte seinen gut gepackten Rucksack.
  Wie konnte es dann geschehen, dass Helge sich mit seinem Mitwanderer Egon bei dieser Wanderung auf dem E 4 (das ist der Europäische Fernwanderweg Nr. 4) derartig verlief? Nun, Helge hatte zwar diesmal keine Wanderkarte mit, was noch nie vorgekommen war – aber war das der eigentliche Grund?
  Die beiden erfahrenen Wanderer wollten von Sonthofen mindestens bis zum Tegernsee laufen. Egon nun behauptete, sie brauchten keine Wanderkarte, denn Weg und Strecke seien sehr gut ausgeschildert ....
  Nun waren die ‚Wanderer vor dem Herrn' schon ein paar Tage flott gelaufen, da kamen sie zu einem bewaldeten Berg (das könnte das ‚Hörnle' gewesen sein), der ihnen *zum Schicksal* wurde, denn sie verliefen sich dort ganz dämlich.
  An den Tagen vor der Wanderung hatte es übrigens schon Mal tüchtig geregnet, weshalb das Erdreich oft aufgeweicht und der Weg am Berg etwas abgesackt war . Das heißt auch:
  Sie sahen das Wanderzeichen nicht mehr, gingen statt links herum wohl rechts, wo es ständig bergauf ging, in Serpentinen zunächst, bis kein Weg (der verlief sich einfach im Gelände und undurchdringlichen Wald) mehr zu sehen war.
  Nun ging die Improvisation los, die Suche wie und wo es weitergehen sollte.
  Die Einsicht, dass sie schon längst nicht mehr auf der E 4-Wegstrecke waren, hatten sie (man sollte es nicht glauben) noch nicht realisiert. Eine Ortung mit dem Kompass half gar nichts, denn im dichten Wald war keine Orientierung zu einem weiteren Objekt möglich – noch nicht einmal die Himmelsrichtungen konnten sie einwandfrei feststellen: der Wald war wie ein *Urwald*, in dem man kaum etwas sehen konnte.
  Egon (mit seinen 81 Jahren nicht mehr der Jüngste) war aber guten Mutes und sagte so etwas wie: „Suchet, so werdet ihr finden!" und kletterte forsch den steilen Abhang hinauf – so steil hatten sie es noch nicht erlebt. Man merkte Egon an,

dass er stolz darauf war, noch so fit zu sein und sich gegenüber dem jüngeren Helge durchaus im Vorteil zeigte.
Dabei unterhielten sich die beiden noch ganz gut. Das lief ungefähr so ab.
Egon:
– *Ich weiß noch gut, wie wir als Schüler auf dem Humanistischen Gymnasium die ersten Reden unseres Reichskanzler Hitler 1933 auf dem Schulhof über Lautsprecher hörten. Wir waren alle sehr beeindruckt. – Dann las ich „Mein Kampf" und war begeistert. –*
– *Deine nationalistische Einstellung kenne ich ja. Aber was sagst du denn über die Kriege Hitlers, z.B. gegen Frankreich? –*
– *Kriege gab es schon immer. Und Frankreich hat uns ja – zusammen mit England – den Krieg erklärt, da mussten wir uns verteidigen (Angriff ist immer die beste Verteidigung). Und: Kriege sind nun Mal notwendig! –*
– *Wieso eigentlich? –*
– *Gegenüber Frankreich war eine Revanche fällig, weil unsere Niederlage im I. Weltkrieg nicht verdient war – und dann haben sie uns den schändlichen Vertrag von Versailles diktiert. Für mich war klar, dass die für Deutschland ungerechten Resultate des I. WK rückgängig gemacht werden sollten. – Vielleicht sind Hitler dann die militärische Erfolge in den Kopf gestiegen. –*
– *Allerdings, nicht nur das –* meinte Helge nur dazu.
Es ging derartig steil hoch, dass Helge außer Atem kam; die aggressiven, teils extremen, wenn nicht faschistischen Meinungen von Egon regten ihn maßlos auf.
Aber: so einfach über den Berg zu kommen, das war nicht drin. Helge hatte dann die glänzende Idee, den Berg auf einer Seite wieder herunter zu rutschen, bis sie zu einem Bach oder Fluss kämen, dessen Rauschen im Tal zu hören war.
– *Dann gehen wir einfach den Bach entlang, bis wir zu einer Straße oder einem Weg gelangen. –*
– *Na gut, probieren wir es.* Wie sich bald herausstellte, war das unmöglich:
Die Böschung zum Tal war nämlich so steil, dass es keine Möglichkeit gab, dort unten überhaupt hin zu kommen. Also ging es wieder bergauf. Nach etwa 1 ½ Stunden fanden sie endlich einen holprigen, schmalen Forstweg. Auf diesem bewegten sie sich in Windungen hinab und zum Ausgangspunkt ihrer *Bergtour* zurück, nach dem Motto: „Vorwärts Kameraden, wir marschieren zurück"!
Egon meinte:
– *Das haben wir geschafft. Jetzt habe ich aber Hunger! –* Sie hatten seit dem Frühstück nur etwas Obst, er seine Kekse, Helge zwei Müsli-Riegel gegessen.

Helge wollte nicht weiter laufen, war ziemlich geschafft; so hielten sie ein Auto an, das sie zur nächsten Ortschaft brachte. Hier erhielten sie in einem alten Gasthaus unter dem Dach ein Zimmer. Die Duschkabine war auf dem Flur in einer Ecke, wo beide ihren Schweiß abspülten. Wie gehabt, wusch Egon sein Hemd aus, spannte eine elastische Leine vom Fenster zu einem Haken am Waschbecken und hing sein Hemd zum Trocknen auf (sonst hing er es meistens in den Herbergen draußen in den Wind), um es bald auf die inzwischen eingeschaltete Heizung zu legen. Er hatte überhaupt nur zwei Hemden mit und immer den leichtesten Rucksack.

Die beiden gingen dann in eine Pizzeria und jeder sättigte sich auf seine Weise. Dabei kamen sie mit einem Ehepaar ins Gespräch, die auch auf dem E 4 wanderten. Mit ihnen verabredeten sich die beiden Wanderer für den nächsten Tag, um zusammen zu gehen. Die Frau war besonders nett; ihr weibliches, ausgleichendes Element, ließ die blödsinnige Streiterei vom Vortag bald vergessen. –

Am nächsten Tag lief die kleine Gruppe bis zum Walchensee, wo sie sich gemeinsam ein Quartier suchten.

Dort wurden abends auch Wanderlieder gesungen.

In der Nacht darauf hatte es wieder einmal, ein wenig, geregnet und es nieselte auch noch, als „abmarschiert" wurde. Die Wanderer umrundeten den See, um wieder auf die Hauptstrecke in Richtung *Benediktenwand* (die immerhin rd. 1800 m hoch ist) zu kommen. Der Weg ging erst gemächlich hoch und sie hatten schöne Ausblicke zum See und zum gegenüberliegenden Herzogenstand, den die Wanderer am Vortag heruntergekommen waren. Dann wurde der Weg zum Pfad, also immer schmaler und steiler. Die angegebene Strecke führte schließlich über eine Felsformation mit teils riesigen Steinen, die auch glitschig wegen der Nässe waren. Auf einem besonders großen Brocken glitt Helge aus (blöd, dass er da überhaupt drüber ging) und stürzte in ein Loch, genau mit dem Rücken auf den Stein. Sein gut gepolsterter, langer Rucksack hatte ihm wohl das Leben gerettet, sonst hätte er sich ohne weiteres das Rückgrat brechen können. Helge hörte ‚die Englein singen' und die Luft war weg; hilflos lag er da und konnte sich nicht mehr rühren. Egon war weit voraus, aber das Ehepaar war hinter Helge und rief laut nach dem „Führer". Der kam schließlich zurück und gemeinsam mit den anderen zogen sie Helge heraus.

Helge hatte auf der linken unteren Seite wahnsinnige Schmerzen, aber er könnte immerhin sehr langsam ein paar Schritte gehen. Die Männer trugen seinen Rucksack und sie kamen bald zu einer Wegkreuzung, bis wohin ein recht unbequemer Fahrweg aus dem Tal führte. Egon meinte, hier solle Helge warten, während er und das Ehepaar zur Tutzinger Hütte weiter gingen, um von dort die Bergwacht über den Vorfall zu informieren. So wurde es gemacht und Helge setzte sich auf seinen Rucksack. So verbrachte er eine besinnliche Stunde, als nach einiger Zeit ein junger Mann den Berg herunter kam, der sein Mountain Bike über der Schulter hatte. Ihn bat Helge, in der nächsten Ortschaft die Bergwacht anzurufen und um Hilfe zu bitten.

Als der Notarzt mit Sanitäter im Sanka dann kam, untersuchte er Helge und meinte, es seien wahrscheinlich Rippen gebrochen.

Das könne man aber erst im Krankenhaus GENAUER feststellen. Der Einstieg in das Fahrzeug war schwierig, aber der Sanitäter der Bergwacht half natürlich. Dann ging es los. Die Fahrtdauer erschien Helge sehr lange, wie eine Ewigkeit.

Nach einer gewissen Zeit kam es Helge sogar so vor, als ob es wieder bergauf ginge. Das Fahrzeug hielt schließlich an einem prächtigen, auffallend modern gestalteten, großen Gebäude, das vielversprechend aussah. Der Sanitäter half Helge beim Aussteigen und führte ihn in das Gebäude, wohin der Notarzt schon voraus geeilt war. Flüchtig sah Helge in der Eingangshalle eine große Tafel an einer Säule mit Hinweisen oder Programmen. Erleuchtete Lettern darüber kündigten etwas Lateinisches an: *Exercitia Spiritualia,* womit Helge nichts anfangen konnte.

Und schon kam ihnen eine mittelgroße, bildschöne Frauengestalt im weißen Kittel entgegen. Strahlend sagte sie
– Herr Heller, Helge, Sie sind aber spät.
Wir haben Sie erwartet. –
– Wieso? – fragte Helge nur, denn ihm war nicht nach großen Erörterungen. Dann dämmerte ihm etwas und er fragte:
– Kennen wir uns vielleicht?
– Das glaube ich nicht. – Sie kommen jetzt erst einmal zur Röntgenabteilung, dann sehen wir weiter. OK? – In der luxuriös gestalteten, weiten Halle führte ihn der Sani zu einem Lift, mit dem sie in einen einem Labor ähnlichen Raum gelangten: Viele Geräte, Behältnisse, Computer und Sichtgeräte standen dort. Nun wurde Helge von einer Assistentin empfangen, die seine Personalien aufnahm; vom Kärtchen der Krankenkasse wollte sie, zunächst, gar nichts wissen. Dann wurde er in den beachtlichen Röntgenraum geführt, wo er nach kurzem Warten *durchleuchtet* wurde. Der Befund kam später: Tatsächlich waren drei der unteren Rippen gebrochen, eine angebrochen.
Ein Arzt sagte ihm:

– Sie müssen sich jetzt ganz ruhig verhalten. Sie erhalten ein Einzelzimmer; die Schwester führt sie zur Station, wo Dr. Heilmann sich um sie kümmern wird. – Noch nicht einmal einen Verband machten sie ihm, merkwürdig.

Es hieß, es solle noch eine Spätvisite geben. Entweder kam die nicht oder er hatte sie verschlafen. Jedenfalls war das Abendessen hervorragend; es gab sogar ein Fläschchen Sekt, welchen er sich mit frischem Orangensaft mischte.

Nachts träumte Helmut; dazwischen kam die schöne Ärztin vom Empfang ihn besuchen – unter dem Kittel hatte sie nichts an – und sich seiner zärtlich annahm. Am nächsten Morgen fragte Helge sich, ob das (Ganze) ein Traum oder Wirklichkeit war.

An einem der nächsten Tage bekam Helge Sehstörungen und sah manches nur noch wie durch einen Vorhang, also verschwommen; es traten sogar leichte Taubheitsgefühle an einem Arm und den Beinen auf und er hatte plötzlich Sprachschwierigkeiten. – Richtig bemerkt wurden die Symptome erst, als die Stations-Schwester den Blutdruck maß, der sehr hoch war. Es ging dann eine fast hektische Betriebsamkeit los und Helge wurde auf die Intensivstation überführt.

Es war nicht mehr weg zu deuten: Helmut hatte einen Schlaganfall.

Zeitweise war er ohne Bewusstsein, wobei er oft irres Zeug träumte und sich schon im Himmel glaubte. – Vielleicht dank der sofortigen und guten Behandlung genas Helge den Umständen entsprechend schnell, wobei Pflege und Aufmerksamkeit ihr Ihriges taten. Er kam dann in eine andere Station – für Bevorzugte und kritische Fälle, wie er vermutete.

Hier ging es ihm nicht schlecht, wobei diesmal eine schwarzhaarige, sehr nette Pflegekraft fast ständig für Helmut da war.

Es könnte die zweite oder dritte Woche gewesen sein, als sich etwas Außergewöhnliches ereignete. Abends erschien Helges alter Freund Henning.

– Mein lieber Helge, das ist ja wohl kein Zufall, dass wir uns noch einmal sehen.

Ein Geschenk des Himmels ist das, glaube mir. Wir haben uns noch viel zu sagen und zu erzählen, was in den letzten Jahren ja nicht möglich war. –

– Mensch Henning, du glaubst ja nicht wie ich mich freue, ich komme mir wie im Paradies vor – dich hier zu treffen! Da sieht die Welt plötzlich heller und freundlicher aus. –

– Wie ich hörte, warst du ziemlich krank.

– Was ist das schon im Vergleich zu dem, was du mitgemacht hast! –

– Das liegt lange hinter mir –, meinte der Freund. Nun gab es einen recht le-

bendigen Austausch von Erlebnissen und Erfahrungen. – Helge fragte zwischendurch nach, ob Henning ihm etwas über die Funktion und Persönlichkeit des Chefs im Hause sagen könne, worauf der Freund nur meinte, das wäre schlecht einzuschätzen.
– Allerdings hat er eine große Verantwortung und ist außerordentlich gefordert. Ehrliche, rechtschaffene Menschen schätzt er, bei anderen kann er recht unangenehm werden.
Hast du schon einen Termin bei ihm? Du wirst ihn jedenfalls sehen.
Gerade eben habe ich übrigens dem Chef meine Vorschläge für die folgenden Kurse und *Geistlichen Wegbegleiter* der nächsten Woche vorgelegt.
Ich sage dir mal die Themen:

1. *Zeit zum Reifen – das Wort Gottes für mich,*
2. *Zeit zum Reifen – ich vertraue mich Christus an –*

wir können noch über die Einzelheiten sprechen – womit Henning seiner altbekannten schwarzen Aktentasche zwei Flugblätter entnahm und diese Helge gab.
– Deine geistliche Reisetasche besitzt du also noch -, sagte Helge etwas spöttisch.
Jetzt trug Henning noch einen Text von Dietrich Bonhoeffer vor, den sie beide sehr schätzten. Helge behielt zwar seine Zweifel, sprach sie auch offen aus; allem Gesagten hörte er dennoch aufmerksam zu. Nach einer besinnlichen Pause, bemerkte der Freund noch:
– Deine Zweifel, sie gehören wohl dazu. Die Ohnmacht des Menschen hat sich in unserer Zeit angeblich in Allmacht verwandelt.
Ja, wir sind auf dem Wege zu ganz neuen Horizonten und müssen achtsam sein.
Aber du weißt: Nur ein wenig mehr Licht, etwas von der Herrlichkeit Gottes in die Welt zu bringen, auch mehr Liebe unter die Menschen, ist schon eine große, uns erfüllende und gesegnete Aufgabe. –

ABENTEUER der LIEBE

Flieger

Fliegen, das war die Leidenschaft von Helge, wenn auch meist nur im Geiste.
Carpe diem, das vorgegebene Motto ‚beflügelte' Helge, im wahrsten Sinn des Wortes, als sein aus USA angereister Bruder angerufen und ihn gefragt hatte, ob er von Egelsbach mit ihm nach Augsburg oder auch weiter und wieder zurück fliegen wolle.

Das war <u>die</u> gelungene Überraschung und ein ganz <u>besonderes Erlebnis</u>. – Seit langer Zeit war Helge nicht mehr geflogen, so richtig durch die Gegend ‚gefranst' und gehopst, mit VFR, nach Sichtflugregeln also. Helge hatte erfreut zugesagt.

Da stand also das Maschinchen, ein Hochdecker, die zweisitzige Cessna 152. Die flog zwar nicht mehr als 190 km/h, war aber ein sehr zuverlässiges, populäres Sport- und Schulflugzeug.

Hans checkte alles durch an Funktionen, auch die Wetterberatung hatte er in der Tasche: Wetter hervorragend, beste Sicht und keine Wolken! Selbstverständlich war eine exakte Flugvorbereitung für die Strecke gemacht, der Flugplan aufgegeben und voll getankt worden.

Ein Knopfdruck und der Motor lief erst stockend, knatternd an, dann aber ruhig und gleichmäßig. Nach dem Funkkontakt mit dem Tower rollten sie zur Startbahn, erhielten die Freigabe vom Fluglotsen und das Abenteuer konnte beginnen.

Langsam, aber stetig und sicher gewann das Flugzeug Höhe. Die Welt sah von oben so anders aus, es war alles klein und unbedeutend da unten, die Umtriebe der Menschen erschienen jetzt wenig wichtig. Einmalig schön jedoch war das vorbeiziehende Band der bunten Felder, Ortschaften, Wälder, aber auch der Anhöhen und Flüsse.

„Hast du die Cessna schon einmal geflogen?" fragte Helge. Trotz Fluglärms antwortete Frank: „Ja, ich habe eine der ersten Schulungen auf ihr gemacht."

Nach einer Pause:

„Jetzt hat unsere Firma in Kalifornien auch eine Cessna, das Modell T 303 Crusader, die allerdings ein bisschen schneller ist. Sie fliegt an die 400 Sachen,

hat zwei Turbolader-Gegenrotationsmotoren von je 250 PS. Damit können wir mit sechs Personen fliegen und die Maschine ist mit allen Instrumenten ausgerüstet, die man zum Blind-, also Instrumentenflug braucht. Das ist schon eine tolle Sache, die kann man bei jedem Wetter fliegen. –
Na, wie findest du's? Are you ready to take over the plane? – Get the joy-stick!"
„Well, Sir", meinte Helge. – Emphatisch und leicht aufgeregt manövrierte Helge nun die Maschine und sah kurz darauf rechts die Landschaft immer großflächiger und näher kommen; er war also vom Geradeausflug in Schräglage geraten, hatte auch noch Höhe verloren, was man auch an den Instrumenten sehen konnte.
„Eigenartig, man merkt das gar nicht, wenn man vom Kurs abweicht!"
„Das passiert schon Mal, wenn das nötige Training fehlt", meinte Frank amüsiert.
Bald übernahm Frank wieder das Steuer und schnell waren sie erneut auf dem richtigen Kurs. Helge atmete durch, fragte sich, warum er nie richtig fliegen gelernt hatte. Begonnen hatte er zwar mit der Schulung zur PPL-Lizenz und es war doch eigentlich nur ein Klacks, wenn man nicht gerade bescheuert oder behindert war … .
Helge fand seine alte Gelassenheit wieder und konnte sich jetzt besser dem Erlebnis des Schauens hingeben, einem ‚erhebenden' Gefühl des Schwebens über den Dingen, losgelöst vom Alltäglichen, allzu Irdischen.
Hatte sein Bruder nicht etwas von ihm selbst verwirklicht?
Helge spürte ein elementares Gefühl, das die Welt und die Menschen einschloss, alles mit Freude und Wonne sah.
Wie war das eigentlich in der Jugend? Da hatte Helge das größere Interesse und die Vorliebe für das Fliegen gezeigt. Damals waren es noch die hochdekorierten Jagdflieger, Bücher wie „Fliegen und Siegen" und der Luftkrieg gewesen, die ihn begeisterten.
Und war es nicht so, dass Frank ihn damals beinahe eifersüchtig beobachtete, seine Leidenschaft (für das Fliegen und was damit zusammen hing) schlicht übernahm?
Allerdings, der Bruder war nicht nur konsequenter, zielstrebiger, sondern auch manchmal rücksichtsloser, wenn es um seine eigenen Belange ging. –

Jetzt schwebten sie auf Augsburg zu, an das beide unterschiedliche Erinnerungsbilder hatten. Hier in der Nähe hatten sie zu verschiedenen Zeiten Schulungen gemacht, der eine zur Ausbildung zum Techniker, der andere als Anwärter und künftiger Pilot der Luftwaffe.

Für Gesprächsstoff war also gesorgt.

Frank hatte in Augsburg eine geschäftliche Verabredung mit einer recht attraktiven Dame. Sie war jung verwitwet und musste sehr viel Geld besitzen oder geerbt haben.

Jetzt kam eine andere Seite von Franks' Wesen zum Tragen: Mit viel Geschick umgarnte er diese blonde Schönheit, die etwas naiv erschien. Es ging vor allem um die Anlage von Aktien und Immobilienwerten, die Hans ihr andrehen wollte. Schließlich machte er dann einen sehr guten Abschluss – mit einigem Profit.

„Der Ami", wie die Familie Frank nannte, hatte in den USA Karriere gemacht und eine tolle Frau geheiratet. Durch sie und seine eigenen Aktivitäten war er zu viel Geld gekommen; wahrscheinlich hatte er noch nicht genug davon. –

In einem Gespräch zwischen den Brüdern hatte Frank gesagt: „Die Möglichkeiten für den Tüchtigen sind in den Staaten unermesslich." Dann begann er ein einziges Loblied auf die Vereinigten Staaten zu singen. „Unser Modell der ‚kapitalistisch-industriellen Entwicklung' ist doch führend in der Welt". Außerdem: „Wird nicht die Weltpolitik von uns mehrheitlich bestimmt („na, das ist aber schon länger her", meinte Helge) – da wo es lang geht (jetzt musste Helge lachen) Wir haben immer noch die Führung auf fast allen Gebieten, stehen wir nicht wirtschaftlich führend da?" ... usw. und sofort. Franks' etwas impertinente Ausführungen führten dann zu einem Streitgespräch, indem Helge Mal die gegenteiligen Ansichten vertrat.

Ganz etwas anderes stimmte Helge dann irgendwie misstrauisch, nämlich als der Bruder plötzlich in eine heikle Sprache überwechselte, die nur das ‚Eine' zum Thema hatte.

Er begann etwa so: „ Das Wahre und die Warme ereignet sich doch, wenn in den Büchsen der Frauen die Hämmer zu klopfen beginnen."

„Was meinst du denn jetzt damit?", fragte Bernd.

„Das habe ich irgendwo gelesen – ist das nicht gut?", sagte Hans lachend.

Übergangslos folgte nun: „So ein richtiger F ..., der kommt mir heute gut gelegen."

„Nanu, was hast du denn in Aussicht, was dich so anmacht?" „Nun, die Situation ist folgende: Die Frau, die wir besuchen, ist ein scharfer Feger. – Es ist nur so, dass ihre beste Freundin so eine Art Mauerblümchen ist; die zwei hängen aber ewig zusammen. Kannst du dich der Evi (so heißt die Freundin) nicht mal etwas näher annehmen. – So hätte doch jeder sein Vergnügen! Was meinst du?"

„Tut mir leid, da kann ich dir keine Zusage geben, ehe ich die nicht gesehen habe. Außerdem: Da war doch vorher überhaupt keine Rede davon!"

Was sich dann am Abend in dem Bungalow von Kathi, der blonden Schönheit, abspielte, schien abgekartetes Spiel zu sein. Sie selbst kam in einem sehr offenherzigen, raffinierten und dünnen Kleidchen aufs Beste zur Geltung. Ihre Freundin Evi dagegen trat zuerst gar nicht in Erscheinung. Sie servierte dann ganz bescheiden einige Getränke, wobei sie sich noch ungeschickt anstellte. –

Auf eine nette Art machte Kathi sie mit den ‚Herren' bekannt. Evi verschwand dann wieder, kam nach einer halben Stunde zurück, nun im flotten Hosenanzug, und setzte sich, einfach so, neben Helge auf die Leder Couch.

Frank kam weiterhin ganz groß raus und hatte die Sache im Griff.

Helge dagegen langweilte sich dagegen anfangs, da kein richtiges Gespräch mit Evi zustande kam.

Nach etwa einer knappen Stunde und einem vorzüglichen Imbiss stand aber Tanzmusik auf dem Programm. Mit Bravour zog Frank seine Flamme auf die diskret, abseits installierte kleine Tanzfläche, wo er, eng umschlungen, ständig Fortschritte in Richtung der Erfüllung beidseitigen heißen Begehrens machte. –

Erst jetzt kam Helge, durch das angeschlagene Thema Musik, mit Evi in eine aufwärmende Phase der Unterhaltung. Sie war recht schüchtern, stellte Helge bald fest. „Was soll's; so oder so muss ich jetzt ran. Sie ist ja ganz niedlich und apart," dachte er sich.

Er wartete, bis ein Foxtrott gespielt wurde (er war kein großer Tänzer) und nahm Evi einfach an der Hand, um mit ihr, etwas abseits, ein erstes Tänzchen hinzulegen. Sie blieb zurückhaltend.

Erst bei vorgerückter Stunde, heißeren Rhythmen und Schlückchen-weise besten Champagners, kam sich das niedliche Paar immer etwas näher. –

Sie streckte sich dann, wie ermattet, auf der Ledercouch lang aus, zog sogar die Schuhe aus; das war die Gelegenheit, um sich über sie zu beugen und zu einem ersten Kuss anzusetzen. Kurz darauf ging das noch verhaltene Paar auf die Terrasse, um sich *ein wenig abzukühlen*. Hier kam es dann zu innigen Umarmungen und Schmusereien, die den Weg zu weiteren, intimeren Zärtlichkeiten frei machten. –

Inzwischen waren Kathi und Frank längst in einem Nebenraum verschwunden, von wo eindeutige Laute des Übermuts und der Lust ertönten. –

Evi und Bernd lagerten sich nun auf der gewaltigen Couch und amüsierten sich auf ihre Weise. Es war eine weniger übermütige oder laute Inszenierung, die wohl auch ihren Reiz gehabt hatte.

Beim Frühstück war Evi nirgendwo zu erblicken.

Auch Kathi verhielt sich auffallend zurückhaltend. Ehe sich die Brüder verab-

schiedeten, gab Kathi einen verschlossenen Umschlag an Helge weiter, der diesen erst im Taxi zum Flugplatz öffnete. Darin schrieb Evi rührend:
„*An und für sich bin ich nicht für so übereilte und enge Beziehungen oder Abenteuer zu haben. Jetzt war es einmal eine Ausnahme – und die soll sie auch bleiben. Sei mir nicht böse, aber wir können uns nicht wiedersehen. Mach's gut, Evi.*"

LEKTÜRE

Geschichte einer Freundschaft

Hallo Gerhard,
gerade suchte ich im *Faust I* die Stelle: *Hier stehe ich nun, ich armer Tor, und bin so klug als wie zuvor* (so komme ich mir oft vor) ...., finde aber dies:

Geschrieben steht: „Im Anfang steht das Wort!"
Hier stock ich schon! Wer hilft mir weiter fort?
Ich kann das Wort so hoch unmöglich schätzen,
Ich muss es anders übersetzen,
Wenn ich vom Geiste recht erleuchtet bin.
Geschrieben steht: Im Anfang war der Sinn.
Bedenke wohl die erste Zeile,
Dass deine Feder sich nicht übereile!
Ist es der Sinn, der alles wirkt und schafft?
Es sollte stehn: Im Anfang war die Kraft!
Doch, auch indem ich dieses niederschreibe,
Schon warnt mich was, dass ich dabei nicht bleibe.
Mir hilft der Geist! Auf einmal seh ich Rat
Und schreibe getrost: Im Anfang war die Tat!

Nun habe ich über die Hälfte des Buches Geschichte einer Freundschaft von Rüdiger Safranski gelesen, und gelange zu der Zeit Ende Juni 1797, in der Goethe (unbedingt – Schiller rät ihm ab) seine dritte Reise nach Italien durchführen will. Er gelangt aber nur – beschwerlich, aber auch das will er unbedingt noch einmal auf sich und ‚mitnehmen' – bis zum Gotthardpaß, hinauf. Die politisch unruhigen Zeiten, bedingt durch Napoleon – der schon Kunstschätze aus Italien wegbringen lässt –, stimmen G. dann zur Rückkehr nach Weimar, wohin wir jetzt noch einmal zurückgehen:
    In diesen Tagen (vor der Abfahrt), da beide sich über den „Faust" austauschen, erhält Schiller einen Brief von Fr. Hölderlin, der ihm zwei Gedichte für den Musen-Almanach anbietet. ... Sch. empfängt diese Brief-Sendung mit gemischten

Gefühlen, denn es verbindet ihn inzwischen eine komplizierte Geschichte mit dem jüngeren Landsmann ...
Auf diesen Brief antwortet Sch. nicht. ... Anderthalb Jahre währt sein Schweigen.

Inzwischen hatte Hölderlin eine Hauslehrerstelle bei der Bankiersfamilie Gontard in Frankfurt am Main angenommen, wo er sich in Susette, die Frau des Hauses verliebte.

Er fasst Mut, schreibt nochmals an Sch., der nun endlich antwortet:

Nehmen Sie, ich bitte Sie, Ihre ganze Kraft und Ihre ganze Wachsamkeit zusammen, wählen Sie einen glücklichen poetischen Stoff, tragen ihn liebend und sorgfältig pflegend im Herzen, und lassen ihn in den schönsten Momenten des Daseins ruhig der Vollendung zureifen. Fliehen Sie wo möglich die philosophischen Stoffe, sie sind die undankbarsten, und in fruchtlosem Ringen verzehrt sich oft die beste Kraft, bleiben Sie der Sinnenwelt näher, so werden Sie weniger in Gefahr sein, die Nüchternheit in der Begeisterung zu verlieren.

Fühlt sich der sensible Hölderlin verletzt? Es sieht so aus, da er eine Kritik Sch.s an der Weitschweifigkeit und an der Flut der Strophen glaubt wahr zu nehmen...

Schillers Kritik war jedoch nur *gönnerhaft* gemeint. Sch. weiß nur zu gut, dass die poetische Abstraktion, die er dem Jüngeren vorhält, seine eigene Schwäche ist.

In ähnlichen Worten hat er sich selbst in Briefen an Goethe und Körner ermahnt. (Ende der Zitate)

Wie kam es eigentlich zu dem so erfolgreichen „Wilhelm Tell" Schillers?

Auf dem Weg zurück vom Gotthard-Paß – in den eigenen Fußspuren im Schnee, so ist es leichter – kommen Goethe und Meyer wieder zum Ausgangspunkt, nach Stäfa am Zürichsee.

Hier erholt sich G. und schreibt Briefe.

Es ist die Gegend Wilhelm Tells, die man soeben durchwanderte. Man hatte die Rütliwiese passiert, wo es einst zum Schwur gegen die Tyrannen gekommen sein soll, man hatte Halt gemacht bei der Kapelle, die an Tells Sprung in die Freiheit erinnerte, man hatte Uri besucht, nach der Sage der Geburtsort Tells. Auf dieser Reise hatte Goethe die Idee zu einem Tell-Epos gefasst. Es handle sich, schreibt er an Schiller, um einen poetischen Stoff, der ihm <u>viel Zutrauen einflößt</u>.

Von Goethes Tell-Idee ist Schiller wie elektrisiert – das wäre <u>das Thema</u> für ihn.

Noch vier Jahre wird Goethe an „seinem Tell" festhalten, bevor er ihn Schiller überlässt, der daraus ein spannendes Drama schafft: Wilhelm Tell ist der Held der bekanntesten Schweizer Sage, in der er als Tyrannen-Mörder (des habsburgischen Landvogts Geßler) die Kühnheit und <u>Freiheitsliebe</u> der Schweizer verkörpert.

Der „Wilhelm Tell" Schillers wird dann in Weimar im März 1804 *mit dem größten Sukzeß, wie noch keins seiner Stücke, aufgeführt.* – Trotz dieses Erfolges schreibt Sch. im gleichen Monat März: *Es gefällt mir hier jeden Tag schlechter, und ich bin nicht willens in Weimar zu sterben. Es ist überall besser als hier, und wenn es meine Gesundheit erlaubte, so würde ich mit Freuden nach dem Norden* (Berlin? Von dort hatte er einmal ein außerordentlich gutes Angebot erhalten) *ziehen.* Ein Grund seiner melancholischen Stimmung ist – wie aus einem Brief an Goethe zu ersehen ist:

Wir sahen uns in diesem Winter (1804/05) *sehr selten, weil wir beide nicht das Haus verlassen durften;* das bedauert Schiller außerordentlich.

Am 22. März schreibt Schiller an den Freund: *und es belebt wieder meinen Glauben, dass die alten Zeiten zurückkommen können, woran ich manchmal ganz verzagte.*

Goethe schrieb Ende Februar an Sch.: *Übrigens geht es mir* (jetzt*) gut, solang ich täglich reite.*

Zwei Tage darauf notiert Goethe: *Ich hoffe Sie bald zu sehen.* Am 1. Mai sehen sich die Freunde ein letztes Mal: (Sch.) *ich fand ihn im Begriff, ins Schauspiel zu gehen; ein Missbehagen hinderte mich, ihn zu begleiten, und so schieden wir vor seiner Hausthüre, um uns niemals wiederzusehen.*

Am 9. Mai 1805 stirbt Schiller.

KORRESPONDENZ

Brief an Alena

Hallo, liebste Frau Alena,
ich gestatte mir, hier ein Gedicht von Goethe voraus zu setzen:

Die Welt durchaus ist lieblich anzusehen,
Vorzüglich aber schön die Welt der Dichter;
Auf bunten, hellen oder silbergrauen
Gefilden, Tag und Nacht, erglänzen Lichter.
Heute ist mir alles herrlich, wenn's nur bliebe!
Ich sehe heut durchs Augenglas der Liebe.

In tausend Formen magst du dich verstecken,
Doch, Allerliebste, gleich erkenn ich dich;
Du magst mit Zauberschleiern dich bedecken,
Allgegenwärt'ge, gleich erkenn ich dich.

Was ich mit äußerem Sinn, mit innerem kenne,
Du Allbelehrende, kenn ich durch dich;
Und wenn ich Allahs Namen hundert nenne,
Mit jedem klingt ein Name nach für dich.

Und nun, Frau Alena, komme ich gleich zu *Christiane und Goethe*.
   Sie sagten, Sie würden das Buch auch gerne lesen, doch Sie hätten keine Zeit dafür. So werde ich gleich versuchen, einen kurzen *Steckbrief* zu geben.
   Erst aber nochmals zu dem Erfolg Ihrer Komödie *In der Bar zum Krokodil*, die Sie so gekonnt auf die Bühne des *Salon-Theaters* gebracht haben.
   Nicht nur, dass Sie die Palette der Chansons, Schlager und Evergreens der 20er, 30er und 40er Jahre so erheiternd und charmant dargeboten haben, wie das nur die großen Stars der damaligen Zeit konnten! Ich war ganz begierig, mehr davon aufzunehmen, da auch die Hintergrund-Bilder und die cineastischen Streifen als Zwischen- und Untermalung, sowohl vom informatorischen wie unterhal-

tenden Wert ausgezeichnet ankamen – sicher mit viel Aufwand ausgesucht und zusammengestellt.

Ich lese also weiterhin in dem Buch *Christiane und Goethe*.

Manches ist schon über Christiane dabei, das außerordentlich aufschlussreich und bewegend ist. Christiane Vulpius, die Frau aus dem Volk, bringt so einiges mit und leistet Ungeheures in dem großen Haus am Frauenplan mit dem vielen Personal, das sie hervorragend leitet. Auch drei Gärten sind zu *pflegen* und zu bewirtschaften.

Alles ist für den *lieben Geheimrat* aufs Äußerste vorzüglich und letztlich für ihn zubereitet. Wegen Amtsgeschäften, auch zur Geselligkeit und zu Unterhaltungen, ist G. in der adligen Gesellschaft oft bei Hofe. Doch Monate hält er sich im Schloss in Jena auf, um die nötige Ruhe für seine literarischen Werke und Dichtungen zu finden.

So verbringt er dort im Jahr 1909 mehrere Monate, um den Roman „Die Wahlverwandtschaften" zu schreiben: das ist der erste *psychologische Roman* in Deutschland, der großes Aufsehen, auch Ablehnung, erregt. *Christianes Aufgabe während der Niederschrift dieses Werkes besteht darin, für sein leibliches Wohl zu sorgen und alle Störungen von ihm fernzuhalten, ihm Schreibruhe zu verschaffen.* (Zit.: S. Damm) – In den ersten Jahren der engen Beziehung zu Schiller verbringt Goethe viele für ihn belebenden Nachmittage bei dem Freund und dessen Familie in Jena, oft bis in die Nächte hinein. Noch bedeutend länger, meistens jährlich, hält Goethe sich immer wieder in Karlsbad auf, wo viele, hohe Fürstlichkeiten aus den großen Adels-Häusern versammelt, auch schöne Frauen zu sehen, zu treffen sind. Währenddessen muss Christiane G. ihren Liebsten und Herrn vielfach vertreten, ihm auch manches – mit ihrem allzeit liebenden Herzen – nachsehen. Vor allem auch als *stellvertretende Theater-Direktorin* in Bad Lauchstädt, sorgt sie für eine ausgeglichene Atmosphäre unter den Schauspielern und steckt die anderen mit stets guter Laune und Humor an. Sie tanzt gern und viel, liebt Kommödien und ihre Darsteller; auch anderen Unterhaltungen geht sie nie aus dem Wege.

Goethe betont:

Ich muss ihr, ohne ihre Liebe zu verlieren, bewusst machen, dass mein Schaffen der <u>Mittelpunkt meines Lebens</u> *ist, dass ich von den Bedürfnissen dieses Schaffens her dieses Leben frei organisieren, mich in völlig freier Selbstentscheidung jederzeit in Einsamkeit zurückziehen oder reisen können muss, ohne ihre Vorwürfe oder Klagen.* Zwar beteuert G. Christiane gegenüber: *Ihr allein bedürft meiner, die übrige Welt kann mich entbehren* und hat ihr immer wieder – zumindest im ersten Jahrzehnt ihres Zusammenlebens – seine Liebe gestanden. Schwierig wird

es, wenn man versucht, die Akzeptanz ihrer *kleinen Person* in der gehobenen Gesellschaft zu werten: die ist überwiegend negativ. Sogar der sonst wohlmeinende Herzog Carl August – der immer für seinen Freund Goethe da und bereit ist, ihm Gutes zu tun – spricht noch 1824 (da war er längst zum „Großherzog" aufgestiegen) gegenüber dem Kanzler Müller über Christiane:
Die Vulpius hat alles <u>verdorben</u>, *ihn* (Goethe) *der* <u>Gesellschaft</u> <u>entfremdet</u>.

Jetzt erst komme ich dazu, etwas von dem rüber zu bringen', wovon ich eigentlich ausgehen wollte:
Im März 1791 macht Goethe einen Vers, den er an den Herzog C. August schickt:

> Indeß macht draussen vor dem Thor,
> Wo allerliebste Kätzchen blühen,
> Durch alle zwölf Categorien
> Mir **Amor** seine Späße vor.

Dazu sollte man wissen, dass der Herzog ein wirklicher Freund (ja, zu bestimmten Zeiten und bis zu einem gewissen Grad,) ein guter Kamerad war.

Ansonsten jedoch ist er der oberste Dienst- und Landesherr: *Seine Hochfürstliche Durchlaucht, Regierender Herzog zu Sachsen Weimar und Eisenach*, dem Goethe durchaus seine Referenz und eine Art von Gehorsam, aber auch entspr. Freundschaftsdienste erweist: das ist der Preis für viele Wohltaten, die er von ihm empfängt. Dazu gehören auch die oftmaligen diplomatisch bedingten, weniger von G. geschätzten Reisen, sowie die teils fürchterlichen Kriegszüge, wie etwa der Feldzug mit den Preußen gegen die Franzen-Kanoniere und Truppen der Revolution.
Diese *Kanonade von Valmy* war ein arges Desaster.
Dem Herzog, damals ein ‚jungen Spund von 18 Jahren, als er die Regierungs-Geschäfte übernahm und mit dem „in sein Land gezogenen", schon berühmten Dichter Goethe tolle Abenteuer unternahm, und sich ab und zu austobte.
Diesem seinem Herzog vertraut G. Vieles an, das er so schnell anderen nicht erzählt.
Was heißt nun *vor dem Tor*, was bedeutet das?
Nach dieser gesellschaftlich und standesgemäss von den Adligen als völlig unmöglich gehaltenen *Liaison mit der Vulpius* – aus dem niederen, gemeinen Volk stammend – muss Goethe das stattliche Haus am Frauenplan, als *Straf-*

massnahme, verlassen und vor die Tore in die *Jägerhäuser* ziehen, wo er und Christiane sich aber ganz gut einrichten und wohlfühlen …

Ehe also der Herzog Carl August das Haus am Frauenplan G. zum Geschenk macht, wird es 1794 werden; der juristische Eintrag des Eigentums in die Kataster wird jedoch erst – nach entspr. Drängen u. Umständen – im Dezember 1806 passieren.
Im Frühjahr 1792 darf G., mit Chr. u. Sohn August, wieder in die Stadt und in das repräsentative Haus am Frauenplan einziehen, was Goethe selbst mit enormer Energie, doch auch diplomatischem Geschick *durchzieht*, denn man hatte ein ganz anderes Anwesen für ihn vorgesehen.
Im neu gewonnenen Haus am Frauenplan baut er nun forsch so einiges um.
Er lässt besonders den Eingangs- u. Empfangsbereich, doch auch die neu errichtete, komfortable Treppe hinauf errichten. – Ein Besucher schreibt darüber und spricht von einem *Pantheon voll Bilder und Statuen*, ein anderer: *ein prächtiges Haus, das mit Statuen und Gemälden des Altertums prangt; inwendig neugebaut, mit feinstem epikuräischen Geschmack, mit einem fürstlichen Kabinett von Handzeichnungen berühmter Meister.*
Das ist nicht jener <u>stille häusliche Kreis</u>, den er sich mit Chr. zusammen schaffen wollte, nicht jene *Künstlerboheme*, die ihm in den Jägerhäusern anfangs wohl vor Augen schwebte, als er seine römischen Malerfreunde nach Weimar einlud. –
G. selbst spricht von seinem Haus am Frauenplan als einem *Museum*. Es ist ein Haus, das vorgeführt werden will, das Besucher erwartet und anzieht. (S. D.)

Nun noch ein ganz entscheidendes Ereignis, das auch Christianes u. G.'s Verhältnis zueinander verändert. – Zur Beruhigung: das werde ich aber nicht näher ausführen, was über diese Beziehung – nämlich von G. zu Friedrich von <u>Schiller</u> bekannt ist.
Nur zwei Sätze noch (von S. Damm) dazu:
Das <u>Werk</u> tritt in den Vordergrund. <u>Die Frau tritt zurück.</u>

Nun, liebe Frau Alena,
Sie sagten und sprachen davon, dass Sie die Korrespondenz und Berichte meiner Eltern im II. Weltkrieg so gut und beachtenswert fänden.
Ob wohl diese Texte für eine unbelastete, dem Zeitgeist unterworfene, eher (un)kritische Öffentlichkeit geeignet sind?
Nun sind da aber noch einige andere Themen ‚auf Lager', von denen ich meine, diese jetzt unbedingt abhandeln zu müssen:
Die <u>Historie</u> ist angesagt, ja diese *drängt* sich mir jetzt mächtig auf …

KULTURGESCHICHTE

Die Antike und der Hellenismus

– Wie ihr wisst, haben wir inzwischen unserem Zentrum einen neuen Namen gegeben: BZRM ist also jetzt unser „Bildungs-Zentrum der Radikalen Mitte". Das ist nicht nur bedingt, um ‚mit der Zeit zu gehen', sondern auch um kritisch und bewegend in unsere Gesellschaft hinein zu wirken – die Zukunft wird es weisen. –

So begann der Vorsitzende Oliver Noll, nach der Begrüßung der versammelten Mitglieder und Teilnehmer, mit seiner Ansprache, um dann fortzufahren:

Wir sprachen erst kürzlich über die <u>Reneissance</u>. *Ergänzend möchte ich hier erwähnen, dass diese auch anstrebte, sich aus der Bevormundung der Kirche des Mittelalters zu lösen und sich mehr am Diesseits zu orientieren. Wie der gleichzeitig sich bildende Humanismus ging auch die Ireneissance, wie ihr wisst, von Italien aus, um sich dann europaweit zu entwickeln. Das geschah jedoch erst um 1500 herum, während* **in Italien** *der an der Antike geschulte Stil schon etwa 1420 die Gotik allmählich ablöste.*

Wir haben auch erfahren, dass das Lebensgefühl des Ireneissance-Menschen seinen stärksten Ausdruck in der bildenden Kunst fand. Zu den besonderen Leistungen der R. gehören die Entwicklung der Zentral-Perspektive, auch die freistehende Plastik (wie bei den Reiter-Standbildern), sowie die Portrait-Malerei, aber auch die Entwürfe für Idealstädte.

Nicht unwichtig erscheint mir, nochmals die Bestrebungen in der Reneissance zu erwähnen, sich mehr auf die Kraft der Persönlichkeit zu gründen; damit orientierte sie sich stark an der Antike.

Als Antike verstehen wir die Gesamtheit des griechisch-römischen Altertums.

Im kulturellen Weiterwirken auf die Folgezeiten gingen von der <u>Hellenistischen Kultur</u> die stärksten Wirkungen aus. So wirkten denn griechische Kunstwerke bis nach Indien, Zentralasien und sogar bis China. Auch enthielt das System dieser griechisch-hellenistischen Kultur, neben Elementen des Orients, auch die griechischen Wissenschaften und die Philosophie, die Dichtung sowohl als auch die Rhetorik und bildende Kunst.

In dieser Gestalt ist die Antike zu einer wesentlichen Grundlage des Abendlandes geworden.

Alexander, *genannt „der Große", war es, der den* **Hellenismus** *bis weit nach Asien gebracht hat.*

Unter dem Begriff „Hellenismus" ist im Allgemeinen die griechisch-römische Einheitskultur zu verstehen, die rund drei Jahrhunderte bestimmte, von Alexander dem Großen bis zum Herrschaftsantritt des Kaisers Augustus; diese Begrenzung ist als ziemlich willkürlich und höchstens von der politischen Geschichte her zu sehen: Der Hellenismus ist nun einmal ein Begriff der <u>Kultur-Geschichte</u> *-- Man muss auch feststellen, dass alle Elemente des Hellenismus schon vor der Zeit Alexanders vorhanden waren; sie wurden dann nur fortgesetzt und verstärkt.*

Die Wirkung des Hellenismus ging allerdings weit über die Grenzen von Alexanders Reich und des Imperium Romanum hinaus. – <u>Ziele von Alexander waren nicht nur die Weltherrschaft und das Weltbürgertum</u>*. Er hatte zwar ein politisches, aber auch ein kulturelles Konzept. Hinter ihm stand sein* <u>Lehrer Aristoteles</u> *(384 bis 322 v. Chr.), der als erster ein* <u>umfassendes Weltbild entworfen</u> *hatte: das war die* <u>Frucht</u> *einer Jahrhundert alten Entwicklung in der griechischen Philosophie. Alexander war von der kulturellen Überlegenheit des Griechentums über den Nahen Osten überzeugt, auch davon, dass die militärisch Unterlegenen die Kultur des Siegers annehmen sollten. Allerdings verfolgte Alexander dieses Ziel nicht mit Gewalt, sondern er hat sich und seinen Staat stets den örtlichen Gegebenheiten angepasst.*

Mittelpunkt jeder Kultur ist die Sprache; das ist Allgemeingut. Schon lange vor Alexander hatte hier ein Anpassungsprozess stattgefunden. Die vielen Kolonialstädte und der raumgreifende Handel der Griechen hatten die griechische Sprache schon früh weit verbreitet. So war im östlichen Mittelmeer, in Süditalien und auf Sizilien Griechisch die erste Fremdsprache. Je mehr griechische Philosophie und Wissenschaft im 5. und 4. Jahrhundert v. Chr. die ganze antike Welt beeinflussten, wurde <u>Griechisch</u> *die* <u>Sprache der Gebildeten</u>*. Auch wurde sie zur Umgangssprache der politischen, wirtschaftlich und kulturell führenden Schichten. So wie heute in der ganzen Welt Werke vor allem der naturwissenschaftlichen Literatur in Englisch veröffentlicht werden, so schrieben in der Zeit des Hellenismus ägyptische, babylonische und andere Wissenschaftler ihre Werke in Griechisch.*

Dafür lernten die Griechen von der hochentwickelten Astronomie der Babylonier; auch unsere heutige Astrologie und Magie (wie mancher Aberglaube) kommen aus sumerisch-babylonischen Wurzeln. Mit geographischen Kenntnissen waren die Griechen nicht gerade glänzend ausgestattet. Das änderte sich mit den

Feldzügen Alexanders schlagartig. Nun mussten sie lernen, das die Welt nicht nur wesentlich vielfältiger, sondern auch viel größer war, als man sich hatte träumen lassen. Spätestens am Indus erkannte Alexander, dass seine Vorstellung von einem Weltreich und einer <u>Weltkultur</u> kaum verwirklichbar war.

Nicht nur die Geographie, sondern auch zahlreiche andere Wissenschaften entstanden im Hellenismus oder erzielten große Fortschritte. Das erweiterte Weltbild und die systematische Förderung der Wissenschaften wie auch der Künste durch die Herrscher und Diadochen (das sind die Feldherren Alexanders d. Gr., die nach seinem Tod sein Reich teilten), brachten große Fortschritte. Entscheidend war auch, dass Alexander seinem Lehrer Aristoteles eine namhafte Geldsumme zur Verfügung stellte, damit sich dieser eine wissenschaftliche und umfangreiche philosophische Bibliothek zulegen konnte, womit ein Beispiel für viele andere Herrscher geschaffen wurde. – In diesem Zusammenhang erscheint uns wichtig zu erwähnen, dass Alexander beim Kampf gegen die Perser und der Eroberung der Residenzstädte Babylon, Susa, Persepolis und Ekbatana der riesige persische Staatsschatz in Susa in die Hände fiel. Der größte Teil dieses Edelmetalls wurde umgehend ‚ausgemünzt' und in Umlauf gebracht. Somit verfügte Alexander jetzt in der antiken Welt nicht nur über die absolute militärische Dominanz, sondern bestimmte auch die Wirtschaft des Riesenraums; seine Tetradrachme wurde für Jahrhunderte zur gebräuchlichsten Münze der Alten Welt.

Der Hellenismus hob also die Kultur auf eine neue Stufe, auch, indem man anfing, sich kritisch mit ihren Ergebnissen auseinander zu setzen. Damit aber ist ein entscheidender Schritt in die Richtung auf die <u>Kulturkritik</u> in unserer heutigen Zelt getan. – Zum Abschluss meiner Auslassung will ich noch ein Wort über die klassische griechische Kunst sagen: sie stand lange im Dienste der Religion. ...

Die Darstellung des Menschen und der Menschengestaltigen Götter sah ihr Ideal in Gleichmaß und einer vollendeten Schönheit. Mit dem Niedergang der olympischen Götter stand das Religiöse nicht mehr im Zentrum der Kunst. Dann gewannen der Bau von Theatern und Palästen, Bibliotheken, von Bädern, Rathäusern und Markthallen an Bedeutung.

Ab etwa 200 v. Chr. begann Rom damit, die Staaten der hellenistischen Welt zu erobern. Riesige Mengen an Kriegsbeute – ganze Bibliotheken, auch viele gebildete „Sklaven" darunter – flossen nach Rom, womit sich hellenistische Einflüsse noch verstärkten.

Ralf, unser verdientes Gründungs-Mitglied, hat sich der schwierigen Aufgabe gestellt, den Lebensweg, die Feldzüge und die Herrschaft Alexanders (356-323 v.

Chr.), des Königs von Makedonien und Griechenlands, nach zu verfolgen und wird uns dazu einen ausgefeilten Vortrag bieten.
Ralf, du hast das Wort. –

– Man hat unzählige Male die hellenische Nation als das Genie unter den Völkern bezeichnet. …
 Doch waren die Griechen zu allen Zeiten von einer geradezu krankhaften Ehrsucht angetrieben. Sie hatten nichts anderes im Kopf (- das stimmt wohl kaum – sagte jemand) als Siege und Preise und konnten sich sämtliche Lebensbetätigungen gar nicht anders vorstellen als in der Form von ‚Agons', des Wettkampfs, an dessen Ziel irgendeine Ehrung stand. – Sie sind aber sowohl die Begründer des Rationalismus, als auch die Erfinder der „reinen Betrachtung" um ihrer selbst willen; niemals vorher hatte es so etwas gegeben. Die Griechen waren keine Materialisten, denn sie betrachteten das ganze Leben als Spiel (- *wirklich*? sagt einer). – <u>Schiller</u> war es, der das auf den Nenner brachte: *Der Mensch ist nur da ganz Mensch, wo er spielt!*
 (nach: Egon Friedell, *Kultur-Geschichte Griechenlands*)

Nun, vom Spiel ist in dem folgenden Vortrag zwar auch die Rede, doch geht es da vor allem um Eroberungs-Feldzüge, die immer <u>siegreich</u> zu sein hatten und das auch waren.
Damit, wie schon gesagt, wurde der Hellenismus weit nach Asien ausgebreitet.

HISTORIE

Alexander der Große

Der Frage, was blieb vom riesigen, eroberten Reich des Alexander d. Großen, stellen wir uns erst ganz zum Schluss. – Nur soviel: *Er hat allerdings ein großes, funktionierendes, den meisten Untertanen viele Spielräume bietendes Reich (durch seinen frühen Tod) der Aufteilung, doch letztlich der Zerstörung überlassen.*
(nach: Hartmut Leppin, „Das Erbe der Antike")

Alexander, geb. 356 v. Chr, Sohn des Königs von Makedonien Philipp II., war das Muster eines Herrschers, den Gerechtigkeit und Weisheit bestimmten. So vernehmen wir es, teils auch kritisch, aus manchen historischen Schilderungen. – Der bedeutendste Lehrer Alexanders war Aristoteles, der im Frühjahr 342 einem Ruf Philipps nach Pella, der Residenz, folgte. Aristoteles war ein Schüler Platons, von dem er sich aber mit der Zeit durch stärkere Hinwendung zum *Erfahrungswissen* absetzte.

Aristoteles lehrte außer Logik und Metaphysik auch Physik und Ethik sowie Politik und Poetik. Er hatte eine tiefgreifende Wirkung auf das abendländische Wissen und dessen Bildungsvorstellungen.

Fächer, die zur Ausbildung des jungen Alexander gehörten, waren neben Philosophie, Erd- und Naturkunde auch die Heilkunst, die Alexander auf seinen Feldzügen bei Verwundungen seiner Soldaten und Kampfgenossen hilfreich anwendete.

Im Mittelpunkt der Lehren des Aristoteles stand aber immer wieder die Literatur:

Vor allem wurde die *Ilias* studiert, die Alexander später auf seinen Eroberungszügen stets bei sich trug. Die Epen Homers benutzte Alexander dann sogar als Teil seiner *Kriegsausrüstung*.

Die Tragödien des Euripides und die Gesänge Pindars wurden gelesen; von letzterem kannte Alexander unzählige Verse und Hymnen auswendig.

Was die körperliche Ertüchtigung betraf (die Römer nannten das „mens sana in corpore sano"), so galt der **Wehrsport** selbstverständlich als **Pflicht**. Dazu gehörte das Bogenschießen und die Übung des Auf- und Abspringen vom fahrenden Streitwagen. Darüber hinaus liebte Alexander das Ballspiel außerordentlich sowie auch das Stockfechten; das Ballspiel wurde auf seinen Feldzügen immer wieder mit seinen Soldaten gespielt, was fit und gelenkig erhielt.

Alexander war von schlanker, mittelgroßer, doch kräftiger Statur, hatte ansatzweise eine athletische Figur, war kein schlechter Läufer, aber ein nicht so guter Wettkämpfer, denn das *Ringen* liebte er überhaupt nicht. Wir stellen ihn uns dunkelblond mit scharfen, ausgeprägten Gesichtszügen vor, mit schmalem, energischen Mund, blauen Augen und hoher Stirn.

Sein <u>starker Wille</u> und eine <u>schnelle Entschlusskraft</u> zeichneten ihn aus. Auch Alexanders Eroberungswille, ebenso sein Wissensdurst und ein außergewöhnlicher <u>Stolz</u>. Aber auch sein überdurchschnittlicher <u>Ehrgeiz</u> waren nicht zu unterschätzen. –

Die sogen. *Gymnosophisten* (die nackten Weisen) in Indien bezeichneten ihn als den *Philosoph in Waffen*.

Soweit uns bekannt ist, hat Alexander erstmals im Jahr 338 v.Chr. an Kampfhandlungen entscheidend teilgenommen, und zwar bei der siegreichen Schlacht von Chaironea in Böotien, wo Vater Philipp mit 30.000 Fußkämpfern und 2000 Reitern gegen die meisten der vereinigten hellenischen Städte antrat und durch eine ungewöhnliche Aufstellung seiner Truppen, Überraschungseffekte und eine äußerst geschickte Taktik gewann.

Philipp lernte die Kriegskunst als junger Mann im Stadtstaat Theben, das damals die beherrschende militärische Vormacht war. – Nach einem großen Sieg wurde Philipp 355 von der *Heeresversammlung* zum König ausgerufen. In seiner ferneren aktiven Politik straffte er die Macht des Königtums; auch sammelte er die Söhne des makedonischen Adels als Pagen an seinem Hof. Diese galten gleichzeitig als „Geiseln", wodurch er sich die Loyalität der Väter sicherte. Wehrpflicht bestand vom 15. bis zum 55. Lebensjahr. Mit der „Phalanx" – der geschlossenen Schlachtreihe des Fußvolks – übte er die Bewegung nach Trompetensignalen.

Außerdem entwickelte er die Belagerungstechnik und verwendete erfolgreich Wurfgeschosse.

Das Fußvolk wurde mit über fünf Meter langen Lanzen aus Eschenholz ausgerüstet. Zunächst senkrecht gestellt, wurden diese, in mehreren Reihen hintereinander, bei Angriff auf Kommando gefällt und mit ihnen sollten dann den Gegnern ins <u>Gesicht</u> gezielt werden!

Philipp war mit seinem Heer den demokratisch regierten, langsam reagierenden griechischen Städten um einiges überlegen. Immer an der Spitze seiner Armee, war er nicht nur Feldherr, sondern auch Staatsmann und Schatzmeister in einer Person. Auch war er schnell in seinen Entschlüssen. Philipp soll der reichste Mann seiner Zeit gewesen sein; das Gold der thrakischen Bergwerke beutete er geschickt aus.

Nahe den Goldgruben hatte Philipp 356 die Stadt Krenides erobert, die er in *Philippi* umbenannte. Sein Machtgebiet erweiterte er in alle Himmelsrichtungen, womit er entscheidend die Ansprüche Athens auf die Vormacht in der Ägäis tangierte. So eröffnete er damit den jahrzehntelangen Streit mit der Stadt, obwohl Philipp sich immer wieder um ein gutes Verhältnis mit Athen – **dem Herz der hellenischen Welt** – bemühte, doch erfolglos.

340 belagerte Philipp Perinth, worauf der große griechische Redner Demostenes die starken Thebaner auf die Seite von Athen zu ziehen vermochte, welche dann zusammen mit Theben und den verbündeten Peleponnesiern mobil machten und in den Krieg gegen Philipp zogen.

Die 338 folgende, für Philipp (und seinen Sohn Alexander) siegreiche Schlacht bei Chaironea war ein Desaster und ein großer Einschnitt für die Griechen: Statt Polis und Stadtstaaten entstanden nun bald die monarchischen Flächenstaaten, was eine Zeitenwende bedeutete. –

Ende 338 gab es jedoch eine Versammlung der meisten griechischen Städte in Korinth.

In dem dort gegründeten „Korinthischen Bund" erhielt Philipp die Stellung eines Hegemon, besaß nun die Vorherrschaft, womit er jetzt als sogenannter *strategos autokrator* galt.

Philipp ging es aber vor allem um die Niederwerfung und Beherrschung Persiens, das bei den meisten Griechen als *Erbfeind* galt:

Das sollte jedoch erst seinem Sohn **Alexander** gelingen.

Nachdem sein Vater ermordet worden war, übernahm Alexander 336 v. Chr. problemlos die Herrschaft. Zum König gekrönt, festigte Alexander zunächst seine Herrschaft in Makedonien und Griechenland. Dann war Alexander in Korinth, wo es auch die Episode mit „Diogenes in der Tonne" gab. 335 fand dann der Donaufeldzug statt. Bald darauf gewann Alexander durch die Zerstörung Thebens die Oberherrschaft in Griechenland.

334 zog Alexander nach Troja. Er gewinnt nicht nur Sardes, die antike Hauptstadt Lydiens, östlich von Izmir gelegen, sondern auch Ephesos, Milet und Halikarnassos.

Nun begann Alexander den Krieg gegen die persische Großmacht, die er 334

v. Chr. bei Granikos schlug, wonach („drei-drei-drei, bei Issos Keilerei") im Jahr darauf ein weiterer entscheidender Sieg bei Issos von Alexander gegen Persien errungen wurde; er <u>gewann Syrien und Kleinasien</u>. Der Siegeszug ging weiter, indem er kampflos Ägypten besetzte, auch die Hafenstadt Gaza musste daran glauben.

Ein dicker Brocken wartete noch auf Alexander: Tyros, heute Sur im Libanon, die reiche und mächtige phönizische Hafenstadt, eng verbunden mit Karthago. Tyros, der *Fels*, lag wie uneinnehmbar auf einer etwa 1 km entfernten Insel vor der Küste. Im Januar 332 zog Alexander mit seinen Truppen heran und stellte bald fest, dass die Stadt nicht auf „normalem Wege" zu erobern war. Also ließ er einen Damm aufschütten, was keine leichte Sache war, denn das Wasser wurde immer tiefer. Das zog sich Monate hin und Alexander machte zwischendurch einen kurzen Feldzug nach Sidon im Libanon, wo er 4000 Mann Verstärkung aus der Heimat aufnahm. Das <u>Kriegsglück vor Tyros schwankte</u> hin und her, bis Alexander so viele Schiffe herangezogen hatte, dass die Tyrier die Seeherrschaft verloren. Im August 332 schließlich gelang es seinen Truppen, in den südlichen Hafen einzudringen, wie auch bald darauf der nördliche Hafen eingenommen wurde. Nun wurden die Mauern erstürmt und die Stadt erobert. Außer 8000 Toten sollen an die 30000 Gefangene (die Zahlen können übertrieben sein) gemacht worden sein, von denen die meisten in die Sklaverei verkauft wurden. –

Der <u>Untergang von Tyros</u> ist in der christlichen Überlieferung <u>als heilsgeschichtliche, göttliche Vergeltung gedeutet worden.</u> Alexander vollzog somit, ohne es zu wissen, die schon längst fällige Rache an den übermütigen Tyriern.

Bei dem Propheten Hesekiel wird die Schadenfreude der Tyrier über das Unglück der Juden erwähnt – nach der Zerstörung von Jerusalem: er sagt die Strafe und Vernichtung der Stadt voraus.

Der persische Herrscher Darius II. sah seine Niederlage bei Issos keineswegs als endgültig an. Er brachte noch ein einmal ein großes Heer zusammen, das schätzungsweise aus rd. 60.000 Kriegern bestand. Auf die Kerntruppe von 2000 verbliebenen griechischen Söldnern hielt Darius große Stücke, sowie auf seine Leibgarde. Die 200 Sichelwagen waren außerdem von hoher Bedeutung, die mit einem Wagenlenker und einem Bogenschützen bestückt waren. Diese Kampfwagen hatten an der Deichsel und an den Speichen Sicheln, mit denen alles zerfetzt wurde, was sie berührten. Dazu bedurfte es eines ebenen Schlachtfeldes und so wählte Darius die Ebene bei der Stadt Arbela und dem Dorf Gaugamela (etwa zehn km östlich der Stadt Mossul am Tigris), wo er den Feind erwartete. –

Alexander hatte an Kampfstärke etwa 40.000 Mann Fußvolk und 7000 Reiter zur Verfügung. Auf zwei Schiffsbrücken konnten Alexanders Truppen den Euphrat überqueren und dann ungehindert in einer Furt den Tigris durchschreiten. Aus den verschiedensten Gründen war die persische Streitmacht trotz der zahlenmäßigen Überlegenheit den Makedonen an Kampfkraft unterlegen. Es fehlte außer einer entspr. Kriegserfahrung an fähigen Offizieren, wobei die Furchtsamkeit des persischen Großkönigs (aufgrund der Erinnerung an Issos) und seiner gemischt zusammengesetzten Truppen eine nicht unwesentliche Rolle spielten.

Als die Späher das persische Heer gesichtet hatten, gönnte Alexander seinen Soldaten ganze vier Tage Ruhe und ließ ein befestigtes Lager anlegen, wo dann alles abgelegt wurde, was im Kampf hinderlich sein konnte. Am fünften Tag führte Alexander in einem Nachtmarsch sein Heer in Sichtweite an den Feind und wollte, als er am Nachmittag die feindlichen Linien erreichte, sofort angreifen. Doch sein Feldherr Parmenion und andere Offiziere rieten zu einer weiteren Rast mit Stärkung und folgender Nachtruhe. Ein nächtlicher Überfall wäre auch insofern riskant gewesen, weil Darius seinen Leuten befahl, die ganze Nacht voll gerüstet wach zu bleiben. Die gesamte Breite der persischen Schlachtreihe betrug vier bis fünf Kilometer, während die Front der Truppen Alexanders sich wesentlich schmaler darstellte.

Am Morgen des 10. Oktober 331 v.Chr. begann die entscheidende Schlacht, als die persischen Streitwagen auf dem planierten Boden heran stoben. Die meisten erreichten die griechische Schlachtreihe nicht, da die gegnerischen Fußkämpfer sie mit ihren Speeren und Pfeilen vernichtend empfingen. Als die restlichen Wagen nahe genug waren, rückte die makedonische Phalanx, wie angeordnet, auseinander. Dann wurden die Perser von rechts und links zusammengehauen oder dahinter von einer zweiten Front entsprechend in Empfang genommen. Diese Front Alexanders wurde dann aber von persischen und indischen Reitern durchbrochen, die die Anweisung hatten, das makedonische Lager zu besetzen, um die bei Issos gefangen genommenen Frauen des Darius zu befreien. Dabei verloren sie jedoch wichtige Zeit, um am weiteren Kampf entscheidend teilzunehmen. Dadurch, dass Alexander seine Attacke nun gegen den linken langen Flügel richtete und seine Phalanx auch von rechts vorstieß, wandten sich die Perser nach links, um Alexanders rechten Flügel von der Seite anzugreifen. Dabei entstand eine Lücke in der persischen Schlachtreihe, in die Alexander sofort hinein und nach links zu Darius im Zentrum stieß und dessen Heeresstamm angriff.

Der Großkönig sah Alexander auf sich zukommen, der seinen Wagenlenker tötete. Darius ergriff darauf die Flucht, einschließlich seiner Elitegarde; manches des weiteren Kampfes wiederholte sich wie das Geschehen in Issos. Wie dort war der rechte Flügel der Perser zunächst erfolgreich vorgestoßen. Alexander ließ den Darius laufen und stürmte eiligst zu seinem stark gefährdeten linken Flügel, um die persischen Reiter von links hinten anzugreifen. Auch durch zusätzliches, entscheidendes Eingreifen von thessalischen Truppen wurden die Perser – genau waren es zweitausend griechische Söldner – in die Flucht geschlagen. Daraufhin nahm Alexander wieder die Verfolgung des Darius auf, den er nicht mehr erreichte. Dafür besetzte er aber das feindliche Hoflager in Arbela, wo ihm jede Menge Vorräte und die Kriegskasse in die Hände fiel. Alexanders Feldherr Parmenion hatte inzwischen das persische Feldlager erobert, mitsamt dem Troß, Pferden, Kamelen und Elefanten. – Der Großkönig Darius verlor nicht nur sein Reich, sondern nur zu bald auch sein Leben: In einer abgelegenen Gegend wurde er von eigenen Leuten ermordet.

Der grandiose Sieg, sowie die Eroberung des Perserlagers, war insofern auch entscheidend, als diese Erfolge die Geldnöte Alexanders beseitigten. Als er dann auch Persepolis (nordöstlich von Schiras im Iran gelegen) eroberte, fiel ihm ein riesiger Schatz in die Hände. Die Beute soll 120.000 Talente betragen haben; einem Talent entsprachen etwa 26 kg Silber.

Auch Gordion, die Hauptstadt der Phryger in Kleinasien, suchte er bald darauf auf und besetzte es. Der Sage nach hieß es, wer den „Gordischen Knoten" löse, würde Asien beherrschen, was Alexander angeblich mit einem einzigen Schwerthieb gelang.

In Ägypten gründete er zwischen 332 und 331 v. Chr. **Alexandria**, das er nach seinen eigenen Plänen errichten ließ, eine der großartigsten und erfolgreichsten Leistungen an Stadtgründungen der Antike. – Bis heute wird in Alexandria das Grabmal Alexanders gesucht.

Alexandria entwickelte sich unter den Ptolemäern (den Nachkommen des Ptolemäus, dem wichtigsten Feldherr von Alexander, der nach 323 v.Chr., also nach dem Tod von Alexander, die endgültige Herrschaft über Ägypten gewann) zum geistigen Mittelpunkt der hellenischen Welt und unter den Römern wurde es zum bedeutendsten Weltverkehrsplatz. –

Was geschah noch in dem entscheidenden Jahr 331 v.Chr.? Alexander zog nach Jerusalem, besetzte Susa und Babylon, um sich dann Anfang des Jahres 330 Persepolis vorzunehmen, die Residenz der Achaimeniden, dem altpersischen Herrschergeschlecht.. Soweit wir wissen, ist die totale Zerstörung des Palastes nicht geplant gewesen. Eine Version besagt, dass in einigen Räumen wie auch der Thronhalle Mobiliar zusammengetragen wurde, das Alexander offenbar vernichten wollte, bevor er den Palast und die Stadt verließ. Er hatte für Persepolis und den Palast keine weitere Verwendung.

In gewohnter Weise richtete Alexander jedoch wieder ein <u>riesengroßes Fest</u> mit komfortabler Ausstattung, vielen Künstlern, Spielen und Vorführungen aus; es galt als <u>einmalig</u>.

Dann zog er nach Ekbatana, der dritten, bedeuteten alten Hauptstadt, vormals der Meder (heute Hamadan im NW-Teil Irans). Der weitere Feldzug führte Alexander nach Hyrkanien (im südwestlichen Turkmenistan), einer Landschaft am SO-Rand des Kaspischen Meeres bei dem heutigen Sari sowie nach Herat im westlichen Afghanistan. –

Im Winter 330 auf 329 setzte Alexander zunächst seinen Marsch fort, gründete auch die Stadt Arachoton, das heutige Kandahar. Dann gab es eine Winterrast; danach ging der äußerst beschwerliche Marsch über waldloses Gebirge zum Herrschaftsgebiet des Bessos nach Baktrien. <u>Baktra</u> war die Hauptstadt (heute das Dorf Balch), die Alexander dann zur „Zentrale" seiner <u>Provinz Baktrien erhob</u> und besiedelte diese mit z.T. kampfunfähigen Veteranen seiner Truppe. Bessos war der Mörder des persischen Großkönigs Darius.

Er wurde dann im Frühjahr 329 gefangen genommen und später hingerichtet, jedoch nicht durch die Makedonen, sondern in einer Versammlung von Medern und Persern durch Oxyathres, dem zu Alexander übergelaufenen Bruder des Darius mit seinen Verwandten.

<u>Die Grausamkeit vor und während der Hinrichtung</u> von Bessos war wohl kaum zu überbieten, doch besonders die Perser waren damals dafür berüchtigt.

Nach Überschreitung des Hindukusch hatte Alexander Drapsaka erreicht, das spätere Kundus.

328 wurde Alexandria Eschate (Chodschent) gegründet. Das war auch die <u>Umkehr</u> am Jaxartes-Fluss (heute Syr-darja), womit <u>der nördlichste Punkt seines Feldzugs</u> erreicht wurde.

In den Jahren um 329 bis 325 v. Chr. drang Alexander also mit seinem Heer nach Indien vor, bis zum Fluss Indus und teils darüber hinaus. – Diesem Feldzug wollen wir genauer nachgehen.

Insgesamt, kann man sagen: <u>Alexanders Eroberungen</u> eröffneten der <u>griechischen Kultur den Weg nach Asien und Ägypten,</u> womit das Zeitalter des Hellenismus begann, bzw. fortgeführt wurde.

Alexander, so eine weitere Erkenntnis, war nicht nur ein großer Eroberer, sondern auch ein bedeutender Entdecker, im wissenschaftlichen Sinne. Er war von einem außerordentlichen Forscherdrang getrieben und umgab sich mit vielen Gelehrten, denen er immer wieder Aufgaben stellte und sich selbst über jegliche Gebiete informierte.

Im geschichtlichen Sinne hat Alexander also nicht nur die Grundlagen für die Ausbreitung der griechischen Sprache und Bildung, sondern letztendlich auch der späteren Ausbreitung des Christentums gedient. –

Indien wurde in der Antike als das *Fünfstromland* angesehen und war zunächst der Pandschab, das heutige Pakistan. Vom Ganges hatte man gehört, glaubte aber, er münde ins Weltmeer, den *Okeanos*. – Seit dem Perser-König Darius I. gab es – um 500 v. Chr. – die „Satrapie Hindusch" (im Perserreich eine Provinz, von einem „Satrap" verwaltet, einem Statthalter also) im Indus-Tal. Diese war außergewöhnlich reich und lieferte viel Gold an den persischen Hof.

Auf einem Abstecher war Alexander im Frühjahr 327 auch in Buchara, zog dann nach Marakanda (Sarmakand) und Nautaka, von wo er in Richtung Südosten zog. Alexander hatte keineswegs die verschiedentlichen Widerstandsnester im Griff, wozu auch der „Sogdische Felsen" in Baktrien gehörte. Mit vielen Tricks und in schweren Kämpfen eroberten die Soldaten Alexanders diesen steilen, gefährlichen Felsen, eine befestigte Burganlage, die dem Oxyartes zugeschrieben wird. Die Makedonen sollen dort dreißigtausend Gefangene gemacht haben. Diese Gefangenen wurden gegeißelt und nach Perserart gekreuzigt. (Eine andere Version der Überlieferung besagt aber, dass Alexander diese Gefangenen milde behandelt hätte). Eine Ausnahme bildete allerdings die Familie des Oxyartes (der selbst nicht anwesend war), zu der auch die schöne Tochter Roxane gehörte.

In diese baktrische Prinzessin verliebte sich Alexander Hals über Kopf, sodass er sie noch 327 förmlich zur Frau nahm. Das hat keineswegs nur Begeisterung unter den Anhängern von Alexander geführt, denn noch nie hatte ein griechischer Monarch eine Barbarin zur Frau genommen. – Doch Alexander zog darauf mit seinem Heer von Baktrien wieder nach Süden, um über den Hindukusch nach Alexandria-Kaukasia, nördlich von Kabul, zu gelangen, was keineswegs immer friedlich abging.

Zu einem neuen Erlebnis- und Handlungsort wurde 326, also bald darauf, Taxila am Indus.

Aufgrund dessen, dass der befreundete König Taxiles in Bedrängnis durch Nachbarn im Osten geriet, bat er bei Alexander um Hilfe. Das bot den Anlass für diesen, über den Indus hinauszugehen. Im Kampf und Vorstoß der makedonischen Truppen, der auch solche der griechischen Allianz angehörten, wurde Alexander schwer verwundet – das war nicht das einzige Mal. Alexander ließ daraufhin die nahegelegene, feindliche Stadt vernichten und die indischen Kämpfer und Söldner allesamt niederhauen und abstechen: Ganz so ungewöhnlich war das wahrscheinlich in der Antike – und darüber hinaus – unseres Wissen nach nicht.

Jedoch gründete Alexander immer wieder neue Städte (auch befestigte Lager), in denen sich dann die Invaliden seines Heeres niederlassen konnten, aber auch kampffähige Soldaten unter einem strengen Statthalter, der für Ruhe und Ordnung in der Umgebung zu sorgen hatte.

Um die unruhigen Bergvölker zu unterwerfen, ließ Alexander sich auf schwere Kämpfe mit den Assakenern ein (die indische Königin Kleophis war die Mutter des Stammesfürsten Assakenos, der im 4. Jahrhundert regiert haben soll), die im Bergland von Swat siedelten.

Die folgende Eroberung, der größten, festen Stadt dort, von Massaga (nördlich von Rawalpindi gelegen) erforderte tagelange, schwerste Kämpfe. Dabei wurde Alexander im Gefecht erneut verwundet. Abermals reagierte er gnadenlos und ließ alle indischen Söldner töten; allerdings bestand die Gefahr, dass diese fliehen und wieder gegen ihn antreten würden. –

Später haben Forscher versucht, den Zug und Weg Alexanders in Indien nachzuvollziehen.

Es müssen ganz erhebliche Geländeschwierigkeiten gewesen sein, die seinen Vormarsch erschwerten und bestimmten. – Nach der sehr schwierigen Eroberung des steilen Aornos-Felsens bei Embolima, wo sich Hunderte und Hunderte von Flüchtlingen und Kämpfern verschanzt hatten, brachte Alexander – viele Fliehende wurden noch getötet – der Athena Nike (entspricht etwa der römischen „Viktoria") ein Opfer dar. Diese und ähnliche Rituale wurden immer wieder vollzogen, auch geheiligte Tempel wurden ehrfürchtig behandelt und betreten oder neue durch Alexander errichtet und Orakel befragt.

Nachdem die Assakener in die Berge geflohen waren, hatten sie über hundert Elefanten im Tal zurückgelassen. Mit einer solchen „Beute" hatte Alexander schon in etwa gerechnet und war darauf vorbereitet, indem er einige Elefantenführer schon in seinen Tross eingegliedert hatte. Die Tiere wurden nun zum Transport von Gütern und Nachschub eingesetzt. ...

Im Winter des Jahres 327 auf das Jahr 326 ließ Alexander in der Nähe des Indus-Flusses ein großes Lager errichten und seine Männer konnten sich ausruhen. Vom befreundeten König Taxiles erhielten die Makedonen reichlich Proviant, mehrere tausend Rinder und unzählige Schafe, auch Silberwaren und Münzen, weitere Elefanten und einige hundert Reiter.

Das nächste Ziel Alexanders war folglich Taxila, die größte Stadt weit und breit, etwa 30 km nordwestlich von Rawalpindi im heutigen Pakistan gelegen. In der Stadt gab es eigenartige Sitten und Gebräuche, von denen nur erwähnt werden soll, dass die Alten ausgesetzt und die Toten den Geiern zum Fraße vorgeworfen wurden.

Gespräche mit Indern sind wohl überliefert, so mit den „nackten Weisen". Das waren hinduistische Asketen, zur Priesterkaste der Bramahnen gehörend. Bramahnen gehörten im indischen Kastenwesen der obersten Kaste an. Ihr Vorrecht, ja ihre Pflicht war es, Lehrer der Veda (das sind die ältesten, heiligen Schriften des Hinduismus) und Gelehrte zu sein. In der „Bhagavadgita" (im Sanskrit „Gesang des Erhabenen") werden als charakteristische Eigenschaften angeführt: Heiterkeit, Selbstbeherrschung, Askese, Reinheit, Nachsicht und Aufrichtigkeit sowie Mitleid mit allen Lebewesen. – Für Alexander, den Wissensdurstigen, sollten diese Erkenntnisse von Bedeutung werden. Aber: Er blieb ein „Philosoph in Waffen", wie ein Brahmane ihn nannte. Alexander wollte nun Näheres über die Brahmanen wissen und befahl ihnen, bei ihm zu erscheinen, was die Asketen ablehnten. Wenn er sie sehen wolle, müsse er selber kommen. Darauf sandte Alexander den Onesikritos, der einen Asketen namens Kalanos ansprach (über Dolmetscher), er möge ihm seine Philosophie erklären. Dieser erklärte Onesikritos: „Erst musst du dich ausziehen und zu uns nackt auf die heißen Steine legen", worauf der Angesprochene zögerte. Nun schaltete sich Dandamus, der Älteste der Asketen ein, tadelte den Kalanos, lobte aber Alexander, weil er nach Weisheit strebe, der wichtigsten Gabe für einen Herrscher. Ferner erklärte Dandamus: Für den Menschen komme es doch nur darauf an, Lust und Schmerz zu vermeiden. Mühe aber habe er auf sich zu nehmen, um die Seele zu stärken. Das einzige echte Übel sei körperlicher Schmerz, den es zu beenden gälte, wenn dieser unerträglich werde, indem man den Scheiterhaufen besteige. –

Alexander wünschte dann, einen der Weisen mitnehmen zu können, worauf Dandamus ausrichtete: Dies gestatte er keinem seiner Schüler, er sei ebenso ein Sohn des Zeus wie Alexander, begehre ja auch nichts von ihm. Der lange Feldzug Alexanders sei doch ein Zeichen von Begehrlichkeit, sie selbst – die Asketen – seien hier zu Hause und zufrieden. Stürbe einer von ihnen, würde er von seinem Körper, einem doch lästigen Begleiter, befreit.

Soweit wir wissen, sind die zivilisationskritischen Argumente des Dandamus durchaus in der griechischen Philosophie bekannt (also: Verzicht auf materielle Güter, Ablehnung des Krieges, Beschränkung auf vegetarische Ernährung und Wasser zum Trinken, möglichst auch Rückzug in die Einsamkeit). Dafür gäbe es dann Seelenruhe und Nähe zu den Göttern.

Kalanos hat sich dann doch Alexander angeschlossen, denn dieser schätzte ihn sehr. – Kurz bevor Alexander mit seinem Heer 324 auf dem Rückweg Susa (die orientalische Stadt, im südwestlichen Iran) erreichte, erkrankte der 73 Jahre alte Kalanos. Ärztliche Hilfe lehnte er ab, bat aber Alexander, ihm einen „Scheiterhaufen" errichten zu lassen. Alexander verweigerte das zunächst, gab schließlich seinem Vertrauten Ptolemäus doch die Anweisung dazu. Kalanos näherte sich nun dem Scheiterhaufen mit einem Schilfkranz auf dem Haupt, betete, besprengte sich mit Weihwasser und empfahl den Makedonen, zu feiern.

Ehe er dann – angeblich – heiteren Sinnes den Scheiterhaufen bestieg und verendete, prophezeite er dem Alexander noch ein Wiedersehen in Babylon.

Babylon, die sagenumwogene und in der Bibel genannte bedeutende Stadt, hebräisch „Babel", war von Anfang des 2. Jahrtausends mindestens bis zur Zeit Alexanders das kulturelle Zentrum der gesamten vorderasiatischen Welt. Von der Pracht, dem Reichtum und der Ausdehnung der Stadt zeugen neben den Inschriften des babylonischen Königs Nebukadnezar II. (604–562) auch viele Angaben antiker Schriftsteller, wie z.B. des Herodot.

Nach dem Sieg über die Perser eroberte Alexander 331 auch diese Stadt und machte sie zu seinem Hauptsitz. Er betrachtete Babylon also als seine eigentliche Residenz und beabsichtigte, die Stadt wieder vollständig herzustellen, hatte auch sonst sehr weitgehende Pläne.

Im Frühsommer 323 kehrte Alexander endlich nach Babylon zurück und schlug hier seinen Regierungssitz auf – es gab sehr viel zu regeln und zu ordnen – und zog in den Palast des Nebukadnezar ein. Das größte Projekt sollte der Wiederaufbau des Babylonischen Turms sein, Sein zweites großes Projekt war die Verbesserung der Wasserwege sowie die Wasserregulierung, was nicht vollendet werden konnte, denn:

Unvermutet, ja völlig überraschend starb Alexander im Juni 323 im Winterpalast am Euphrat. – Somit traf die Prophezeiung von Kalanos möglicherweise zu, nämlich, dass sich die (Seelen der) beiden hier wieder treffen würden.

Zuvor hatte Alexander jedoch noch einiges zu bestehen und zu überwinden, ehe er dorthin gelangte. – Im Sommer 326 erreichte Alexander auf dem weiteren Vormarsch den Pandschab, das *Fünfstromland*. Sein Entdecker- und Eroberungsdrang war aber noch immer nicht gestillt. Er wollte nicht nur den Ganges, sondern schließlich den *Okeanos* und damit das nahe vermutete Ende der Erde erreichen. Das wäre aber nicht möglich gewesen, wie wir heute wissen.

Der so von Alexander geplante Weitermarsch, also die Fortsetzung des Feldzuges, wurde von seinen Männern sehr übel bewertet. Sie waren nun rund 18.000 km marschiert und bereits viele Jahre unterwegs. Außerdem regnete es unentwegt und die Füße der Krieger sowie die Hufe der Pferde waren wund. Die Missstimmung in seinem Heer verbitterte Alexander, er schloss die anberaumte Versammlung und zog sich in sein Zelt zurück und kam zwei Tage nicht heraus.

Inzwischen befragte Ptolemäus – sein wichtigster Feldherr – die Götter und die gaben eine negative Antwort. Das ergab sicher den Ausschlag dafür, nicht weiter zu ziehen, denn seinen Kriegern nachzugeben, wäre Schwäche gewesen, den Göttern aber musste gehorcht werden.

Alexander rief schließlich die Offiziere zusammen und verkündete die Rückkehr; das wurde mit Freudengeschrei der Soldaten begrüßt. –

Darauf ließ Alexander auf einem Vorgebirge zwölf riesengroße Altäre für die olympischen Götter errichten. Nochmals wurde ein großes Opfer- und Sportfest gefeiert, ehe zum Abmarsch gerüstet wurde. – Alexander ergründete noch die (geteilte) Indusmündung, um den günstigsten Seeweg festzustellen, denn:

Eine der in drei Heeresgruppen geteilten Truppe fuhr unter Leitung von Nearch in meist selbstgezimmerten, aber auch erbeuteten, Booten – es sollen an die 1000 gewesen sein – den Indus hinab, um auf dem (Indischen) Ozean weiter in westlicher Richtung zur Persis (die südliche Provinz des alten Perserreichs mit der Hauptstadt Persepolis) zu gelangen. Sie sollten die Route in den Persischen Golf erkunden. Diese Seereise war schon sehr strapaziös.

Immer wieder mussten die Schiffer (ausgewählte Leute, von denen einige sowohl rudern als segeln konnten) an Land gehen, um sich Wasser und Lebensmittel zu beschaffen. Das ging meist nicht friedlich ab. Dabei wurde aber auch seine Truppe durch Einheimische ergänzt.

Nearch und seine Leute lernten so Menschen kennen, die noch wie in der Steinzeit lebten.

Alexander dagegen wollte selbst mit seiner Truppe von der Indusmündung aus an der Küste entlang marschieren, während er seinen Feldherrn Krateros mit einer viel größeren, aber weniger leistungsfähigen Truppe mit einigen invaliden Kriegern und allen Elefanten auf einer nördlichen Route nach Westen sandte. In Karmanien traf diese Truppe Ende 325 wieder auf Alexander und seine dramatisch geschmolzene Gruppe. Der Rückweg dieser Heeresgruppe unter Alexanders Führung gestaltete sich nämlich streckenweise äußerst schwierig und verlustreich.

Er plante ja die Durchquerung des südlichen Belutschistan parallel zur Küste und führte das auch aus. Dann musste das Land Gedrosien durchquert werden, das weitgehend aus Wüste bestand. Da gab es nicht nur gefährliche Dornensträucher, giftige Früchte sondern auch eine außerordentliche Schlangenplage. Sogar die mitgeführten indischen Ärzte konnten viele der Verwundungen und Vergiftungen nur zu oft nicht heilen.

Alexander hatte auf seinen Feldzügen immer wieder Einheimische in sein Gefolge aufgenommen, oft waren das ehemalige Gefangene, die ihm freiwillig folgten.

Der Höhepunkt dieser „Integration" war aber dann in Susa, nordwestlich von Persepolis gelegen, die „Massenhochzeit" zwischen Makedonen, Griechen und persischen Frauen, wohl die größte Hochzeit der Weltgeschichte.

Beim Durchmarsch durch die Wüste hatte Alexander mit seinen Truppen noch Schlimmeres zu überwinden, wenn wegen der großen Hitze nachts marschiert werden musste. Auch gab es Tage ohne Wasser und etwas zu essen. Dann plünderten die Soldaten die versiegelten, an der Küste für die Flotte angelegten Vorräte. Schließlich wurden Esel und Pferde geschlachtet, auch blieb Gepäck liegen und die Wagen ebenfalls. Im Winter 325 auf 324 gelangte der am Leben gebliebene Rest der Truppe – auch viele der mitgeführten Frauen und einige Kinder waren umgekommen – nach Karrmanien (südlich der heutigen Stadt Kerman).

Dort gelangten sie wieder ausreichend zu Vorräten von Lebensmitteln sowie Lasttieren und Kamelen.

Auch traf der geschmolzene Teil der Truppen Alexanders hier wieder mit dem Feldherrn Krateros und seiner großen Gruppe von Soldaten und Elefanten zusammen und es wurde darauf ein großes Lagerfest gefeiert.

Ein letztes Mal fand hier eine Stadtgründung statt: Alexandria Karmanias.

Somit hatten die mitgereisten „Architekten" und Bauleute mindestens ein Dutzend neue .Städte errichtet.

Dann teilte Alexander das Heer wieder; den größten Teil schickte er unter dem Befehl von Hephaistions die Küste entlang nach Susa. Er selbst nahm den nördlicheren Weg in die Persis.

Im Frühjahr 324 gelangte Alexander also nach Susa. Dort musste er zunächst hartes Gericht an untreuen oder betrügerischen Statthaltern halten. Darauf wurde aber für ein monumentales Siegesfest gerüstet, das alles Vergleichbares in den Schatten stellte.

Der Höhepunkt war dann die <u>Massenhochzeit</u>. Damit sollte die <u>Erbfeindschaft zwischen Griechen und „Barbaren" beendet werden</u>. Seinen Generalen gab Alexander Frauen aus dem persischen Hochadel zu Gemahlinnen, während seine Krieger freie Frauenwahl hatten.

Der ganze Vorgang wurde aber nicht von allen Teilnehmern ohne weiteres akzeptiert und ließ schon einmal Widerstand unter den Makedonen entstehen.

Missgunst löste auch noch ein anderes Ereignis aus: Alexander hatte zur Stärkung und Einigung der ehemals feindlichen Völker von Griechen, Makedonen und Persern bedeutende Anstrengungen unternommen. Er hatte nämlich rd. 30.000 junge Perser in der griechischen Sprache und an makedonischen Waffen ausbilden lassen; diese erschienen jetzt auf dem Fest. – Auch 20.000 persische Bogenschützen und Schleuderer wurden erfolgreich in das Heer eingegliedert.

Antipater, Alexanders treuer Statthalter im Heimatland Makedonien, erhielt nun die Aufgabe, die neue Jungmannschaft nach Babylon zu bringen und weiter zu „betreuen". Nach <u>Babylon</u> machte sich auch bald Alexander selbst auf.

Es war eine Art <u>Sternstunde</u>, der Höhepunkt seiner großen, siegreichen Laufbahn und des überwiegend erfolgreichen Feldzugs, als der 32-jährige König im Frühling 323 den Palast Nebukadnezars betrat und als seine neue Residenz einrichtete.

Der Vermutungen gibt es viele, woran Alexander schon im Juni des gleichen Jahres gestorben sein könnte. Wir urteilen aber wahrscheinlich richtig, dass noch zuletzt übermäßiger Alkoholgenuss, frühere schwere Verwundungen und Krankheiten zu seinem vorzeitigen Lebensende beigetragen haben.

In einem Bericht heißt es, Alexander wäre „äußerst verliebt in Gefahren" gewesen, sein Mut und seine Risikobereitschaft waren erheblich. Plutarch hinterließ eine Liste seiner Verletzungen. Danach wurde er achtmal verwundet oder getroffen, davon dreimal sogar lebensgefährlich.

So können wir feststellen: Seine todesverachtende Tapferkeit war sicherlich eine der Bedingungen seiner außergewöhnlichen Erfolge. – Eine andere, kritische Meinung besagt: „Alexanders brüchiger Erfolg als Eroberer beruhte auf den soliden Grundlagen, die sein Vater gelegt hatte. Sein Reich (A.'s), wenn man es denn so nennen will, zerbarst wenige Jahre nach seinem Tod und wuchs nie wieder zusammen. Es gab anders als <u>nach dem Ende Caesars keinen Augustus</u>, der das zu ordnen verstand, was der rastlose Vorgänger hinterlassen hatte. ...

Es war seine Ruhelosigkeit, die er an seine Nachfolger weitergab."

(Hartmut Leppin in „Das Erbe der Antike")

Der mit Spannung erwartete Vortrag über die inzwischen teils schon als unabwendbar angesehene Klimakrise – es ging nur noch um das Ausmaß und bis wann evtl. Aussicht bestand, die fatalen Auswirkungen stärker einzudämmen. Oli Noll hatte mit mehreren „Fachleuten" einen dezidierten Vortrag ausgearbeitet, den er aber nicht halten konnte, da er über der Arbeit schwer erkrankt war. Also gab sich Lars wieder dafür her, einiges, meist schon Bekanntes, zum Besten zu geben:

ZUKUNFT

„Klima: Gibt es eine Katastrophe?"

Die Zuhörer im BZRM waren gespannt auf diesen Vortrag

Ralf begann so:
– *Die Aussichten, eine neue* globale Ordnung *zu schaffen, sind arg gering: Warum?*
Es kreuzen sich zu viele politische, kulturelle, ökonomische und militärische Konfliktlinien, was durchaus zu einem Zustand großer normativer Unordnung *führen kann – wenn das nicht schon eingetreten ist.* Es gab gleich einen Einspruch:
    Ich denke, du sprichst über die Klimakrise – oder nicht? Außerdem sind diese Begriffe und Formulierungen mir zu hoch angesetzt –
    Der Professor (Rainer Forst, Goethe Universität, Frankfurt), auf den ich mich hier berufe, ist Kantianer. *Auf die Frage „Gibt es noch ein vernünftiges Hoffen in unserer Zeit, wie es Kant vertreten würde?" sagt der Prof. Forst: „Ich hoffe, Kant folgend, auf einen kosmopolitischen Rechtszustand, auch wenn dieser heute über Kants Vorstellungen hinausgehen muss, etwa in Bezug auf ökonomische Gerechtigkeit. – Mit Kant zu reden: „Das Recht der Menschen muss heilig gehalten werden, der herrschenden Gewalt mag es auch noch so große Aufopferung kosten,"*
    Das wäre in etwa meine Einleitung zu dem vorgegebenen Thema. – Ein oder zwei Sätze unseres Professors sollen hier noch angeführt werden. Nachdem Forst auf die „Unmündigkeit" der Ökonomie angesprochen wurde, sagte er u.a.: „Es führt kein Weg daran vorbei, Finanzströme zu kontrollieren und zum Wohle der Schlechtestgestellten zu besteuern. Westliche Gesellschaften müssen einen Teil ihrer ökonomischen Vorteile abgeben und die Arbeitsbedingungen in ärmeren Ländern radikal verändern." –
    Hier können wir nun ansetzen, um mit unserem eigentlichen Thema fortzufahren.

Auf der Klima-Konferenz in Paris im Dezember 2015 wurden vorbildliche Vereinbarungen abgeschlossen, um die weiteren, schädlichen (und bisher noch gestiegenen) Emissionen an CO^2 zu unterbinden. Den Entwicklungs- und

Schwellenländern wurden riesige Beträge, von Hundert und mehr Milliarden Dollar, zugesichert, um den durch die Industiestaaten erzeugten Schäden einigermaßen auszugleichen und die ärmeren Länder auf einen nachhaltigen Weg bei der weiteren Energiegewinnung zu führen. Der obige Satz von den „Westlichen Gesellschaften, die einen Teil ihrer ökonomischen Vorteile" abgeben sollen, wurde so, teilweise, in die Wirklickeit umgesetzt. – Der Begriff „Dekarbonisierung" allerdings – die vollständige Abkehr von Kohle, Öl und Gas – wird im Vertrag nicht erwähnt. Damit erst gaben die Staaten China, Indien und Saudi-Arabien ihre Zustimmung zum Vertrag. Stattdessen einigte man sich darauf, dass in der zweiten Jahrhunderthälfte nicht mehr Treibhausgase ausgestoßen werden dürfen, als von der „Natur" absorbiert werden können: Das erscheint vage. Es bleibt allerdings noch viel zu tun. Und: Versprechungen sind schnell gemacht; wenn diese real nicht bindend sind und nicht eingehalten werden, dann wäre das Ganze ein „Schildbürgerstreich" sondergleichen.

Beurteilung des letzten Jahrzehnts der 2000er Jahre

– Noch In den vergangenen Jahren 2008/2009 wurde doch die Meinung vertreten, dass es möglich und sogar lukrativ sei, die westliche Welt bis zum Jahr 2050 kohlenstofffrei zu machen. Ja, es würden sogar viele Millionen *grüne Arbeitsplätze* entstehen.
Nun war es ja inzwischen klar geworden, dass die Begrenzung auf zwei Grad plus nicht eingehalten werden kann; vier Grad plus oder mehr bis zur Mitte des Jahrhunderts sind wahrscheinlich angesagt. –
– Na, dann Prost Mahlzeit! – meinte ein Neuer in der Runde.

– Zunächst ist festzustellen: Was wir, also ein Teil der Industrieländer (die BRD war da sogar einmal in einer ‚Spitzenposition') in den vergangenen ca. zwanzig Jahren an Emissionen eingespart haben, ist inzwischen in den sogen. Schwellenländern – binnen eines Jahres – hinzugekommen. Wir hoffen sehr, dass dieser Trend nicht unvermindert weiter geht. China hat ja inzwischen, noch vor den USA, die „Spitze am Ausstoß von Emissionen" übernommen. Meiner Einschätzung nach, bleibt aber immer noch einige Zeit, ernsthaft gegenzusteuern. Ansonsten wird es schlimm, es wird *harte Treffer* geben! –

– Wie stark würde denn etwa Deutschland betroffen sein? –
– Deutschland wird sicherlich auch betroffen sein, doch relativ spät. Aber irgendwann werden auch wir Hitzegrade von 42 Grad C. und mehr erleben. Viele Flüsse werden öfter Mal austrocknen, aber umgekehrt wird es auch wesentlich mehr Überschwemmungen geben, ähnlich der Elbeflut von 2002.
Das Wetter wird sich jedenfalls extremer (und ist es z.T. schon) entwickeln und dann sähe es anderswo für Millionen Menschen arg düster aus.

Erwärmt sich nämlich die Erde im globalen Mittel um vier Grad, dann heißt das:

1. Es bleibt nichts, wie es einmal war. Es ändert sich alles, nicht nur die Vegetation, die Jahreszeiten und die Küstenlinien.
2. Der Meeresspiegel würde sehr schnell steigen. Sowohl Wälder in den Tropen als auch in der nördlichen Hemisphäre werden Steppen oder Wüsten Platz machen, wobei auch noch gewaltige Mengen an Kohlendioxid freigesetzt werden. Methan z.B. entweicht in der aufgetauten Tundra in Massen, in den Nordpolargebieten; und das ist noch viel umweltschädlicher, als CO^2 – sagte einer. Die unabsehbaren Veränderungen der Meeresströmungen im Atlantik und Pazifik können weitere, negative Folgen haben – so auch für die Temperaturen in Europa.

Für den tropischen Regenwald würde das sogar *plus fünf* oder sogar *sechs Grad* bedeuten; die Regenwälder werden das kaum überleben. –
– Was würde mit den Menschen in Afrika passieren, wo ja schon jetzt über eine Milliarde leben – Tendenz steigend? –
– Die stark wachsende Bevölkerung in Afrika wird in einer Vier-Grad-Welt nicht mehr genügend Lebensmittel erzeugen können, abgesehen von den anderen Folge-Aspekten. –
Dann werden sich doch sicherlich riesige Flüchtlingsströme in Bewegung setzen, auch zu uns. Wird unser Kontinent, in dem Fall Europa, irgendwann die wachsende Zahl der Menschen von dort nicht mehr aufnehmen wollen und ernähren können? –
– Das wäre durchaus möglich. –

– Aber die Erkenntnis, ganz allgemein und aktuell gesehen, in Notsituationen, also für das Jetzt, ist doch: Es genügt einfach nicht, Menschen nur in Not zu helfen. Sie müssen langfristig unterstützt werden, sonst können sie dem Kreislauf aus Hunger und Armut nicht entkommen. –

– Aber wie? Du kannst ja noch unendlich viele Missstände auflisten; kommen wir damit weiter? – Jerry sagte ergänzend:

– Es wird ja inzwischen viel von der „Resilienz" gesprochen, die als vordringliche Aufgabe gesehen wird. Damit sind „Vorsorgemaßnahmen" gemeint, die vorsehen, zur Stärkung der Gesundheit und Gesunderhaltung von Einwohnern in der Subsahara u.a. beitragen sollen. Das heißt, bei denjenigen also, die sowieso und immer wieder von Dürre und sonstigen Katastrophen geplagt werden. Vor zwei Jahren führte die extreme Dürre am „Horn von Afrika" zu schlimmsten menschlichen Leiden, Hunger und Sterbefällen.

Und dann ist es doch so: Etwa ein Drittel (- halte ich für reichlich übertrieben – sagte jemand) der Weltbevölkerung, ist lt. Unicef, und Weltgesundheitsorganisation, von Wasserknappheit, schlechter Wasserqualität und schlechter Sanitärversorgung betroffen. Jährlich sterben alleine vier Millionen Kinder, weil sie keinen Zugang zu sauberem Trinkwasser haben. Die Folge vom Wassermangel sind auch Krankheiten wie Typhus, Cholera und Malaria. Und was die Menschen in den ärmsten Ländern der Erde außerdem dringend brauchen, sind auch Bewässerungsmöglichkeiten für ihre Felder (die ihnen z.T. genommen werden – ein anderes dramatisches Thema, das „land grabbing"). Die „Welthungerhilfe" unterstützt z.B. den Brunnenbau in Ghana oder Projekte zur Wasserversorgung incl. gesundheitlicher Aufklärung in Afghanistan und in anderen betroffenen Ländern.

–. Hoffen wir nur, dass die verheerenden Kriegsgeschehen nicht weiter zunehmen. – Lars darauf:

– Ich will ergänzend erwähnen, dass die „Deutsche Welthungerhilfe" – die ich seit langem unterstütze – sich für eine Rückbesinnung auf die traditionellen, nachhaltigen und Ressourcen schonenden Lebensweisen einsetzt; den indigenen Volksgruppen soll so das Überleben ermöglicht werden. Die Bekämpfung der globalen Katastrophen ist die vordringliche Aufgabe der Welthungerhilfe. Dabei setzt sie vor allem auf Hilfe zur Selbsthilfe. Die Menschen in den betroffenen Gebieten sollen in die Lage versetzt werden, sich selbst zu ernähren und sich auch ein eigenes Einkommen zu sichern. Millionen von Menschen wurde dadurch schon das Leben gerettet. Das sind die nächstliegendsten Möglichkeiten zu einer effektiven Hilfe und zu einer Aufbesserung der Lebensumstände der bedrohten Volksgruppen. –

Darauf Christian:
– Es fehlt doch die gemeinsame kollektive Vision, wie die globalen Herausforderungen angegangen werden sollen.
Die Vier-Grad-Welt ist dermaßen abschreckend, dass wir alles daransetzen sollten, den Temperaturanstieg auf wenigstens zwei Grad zu begrenzen (- das wird doch jetzt gerade effektiv angestrebt – sagte ein anderer) – und auch hierauf müssen wir uns in der Tat vorbereiten, Stichwort *Anpassung*. –

Der Diskurs ging noch eine Zeit lang weiter, in dessen Verlauf nun Jerry sagte:

– Es können sich wohl nur Wenige vorstellen, dass die große Flut – oder auch Trockenheit – wirklich auch eintreten wird. –

– Außerdem:
Nach den letzten Daten und Erkenntnissen von Umweltforschern der Universität Oxford hat sich doch der Anstieg der weltweiten Oberflächentemperatur (seit Beginn des neuen Jahrtausend) um einiges verlangsamt. Danach fällt zwar eine Klimakatastrophe keineswegs ganz aus, doch wird eher „nur" ein Anstieg der Temperaturen zwischen 2 und 4,5 Grad prognostiziert, so wie ich es gelesen habe. –
Nun griff Fritz in die Unterhaltung ein und gab Folgendes zum Besten:

Wisst ihr eigentlich, dass bei der Förderung von Erdgas – vor allem in den USA – mit der neuen Fracking-Methode enorm viel Methan entweicht? Methan ist jedoch 20-mal so klimawirksam wie Kohlendioxid. Aus den oft lecken Förderungsanlagen entweicht sehr viel Methan, also der Hauptbestandteil von Erdgas. Methan ist aber ein viel stärkeres Treibhausgas als Kohlendioxid. – Seit fünf Jahren steigt die Menge von Methan in der Atmosphäre ständig an. Das ist, weiß Gott, keine gute Bilanz. – Sehen wir uns noch die Fördermethoden des Ölsandabbaus in Alberta in Kanada an: es werden ganze Landstriche verwüstet und das Grundwasser wird vergiftet. Dieser Raubbau und die aufwendige Förderung und Verarbeitung der Ölsande führt zu wesentlich mehr Klimagasemissionen als etwa die konventionelle Öl- und Gasgewinnung. – Geschätzt wird, dass mehr als 170 Milliarden Barrel Erdöl in den Ölsanden im Boden von Alberta lagern: Dieser „Wahnsinn hat Methode" und wird vorerst kein Ende finden. So werden die geforderten und notwendigen Klimaziele doch kaum zu erreichen sein! – Und dann wäre da noch das Auftauen des Permafrostbodens (- wo denn?,

fragte einer) in Sibirien, bzw. im Klima aller Polargebiete: das unaufhörliche Auftauen dieser baumlosen Steppe fördert Riesen-Mengen von Methan (auch „Sumpfgas" genannt) hervor; dieses Kohlenwasserstoff haltige Gas trägt noch viel stärker als CO^2 zum weiteren Treibhauseffekt bei. –
Was ist denn mit der Braunkohle, die bei uns massig gefördert und in den Kraftwerken als Dreckschleudern verbrannt wird? Davon sagst du nix! – meinte einer. – – Das kommt noch. –
– Und dann schaut euch einmal an, wie „Greenpeace" in der Arktis demonstrierte, weil Gazprom in der „Petschorasee" von einer riesigen Plattform aus tiefster Tiefe Öl fördert, was hochgefährlich ist. –
– Das ist doch alles kein Grund zu verzweifeln; bis jetzt hat der Mensch doch alle möglichen Krisen gemeistert. Und: Über Jahr-Millionen seit Bestehen der Erde gab es immer wieder drastische Klima-Veränderungen – meinte ein Neuer in der Runde.
Aber den mit Abstand größten Verschmutzer – im Transportbereich allerdings – möchte ich noch nennen: das ist die Schifffahrt. Die Weltflotte von etwa 90.000 (oder mehr) Schiffen v e r b r e n n t ca. 370 Mio. Tonnen an Treibstoff; da könnt ihr euch ausmalen, was da an Emissionen entsteht. Und die Kreuzfahrt-Industrie blüht und breitet sich immer weiter aus. Allein die Ostsee wird jährlich von 80 Millionen Passagieren bereist. Die Umsetzung des Abwasserverbots für Fahrgastschiffe und Fähren, die die IMO (Internationale Seeschifffahrts-Organisation) bereits 2011 erlassen hat, wird meistens nicht eingehalten: –
– Jetzt macht Mal Schluss mit diesen Katastrophenmeldungen – sonst gehe ich.
– Was ist denn nun mit dem Weltklimabericht? –
– Die Wissenschaftler haben zwar beunruhigende neue Erkenntnisse zum weiter steigenden, weltweiten Meeresspiegel gesammelt. Der globale Meeresspiegel ist zwischen 1901 und 2010 um 19 cm gestiegen. Würde es so weitergehen, wäre bis Ende des Jahrhunderts dieser mit Sicherheit (was ist schon sicher?) 26 bis 80 cm betragen. (Zitat:)
„Die Hauptgründe dafür sind die Wärmeausdehnung des Ozeans sowie das Schmelzen von Gletschern, vor allem in Alaska, Patagonien, dem Himalaya (- hört, hört!) und natürlich Grönland. – Der Meeresspiegelanstieg würde aber 2100 nicht anhalten; das ist eine überaus langfristige Angelegenheit." –
– Die Umweltfolgen wie etwa häufigere Dürren und horrende Stürme sind jetzt nicht mehr auszuschließen.
Die Ozeane haben bis jetzt etwa 30 % des menschengemachten Kohlendioxids

aufgenommen – doch einmal ist Schluss. Die Geschwindigkeit der Eisschmelze von Grönland und der Antarktis hat sich vervielfacht. – Gründe für die Konzentration von Kohlendioxid sind vor allem die Verbrennung fossiler Rohstoffe, auch die Zementproduktion und die wahnsinnige Waldvernichtung. – Damit erst Mal Schluss: Basta! –
Von dem Überangebot an Kraftfahrzeugen sagst du nix. Wir hier können manchmal kaum mehr richtig atmen. Und: Die Kraftfahrer hier leiden unter den unendlichen Staus (die ungeheure Kosten verursachen), der riesigen Flotte der schweren Fernlaster und Transporter auf den Autobahnen in unserem Land. Auch finden wir ja kaum mehr einen Parkplatz. Doch die „Heilige Kuh" der Auto-Produktion und ihres Exports wird nie in Frage gestellt! Die gehört aber mit zur „Kette" der Auslöser der weiter forcierten Ölförderung:. – Das musste einmal gesagt werden – gab Jerry noch zum Besten..

Eine ganz andere Meinung, eine eher positive Bilanz vertritt der schwedische Professor Hans Rosling, indem er die *nackten Fakten zusammenzählt*. Er glaubt, dass der *Saldo für uns spricht: Ja, die Welt kann im Jahr 2100 zehn Milliarden Menschen ernähren; ja, es gibt Wege aus der Armut für alle; ja, wir können den Klimawandel überstehen!* – Na, bitte ... .

Die Informationen und Gespräche gingen dann noch in eine andere Richtung, indem Lars auf die folgenden, letzten Erkenntnisse hinwies.

Die „Fliegenden Flüsse"

im Größten Regenwald der Erde in Amazonien –
Durch das mühsam geschaffene Abkommen ARPA/Amazon Region Protectd Area Program wurden umfassende Naturschutzvorhaben in den Tropen realisiert.
Es gibt aber jetzt neue Gesetzesvorhaben, die das brasilianische Parlament beschließen will. – So wird in dem neuen, geplanten „Bebauungsrahmengesetz" ein ganzer Teil der Schutzgebiete etc. zur Förderung mineralischer Rohstoffe (so von Eisen und Erdöl) freigegeben. Aufgrund von Wechselwirkungen im Amazonas-Wald beträfen die Eingriffe faktisch eine viel größere Fläche mit

negativen Auswirkungen. Da beide Kammern des Parlaments des Nationalkongresses in Zukunft statt der Regierung zuständig sind, die den Wirtschaftsektoren und „Entwaldungsinteressen" sehr nahe stehen, werden keine neuen Schutzgebiete mehr ausgewiesen – im Gegenteil. Denn es ist zu fürchten, dass große Anbauflächen, der Viehwirtschaft, sowie riesigen Infrastrukturprojekten in Naturschutzgebieten (incl. Indigenen-Territorien) zum Opfer fallen; es könnte sogar damit eine Rückabwicklung der Schutzgebiete erfolgen. –

Ein Beispiel aus dem Süd-Osten Brasiliens (um das Dorf Wederä) zeigt gut, wie die Abholzung der Wälder vor sich geht: Die Umwandlung des Waldes zu Sojafarmen und Rinderweiden ist in vollem Gange und bedroht auch die indigenen Stämme.

Das ist das Ergebnis der „Modernisierung" des Amazonasgebiets, die von politischen Interessen und kommerziellen Marktkräften angetrieben werden. – Die Regierung lässt neue Straßen, Dämme, Bergwerke bauen und überlässt das Land den Konzernen, die das in Hightech-Plantagen verwandelt. „Rodung, Klimaveränderung und politische Gewalt gehören eng zusammen." (Prof. P. Tavares)

Bisher hat die „Natur" dafür gesorgt, dass die Bäume des Regenwaldes ca.20 Milliarden Tonnen Wasser (wie Geysire) in die Luft spien, wo sie zu „Fliegenden Flüssen" kondensierten. Diese Wassermassen zogen entlang dem Andengebirge nach Süden, um den Kontinent mit Regen zu versorgen. Wird dieser Wasserkreislauf des Waldes durchbrochen, so hat das fatale Folgen. Nicht nur die Brasilianer spüren inzwischen eine nie gekannte Trockenheit. Außerdem führt der gerodete, „tote Wald" zu einem enormen Ausstoß an Treibhausgasen, die bislang im Regenwald gespeichert waren. Mit dieser einfachen Formel wirbt der WWF in der brasilianischen Bevölkerung für den Erhalt des Urwaldes. Noch ein anderer Effekt ist bemerkenswert: Mit der Feuchtigkeit gibt der Regenwald auch Wasserpartikel in die Luft ab; außerdem Mikrosubstanzen und Aerosole. Diese bilden die Kondensationskerne zur Bildung von Regentropfen. Die Rios Voadores (flieg. Flüsse) scheinen immer mehr zu versiegen, weil immer mehr Wald fehlt, der die Wolken erzeugen kann. Das erklärt auch, warum Städte wie Sao Paulo im letzten Winter die schlimmste Dürre seit 70 Jahren erlebten. – Die Aufklärung über diese Entwicklung tut Not, damit immer mehr Menschen sich im Kampf für den Bestand des Regenwaldes einsetzen; vor allem Politiker und Unternehmen sollten zu entspr. vernünftigen Überzeugungen gebracht werden! Die Waldvernichtung ist mit Sicherheit ein Hauptverursacher der Erderwärmung. – Der WWF Deutschland greift deshalb in seiner aktuellen Kampagne zu einem drastischen Mittel: er „ernennt die Menschheit zur bedrohten Art", um sich so noch entschiedener gegen den Wahnsinn der Abholzung zu stemmen. Die Erhaltung des Amazonas-Regenwalds mit seiner teils noch verborgenen Bedeutung für die <u>Artenviefalt</u>, die <u>Klimastasbilität</u> und für das <u>Leben</u> überhaupt ist eine der verantwortungsvollsten Aufgaben der Menschheit.

(Quelle: WWF-Magazin Nr. 4 – 2015)

Die Gespräche gingen dann noch in eine andere Richtung.

GEMEINHEITEN

Die Ehrfurcht vor dem Leben

Als nämlich Ludwig – eher ein seltener Gast in dieser Runde – davon anfing, dass der bisherige blinde Fortschrittsglaube und Optimismus an diesen aufgezeigten Problemen der Menschheit und ihrer Zivilisation schuld seien, kamen die Diskussionen noch einmal richtig in Gang.

– Schon im 19. Jahrhundert. – so behauptete Ludwig – hat das doch dazu geführt, dass unsere Gesellschaft hauptsächlich auf *Können, Wissen und die Technik* gesetzt haben. Mit dieser Einstellung und Geisteshaltung hat es kaum mehr Beachtung und Achtung vor der Schöpfung (- Hört, hört – sagte einer) als solche gegeben. – Auch die ausbrechende Jahrhundert-Katastrophe vom August 1914, des I. Weltkrieges, hat mit dieser Hybris zu tun. – …
 – Das sehe ich doch etwas anders – meinte Jerry.

Das waren doch, ursprünglich, einige verfehlte Beschlüsse des reaktionären Wiener Kongress von 1815 – (- das stimmt nicht; lange sorgte das „Schlussprotokoll" – von allen Teilnehmern unterschrieben – für ein Gleichgewicht der Kräfte und unter den Grossmächenten – sagte ein Zuhörer) und der Zeit der Restauration danach, die ein ziemlich verunglücktes Europa schufen. – Schau dir doch Mal an, was so in der nachrevolutionären Zeit – nach Napoleon – abging, das war doch eine bessere Katastrophe. Und: Das Deutsche Reich ist ja durch aggressive Kriege (unter der „Fuchtel" von Bismarck dann), gegründet worden, gegen Frankreich (die haben dort den Verlust von Elsaß-Lothringen nie vergessen), und vorher gegen Dänemark und gegen Österreich. Und preußische Truppen hatten 1849 die demokratische Revolution im übrigen Deutschland niedergeworfen. – Krass gesagt: Der Krieg musste deshalb kommen, damit das falsch konzipierte System für Europa des Wiener Kongresses beseitigt würde. (- Ha, ha, ha, so ein Quatsch -) Das hört sich fraglich an. Der I. WK, sicherlich: ein Wahnsinn sondergleichen; allerdings hatte dieser noch andere Ursachen. – Ludwig darauf:
– Ich bleibe dabei und sage:

Die bestimmenden Führungen und Heeresleitungen der europäischen Länder meinten, auf Ethik und höhere Moralvorstellungen verzichten zu können.

– lachhaft, sagte Jerry, – und: der Kultus des Militärischen regierte nicht nur im Wilhelminischen Deutschen Reich – mit seinem „Maulheldentum" und seiner rassischen Arroganz – sondern im übrigen Europa, jedenfalls bei den hochgerüsteten Großmächten. –
Ludwig führte seine Rede unbeirrt zu Ende.
– Das ist ziemlich weit hergeholt; diese Argumentation taugt nicht viel. – meinte darauf Jerry. Ludwig ließ sich aber davon nicht weiter beeindrucken. Er kam mit folgenden Erkenntnissen heraus:
– Albert Schweitzer (1+) hat es einmal so formuliert: Gut bedeutet „Leben erhalten, entwickelbares Leben fördern!"
Böses dagegen bedeutet: „Leben vernichten, Leben schädigen und entwickelbares Leben niederhalten". –

(1+ A. Schweitzer 1875—1965, Theologe, Arzt, Philosoph, Organist, Schriftsteller; 1913 Missionsarzt in Lambarene/Gabun. Werke: „J. S. Bach", „Gesch. der Leben-Jesu-Forschung", 1954: „Das Problem des **Friedens** in der heutigen Welt"; Friedensnobelpreis 1952 / Er sagte zuletzt: *Jeder kann sein eigenes Lambarene schaffen!*)

Die Gespräche gingen Im kleineren Kreis dann noch weiter.
Die ganze Misere, die m.E. auf dem ewig propagierten Wachstum des Bruttosozial-Produkts beruht, wird sich, wenn es so weitergeht, schließlich zum Grabstein unserer Gesellschaft und Zivilisation entwickeln. – Auch die Grünen, die ja hier gut vertreten sind, mit ihrem *green new deal* und ihrer *green economy* setzen doch auf diese *Existenzmythen*. –
– Was soll das nun wieder heißen? – fragte einer. Dann war Christian an der Reihe:
– Der Teufelskreis setzt sich doch fort mit der Forderung nach Wachstum, Wachstum und noch Mal Wachstum. Und auch immer noch mehr Bildung (- oho, aha, eine neue, dolle Erkenntnis! -), die zu einem qualitativ besseren Wachstum beitragen soll. Das kann uns zwar, letzten Endes, wiederum zwar neue und noch *mehr phantastische Produkte* bringen, die aber unser Leben meist nur vollrümpeln und die Umwelt weiter zerstören. –
– Bravo, Christian, du bist ja doch der Gescheiteste von uns – meinte ein anderer, leicht ironisch.

Lars meldete sich nun auch zu Wort:
– *Die Ehrfurcht vor dem Leben* sagst du, Ludwig, sei die zentrale Forderung

an die Menschen. Ich verstehe das so, dass nicht nur das Leben der anderen Menschen geachtet und bewahrt werden soll, sondern aller Geschöpfe und Lebewesen insgesamt. –

Da passieren doch ganz schlimme Dinge, wie aus reiner Profitgier Tiere auf schreckliche Weise abgeschlachtet werden – gerade erst kürzlich sind in einem südafrikanischen Naturpark viele Hunderte von Elefanten mit Maschinengewehren und Panzerfäusten schrecklich massakriert worden – nur des Elfenbeins wegen, das auf dem asiatischen Markt von der Mafia für Wahnsinnspreise verscheuert wird. –

Und nach verlässlichen Pressemeldungen vom Mai 2015 sind nach entspr. Erhebungen im Zentrum Tansanias (dem Safariparadies „Ruaha-Rungwa-Gebiet") allein in den vergangenen sechs Jahren die Zahl der Elefanten um 65.000 zurückgegangen – das entspricht 60 Prozent des Bestandes. So berichtete jetzt die Tierschutz-Organisation „Pro Wildlife". Organisierte Wilderei und Korruption sind weiterhin am Werk: „Wir erleben eine neue Eskalation der verbrecherischen Wilderei." Die Regierung verheimlichte bis jetzt die höchst dramatischen Erkenntnisse, sie kassiert aber weiterhin „Entwicklungshilfe" in Millionenhöhe, und zwar auch für den angeblichen Schutz der Elefanten in erheblichem Maße. „Im Jahr 2005 lebten dort noch 35.460 Tiere – ein Rückgang um 76 Prozent in acht Jahren!"

– Nun, meinte Ludwig, – ergänzend möchte ich sagen, dass es nicht Hunderte von Elefanten sind, sondern jedes Jahr werden rund 30. bis 40 Tausend Elefanten – nur wegen ihrer Stoßzähne – abgeschlachtet. Die Liste der Kreaturen und Geschöpfe ist ellenlang, die der Homo sapiens grausam (inbegriffen der eigene Rasse) tötet. Nehmen wir etwa das Schicksal der Nashörner, das am seidenen Faden hängt, weil sie von Wilderern gnadenlos gejagt werden. Die letzten schockierenden Zahlen der getöteten Nashörner im Jahr 2014 in Südafrika lauten: 1215, davon 827 Tiere nur im *Krüger-Nationalpark*. Damit wurden mehr als zwei Drittel in dem beliebten Nationalpark umgebracht, nur um die Hörner nach Asien und besonders nach Vietnam teuer zu verkaufen, wo sie zu traditioneller Medizin verarbeitet werden! Und: das Bild, das ich im TV sah, steht mir noch vor Augen, wie die Haie verfolgt und gefangen werden, nur um ihnen an Bord der Schiffe einfach die Flossen abzuschneiden – bei lebendigem Leib, um die Tiere dann in das Meer zurückzuwerfen, wo sie elend verenden. – Und was habe ich gelesen: sogar die Schildkröten werden massenhaft gejagt, verspeist oder zu Arznei verarbeitet.

Je seltener die Tiere dann werden, um so mehr wird ihnen nachgestellt und es werden rd. 20.000 Dollar, und mehr, pro Schildkröte bezahlt. Irgendwann gilt die Art als *kommerziell ausgerottet*. Sie überlebt dann nur noch in Gefangenschaft in Form von Zuchttieren. – Auch die Artenvielfalt ist längst – bis zur Hälfte jetzt schon, in etwa, – durch die Schuld der Menschen ausgerottet.

Man kann auch verkürzt oder einfacher sagen (womit Ludwig sich wieder auf Albert Schweitzer berief): Die *Ehrfurcht vor dem Leben* muss wieder die zentrale, primäre Forderung an den Menschen sein. –

Viel wurde auf unserem Planeten zerstört. Wir sollten etwas zurückgeben (- ja was denn? – fragte einer): Harmonie und Gleichgewicht müssen wiederhergestellt werden!. Das ist es, was wir zu einem *erfüllten Leben* brauchen – wie alle Lebewesen. –

– Was die Population der Tiger betrifft, so ist ein Großteil seiner ehemaligen Lebensräume vernichtet. – so meldete sich nun Christian wieder.

– Die Körperteile der Tiere werden von skrupellosen Händlern als vermeintliche Medizin vertrieben. Aber, was die Wirkung betrifft: nichts davon ist wissenschaftlich nachgewiesen ...

<u>Hunderttausende von Dollar werden für ein Tigerfell bezahlt</u>. Auch gibt es immer weniger ursprünglichen Wald, da verschwindet das Wild und die Tiger verhungern. –

Ein anderer sagte:

– Es werden nicht nur Tiger gejagt, sondern auch Nashörner, Orang-Utans, Leoparden – von den Amur-Leoparden soll es nur noch 49 Exemplare geben, usw. –

Lars, der leicht aufgeregt erschien, meldete sich darauf:

– Eine Klarstellung ist hier angebracht. Inzwischen ist es nämlich – schon 2010 in St. Petersburg auf einem „Tiger-Gipfel" – gelungen, und zwar durch die <u>Initative des WWF</u> (dem ich angehöre), einen globalen Rettungsplan für die Tiger zu etablieren.

Der Bestand an Amur-Tigern jedenfalls konnte inzwischen bei rund 450 Tieren stabilisiert werden – ein außerordentlicher Erfolg!

Ich bin dafür, dass wir die konstruktiven, <u>nachhaltigen Aktionen</u>, die unseren Planeten bewahren und stabilisieren können, mehr beachten. Die fatalen Folgen des Klimawandels müssen allerdings unbedingt aufgehalten, herausgestellt werden. –

Christian meinte jedoch:

– Gewiss ist: Der Zweifel bleibt, der Zweifel, ob unser *Triumph des Fortschritts* überhaupt noch Chancen hat, unsere Begehrlichkeiten zu erfüllen. Unser Planet wird das kaum aushalten. – Und die <u>Schande unserer Welt</u> und der Menschheit ist doch, dass lt. FAO der UN weiterhin noch 870 Millionen Menschen (wahrscheinlich, so sagen andere Wissenschaftler, sind es weit mehr als eine Milliarde) Tag für Tag hungern. Lt. Welthunger-Index 2013 liegen von den 19 Ländern mit einer sehr ernsthaften oder gravierenden Ernährungssituation allein 15 in der Subsahara Afrikas. Am schlimmsten ist die Situation meines Wissens in Burundi und Eritrea (- das ist wohl überholt – meinte jemand): Über 60 % sind unterernährt. Und: sicher nirgendwo sonst gibt es so viele untergewichtige Kinder wie in Indien (wo die Kinderarbeit und Ausbeutung noch gang und gäbe ist) – trotz seines stetigen Wirtschaftswachstums. – Und in Osttimor ist es ähnlich. (siehe: www.welthunger-Index.de) –

<u>Alle sechs Sekunden verhungert ein Kind unter zehn Jahren</u> – um nur das hier einmal einzubringen. – Somit könnte das nur ein absurder Traum bleiben, dass jeder Mensch auf unserer Erde seine Fähigkeiten entfalten kann, als freier Mensch in einer Demokratie (?). Das ist sicherlich eine der schwierigsten, uns gestellten Aufgaben, die sich den „Fortschritts-Menschen" und unserer Gesellschaft stellen. –

Lars meldete sich nochmals:

– Kinder, vergesst nicht: Vor allem die Klimakatastrophe muss zunächst abgewendet werden: Wie schon gesagt, es sieht nicht gut aus, wie wir ja aus dem letzten Vortrag entnehmen konnten. –

Im Vorstand des BZRM wurde dann der Vorschlag von Lars, die nachhaltigen Aktionen mehr herauszustellen und zu beachten, für gut und richtig befunden.

Nicht nur im Internet wurde nach derartigen Vorgängen gesucht, Kontakte zu NGOs und verdienstvollen Personen aufgenommen, Informationen ausgetauscht, Anregungen aufgenommen, usw. Zunächst stieß man auf die Kenianerin und Friedensnobelpreisträgerin Wangari Maathai, auf deren Veranlassung hin in vielen afrikanischen Ländern viele, zig-Tausende von Bäumen angepflanzt wurden, um den verheerenden Klimawandel zu stoppen.

Schließlich wurde erreicht, dass der 16-jährige Felix Finkbeiner zu einem Vortrag und der Vorstellung seiner Positionen und Überzeugungen gewonnen werden konnte. Der Junge war ursprünglich der Gründer der Organisation „Plant-for-the-Planet", die, weltweit, schon zwölf Milliarden Bäume gepflanzt haben soll.

Auf die Einzelheiten seines Vorgehens und die Umsetzung seiner Idee, sollten wir noch zurückzukommen .

Es begann ein „neuer Wind" im BZRM zu wehen; auch wurde dessen (Finkbeiners) Organisation mit erheblichen Geldbeträgen unterstützt. Jedoch noch ganz andere Institutionen – auch Personen – wurden gefunden, die stärker herausgestellt und bekannt gemacht werden sollten, womit das BZRM seinem Namen alle Ehre antat.

Allerdings gab es danach nicht mehr allzu viele Initiativen oder Ideen; die ließen nach. Auch das Engagement und der persönliche Einsatz der Vereins-Aktiven ließen sehr zu wünschen übrig . –

Zwischen Lars und Helge gab es kurz danach Gespräche, die darauf hinaus liefen, dass Lars seinen Freund Helge zu überreden versuchte, dessen viel früher verfassten Aufsatz über die Aufklärung vorzutragen und zur Diskussion zu stellen. Doch Helge weigerte sich lange dieses Thema aufzugreifen und dem Vorschlag zu folgen.

– Weder kann diese Abhandlung zur aktuellen „Lage der Menschheit" Positives beitragen, noch trägt sie Wesentliches zum (verständnisvollen) Agieren etwas bei. – Also: „Ein alter Hut" –

Schließlich war Helge doch einverstanden; möglichst sollte der Ablauf des Vortrags aber innerhalb eines offenes Gesprächs stattfinden, was dann jedoch anders ablief, da kaum Zuhörer anwesend waren (wahrscheinlich wg. eines „wichtigen" Fußballspiels).

AUFGEKLÄRT? KAUM

Die „Aufklärung": Licht und Schatten

„Aufklärung war die Flucht des Menschen vor dem allmächtigen Gott in den Atheismus. Und es war das Selbstmissverständnis der Aufklärung, in der Religion einen Feind zu sehen. Denn Christentum ist selbst schon Aufklärung – als Religion."
(so der „allwissende Prof." Dr. Norbert Bolz, FU Berlin)

Wir dagegen stellen fest: Der moderne Mensch sieht und empfindet sich selbst durchaus als völlig „aufgeklärt"!
Gibt es dazu noch etwas zu sagen? – Gehen wir einmal zurück in das 18. Jahrhundert, denn das war der Zeitraum, in dem überwiegend der Ausgang der Epoche der „Aufklärung" liegt: Diese hatte ja ihre besonderen geistes-geschichtlichen Wurzeln, nämlich in der modernen Wissenschaft, im Protestantismus und im Rationalismus der Philosophie.

Die Aufklärung hat angeblich erst zur „Mündigkeit" (wie es Kant ähnlich formulierte) geführt, wird behauptet; aber auch zu einem oft übersteigerten Glauben an die Wirksamkeit des Fortschritts der Menschheit.

Eine weitere, wichtige und durchaus verwirklichte Forderung war: Der Einfluss der Aufklärung auf das Erziehungswesen, die einem fast unbegrenzten Vertrauen entsprach und die Ausdehnung des Unterrichts auf fast alle Volksschichten bewirkte.

Angeblich veränderte die Aufklärung das ganze soziale Leben; sie zieht nicht nur ideelle Konsequenzen, wie in Deutschland z.B. mit dem Idealismus, sondern auch solche der politischen Einflussnahme: Radikal war die angestrebte Veränderung dann in Frankreich mit der Franz. Revolution. –

Ein anderer Aspekt wäre:
Nach einer wachsenden Verbürgerlichung des Lebens, bedurfte es nun kaum mehr der göttlichen Hilfe im Kosmos und in der menschlichen Gesellschaft.

Das führte dann auch zum „Deismus", der Ansicht, dass Gott nicht gegenwärtig wirkend ist, sondern fern verharrend. Demnach hat zwar Gott die Welt geschaffen, greift aber nicht mehr in das Weltgeschehen ein. – Alles ist nun auf den Menschen bezogen, der die Gebote des Handelns von der „Natur" empfängt.

J.J. Rousseau, der als „Überwinder" der Aufklärung gilt, gewinnt erhebliches Aufsehen mit der Idee oder Konstruktion und der Behauptung, dass es durchaus einen glücklichen, nämlich naturhaften Urzustand der Menschheit gegeben habe und forderte „Zurück zur Natur"! 1762 dann verkündete er, mitentscheidend, die Lehre von der Souveränität des Volkes, was die Revolution nun schon vorbereitete. –

Das „Natürliche" ist gut und so sind alle sozialen, wirtschaftlichen und philosophischen Probleme zu lösen: Der Mensch vervollkommen sich und entwickelt weiterhin ein „vernünftiges Handeln". **Vernunft** also als Direktive des menschlichen Handelns? – Nach Kant ist es der Vernunft jedoch kaum möglich, Gegenstände ohne Erfahrung zu beurteilen; den Willen des Menschen aber, sein praktisches Verhalten kann durch die Vernunft durchaus bestimmt werden –

Heute, nach Erleben oder Erfahrung des Imperialismus, des Faschismus (besonders des fanatischen Nationalsozialismus von Hitler u. seiner Vasallen) und des Totalitarismus (wie dem Bolschewismus) – mit den erbarmungslosen, schrecklichen Weltkriegen im 20. Jahrhundert – müssen wir uns fragen:

Warum ist die Menschheit in eine derartige Barbarei versunken, statt in einen wahrhaften und möglichen Zustand der Humanität? Gute Frage, der wir aber hier kaum erschöpfend nachgehen können.

„An der Schwelle zum 20. Jahrhundert sah es doch so aus, als könne es das Jahrhundert der Humanität und der Brüderschaft aller Menschen werden, eine Leistung, die großartiger wäre, als alle Entdeckungen der Wissenschaft und Technik. Der menschliche Geist, des Materiellen müde, wird sich nun vielleicht höheren Dingen zuwenden." (Chicago Tribune am 1. Jan. 1900) – Pustekuchen!

Vor nicht all zu langer Zeit sagte einer der klugen Soziologen voraus, dass „der Verzicht auf die Durchsetzung von Leitlinien und Werten die Zukunft einer offenen Gesellschaft zerstören wird". Demnach wäre zum Teil auch der Sinn der überbordenden, anmaßenden Wissenschaften, mancher Gewinne der Technik und Zivilisation zu hinterfragen: Der sogen. Fortschritt, der „die Gewalt der Gesellschaft über die Natur auf eine nie geahnte Höhe treibt" – (Zitat: Horkheimer – Adorno in: „Dialektik der Aufklärung"). – Die großen Ideen und Ideale der Menschheit wie Wahrheit, Freiheit, Gerechtigkeit und Humanität sind in Gefahr, im Konsumrausch eines Teils unserer Wohlstandsgesellschaft ihre Bedeutung zu verlieren. Sicherlich, im Besonderen die immer wieder und erneut angestrebte F r e i h e i t sowie andere Menschenrechte sollten in jeder Demokratie gewährleistet sein; in einer Mehrzahl der Fälle und Staatswesen ist das aber nicht der Fall.

(Mehr Fakten dazu im Text des Buches H.F. „Wege durch die Welt – Der Aufklärung zweiter Teil")

Im umfassenden Sinne hatte die Aufklärung ja das Ziel verfolgt, von den Menschen die Furcht zu nehmen und sie selbst als „Herren" (aber nicht unbedingt über andere) einzusetzen; das scheint wahrscheinlich misslungen oder blieb in Teilerkenntnissen in einigen unserer Demokratien stecken. – Das Wissen, das Macht ist, kennt heutzutage kaum Schranken, so in der Unterdrückung und Versklavung der Kreatur, und damit der „Schöpfung" insgesamt:

Was sich dem Maße der Berechenbarkeit und Nützlichkeit nicht öffnet und fügt, gilt den heutigen „Aufklärern" als verdächtig. (Zitate:) „Der Mensch plündert die Erde und hofft zugleich, dass die Akkumulation von materiellem Mehrwert das Profunde und Unermessliche, das er verloren hat, wettmacht." So äußerte sich die indische Schriftstellerin Arundhati Roy dazu. – Der weiterhin für die UNO tätige Experte, Professor Jean Ziegler, geht noch weiter und stellt kenntnisreich fest:

„Der Konsensus von Washington besagt: Alle Güter und Dienstleistungen in jedem Lebensbereich sollen vollständig privatisiert werden. Öffentliche Güter wie Wasser gibt es demnach nicht; sie werden alle dem Prinzip der P r o f i t maximierung unterworfen." Somit wird verständlich, was in der Vorrede der „Dialektik der Aufklärung" gesagt wird: „Was die eisernen Faschisten heuchlerisch anpreisen und die anpassungsfähigen Experten der Humanität naiv durchsetzen: Die rastlose Selbstzerstörung der Aufklärung zwingt das Denken dazu, sich auch gegenüber den Gewohnheiten Richtungen des Zeitgeistes zu verbieten."

(veröff. 1944, Los Angeles)

Was nun den Klimawandel betrifft (den wir nicht ganz außer Acht lassen wollen), so sprengen Tempo und der Umfang der Klimakrise die pessimistischsten Szenarien. Ein „Weiter so" würde aller Voraussicht nach bis gegen Ende dieses Jahrhunderts zu einem um sechs Grad wärmeren Planeten führen, was u.a. den Verlust des Regenwaldes, das baldige Abschmelzen der Pole und der Gletscher, das Auftauen der Tundra sowie eine dauerhafte Störung der Regen- und Trockenzeiten bedeuten würde. Die <u>unvorstellbar hohen ökonomischen Kosten</u> zur Eindämmung wären kaum mehr aufzubringen.

Nach den aktuellen Ergebnissen der Klimaforschung, müssten die Industrieländer, also auch Deutschland, ihre Treibhausgasemissionen bis 2050 um mindestens 90 Prozent senken, um die dramatischsten Folgen des Klimawandels noch abzuwenden. – Das heißt:

In den nächsten vier Jahren muss entschieden werden, wie wir bis 2020 den Treibhausgasausstoß um mindestens 40 Prozent gegenüber 1990 zurückfahren und die Weichen dann so stellen, dass wir bis 2050 fast keine Treibhausemissionen mehr verursachen.

<u>Naturschutz und Klimaschutz müssen künftig Hand in Hand gehen</u>: Werden mehr Wälder, Moore, Auen und andere Wildnisflächen als natürliche Speicher bei uns in Europa erhalten, bremst das nicht nur den Artenschwund, sondern auch die Erwärmung der Erdatmosphäre.

Und nicht zuletzt müssten die Verbraucher umdenken, was bedeutet, dass <u>weniger Konsum von Fleisch</u> und tierischen Produkten gesünder ist und das Klima entlastet: für mehr Rinderzucht und Pflanzen für Agrartreibstoffe werden unsere „Lungen", die Regenwälder, nämlich radikal abgeholzt.

Das Ziel muss sein, den Anstieg der globalen Temperaturen auf durchschnittlich unter zwei Grad Celsius gegenüber vorindustriellen Werten zu drosseln.

Wir erwarten von der Politik – also von der Regierung und dem deutschen Bundestag – was gern von uns allen <u>gefordert</u> wird: Innovationskraft, <u>Begeisterung für die gute Sache und Mut zum entspr. Handeln!</u>

Eine weitere Frage stellt sich: Wie ernähren wir um das Jahr 2050 herum eine Weltbevölkerung von vermutlich rund. neun Milliarden Menschen (wahrscheinlich mehr, besonders in Afrika, woher die geplagten Einwohner schon heute nach Europa strömen) wenn Dürren oder Fluten sowie folgende Ernteausfälle bisher unbekannten Ausmaßes auf uns zukommen?

Die Meere sind bereits heute wahnsinnig überfischt und durch übermäßige Kohlendioxidaufnahme zusätzlich versauert. – Es gibt außergewöhnliche Wege, sich dieser Entwicklung entgegen zu stemmen, sie müssen nur erkannt und rechtzeitig genug umgesetzt werden.

Nun zum Kontinent Asien: Mit der Dynamik seiner ökonomischen und innovativen „Spitzenreiter" China und Indien (erwähnt seien hier nur diese) wird

Asien die weltweite ökonomische Krise voraussichtlich am besten bestehen und sicher sogar dramatisch zulegen. Thailand, um nur dieses Land noch zu nennen, spielt eine besondere wirtschaftliche und fortschrittliche Sonderrolle (trotz Ungewissheit, wohin die teils dramatischen politischen Unruhen hinführen); es unterstützt übrigens das Bestreben Chinas, den „Yuan" als globale Währung aufzubauen. – Zentralasien fährt auf einem „Sondergleis", ist aber überwiegend außerordentlich reich an Bodenschätzen wie Erdöl und Gas. – Die Chinesen bauen einen riesigen Binnenmarkt auf und werden somit immer unabhängiger, nicht zuletzt vom US-Markt. Das neuerdings, im Jan. 2010, in Kraft getretene größte Handelsabkommen der Welt „Cafta" (zwischen China und den 10 Asean-Ländern, dem Verband südostasiatischer Staaten) wird für weitere Furore sorgen und diese Region, nicht nur ökonomisch, weiter erheblich hervorheben und stärken. (diese Aussagen sind teils überholt inzwsch.)

Was die dramatische Klimaerwärmung betrifft, würden die Folgen für einige asiatische Länder allerdings verheerend sein: Nehmen wir den Extremfall an, so werden die Himalaja-Gletscher mit einiger Sicherheit abschmelzen, was katastrophale Folgen hätte. Einige politisch labile Länder Asiens würden destabilisiert und die Ernährungsgrundlage der Menschen in Frage gestellt. –

Zum Abschluss der vielen eher pessimistischen Szenarien sollen aber einige optimistische Thesen stehen: Hans-Joachim Schellnhuber, Direktor des „Potsdam-Instituts für Klimafolgen-Forschung" stellt folgende Behauptung auf: „Es ist möglich und sogar lukrativ, die westliche Welt bis zum Jahre 2050 kohlenstofffrei zu machen; es würden sogar viele Millionen <grüner Arbeitsplätze> entstehen. Die Herausforderung besteht allerdings darin, die Weltwirtschaft neu zu programmieren."

Die vorgeschlagenen und durchzuführenden Schritte der Effizienzsteigerung und Vorgaben lassen wir hier aus. Jedenfalls behauptet Schellnhuber auch: „Transformationsprozesse dieser Größenordnung haben enorme Selbstbeschleunigungspotenziale." (möglicherweise ins Negative hin?) –

Wahrscheinlich wird aber eine neue Industrielle Revolution kommen müssen!
   (So sah diePrognose in etwa in den Jahren 2008 bis 2910 aus!)

Dazwischen

Helge war nicht allzu oft im BZRM anwesend, aber auf persönlicher Basis trafen sich die beiden des öfteren. Aus einer guten Bekanntschaft hatte sich eine Freundschaft entwickelt, in der sie auch manches Private austauschten. So unterschiedlich von Charakter, Erfahrung und Lebensart beide waren – Gegensätze sollen sich ja anziehen, heißt es – so war das durchaus keine oberflächliche, leere Beziehung. Jedenfalls fanden sie auch immer wieder Gemeinsamkeiten, sowohl in vielen Ansichten, als auch in den vorstellbaren Wünschen, Plänen und Hoffnungen.

– Weißt du – sagte Lars kürzlich – ich bin oft gar nicht so richtig bei der Sache, egal, ob das unsere Projekte oder die Referate sind – und ob wir überhaupt etwas Sinnvolles betreiben und ausrichten: Die Chancen dazu erscheinen mir gering, wenn nicht oft utopisch. – Und doch muss ich dabei bleiben, auch weil ich unser Zentrum mit gegründet habe. –

Zuletzt hatte sich Lars damit eröffnet, dass es für ihn bald höchste Zeit sei, wieder in die Welt zu „segeln", also auf Reisen zu gehen. –

Die beiden Freunde sahen sich dann eine Zeit lang nicht. Doch bald erhielt Helge einen Anruf von Lars, dass er nach Mexiko fliegen werde, um sich dann nach Yucatán zu begeben, wo er sich u.a. mit der Maya-Hochkultur befassen wolle. – Später erfuhr Helge, dass Lars dort seine angebetete Flamme von der Insel Djerba traf; das wurde dann noch eine heiße Sache.

Nun gehen wir zu einer ganz anderen Thematik über, ohne uns groß zu übernehmen.

HISTORIE

Historische Anschauung: die Beseitigung der Republik

Im BZRM kam es bald darauf dazu, einen früheren Vorschlag von Oli Noll – der im Vorstand auch damals „abgesegnet" worden war – eine Vortragsserie mit beispielhaften Vorgängen und Persönlichkeiten aus der Historie zu veranstalten. O. Noll sagte dazu:
– Unser demokratisches System ist m.E. enorm gefährdet. Schauen wir in die Geschichte, wo es Beispiele gibt, wie das vor sich gehen kann.

Nehmen wir den „Größten Römer" im Staate Rom, Gaius Julius Caesar, diese historisch und politisch maßlos übersteigerte Figur. Letztlich strebte Caesar eine monarchische Regierungsform an, um somit die wenigen noch verbliebenen (einer Demokratie in etwa ähnlichen) Strukturen der Republik auszulöschen.

<u>Unsere Gesellschaft</u> befindet sich längst in der „Postdemokratie".
  Da werden wir doch hauptsächlich von PR-Teams und gewissen Experten kontrolliert und bestimmt. (– Einspruch, Euer Ehren – sagte ein Neuer, leicht aufwieglerisch.)
  Somit besteht bei uns eine starke Tendenz und das Bestreben, die <u>Demokratie zu verwässern</u>, wenn nicht abzuschaffen. (– Das sehe ich nicht so –)
  Damit werden die alten und „neuen Eliten", mit ihren einflussreichen Interessengruppen, den Profitgeiern und den Öl-Milliardären mit ihren immensen Finanzkapazitäten weiter und stärker in den Vordergrund gebracht.
  „Uns allein wird es gelingen, die verheerenden Zustände im Land zu beseitigen." so heißt es doch impertinent von deren Lobby, die weiteren Einfluss, ja einen Umsturz anstreben. (einer lachte)
  – Eine solche Entwicklung ist zweifellos auszumachen; hier könnten wir ansetzen, um dieser Erkenntnis entgegen zu wirken. – So hatte Oli Noll, in etwa, argumentiert. Nach weiteren, langwierigen Diskussionen wurde dafür gestimmt, mit Caesar tatsächlich eine diesbezügliche Vortragsreihe zu beginnen.

Oli Noll war also wieder „auferstanden", holte von seinen historischen Studien und Ausarbeitungen einiges hervor und bereitete sich auf einen diesbezüglichen Vortrag vor.

– Ich will im besonderen auf den destruktiven, von Caesar entfachten „Bürgerkrieg" hinweisen. (– aber, das war er nicht alleine, meine ich – sagte Ludwig) – sagte Noll.

Es war recht bald abzusehen (nach entspr. Werbung), dass eine größere Interessen-Gemeinde beabsichtigte, teilzunehmen, um sich den Vortrag anzuhören.

Gaius Julius Caesar

– Häufig ist die Ansicht vertreten worden (so begann Noll seine"'Einleitung"), dass die Beschäftigung mit der Vergangenheit mehr oder weniger sinnlos sei, weil angeblich diese die „Schöpferische Tätigkeit" in der Gegenwart hindere.

Aber gerade Menschen, die radikal Neues planen und durchführen wollen, sollten nicht verkennen, dass sie selbst und ihre Auffassungen z.T. in der Vergangenheit wurzeln: Ohne die Kenntnis der Entstehung auch unserer Prinzipien, der Zivilisation und der demokratischen Ordnung des Staates, des Verständnisses, wie „alles zusammenhängt", gewinnen wir wohl kaum neue Felder einer fortschrittlichen, harmonischen, kreativen Lebensweise.

Dazu werden wir, nach diesem Vortrag, uns vorzugsweise mit den für unsere Gesellschaft durchaus anregenden, vorbildlichen Geistes- und Lebenshaltungen sowie nachhaltig wirkenden Meinungen einzelner, bedeutender Persönlichkeiten beschäftigen.

In Rom herrschten lange die Patrizier als Geschlechteradel, vor allem im Senat,
    der Jahrhunderte lang auch die maßgebliche politische Körperschaft geblieben ist. – Spätestens unter dem Gewaltmonopol und dem bizarren, ja der brutalen Einflussnahme Caesars, auch mit Korruption und Infamie, wurde die politische Bedeutung des Senats immer weiter untergraben.

Caesar (100 v.Chr. bis 44 v.Chr.) stammte aus dem bedeutenden Geschlecht der Julier. Er wuchs also auf in der Hocharistokratie Roms. In seiner Jugend frönte er so manchen Ausschweifungen, war ein großer Frauenfreund, was ihn letztlich dann in andauernde Verschuldung geraten ließ.

Er hatte jedoch die Gabe, durch sein einschmeichelndes und intelligentes Geplauder fast jeden in seinem Umkreis für sich zu gewinnen.

Caesar ging seinen Aufstieg zunächst recht lässig, ja langsam an; er ließ sich Zeit und fühlte sich nur sich selbst verpflichtet –

Wirklich hervorgetreten ist er erst 63 v.Chr., als er, gestützt auf Crassus und die Stadtbevölkerung, seine Wahl zum „Pontifex Maximus" erreichte, also zum obersten Priester des altrömischen Priesterkollegiums gewählt wurde und somit eines der wichtigsten und einflussreichsten Ämter in Rom innehatte. 62 bekleidete Caesar das Amt des „Prätors", des obersten Staatsbeamten. Im folgenden Jahr 61 ging Caesar als Proprätor nach Spanien, wo er seine staatsmännischen und militärischen Fähigkeiten ausgiebig erproben konnte. – Gehen wir nun in medias res, schauen wir uns eine der damaligen politischen „Affären" etwas näher an:

Der berüchtigte Catilina stiftete eine Verschwörung gegen die reaktionäre Senatsherrschaft an. Er war von dem durchaus lobenswerten Bestreben getrieben, die Entschuldung der italienischen Bauernschaft durchzusetzen und eine völlig neue Landverteilung zu erzwingen. Dieses Ziel hatte sicher eine geschichtliche Größe, sonst hätten sich wohl kaum Caesar und Crassus auf die Seite von Catilina gestellt. Im Kampf aber und an der Spitze der Aufständigen fiel Catilina; seine Anhänger wurden gesetzeswidrig eingekerkert und ohne gerichtliches Verfahren hingerichtet. Die „Popularen" (die populistischen Anhänger) aber verfügten über so bedeutende Persönlichkeiten wie Pompejus (der damals die Militärmacht verkörperte), der sich mit Crassus (er vertrat die „Hochfinanz") und Caesar zusammentat.

Diese Drei bildeten 60 v. Chr. zusammen das sogenannte „Erste Triumvirat".

Zur wichtigsten Tat der Drei gehörte im folgenden Jahr die Ernennung Caesars zum

Konsul

Der vierzigjährige Caesar hatte sich inzwischen als Statthalter in Spanien bewährt, auch in der Truppenführung, in der Rechtssprechung und der Verwaltungskunst vertraut gemacht sowie seine zerrütteten Vermögensverhältnisse wieder in Ordnung gebracht. Jetzt erst zeigte der <u>neue Konsul</u> den verblüfften Römern, wer er war.

Kein Konsul vor ihm hat so eisern, doch auch brutal und konsequent regiert wie er. Durch die endgültige Einführung eines durchschlagenden, auch gerechteren Acker- und Landgesetzes jedoch konnten viele proletarisierte Bürger wieder Stellenbesitzer werden, was auch bedeutete, dass sie zum „Staatsvolk" der kommenden, von Caesar angestrebten Militärmonarchie wurden. –

Für sich selbst erhielt Caesar zunächst die Statthalterschaft in Dalmatien sowie: zu den so <u>wichtigen „zwei Gallien"</u> (Gallia Cisalpina oder Oberitalien und Gallia Narbonensis, welches Südfrankreich entsprach) auf fünf Jahre, die im Jahr 56 auf weitere fünf Jahre verlängert wurde. – Das wurde zum bedeutenden Wendepunkt Caesars.

Hier erkämpfte und unterwarf, sehr brutal, Caesar in den Jahren etwa 58 – 51 schließlich ganz Gallien, die reichsten Gebiete der westlichen Mittelmeer-Welt, die so zum Machtbereich des Römischen Reichs hinzu gefügt wurden. Die siegreichen Feldzüge dieser Jahre, auch die reiche Beute sowie das auf zehn Legionen angewachsene kampferprobte Heer, machten Caesar zum mächtigsten und reichsten Mann im Staate Rom. –

Crassus war inzwischen im Kampf gegen die Parther gefallen, Der Gegensatz dagegen von Caesar zum Rivalen Pompeius (der zeitweise Alleinherrscher in Rom war), führte jedoch zum <u>Bürgerkrieg</u>.

Wie konnte es dazu kommen? – Obwohl sich Caesar kaum jemals längere Zeit in Rom aufhielt, ließ er seine Verbindungen dorthin keineswegs einschlafen. Er hatte dort seine „Favoriten", die sich in entscheidenden Fragen, die Caesar betrafen, zu seinen Gunsten einmischten; viele dieser Favoriten waren bestochen.

Macht und Bürgerkrieg

Gegen die alt hergebrachte Regel, dass ein Bewerber um das konsularische Amt in Rom anwesend sein müsse und auch keine sonstigen wichtigen Ämter inne haben dürfe, wurde 52 v.Chr. ein Gesetz im Senat angenommen, das Caesar von den o.a. Auflagen befreite. Trotz seines Oberbefehls in Gallien und folglich seiner Abwesenheit von Rom, erlaubte ihm dieses Gesetz eine Kandidatur für den Konsulat. –

Cicero (hoch angesehen im Staate Rom), den man als einen streng republikanischen Gegner ansehen kann, vertrat die Ansicht, dass man Caesar viel zu viel Macht einräumen würde und ahnte nichts Gutes. Offen sprach er aus: „Ich stehe zu Pompeius!", den er aber mahnte, die Einheit der Republik zu wahren.

Dem Feldherrn und Politiker Pompeius war es gerade erst gelungen, die Normalität in Rom einigermaßen wiederherzustellen und er war der eigentlich starke Mann in Rom. Er versuchte zwar mit allen möglichen Mitteln und mit Cato (ein strenger Vertreter der republikanischen Freiheit) an der Spitze, Caesar die Macht und seine Ansprüche streitig zu machen, stellte sich aber bei Abstimmungen nicht offen gegen Caesar, verhielt sich also ambivalent.

Zu einem weiteren aktiven Gegner Caesars gehörte M. Claudius Marcellus, der Konsul des Jahres 51 werden sollte. Marcellus schlug vor, Caesar noch vor Ende des Jahres abzusetzen und das in Gallien stationierte Heer abzuziehen, weil ja der Krieg in dieser Provinz für beendet erklärt werden könne. Auch wollte Marcellus ein Dekret erwirken, dass es Caesar verbot, sich „in absentia" als Konsul zur Wahl zu stellen. Dann nämlich wäre Caesar auch ohne gesetzlichen Schutz, wenn jemand gegen ihn Anklage erheben würde – davon gab es einige.

Genau genommen (so streng waren damals die Bräuche), hätte Caesar seine Ämter aufgeben müssen, um wieder zu einem einfachen Bürger zu werden, wenn er sich zur Wahl stellen wollte. Diese Vorschläge wurden dann vom Senat nicht angenommen, da der einflussreiche Volkstribun Gaius S. Curio sein Vetorecht ankündigte. Doch dieser junge „Hoffnungsträger" (lt. Cicero) der Republik hatte hohe Schulden und so half ihm Caesar mit einer erheblichen Summe „aus der Klemme". In den folgenden Monaten betrieb Curio eine Verzögerungstaktik und legte sein Veto ein, wenn erneut über eine Amtsenthebung Caesars debattiert wurde.

Die Frage der möglichen Suspendierung des Mandats für Caesar als Prokonsul in Gallien und seine Kandidatur in Abwesenheit wurde zu einem heißen Dauer- und Streitthema in diesem politischen Konflikt, der sich immer mehr zuspitzte.

Am 1. Dezember 50 v. Chr. kam nun wiederum die Frage der prokonsularischen Amtsgewalt von Caesar offen zur Sprache. Curio unterbreitete einen Kompromissvorschlag vor. Danach sollten sowohl Caesar als auch Pompeius (der nach wie vor Prokonsul der Provinzen in Hispanien war) auf ihre Militär-Kommanden (Kommandogewalt) verzichten und ihre Heere auflösen. Diese Initiative wurde von einer Mehrheit der Senatoren von 370 zu 22 Stimmen unterstützt.

Doch weder Caesar noch Pompeius zeigten sich bereit, von ihren Kommanden zurückzutreten. – Nach Ansicht der beiden Feldherren handelte es sich vor allem um eine Frage der „Würde" (dignitas):

Vor seinen Soldaten gab Caesar u.a. diesen Grund an, um dann, später, in Italien einzumarschieren

Am 10. Dezember des Jahres 50 traten, wie üblich, die neuen Volkstribunen von 49 ihr Amt an. Unter ihnen waren zwei überzeugte Parteigänger Caesars, Quintus Cassius Longinus und Marcus Antonius, der als rechte Hand Caesars galt. Der letztere startete in verschiedenen Volksversammlungen Kampagnen gegen Pompeius, die dessen weiteres Vorgehen behindern sollten.

Der Konflikt schwelte weiter, als in einer Senatssitzung am 1. Januar 49 nochmals beschlossen wurde, dass Caesar sein Heer zu entlassen habe. Falls er sich weigere, werde man das als Handeln gegen die Interessen des Staates ansehen. Die Volkstribunen Antonius und Cassius Longinus legten wiederum ihr Veto gegen diese Entscheidung ein.

Da machte Caesar ein Gegenangebot: Ja, er werde sein Heer auflösen, mit Ausnahme einer Legion, die bis zum Ende 49 unter seinem Kommando bleiben solle. Im Gegenzug solle man ihm gestatten, sich im Sommer des Jahres bei den Wahlen zum Konsul zu stellen. –

Aber da gab es einige Erzfeinde Caesars, die dafür stimmten, dass der Senat am 7. Januar den Ausnahmezustand *(senatus consultum ultimum)* verkündete und Caesar als Prokonsul von Gallien absetze.

Die beiden Volkstribune Antonius und Longinus hatte man vorher von der Curia (Ort und Gremium der gesetzgebenden Versammlung) ausgeschlossen. Dieselben hatten darauf nichts anderes im Sinn, als sich umgehend in das Feldlager von Caesar zu begeben, wo sie dem großen Feldherrn die Situation in Rom als einen faktischen Staatsstreich darstellten: Es fände ein Putsch gegen die Freiheit des römischen Volkes statt und dergleichen mehr … .

Daraufhin überschritt Caesar am 10. Januar 49 mit seinem Heer den Grenzfluss

Rubikon und marschierte somit in Italien ein, womit der Bürgerkrieg seinen Ausgang nahm und zur Tatsache wurde.

Entscheidend war nun die Kriegsstrategie von Pompeius, allerdings auch seine Kriegsmacht an zur Verfügung stehenden Truppen.

Seine militärische Hauptmacht von sieben Legionen konzentrierte sich in Hispanien unter dem Legat ihm ergebener, vertrauensvoller Führer. Pompeius sah aber die Entfernung als zu groß an und die Zeit drängte.

Er hatte auch zu wenig Schiffe zur Verfügung, um die Truppen nach Italien zu bringen, sodass er auf eine längerfristige Strategie setzte: Er wollte den Krieg dann in den östlichen Mittelmeerraum verlagern, was sich als entscheidender Fehler herausstellen sollte. –

In dem von Cicero überlieferten, in der Antike berühmten Satz, wird dessen damalige Situation treffend so wiedergegeben: „Ich weiß, vor wem ich zu fliehen habe, aber nicht, wem ich folgen soll." ...

Caesar, der keinen Pardon mit sich und anderen kannte, hatte erst die hispanischen Legionen bekämpft und besiegt, folgte bald mit seinen zwar abgekämpften, doch siegessicheren Truppen darauf dem Pompeius nach dem östlichen Mittelgriechenland. In der Schlacht bei Pharsalos gelang es Caesar am 9. August 48 die überlegenen Truppen des erprobten Feldherrn Pompeius entscheidend zu schlagen, womit dieser „ausgeschaltet" wurde.

Noch hatte Caesar das Römische Reich nicht ganz in Besitz genommen. Unmittelbar nach dem Mord von Pempeius auf seiner Flucht nach Ägypten, traf Caesar kurz darauf in Alexandria ein, wo er in den ägyptischen Thronstreit zugunsten der Königin Kleopatra (die später einen Sohn von ihm gebar) eingriff. Mit seinem Sieg über König Pharnakes von Pontus – das bedeutende Reich am Schwarzen Meer – bei Zela im Frühjahr 47 festigte Caesar seine Macht im Osten des Reiches. Auch besiegte er im Frühjahr 46 die Anhänger des Pompejus bei Thapsus in Nordafrika sowie im folgenden Jahr bei Munda die Söhne des Pompejus in Spanien. Damit war Caesar ab 45 praktisch der Alleinherrscher in Rom, denn er vereinte nun die Oberämter des „Imperators" und des „Diktators" in seiner Person.

Bereits während dieser Kämpfe traf Caesar die ersten Maßnahmen für eine grundlegende Neuordnung des Reiches. So veranlasste er eine umfassende Siedlungspolitik, bei der auch seine Soldaten Land erhielten. In Italien regelte er die Rechtsstellung der einzelnen Gemeinden und in Weiterführung der schon früher erlassenen Gesetze ordnete er die Verwaltung der Provinzen. Auch war nicht unwichtig die Einführung des „Julianischen Kalenders".

Allerdings drohte durch die Aufwertung der Provinzen und die großzügige Verleihung des römischen Bürgerrechts die Vorrangstellung von Rom und Italiens nun eingeschränkt zu werden.

Bei all diesen Maßnahmen war der Senat längst in den Hintergrund gedrängt.

Mit seinen letzten Plänen wollte Caesar die Weltherrschaft erringen.

Vor allem gedachte er, das Partherreich (zwischen Euphrat und Indus, südöstlich des Kaspischen Meeres) zu erobern. Doch auf dem Höhepunkt seiner kometenhaften Laufbahn, dem Beginn des Jahres 44, als Cäsar erreichte, dass ihm die Diktatur auf Lebenszeit zugesprochen wurde, bildete sich aus Kreisen des Adels und aus seiner eigenen Umgebung eine Verschwörung. Es war deutlich geworden, dass an die Stelle der nur noch dem Schein nach bestehenden Republik endgültig ein monarchisches Regierungssystem (eines „Gottkönigs") treten sollte, was es zu verhindern galt.

So erhielt Caesar an den „Iden des März" 44 v. Chr. die „Quittung" für seine selbstherrlichen und rücksichtslosen Aktionen. Die republikanischen Verschwörer unter Brutus („auch du, mein Sohn Brutus?!") und Cassius ermordeten ihn. –

Wir wenden uns nochmals der bewundernswerten Persönlichkeit Ciceros zu, der im Jahre 63 v.Chr. zum Konsul gewählt worden war und (mit einer tragischen Ausnahme) nicht nur als exzellenter Politiker galt. Doch es gibt keinen greifbaren Beweis, dass Cicero ein Anstifter des Mordes gewesen wäre. Er war nicht nur ein großer Redner, Verteidiger und als bedeutendster Schriftsteller der Antike anerkannt, sondern war auch im Volk sehr beliebt. Cicero verurteilte ursprünglich, seinen Prinzipien entsprechend, die Entwicklung zu einer Alleinherrschaft Caesars.

Er billigte diese zwar und hielt sie für notwendig, um die alte Republik wiederherzustellen. Ohne Zweifel diente sein, also Ciceros, politisches Gedankengut, insbesondere seine Befürwortung des Tyrannenmordes, den Verschwörern während der Vorbereitung des Mordes als ideologische Unterstützung.

Cicero schreibt in einem Brief an Brutus: *Du weißt, dass ich stets der Meinung war, dass man das Vaterland nicht allein vom Tyrannen, sondern auch von der* „Tyrannis" befreien *müsse.* (Zitat Ende) – Was bedeutet das in der Realität?

Das Thema sollten wir später noch einmal aufnehmen.

Erkennen und anerkennen muss man: Caesar lebte wahrscheinlich in den Traditionen Alexanders des Großen und des Hellenismus, war aber kein Königssohn wie dieser. Er hat im Vergleich zu Alexander in sehr unterschiedlicher, radikaler und machtbesessener Weise seinen Weg, seine eigene Macht und die Ausweitung des Römischen Imperiums verfolgt.

Manche Historiker behaupten außerdem:

Durch eine anerkennend, großartige politische und militärische Leistung hätte Caesar den von außen und innen bedrohten römischen Staat gerettet und gesichert.

(erscheint uns aber fragwürdig)

Allerdings:

Die Wiederherstellung republikanischer Einrichtungen wurde dann als unmöglich erkannt. Caesar versuchte impertinent, eine monarchische Regierungsform zu begründen, die aber erst im „Augusteischen Zeitalter" mit Gaius Octavius gelang, dem „Princeps", der als 1. römischer Kaiser 23 v. Chr. den Ehrennamen „Augustus" vom Senat verliehen erhielt.

Berühmt sind Caesars Schriften über den Bürgerkrieg sowie den Gallischen Krieg – „De bello Gallico"; letztere wurden noch Anfang und Mitte des letzten Jahrhunderts an Humanistischen Gymnasien als Bildungslektüre und Anschauungs-Material gelesen, wenn auch als „fad und langweilig" von manchen beurteilt.

Wie nur wenige vermochte Cäsar seine Gedanken so knapp und formvollendet zu gestalten. (Text:: gekürzt)

Nach diesem Vortrag kam bald darauf Oli Noll mit Blättern seiner historischen Ausarbeitungen zu „Den Großen der europäischen Geschichte" an, wovon er vorerst aber nur eine Blattkopie (öfters schon war er ziemlich verwirrt) vorlegte, auf der über sein politisches Idol Willi Brandt berichtet wurde. Die übrigen 20 bedeutenden Persönlichkeiten wurden später nachgeliefert und daraus sollte jeder der Anwesenden einen „Favoriten" wählen, der dann „abgehandelt" werden sollte.

Die Vorlage lautete (Auszüge):

Betrachtet man die Großen der Weltgeschichte, so gibt es da sicherlich bestimmte *Kriterien*, die zur Beurteilung *„der Größe"* führen. – Welche sind das? Wir wollen es herausfinden.

Hier werden zwar hervorragende Personen der Geschichte aufgezählt, aber auch meist deren „Widersacher", die das historische Geschehen noch anschaulicher machen. Einige werden nur mit ihren Lebensdaten und den wesentlichen historischen Ereignissen erwähnt. Das sind also (Auszüge):

I. Teil: Große Eroberer, Staatsmänner, Päpste, Kaiser bis zum 13. Jahrhundert, angefangen mit: Alexander der Große, 356 – 323 v. Chr., der immer siegreich war, von niemand besiegt; feierte oft die großen Feste der „Dionysien", deren Höhepunkt die Aufführungen von Tragödien und Komödien waren; wobei immer viel des guten Weins floss, den Alexander in großen Zügen genoss.

II. Teil: Von der Reformation Luthers bis zum „Größten Feldherr seiner Zeit" im 18. Jahrhundert, dem Preußenkönig Friedrich II.

III. Teil: Staatsmänner, Eroberer und Diktatoren, von Napoleon I. bis Kap.20, Adolf Hitler. sowie: der „Kniefall" in Warschau von Willy Brandt:

21. Willy Brandt's (1913 – 1992) aufsehenerregender „Kniefall" in Warschau im Dez. **1970** schließt bewusst den Teil III. ab. Diese spontane Geste (später sagte Brandt dazu, es wäre „kein Kalkül" gewesen, und in seinen *Erinnerungen* heißt es: „Am Abgrund der deutschen Geschichte und unter der Last der Millionen Ermordeten tat ich, was Menschen tun, wenn die Sprache versagt."), dieser Vorgang symbolisiert auch den eigentlichen Beginn der politischen Öffnung, einer Versöhnungs- und Friedenspolitik der BRD nach dem Osten hin.

Bei der Auszählung der Stimmen für die jeweiligen, einzelnen „Favoriten", erhielten der Kaiser Friedrich II., Napoleon Bonaparte, Friedrich d. Große rel. viele Stimmen; jeweils zwei Stimmen fielen noch auf Bismarck und Churchill.

Die Mehrheit der Stimmen fiel knapp jedoch auf den Reformator Martin Luther.

So wurde im Vorstand beschlossen, Martin Luther und sein Wirken zum Thema des nächsten Vortrags zu bestimmen – mit der Einschränkung: Noll erbat sich, erst über den Apostel Paulus ein kurzes Referat zu halten. Zur Einführung sagte Noll dann:

Paulus kommt eine Vorbildfunktion zu ... *Er sah sich (durch sein Damaskuserlebnis) von Gott unmittelbar und im radikalen Bruch mit dem Gewesenen beauftragt.*
Paulus handelte also aus Überzeugung. – Wegen des Kontrasts zu Martin Luther stellen wir fest: Luther hatte von seiner sogen. „Reformatorischen Entdeckung" aus, der Rechtfertigung ‚allein aus Gnade', die gesamte paulinische Theologie einer Neudeutung unterzogen und damit einen Epochen-Wechsel ausgelöst. Kirchliche und weltliche Ordnung gerieten ins Wanken. Der Reformator brachte den Apostel neu zur Sprache, nicht sich selbst. (zitiert nach: Alf Christophersen in SZ, Nr. 296)

Hier zitiere ich zunächst aus der Apostelgeschichte über *die „Bekehrung"* des Saulus:

APOSTEL

Aus Saulus wird Paulus

Apostelgeschichte Kap. 9 / Die Bekehrung des Saulus

Saulus wütete immer noch mit Drohung und Mord gegen die Jünger des Herrn. Er ging zum Hohenpriester und erbat sich von ihm Briefe an die Synagogen in Damaskus, um die Anhänger des (neuen) Weges, Männer und Frauen, die er dort finde, zu fesseln und nach Jerusalem zu bringen.

Unterwegs aber, als er sich bereits Damaskus näherte, geschah es, dass ihn plötzlich ein Licht vom Himmel umstrahlte. Er stürzte zu Boden und hörte, wie eine Stimme zu ihm sagte: „Saul, Saul, warum verfolgst du mich?"

Er antwortete: „Wer bist du, Herr?" Dieser sagte: „Ich bin Jesus, den du verfolgst. Steh auf und geh in die Stadt, dort wird dir gesagt werden, was du tun sollst."

Seine Begleiter standen sprachlos da; sie hörten zwar die Stimme, sahen aber niemand. Saulus erhob sich vom Boden. Als er aber die Augen öffnete, sah er nichts, er war blind. Sie nahmen ihn bei der Hand und führten ihn nach Damaskus hinein. Und er blieb drei Tage blind und er aß nicht und er trank nicht.

In Damaskus lebte ein Jünger namens Hananias. Zu ihm sagte der Herr in einer Vision: „Hananias!" Er antwortete: „Hier bin ich, Herr." Der Herr sagte zu ihm: „Steh auf und geh zur sogenannten Geraden Straße, und frag im Haus des Judas nach einem Mann namens Saulus aus Tarsus.

Er betet gerade und hat in seiner Vision gesehen, wie ein Mann namens Hananias hereinkommt und ihm die Hände auflegt, damit er wieder sieht." Hananias antwortete:

„Herr, ich habe von vielen gehört, wie viel Böses dieser Mann deinen Heiligen in Jerusalem angetan hat. Auch hier hat er Vollmacht von den Hohenpriestern, alle zu verhaften, die deinen Namen anrufen."

Der Herr aber sprach zu ihm: „Geh nur! Denn dieser Mann ist mein <u>auserwähltes Werkzeug</u>: Er soll meinen Namen vor Völker und Könige und die Söhne Israels tragen. Ich werde ihm auch zeigen, wie viel er für meinen Namen leiden muss." Da ging Hananias hin und trat in das Haus ein. Er legte Saulus die Hände auf und sagte: „Bruder Saul, der Herr hat mich gesandt, Jesus, der dir auf dem Weg hierher erschienen ist. Du sollst wieder sehen und mit dem Heiligen Geist erfüllt werden."

Sofort fiel es wie Schuppen von seinen Augen, und er sah wieder. Er stand auf und ließ sich taufen. Und nachdem er etwas gegessen hatte, kam er wieder zu Kräften.

Einige Tage blieb er bei den Jüngern in Damaskus; und sogleich verkündete er Jesus in den Synagogen und sagte: Er ist der Sohn Gottes!

Der Apostel Paulus war als Werkzeug Gottes für den Bau der Völkerkirche bestimmt.

So ist in der Kirche ein neues Menschengeschlecht entstanden und mit Christus verbunden worden. Als Getaufte haben die Christen den alten, der Sünde verfallenen Menschen zu überwinden und ein neues Leben zu verwirklichen, das durch Christus erleuchtet ist.

(zitiert aus der *Einheitsübersetzung* der Bibel)

REFORMATION

Martin Luther

Das christliche Leben besteht nicht im Sein,
Sondern im Werden, nicht im Sieg,
Sondern im Kampf, nicht in der Gerechtigkeit,
Sondern in der Rechtfertigung. (M. Luther)

Die religiöse, auf Gott und das Jenseits gerichtete Dimension seiner elementaren, schon länger anhaltenden Lebenskrise kam Anfang 1505 auf freiem Feld vor Stotternheim (nördlich der Universitäts-Stadt Erfurt gelegen) vollends zum Durchbruch.
    Am 17. Juli 1505 wurde aus dem Jura-Studenten der Bruder Martin im Erfurter Kloster der Augustinereremiten. – Was war geschehen?

Auf dem Rückweg vom Elternhaus in Mansfeld, der, wie üblich zu großen Teilen zu Fuß erfolgte, war der Wanderer am Mittwoch, <u>2. Juli 1505 in offener Landschaft von einem schweren Sommergewitter überrascht worden, das ihn in tiefe Todesangst stürzte:</u>
    Luder wurde von einem Blitz niedergestreckt und sprach ein Gelübde aus, dass er Mönch werden wolle ...
    Viele seiner, Luders, Studienkollegen sahen in ihm einen *anderen Paulum, der durch Christus wunderbarlich bekehrth* wurde. – Was halten wir heute ‚davon'?

Später, nach den Wormser Ereignissen 1521, rückte **Martin Luther** das Geschehen des Jahres 1505 in den Sog der erst kürzlich vollzogenen Wende mit ihrer Ablehnung des Mönchtums ....

Nach der Kurzbiografie zu M. Luther, folgt nun also ein ausführlicher Überblick:

Martin Luder, geb. im November 1483 in Eisleben, wo er auch im Februar 1546 verstarb, war der Sohn des Bergmanns Hans Luder. Bald nach Martins Geburt siedelte der Vater nach Mansfeld über. Hier, in Magdeburg und in Eisenach erhielt Martin seine Schulbildung. Ab 1501 besuchte er die Universität Erfurt. Nach dem Magisterexamen begann Martin auf Wunsch des Vaters das juristische Studium. Schon zwei Monate später brach er dieses ab. Er erlebte auf freiem Feld ein Gewitter, das ihm Todesangst einflößte und ihn veranlasste, ein Gelübde auszusprechen: *"Hilf, heilige Anna, ich will ein Mönch werden!"*. Als ein Mensch des späten Mittelalters, war Luder umgetrieben von der Frage, wie er mit seinem Leben vor Gott bestehen könne.

Tatsächlich trat L. 1505 in das Augustinerkloster in Erfurt ein, wo er schon 1507 zum Priester geweiht wurde. Er durchlief die verschiedenen Stufen der damaligen theologischen Ausbildung. –

In Ordens-Angelegenheiten wurde er 1510/11 nach Rom entsandt. Anschließend wurde L. endgültig in den Wittenberger Konvent versetzt, wo er schon vorher an der Universität Vorlesungen gehalten hatte. Der wichtigste Mentor von L. war der Generalvikar Johann von Staupitz, der veranlasste, dass L. 1512 zum Doktor der Theologie promovierte. Von Staupitz – der auch lange sein Beichtvater und Förderer blieb – übernahm L. die Professur für Bibelauslegung in Wittenberg.

L. konnte lange nicht Herr über seine Gewissensnot werden, ja er kam am Ende zu dem Schluss, dass er „von Gott verworfen" sei. Die befreiende Erkenntnis, die dann zugleich seine entscheidende reformatorische Entdeckung werden sollte, brach nicht plötzlich durch, sondern reifte allmählich in ihm heran. Der Beichtvater Staupitz war es dann auch, der den jüngeren Mitbruder auf das optimistische, versöhnende Christusbild hinwies: Nicht Christus als Weltenrichter, sondern der leidende, den Menschen das Heil bringende Erlöser könne L. einen Ausweg aus seinen Ängsten bringen. Der wahre Christus stoße den Sünder nicht in Verzweiflung und Verderben; er sei hingegen der Erlöser, der „sich selbst den Menschen zur Vergebung der Sünden" anbiete.

Die Anfechtungen, die auch zum Teil noch das Leben des Reformators Luther begleiten sollten, waren dann schließlich in den Lebensbogen gestellt, der in Jesus Christus als den Grund der Hoffnung eine neue Basis erlangt hatte.

Die Beichtratschläge seines Mentors Staupitz durchziehen fast ein Jahrzehnt des Aufenthalts von L. im Kloster. Diese bewirken die Korrektur eines Christusbildes, das Schrecken in Christus hineinprojiziert, durch ein tröstendes, beruhigendes Christusbild.

„Durch die Inkarnation des Gottessohnes machte Gott sich selbst den Menschen „sichtbar" und zugänglich; das ist ‚in sich' eine „Gnadenhandlung", so etwa formu-

lierte Staupitz die Grundlage des Glaubens. Mit der Betonung der Gnadenhaltung, sagte er, ist auch der Gedanke verbunden, dass die Kräfte des Menschen zu seinem Heil kaum beitragen können; die Seelenqualen der „Leistungsfrömmigkeit" von L. waren erkannt, aber gerade das Mönchtum sei so nicht zu verstehen. „Die Liebe zu Gott ist nicht das Ziel, sondern der Anfang der Buße keineswegs ganz beseitigt. Sich durch eigene Werke vor Gott gerecht zu machen, dazu erfuhr L. schon innerhalb des Klosters den klaren Hinweis:" (Rechtfertigung gibt es allein aus dem Glauben.) –

– Was hast du nur immer mit der Buße? Das versteht doch heute keiner mehr. – warf Jerry ein.

– Tut Buße, denn das Himmelreich ist nahe – sagte ein anderer.

– Richtig – meinte Noll (die *Buße* ist – in der Religion jedenfalls – die Einsicht des Menschen, vor Gott schuldig geworden zu sein; verbunden ist sie mit dem Willen und der Bereitschaft zur Besserung, usw. –)

– So ein Quatsch – meinte jemand)

– Der Mensch, – fuhr Noll fort, – der an sich scheitert, ist umso eher bereit, seine Angewiesenheit auf die Gnade Christi zu erkennen. –

Somit können wir sagen, dass unter dem Einfluss von Staupitz eine „Zentrierung" und Vereinfachung (bei L.) gegenüber den komplexen scholastischen Systemen des späten Mittelalters stattfand und dann in die Theologie Luthers einging.

Eine weitere entscheidende Vorbedingung der Reformation, die <u>Hinwendung zur Bibel</u>, wurde auch von Staupitz angestoßen, der schon 1504 veranlasste, dass in den ihm unterstellten Augustiner-Klöstern alle Novizen die <u>Heilige Schrift begierig lesen, andächtig hören, und aus ihr mit brennendem Eifer</u> hinzu <u>lernen</u> sollen. Bibelstudium und -kenntnisse waren bisher in der ‚allein selig machenden' (katholischen) Kirche keineswegs selbstverständlich – so verwunderlich uns das erscheinen mag. So sollte auch das weitere Studium von L. – von den Professoren veranlasst – sich im besonderen auf die theologischen Schriften der Scholastik (die durch sogen. *Vernunftbeweise* die kirchliche Glaubenslehre erhärten sollten; bedeutenster Vertreter war Thomas von Aquin) konzentrieren. L. musste sich in die Bibliothek schleichen, um dort die Bibel lesen zu können.

Wenig später ging L. selbst bei einer Kolleg-Vorbereitung und dem Studium vom Römer-Brief, Kap. 1, 17 *(Denn im Evangelium wird die Gerechtigkeit Gottes*

offenbart aus Glauben zum Glauben, wie es in der Schrift heißt: Der aus Glauben Gerechte wird leben. Kurz zuvor heißt es: Es ist eine Kraft Gottes, die jeden rettet, der glaubt, *auf* dass die Gerechtigkeit Gottes „keine Leistung" von seiten des Menschen, sondern ein Geschenk Gottes ist.
Der Mensch hat kaum etwas anderes zu tun, als dieses Geschenk in Demut anzunehmen. – Später hat Luther seine ganze Bekehrung oft in mystischer Färbung geschildert, wie etwa: *Wer sprechen und hören will, muss lernen, einsam sein mit Christus. Als ich das tat und jenen allein hörte und mich mit Maria (Magdalena) zu Füßen Christi setzte, da habe ich gelernt, was Christus ist, und wurde gelehrt im Blick auf den Glauben.*

In den großen Vorlesungen der nächsten Jahre (Psalmen, Römer-, Galater- und Hebräerbrief) weitete L. seine neue theologische Kenntnis aus.
Er dachte längst nicht an einen Bruch mit der Kirche. Aber veranlasst durch Tetzels Ablass-Predigten, veröffentlichte L. am 31.10.1517 seine 95 Thesen über die (fragwürdige) „Kraft des Ablasses". Nach der akademischen Sitte der Zeit sollte darauf eine Disputation stattfinden, die auch im April 1518 in Heidelberg stattfand. Dort musste sich L. vor dem Generalkapitel der Augustinereremiten verantworten. Von der Disziplinierung des einfachen Mönchs durch die Oberen, die den Rebell, wie von der Kurie in Rom gefordert, zum Schweigen bringen sollten, konnte keine Rede sein. Dagegen kam es zu einer beeindruckenden Solidarisierung seiner Augustinerbrüder und der zahlreichen Zuhörer.

Ein halbes Jahr später sollte L. dann zu einem „Ketzerprozess" nach Rom reisen, doch sein einflussreicher Landesherr, der Kurfürst Friedrich (der Weise) von Sachsen, setzte durch, dass L. statt in Rom in Augsburg durch den Kurien-Kardinal Cajetan vernommen wurde. Die Verhandlungen dort verliefen aber letztlich ergebnislos. Cajetan war zwar einer der führenden theologischen Köpfe seiner Zeit, jedoch ein Scholastiker durch und durch, auch stand er ganz und gar hinter dem päpstlichen Primat. Cajetan hatte die Schriften Luthers sorgfältig geprüft, doch auf eine inhaltliche Auseinandersetzung wollte er sich nicht einlassen. Luther, wie er sich bald nennen wird, verweigerte den Widerruf, verließ nach dem dritten Tag und Verhör heimlich abends in der Dunkelheit Augsburg, denn er hatte etwas von seiner unverzüglichen Festnahme vernommen.

Noch in Augsburg hatte Luther mit Hilfe eines dortigen Rechtsberaters eine förmliche Appellation *„von dem übel unterrichteten Papst an den besser zu un-*

terrichteten Papst" verfasst und notariell hinterlegt. Gleich nach der Abreise Luthers wurde das Schriftstück von einem Augustiner-Bruder unter Zeugen dem Kardinal übergeben. Zur selben Zeit wurde die Appellation an den Domtüren angeschlagen. Das war ein geschickter Einsatz der Öffentlichkeit, wie L. sie dann auch in Wittenberg handhabte. Luther richtete trotz des Verbotes der kursäch-sischen Regierung (die er mit einem kleinen Trick umging) weitere Informationen in die Öffentlichkeit. – Dass ein von der Heiligen Kirche wegen Häresieverdachts (Ketzerei) Verhörter den gesamten Verlauf protokollartig veröffentlichte, das war ein unerhörter Vorgang, den die Intellektuellen innerhalb und außerhalb der Kirche umso begieriger zur Kenntnis nahmen.

Eine Verständigung zwischen Papsttum und Luther ließ sich auch auf anderen, teils diplomatischen Wegen nicht erzielen. –

Es war Unruhe im Saal entstanden, u.a. deshalb, weil gemunkelt wurde, dass Lars plötzlich zurückgekehrt sei, was sich aber noch nicht genau bestätigen ließ.
Der Vortragende, Oli Noll, sagte daraufhin:
– Ich kürze jetzt um einiges ab:

Im Streitgespräch von Ende Juni bis Mitte Juli 1519 in der Leipziger Disputation machte der Ordensbruder Karlstad gegenüber Eck den Anfang, indem das wohl Entscheidende der beginnenden Reformation zur Sprache kam: das Sünden- und Gnadenverständnis Augustins. Johannes Eck, ein sehr geschickten Theologe, der als Professor auch Logik, Geographie und kanonisches Recht lehrte, ließ sich nicht wie Cajetan ‚das Heft aus der Hand nehmen'. Er, also Eck, trieb dann Luther in Aussagen hinein, die dieser wohl so nicht beabsichtigt oder als Konsequenz seines Denkens noch nicht bedacht hatte: es war die Frage nach dem Papst, der innerkirchlichen, bindenden Autorität, womit Eck beweisen wollte, dass **Luther** an dieser Stelle nicht nur von der geltenden Lehre der Kirche abwich, sondern sich auch der Ketzerei und des Aufruhrs schuldig mache.

Die Konfrontation mit Luther zeigte nämlich auf, dass dieser nicht nur den Primat des Papstes anzweifelte, sondern auch die Unfehlbarkeit der Konzilien anzweifelte und somit die „Heilsrelevanz" von allen innerweltlichen Instanzen der Kirche in Frage stellte. Damit war L. eindeutig als Ketzer gezeichnet. Luther wurde also der „Häresie" bezichtigt, was den endgültigen Bruch mit dem Papsttum einleitete und in der Folge aber der Reformation die Bahn brach. –

Es wird noch eine Weile dauern – bis zum Jahr 1520 – bis Luther zu der Deutung kommt, dass der Papst in der Tat der „Antichrist" sei, bzw. die Institution des Papsttums.

Übrigens war es der „politischen Großwetterlage" zu verdanken, dass Luther – trotz des einmal begonnenen Prozesses – solche akademischen Disputationen überhaupt führen konnte und vorerst relativ unbehelligt blieb.

Am 12. Januar 1519 war plötzlich Kaiser Maximilian I („der letzte Ritter"). gestorben, und der Kurfürst Friedrich der Weise stieg zum möglichen Nachfolgekandidaten auf; jedenfalls wurde er zu einer der wichtigsten „Schlüsselfiguren" bei den Vorverhandlungen zur Neuwahl. ...

So sah man in Rom vorerst davon ab, gegen ein prominentes Landeskind des Kurfürsten vorzugehen: Der Prozess blieb monatelang liegen.

Zum Kaiser wurde dann der König von Spanien (1500 bis 1558), ein Habsburger, als Karl V. gewählt – er sollte zeitlebens der Kaiser Luthers bleiben.

1520 veröffentlichte Luther entscheidende Reform-Schriften, wie diese:

„An den christlichen Adel deutscher Nation". Mit dieser ersten der reformatorischen Hauptschriften, wurde bei der öffentlichen und kritischen Beurteilung dieser Schrift die nationale Komponente außerordentlich stark beachtet. Nicht nur die Forderung nach der Kirchenreform wurde begründet, sondern der deutliche Ruf nach einer Gesellschaftsreform wirkte wie ein ‚Fanal'. – Seine Schrift:

„Von der babylonischen Gefangenschaft der Kirche" ist in Latein gehalten und wendet sich an die Gelehrten. Darin wird der komplette Umbau der Sakramenten-Lehre gefordert; da wird ein Bereich berührt, der ausschlaggebend für die Vermittlung des Heils durch die Priester an die Gläubigen ist. Von sieben Sakramenten bisher lässt Luther nur die Taufe und das Abendmahl bestehen.

Die für die Öffentlichkeit und die Bürger gedachte, (in ihrer Wirkung) vielleicht bedeutendste Schrift „Von der Freiheit eines Christenmenschen", ist in eingängiger, erbaulicher Sprache gehalten; es wird von der Verkündigung „naher Gnade" gesprochen.

Auch was „Rechtfertigung" ist, bringt Luther als zugespitzte Paulus-Zitate, in denen auch diese Paradoxien enthalten sind:

*Ein Christenmensch ist ein freier Herr
über alle Dinge und niemand untertan.*

*Ein Christenmensch ist ein dienstbarer
Knecht aller Dinge und jedermann untertan.*
Es geht letztlich (in allen drei Schriften) um die Freiheit des Menschen, auch um die Freiheit davon, sich selbst durch eigenes Tun erlösen zu müssen.

Diese drei wichtigen Schriften Luthers, mit Ihrer enormen Bedeutung und Auswirkung damals, sind auch heute noch für uns, denke ich, von einiger Brisanz und Relevanz geprägt; wir sollten noch eingehender dazu Stellung nehmen. –

Die weitere Historie und die Entwicklung Luthers will ich jetzt nur als kurze Zusammenfassung hier anhängen:

Auf dem Reichstag 1521 in Worms wurde – durch Kaiser Karl V. – die Reichsacht über den Reformator verhängt. Doch der Kurfürst Friedrich der Weise von Sachsen ließ Luther zu seinem Schutz heimlich auf die Wartburg bringen.
    Hier übersetzte L. zunächst das Neue Testament ins Deutsche, was allein schon ein epochales Ereignis im Umbruch dieser Zeit war (obwohl: es gab schon einzelne Übersetzungen ins Deutsche).
    Desgleichen hatte die Heirat mit der Nonne Katharina von Bora im Jahr 1525 (außer für ihn selbst) eine überregionale, einschneidende Bedeutung.

Wieder in Wittenberg, übersetzt der Reformator bis 1534 fast die ganze Bibel! Auch mit seinen Katechismen, liturgischen Gesängen und geistlichen Liedern, die bald auch in anderen Ländern erschienen, prägte Luther, nicht nur, die neuhochdeutsche Schriftsprache. Die gewollte Volkstümlichkeit der geistlichen Lieder und Texte taten ihre Wirkung, „Damit das Wort Gottes auch durch Gesang unter den Leuten" bleibt.
    Im Mittelpunkt seiner Lehre von den „Gnadenmitteln" steht das **Wort** (sola gratia) Gottes als Gesetz und ‚Evangelium'.
    „Rechtfertigung gibt es allein aus dem Glauben".

Jetzt aber erst einmal zu dir, Lars (der sich inzwischen, ruhig, in die letzte Reihe gesetzt hatte):
    Wie ist es dir ergangen, was hast du erlebt und wo hast du dich denn so lange aufgehalten? –
    – Das sind ja gleich drei Fragen, Oli, die ich jetzt aber keineswegs, in der Reihenfolge und genauestens, beantworten werde. Nur soviel:

Nach Mexiko haben wir uns das riesige, hochinteressante Land Brasilien angesehen. Meine Begleiterin, Ilona, wollte aber unbedingt noch zu den Galapagos-Inseln. Zunächst sind wir nach Peru, wo wir Großartiges gesehen und erlebt haben. Dann sollte es nach Ecuador gehen, wir kamen aber, ungewollt, auf kolumbianisches Gebiet, wo wir von Einheiten der Guerrilla gefangen genommen wurden. Das war eine schlimme Sache, wir haben Schreckliches erlebt und sind ewig festgehalten worden; mehr dazu jetzt nicht. ... –

Inzwischen watete man Im BZRM in Gummistiefeln hin und her, denn wochenlange Regenfälle hatten vieles überschwemmt. Alle waren zunächst froh gewesen, dass es *wieder Wasser* gab, nach der langen Dürre und Trockenzeit. – Die riesige Überraschung mit der Rückkehr von Lars brachte einiges durcheinander. Er antwortete auch sehr selten darauf, wenn er immer wieder, von allen Seiten, gefragt wurde wo er denn in „Gottes Namen" in der Zwischenzeit „herum gefallen" sei.

KÄMPFE

Friede den Hütten, Krieg den Palästen

Lars darauf:
 – Nu, Mal langsam mit die alten Pferde – regt euch nicht so auf! Es gibt doch ‚weiß Gott' genügend andere Probleme hier bei euch, denen ihr euch stellen müsst. –
 Kürzlich fiel mir zu Hause ein Buch von Lessing in die Hand, der im Zuge der Aufklärung 1780 die Schrift *Die Erziehung des Menschengeschlechts* herausbrachte – sagte Lars ganz ruhig.

 – Was soll denn das nun? – meinte jemand, leicht irritiert. Etwas schärfer entgegnete Lars nun:
 – Ihr habt euch also ausgiebig mit Martin Luther beschäftigt, während euch das Wasser, möglicherweise, noch bis zum Halse steigt?
 Der Luther ist doch eigentlich ein gescheiterter Prophet, den sollte man ambivalent sehen. Es gab ja einige Religionskriege nach seiner Zeit; und die Bauernaufstände hat er auch verdammt ... Hat Luther nicht auch den Dreißigjährigen Krieg, indirekt, – und manches andere – auf dem Gewissen, oder nicht? –
 – Das ist doch ziemlicher Blödsinn – meinte Noll. – Wenn du jetzt Mal was von Max Weber bringen würdest, dann könnte ich dir sicher verständnisvoller folgen. –
 Schließlich entgegnete Lars:

 – Und, jetzt sage ich Mal: In dem Drama „Nathan der Weise" von Lessing gibt es die sogen. „Ringparabel", die so berühmt wie vergessen ist; sie ist aber wegweisend ... –

 – Jetzt mach' aber halblang – besorg' Mal lieber eine anständige Wasserpumpe und spiel dich nicht so auf wie der Messias, der den Tempel reinigt. – sagte Oli Noll.

 – Nein! Da schlage ich euch, – jetzt ernsthaft!, schon eher den Georg Büchner vor, der ist uns wesentlich näher als kaum ein anderer – ihr kennt doch seinen Kampfruf: *Friede den Hütten!* **Krieg den Palästen!** Das ist das Gedankengut, das wir brauchen. Da muss man nur andere Bezeichnungen und Formulierungen nehmen, wie: wirkungsvollere Hilfe für die Ärmsten, Hungernden und Ausgebeuteten, aber:

Tod den Finanz-Haien, den Profitorientierten und Neoliberalen, die das meiste von dem Elend auf der Welt verursacht haben. –

– Du machst es dir wieder einmal zu einfach, mein Lieber … – sagte Noll.

– Na, da sage ich dir noch dazu: Die Politik hat sich ja längst zur Dienerin der Kapitalinteressen und deren „Gier" gemacht; so sind auch die ethischen Grundlagen zerstört worden. Die Frage nach dem Menschen als Grundlage der politischen Entscheidungen ist doch lange hinfällig … usw. Basta, erst einmal – so Lars.

MALEREI

Der erste Weltstar der Kunst

(**Eine weitere Überraschung:** Diese Abhandlung, von Helge verfasst, legte dieser nur schriftlich vor)

Wer könnte das wohl sein? Am Ende seines Lebens schrieb der selbe über sich: „Zuweilen gibt Gott einem Künstler die Fähigkeit, etwas zu lernen und den Verstand, etwas Gutes zu schaffen, wie ihm zu seiner Zeit keiner gleich erfunden wird und vielleicht lang keiner vor ihm gewesen ist und nach ihm nicht so bald einer kommen wird". – Hört sich das nicht sehr überheblich an? Zweifellos ist da aber was dran:

Es ist der begnadete Künstler **Albrecht Dürer.**

Am 21. Mai 1471 wurde er in Nürnberg geboren, war Maler, Kupferstecher und Holzschneider, Kunsttheoretiker, Unternehmer, Ratsherr und Diplomat. Zweifelsfrei entfaltete sich Dürer zum bedeutendsten Künstler der Ireneissance in Deutschland. Agenten verkauften seine Holzschnitte bis nach Spanien und England. Seine Ehefrau Agnes hatte nicht nur haushälterische sondern auch kaufmännische Fähigkeiten, sodass sie etwa auf der Frankfurter Messe die Drucke ihres Ehemannes mit großem Erfolg verkaufte. – Albrecht Dürers Lieblingsthema war in langen Jahren die Passion Christi, die er auf verschiedene Art in Holz oder Kupfer ausführte. Am originellsten war die sogenannte *Grüne Passion,* oder *Die Kleine Holzschnitt-Passion,* die faszinierend das tragische Leiden Jesu hervorhebt.

Das damalige **Nürnberg** müssen wir uns als eine pulsierende, internationale Handelsmetropole vorstellen. Die Stadt lag zu Dürers Zeiten technisch an der Spitze, ihr Druck- und Verlagswesen war einzigartig. Ganz in der Nähe von Dürers Werkstatt ratterte die modernste Buchdruckerei des Kontinents.
…
Den Kardinal A. S. Piccolomini (der später zum Papst gewählte Pius II:), der im

Auftrag der römischen Kurie Deutschland bereiste, ergriff Staunen und Bewunderung, als er diese außergewöhnliche Stadt erblickte. In lyrischer Verzückung äußerte er sich emphatisch:
„Ist dieses Nürnberg eine Vision? Welch ein Glanz! Welch ein Zauber geht von der Stadt aus! Welch eine Vornehmheit! Kann es etwas geben, das hier zur idealen Stadt noch fehlte? ...Wie erhaben und freundlich zugleich zeigt sich schon ihr äußeres Gesicht!
Und erst im Innern, wie sauber sind die Straßen, wie gepflegt die Häuser!"

Es ist die wahrliche Bewunderung eines großen Weltwanderers und Humanisten, der so ziemlich alles kannte, was Europa an Herrlichkeiten barg. –

Nun kommen wir aber zur aktuellen Dürer-Ausstellung im Städel in Frankfurt-Main.
Der Main war zwar noch vor einiger Zeit sintflutartig über seine Ufer getreten, doch jetzt, fast wieder in seinen alten Bahnen. –

Ein beherzter Aufruf des SPD-Ortsvereins zum gemeinsamen Besuch der Ausstellung war der Anlass für das Paar Barbara und Helge, sich dazu anzumelden. Die meisten GenossenInnen fuhren mit der S-Bahn, Harry bevorzugte aber seinen flotten Berlingo, mit dem er forsch die Friedensbrücke hinüber zum Schaumain-Kai fuhr und rechts, Main-abwärts, doch tatsächlich noch einen Parkplatz fand.
Vor dem Museum stand eine ellenlange Schlange von Besuchern, die eine Eintrittskarte erwerben wollten. –

Gut, dass die Gruppe angemeldet und somit auch für eine Führung vorgesehen war.
Der Vorsitzende Alexander und die verdiente Führungskraft Gisela gaben die Eintrittskarten aus und kassierten ab. Eine Stunde später im Kellergeschoss ging es zu den heiß ersehnten Dürer-Gemälden. Vorher wurden kleine Empfangsgeräte und Kopfhörer verteilt, sodass die Führerin in dem Gedränge überall zu hören war.
Einige einführenden Worte konnten nicht ausbleiben – die hier noch ergänzt werden:

Der junge Albrecht Dürer erlernte zuerst bei seinem Vater die Goldschmiedekunst, wenn auch nicht übermäßig begeistert, denn er wollte nur eins:

Maler werden. Endlich: „Im Jahr 1486 nach Christi Geburt, am Tag des heiligen Andreas, versprach mein Vater mich zu Wolgemut in die Lehre zu schicken", so lautet der Tagebuch-Eintrag Dürers. Michael Wolgemut hatte gewiss die fortschrittlichste, beste Malerei-Werkstatt im Nürnberg der damaligen Zeit. Auch hier machte Albrecht Dürer die Erfahrung, dass (Zitat:) „die Religion Lebens-bestimmend für den noch dem Mittelalter verbundenen Menschen ist. (Sein Vater, so wird berichtet, betete nach jedem gefertigten Schmuckstück den Rosenkranz) Sie wird zur Richtschnur für sein, A. Dürers, Weltbild und dessen Wiedergabe."

Doch dann wurde der Einfluss der flämischen Meister immer stärker und ließ die archaische Auffassung der deutschen Malerei, langsam zwar, leicht erschüttert zurück. „Zweifellos stehen die Nürnberger Künstler aber infolge ihrer mediterranen Handels-Beziehungen auch unter norditalienischem Einfluss." ... „Unter Wolgemuts Bauern-Hand wird der edle Stil (des altvorderen Meisters) Pleydenwurffs ins Volkstümliche abgewandelt, aber er wurzelt auch tiefer im wirklichen, sichtbaren Dasein." ... „Die lebenssprühende Urtümlichkeit Wolgemuts übte auf den Geist des jungen Dürer eine nur zu berechtigte Anziehungskraft aus." –

(Marcel Brion, in „Albrecht Dürer – der Mensch und sein Werk")

Albrecht Dürer hätte schwerlich einem besseren Lehrmeister begegnen können.

Allerdings gilt die Malerlehre natürlich als ein zu erlernendes Handwerk, das unser Künstler schon bald exzellent beherrschte, was sein Meister schon früh erkannte. – Die vierjährige Lehrzeit Dürers ist 1490 zu Ende und er beginnt bald die übliche Wanderung. Er ist ein ebenso leidenschaftlicher wie ausdauernder Wanderer.

Dank der Schulung durch Wolgemut verdient er sich nebenbei mit Holzschnitten ein wenig Taschengeld.

Im Alter von 18 Jahren brach Albrecht Dürer also zu seiner Wanderung auf, die ihn zunächst nach Colmar führte. Da blieb er eine Zeit lang bei den berühmten Buchdruckern als Lehrling. Doch Dürer will noch den berühmtesten Maler nördlich der Alpen möglichst persönlich kennen lernen: Martin Schongauer, der ja in Colmar lebte und entscheidend die künstlerische Entwicklung des Kupferstichs förderte. Ungern gibt sich Dürer nur mit dessen Zeichnungen und Stichen ab, denn der große Meister ist zwischenzeitlich verstorben. Nun ging es nach Nördlingen, „wo alle bildenden Künste zu Hause waren." Er traf dort auf Friedrich Herlin, der ihn außerordentlich beeindruckte – er wird ihm zum Freund. Dabei wird ihm klar, dass die erdnahe, kraftvolle Heimatkunst durch ausländische Elemente durchaus bereichert werden kann. Nun treibt es Dürer aber nach Ulm, der eigentlichen Hochburg schwäbischer Kunst, wo er auf Jörg Syrlin, den berühmtesten Holzschnitt-Meister trifft. Dieser hat soeben die Kathedrale, das großartige Ulmer Münster, mit wundervollem Chorgestühl ausgeschmückt; auch drei Reiterstatuen für den Ulmer Platz schuf Syrlin. –

Dürers erste frei geschaffene Zeichnungen und Radierungen finden hier begeisterte Aufnahme, besonders bei den jungen Künstlern der Reichsstadt. Mit diesen diskutiert er über die neuen Kunstideale, deren erste Werke von fortschrittlichen, kühnen Vorstellungen zeugen.

Die nächste Stadt, die er aufsucht, ist Konstanz. Diese lässt Dürer erstmals eine leichtere Lebensart fühlen, sodass seine Sehnsucht nach dem Süden dort noch weiter angefacht wird. Sein weiterer Weg führt ihn jedoch nach Basel, dem Lauf des Rheins folgend. Der Rheinfall von Schaffhausen hinterlässt seine enormen Eindrücke; dieser entspricht ganz dem dramatischen Landschaftsempfinden von Albrecht Dürer.

Die Schönheit der Kirchen und Patrizierhäuser in Basel faszinieren ihn; hier gibt es einen hohen Grad an Bildung und Kultur. Das Empfehlungsschreiben des bekannten Nürnberger Druckereibesitzers Koberg öffnet Dürer alle Buchdruckerpforten.

Er bekommt die letzten Neuerscheinungen, Stichel- und Holzschnittarbeiten – oft direkt nach dem Druck – zu sehen, darf auch selbst am Zeichentisch Beispiele seiner jungen, phantasiereichen Kunst ablegen. Entscheidend und begeisternd ist etwas anderes für Dürer: Manches italienische Bild ist nach dem Konzil in den Besitz reicher Bürger gelangt. Staunend, ja erregt steht Dürer zum ersten Mal vor Gemälden aus Florenz, Siena und Venedig. Dem Drang und Wunsch, sozusagen gleich dorthin zu reisen, zögert er aber hinaus; noch entzieht er sich dieser entscheidenden Wendung, denn, das kann behauptet werden: Der Erkennung und Eroberung des eigenen Wesens galt bisher seine Reise, und somit nicht dem vorschnellen Aufgreifen fremder Einflüsse. –

Noch einen außergewöhnlichen (Schweizer) Maler lernt Dürer hier kennen, der ganz neuartige und ursprüngliche Bilder erschafft: Konrad Witz und seine Werke in der Stadt.

Die Zeit vergeht, bald wird die Rückkehr in die Heimatstadt anstehen. Dann führt seine zu Ende gehende Reise Dürer noch nach Straßburg, wo er das Glück hatte, den erst achtzehnjährigen Hans Baldung (Grien) näher kennen zu lernen. –

Sie geloben sich ein Wiedersehen, nennen sich gegenseitig „;Meister der deutschen Kunst", dessen sie sich später erinnern werden und rechtfertigen auch deutlich diese „Ansage".

Nach Nürnberg zurückgekehrt, wird ihm vom Vater die Patriziertochter Agnes, Tochter des mit seinen Eltern befreundeten Goldschmieds und Humanisten Hans Frey ausgesucht, die Albrecht im Juli 1494 heiratet; eine Liebesheirat war es nicht.

Und so macht sich Albrecht Dürer – kaum vermählt mit Agnes – schon kurz darauf wieder davon, was einiges Ungemach in der Familie Dürer auslöst. Doch der reiche und getreue Jugendfreund und Patriziersohn Willibald Pirckheimer hat Verständnis für diesen drastischen Entschluss und bestärkt Albrecht darin; er streckt ihm entsprechendes Kapital vor. Dürer will unbedingt noch „eintauchen" in die Welt der italienischen Renaissance. (ein Wunsch, der jedoch so schnell nicht in Erfüllung gehen wird) – Doch allzu weit kommt er nicht: Nach neueren Forschungen sucht er zunächst noch das mit Nürnberg konkurrierende Augsburg auf, das mit Venedig sowohl geschäftliche als auch kulturelle Interessen verbindet. Hier trifft Dürer, nach einem kurzen Besuch des Fuggerschen Hauses, *auf Hans Holbein d. Älteren.*

Der hat gerade eine Altarwand für den Augsburger Dom fertig gestellt: Die Grazie und Mühelosigkeit dieser Gemälde machen tiefen Eindruck bei Dürer. Dann kommt Dürer, soweit wir wissen, nach Innsbruck. Auch die bedeutende Stadt Trient steht auf dem Reiseplan. Schließlich gelangt Dürer nach Klausen und 1495, noch nach Arco im Sarcatal, wo er die hohe Burganlage malte. –

Venedig, die heißgeliebte Schöne, muss noch warten. ...

Wenn damals tatsächlich In Nürnberg die Pest ausgebrochen ist, hätte der Maler demnach die Flucht davor ergriffen ....

Bekannt ist aber auch, dass man schon zu dieser Zeit, also auch in Nürnberg, Kopien der Gemälde aus Italien kaufen konnte und sich so Einblick in die dortige Ireneissance verschaffen konnte, was Dürer mit Sicherheit tat.

Die Gruppe der „Genossen" stand nun vor einem Gemälde des Malers und Lehrmeisters von Wolgemut, wo die eigentliche Führung nun los ging .

Hier können jetzt nicht alle gesehenen Werke aufgeführt und erwähnt werden. –
Ein erster Höhepunkt des Erlebens und Schauens war zweifellos **„Das Rosenkranzfest"**, einem der wohl bekanntesten, malerischen Hauptwerke

von Albrecht Dürer, das er während seines Aufenthalts in Venedig 1506 dort gemalt haben muss. Dieses vielfigurige, wundervolle Gemälde mit den vielen Portrait-Köpfen, zeigt sowohl die Geistlichen als auch Weltlichen Stände auf.

Im Vordergrund sieht man u.a. den Vorsteher der deutschen Gemeinde in Venedig, der „Rosenbruderschaft", Jakob Fugger. Auch der betende Papst Julius II ist nicht zu übersehen.

In der Mitte thront Maria wunderschön -mit dem Jesus-Kind-; im herrlichen, blauen Gewand; über ihr schweben vier Engel, von denen zwei Maria gerade eine Krone aufsetzen. Ein weiterer, größerer Engel zu Füßen Marias spielt die Laute. Das keck erscheinende Jesus-Kind streckt sich mit einem ebenfalls geflochtenen Kranz zu dem Papst hin, als wolle er diesen dem Nachfolger auf dem Stuhle Petri aufsetzen ...

Maria nun setzt tatsächlich dem Kaiser Maximilian von Österreich, rechts vor sich, einen aus Rosen geflochtenen Kranz aufs Haupt.

Unter einem Baum im Hintergrund hat sich der Maler Dürer selbst mit einem Papier in der Hand dargestellt. Auf diesem ist in lateinischer Sprache zu lesen, er habe das Bild im Zeitraum von nur fünf Monaten gemalt; es waren jedoch mindestens sieben Monate, wie wir aus den vielen, vorher entstandenen Zeichnungen und Entwürfen auch ersehen können. – Die Stiftung des Altarbildes steht zeitlich in engem Zusammenhang mit dem Wiederaufbau des im Januar 1505 abgebrannten Fondaco dei Tedeschi, der als Lagerhaus, Versammlungsstätte und offizielle Vertretung der deutschen Kaufleute in Venedig diente.

Kurz nach seiner Rückkehr in seine Heimatstadt Nürnberg malte Dürer 1507 die beiden Tafeln mit den „Stammeltern" des Menschengeschlechtes, **Adam und Eva**. Bedeutend ist dieses Bilderpaar auch deshalb, weil diese Gemälde als die erste eigenständige Aktdarstellung der Malerei nördlich der Alpen angesehen werden kann. Noch nie sind Adam und Eva als solch großformatige Aktfiguren in einem Tafelbild dargestellt worden. Es sind Idealbildnisse des ersten Menschenpaares, vielleicht auch der Endpunkt von Dürers Suche nach der idealen Menschengestalt. –

In dieser Zeit, in der die theologische Frage der Rechtfertigung durch Luthers Thesen bald eine zentrale Rolle spielen wird, kann die Gestaltung dieser Tafeln als ein wesentlicher Fortschritt in der Malerei – auch ganz allgemein gesehen – angesehen werden. – Dürer war ja ein großer Bewunderer und Anhänger von Luther und dessen Thesen.

Die Führung kam zu einem Raum, der überfüllt war, auch mit einer anderen, geführten Gruppe fast besetzt. So ging es jetzt erst einmal in den folgenden Raum.

Die gespannten Besucher standen plötzlich vor einem gewaltigen Doppelgemälde: **Die Vier Apostel**, das sind: der Hl. Petrus (im herrscherlichen, roten Gewand) und der Evangelist Johannes, dem Petrus über die Schulter auf die aufgeschlagene „Schrift" schaut. Auf der rechten Tafel sind dargestellt: der Evangelist Markus und nachdenklich, aber sehr bestimmt, der Völker-Apostel Paulus, im weißen, faltenreichen Gewand, der schwer an der mächtigen Bibel trägt. –
Diese wie einfache, fränkische Bürger aussehenden Gestalten, sollen aber auf die Mitwirkenden im „übernatürlichen Drama der Erlösung" hinweisen. –
Die Gemälde gelten als künstlerisches Vermächtnis von Albrecht Dürer, der diese aber dem Stadtrat seiner Heimatstadt Nürnberg 1526 zum Geschenk vermacht hat. – Das Werk „Die vier Apostel" stammt aus der letzten Schaffensperiode Dürers und kann als das „feierliche Bekenntnis zu den neuen Idealen" angesehen werden; es soll sein eigentliches, geistiges Testament sein. –

Bei der Übergabe der Tafeln an den Rat der Stadt schreibt Dürer in einem Begleitbrief, das er auf diese Gemälde „mehr Fleiß denn ander Gemäl gelegt hab, acht ich niemand würdiger, die zu einer Gedächtnis zu behalten, den Euer Weisheit." Ob der Nürnberger Stadtrat dann wirklich weise gehandelt hat, als er im folgenden Jahr die kostbaren Gemälde als „Pfand", wohl für die Unterstützung des bayerischen Herzogs Maximilian (trotz massiver Proteste) nach München abgegeben hat?

1527 war ja das Jahr, in dem die letzten Bauernaufstände niedergeschlagen wurden. Fast gleichzeitig fand die Eroberung und Plünderung Roms durch kaiserliche Söldnertruppen statt; was wir als das „Ende der Renaissance" ansehen können.
Der katholische Herzog ließ übrigens die protestantischen Inschriften kurzerhand absägen; erst 1922 wurden diese wieder mit den Gemälden vereint und können ansonsten in der Alten Pinakothek besichtigt werden.
Aus der ursprünglichen Sockel-Inschrift geht im Kontext hervor:

Er, A. Dürer, ruft darin die weltliche Obrigkeit auf, „allein auf das Wort Gottes zu achten – und keinen menschlichen Verführungen Gehör zu schenken." Es folgen Passagen aus den Schriften der vier neutestamentlichen Autoren.

Man kann wohl davon ausgehen, dass Dürer in den dargestellten Gestalten der ‚Vier Apostel' auch die typischen Vertreter der vier Temperamente vertreten hat. Johannes ist demnach der Sanguiniker, Petrus wäre deutlich als Phlegmatiker anzusehen, der Evangelist Markus ist der Choleriker und in Paulus sehen wir den Melancholiker (mit dem sich Albrecht Dürer am ehesten identifiziert).

Da das „Andachtsbild" eigentlich abgeschafft ist, werden keine Begebenheiten mehr dargestellt: der „Zeuge ist selbst die Handlung" . Diese „Flügel ohne Altar" sind hier schon die religiöse Aussage. Das Wichtigste ist das Einzelwesen Mensch: er ist als das Sprachrohr Gottes anzusehen; „in ihm wohnt Gottes Wort". Dürer hat versucht die persönliche Eigenart jeder Figur so stark heraus zu meißeln, dass zu ihrer Identifizierung jegliches Zubehör überflüssig wird.

Wir erinnern uns: in der geschichtlichen und bildlichen Überlieferung wurde jedem Apostel ein Symbol zugeordnet; Petrus der Schlüssel, Paulus das Schwert, etc. Und mehr noch: „Dürers innerste Zwiesprache mit den abgebildeten Gestalten, hat zu einer fast magischen Neuschöpfung geführt." „Seine Figuren sind von einer übernatürlichen Lebenskraft geladen."

(Zitat: Marcel Brion in „A. Dürer – der Mensch und sein Werk")

So stehen sie da, die mächtigen, überlebensgroßen Gewandträger, ihre Erscheinung ist fast statuenhaft, als wären sie in Stein gehauen; hier ist die Welt der Rede, dort die der Tat, deren außerordentliche Dynamik in Markus und Paulus Augen funkelt.

In diesem außergewöhnlichen Kunstwerk, „das die ganze Tiefe des christlichen Gedanken enthält, hat der Maler Albrecht Dürer sein letztes Ziel erreicht" – und sich erschöpft: fortan wird er nicht mehr malen.

Erschöpft von der Führung war besonders Barbara, die nach Luft rang und sich abseits auf eine Bank gesetzt hatte. Sie sagte zwar: „Mach du ruhig weiter; ich will jetzt erst mal einen Kaffee oder Tee trinken gehen." Harry merkte ihr an, dass es, schon länger, nicht gut mit ihr stand, was ihn veranlasste, mit ihr zur Buchhandlung zu gehen, wo es auch Getränke und kleine Imbisse gab. – Welcher Reichtum war das hier an künstlerischer und Museums-spezifischer Literatur, da ging einen nochmals das Herz auf, nur vom Schauen. Mit etwas Glück erkämpften sich die beiden einen Sitzplatz, und Harry stellte sich an die Schlange an, um schließlich zwei Tee und etwas Gebäck zu erlangen. Neben sich saß eine kleine, ältere Dame, die sich ein Buch aus der Reihe „Große Meister der Kunst: <u>Dürer</u>" gegriffen hatte. Mit ihr kam Harry ins Gespräch, während er nochmals die phantastischen Bilder ansah; dann erwarb er dieses Buch selbst. – Es war nun genug, was hieß, dass Harry nicht mehr zur Führung zurückging.

Er schaute sich noch verschiedene Buch-Auslagen an, während Barbara zu einem gewissen Örtchen ging und dann zur Garderobe. Harry wartete, ganz gelassen und legere, im Foyer und Eingangsbereich, ohne etwas Besonderes zu erwarten.
    Da kam ihm Gisela (die „Führungskraft") entgegen. Ihr Lächeln erwiderte er. Sie gaben sich die Hand und sprachen ganz einfache, übliche Worte zum Abschied;
    ein frohes Gefühl erfasste Harry, der diese Frau wohl weit mehr als 30 Jahre kannte und heute ihre schöne Weiblichkeit, im Stillen, bewunderte, wie lange nicht.
    Jeder ging nun seines Weges, und die Fahrt mit Barbara nach Hause verlief wie immer gut.

Urteile

Lars und Helge hatten bald darauf lange Gespräche; daraus nur Folgendes:
    Ich meine – sagte Lars zu Helge, nachdem er im Skript „*Bauhaus*" (u.a.) und anderes gelesen hatte, – du müsstest dich mehr an die Themen-Blöcke wie *HISTORIEN, ZUKUNFT; GEGENWART, (VOR-)BILDER und GESCHICHTE* halten. – Dann könnte daraus noch etwas werden; mehr sage ich jetzt nicht dazu .
    Nun, – antwortete Helge darauf: – Erst will ich noch einen Abschnitt hinzufügen, der etwa so lauten könnte: *Ströme Lebendigen* **Wassers** .
    Damit wirst du jetzt nicht viel anfangen können; dann erst werde ich das Ganze noch einmal durchgehen und – last not least – eine (mögliche) Bereinigung vornehmen. –
    Zu seiner langjährigen Exkursion durch Südamerika sagte Lars nur soviel:

– Es ist zu viel Außergewöhnliches, Lebensbedrohendes und -Veränderndes geschehen; ich bin dabei, einiges zu sortieren, erst mal Notizen zu machen.

Eine nicht unwichtige Rolle spielt dabei auch meine Begleitung und Gefährtin Ilona.

RUHESTAND – BÜCHER und FAMILIENGESCHICHTE

Das Interview

Seit 1995 sind sie ja bereits im Ruhestand. Bei ihnen wird es sich aber eher um einen „Unruhestand" handeln, oder irre ich mich da? – so begann der freie Mitarbeiter der Hofheimer Zeitung den Jubilar und Autor zu befragen. –
Erzählen Sie doch einmal ein bisserl von sich ...
Ich lebe im „bewegten Ruhestand", kann man durchaus behaupten.
Mein Interessengebiet? Das ist sicherlich die Literatur; doch auch Politik und Geschichte. Zu den Hobbys zählen Wandern, Gartenarbeit und früher noch weite Radtouren mit Freunden.
Ja, aber da gibt es doch noch etwas ganz Besonderes, auf das ich sie gerne ansprechen möchte. Ich weiß, dass sie auch Bücher schreiben und veröffentlichen.
Das Schreiben von Büchern, ja, das hält mich geistig fit und belebt das Interesse an vielen Dingen.
Und was war denn der Auslöser für ihr Schreiben?
Den Anstoß zum Schreiben gaben mir die Aufzeichnungen meines Großvaters Dr. Albert Fischer, der 1937 eine „Geschichte der Familie Fischer zu Warburg" herausgegeben hatte. Diese Chronik war nun wirklich nicht mehr aktuell. Also brachte ich diese Mal einigermaßen *auf Vordermann*. Die Idee war, die Familienchronik 2001 zu aktualisieren, sie zu vervollständigen und mit dem Titel „Alberts patriarchalische Geschichte" zu veröffentlichen. Die Thematik reicht vom „Dreißig-jährigen Krieg bis zum III. Reich". Die Fertigstellung dieses ersten Buches war schon schwierig, aber auch eine Herausforderung, denn mein Vater war ja ein getreuer Gefolgsmann von Adolf Hitler.
Ich wollte unbedingt herausfinden: „Wieso ist er nur auf diesen irren Weg gekommen", und wie kam die ganze, fürchterliche NS-Diktatur überhaupt zustande?
Eine heikle Aufgabe war das, aber ich löste diese mit einigem Aufwand und den entsprechenden Nachforschungen. Sowohl als politisch kritischer Bürger, als „betroffenes Familienmitglied" als auch überzeugter Sozialdemokrat war mir das ein Bedürfnis.

Wie heißen denn die folgenden Bücher, was beinhalten diese?
Die nächste Veröffentlichung nannte ich „Die schöne Last einer Familie", angefangen mit den Erzählungen meiner Mutter aus Jugend, Nazi-, Kriegs- und Nachkriegszeit. Erst 1953 brach bei den Eltern eine bessere, ruhigere Zeit an, als sie sich endlich den Wunsch erfüllten, „Das Land der Sehnsucht" aufzusuchen: Sie reisten nach Italien, zunächst nach Mailand, dann nach Florenz und Rom (das bedeutete sicherlich den Höhepunkt), um die phantastischen Kunstschätze dort zu bewundern. – Man muss dazu sagen, dass mein Vater außer Jura auch einige Semester Kunstgeschichte studiert hatte und ein großes Vorwissen mitbrachte; ein Leben lang war die Kunst sein Lebenselixier. –

Dann erschien 2003 ein (sagen wir:) Liebesroman. Auch die weitere Lebensläufe von sechs Geschwistern werden erwähnt. Der jüngste Sproß Hans war in seiner Jugend ein revolutionärer Geist, machte heiße Musik in einer „Underground-Band", vollendete aber doch sein Jura-Studium und ist Heute ist er erfolgreich in seinem Beruf als Anwalt und Notar tätig –

Ich denke, das ist ja schon eine Leistung; ist das so eine Art „Familien-Trilogie"?
Das war so nicht beabsichtigt. – Um von diesen familiärer Thematik wegzukommen, schrieb ich mit viel Phantasie 2006 den Band mit Erzählungen „Versilia, Diana und das Meer", der rasante Geschichten enthält und einen gewissen Erfolg hatte.

Stimmt – den habe ich sogar in der Stadtbücherei in die Hand bekommen und fast alles gelesen; u.a. erinnere ich mich, dass die Erotik da nicht zu kurz kommt. – Wie ging es weiter?
2009 folgte das Buch mit dem Titel „Wege durch die Welt". Der Verlag schrieb dazu:

„ist ein großer gesellschaftskritischer Roman, mit passenden Essays angereichert, in denen auch der dramatische Klimawandel ausführlich zur Sprache kommt, sowie außerdem Politik, Geschichte, Kunst und Kultur". Genaueres über diese Projekte kann man aber auch auf meiner Homepage erfahren: … harry-fische.de .

Herr Fischer, Sie haben ja kürzlich eine Lesung aus einem Buch gemacht mit dem Titel „Der Afrikakämpfer", das auch in den Zeitungen angekündigt wurde.
Ja, 2012 erschien das bisher letzte Buch „Der Afrikakämpfer", mit dem Untertitel: wird ‚Professor für Energie- und Atomenergierecht'; es ist ein *Auftragswerk*, in dem auch auf die vorgegebene Familiengeschichte eingegangen werden sollte.

Wir bleiben aber jetzt mehr bei den aktuellen ‚Fakten', ja?
In die damals noch bedeutenden Hansestadt Warburg wanderte der „Stammvater" Johann Fischer Ende des 17. Jahrhunderts ein. Hier macht er über die Jahre Karriere und wird sogar 1695 zum Bürgermeister gewählt. Die ihm folgenden „Stammhalter" (wie sie mein Großvater genannt hat) und Nachfahren der Familie Fischer tun es ihm gleich, indem sie das höchste städtische Amt des Bürgermeisters verdienstvoll ausfüllen. –
Nennen Sie mir noch ein paar die Schwerpunkte – Ok?
Auf Seite 34 des Buches wird es wieder richtig spannend, als von dem riesigen Vermögen der Marquise de Chevriers die Rede ist. Damit sie nicht unter der Guillotine endet, rettet sie der Notar P. Louis Marie Charvin, der in der großen, aber martialischen Revolution eine nicht unbedeutende Rolle spielte. Als führender Jakobiner war er auch Mitglied im Wohlfahrtsausschuss. Er heiratet die Herzogin, wodurch sie zur „Citoyenne" (also zur einfachen „Bürgerin") wurde und wieder frei kam. Nach dem Tod der Herzogin geht das Vermögen auf den Notar Charvin über, der dieses, da kinderlos, an seinen Neffen Pierre Charvin vererbt – eine wundersame Umverteilung. – Kassel nun war damals die „Residenzstadt" des neu gebildeten Königreichs Westfalen. Diese gehörte nun zum 1806 von Kaiser Napoeon I. gegründeten „Rheinbund". Unter dem Regime des „Königs Lustig", Jerome Napoleon, suchte dort der junge P. Charvin sein Glück zu machen, was auch gelang. Es fehlte ihm dann nur noch eine Ehefrau seines katholischen Glaubens, die er dann mit Viktorine-Charlotte in Warburg fand. Sie war die Tochter des angesehenen Justizrates Philipp Fischer, meines Urur-Großvaters. Mit ihr zusammen zog P. Charvin bald nach Paris, um das ehemals herzogliche Vermögen zu erben. Pierre Charvin starb aber vorzeitig, und so holte die Witwe, Madame Charvin, ihren jüngsten Bruder Robert Fischer 1840 nach Paris, der ihr beistehen sollte. – Robert hatte aufregende Erlebnisse in der Weltstadt, auch unangenehme Erfahrungen, sodass er schon nach Amerika auswandern wollte. Doch er gewöhnte sich ein, machte eine Karriere als Bankier, heiratete seine Nichte Pierrine Charvin, wodurch er „Verwaltungs- und Nießbrauchrecht" an den Vermögenswerten erhielt. –
Nach dem frühen Tod der Frau Pierrine, und nach acht Jahren der Witwerschaft, nahm sich Robert die Warburgerin Adelheid zur zweiten Ehefrau. Aus dieser Ehe stammt der später zum Landgerichtsrat in Wiesbaden avancierende Dr. jur. Albert Fischer – unser Chronist. Er ist der Vater von Hans Fischerhof, so der Name unseres Helden, dem späteren „Professor (‚Fischerhof' nannte er sich schon 1937) für Energie- und Atomenergierecht" in Frankfurt. Vater Al-

bert wuchs z.T. noch in Paris auf, wo er 1863 in St. Germain en Laye bei Paris geboren wurde.

Jetzt also zur Hauptperson des Buches: Dr. jur. Hans Fischerhof, der als jüngster von vier Söhnen, am 9. November 1908 in Wiesbaden geboren wurde.

Im Buch „Der Afrikakämpfer" wird dann über den Krieg und das Dasein der Soldaten in der Wüste berichtet. Auch gibt es eine spannende Beurteilung der Frage: „Was sollte die Deutsche Wehrmacht in Afrika?", wobei die irre Kriegführung des großen „Führers" A. Hitler und seines Kumpans Benito Mussolini arg in Frage gestellt werden. – Auch geht es hier weiterhin um den Lebenslauf meines Onkels Hans Fischerhof, der später außerordentlich berühmt wurde – in Fachkreisen auf jeden Fall.

Vielen Dank Herr Fischer, für das interessante Gespräch. Fast die Hälfte ihres Lebens haben sie in Hofheim als sehr rühriger Bürger gelebt und waren auch politisch (ja, in der SPD**) stark engagiert, soviel ich weiß. Ihr achtzigster Geburtstag liegt ja nun schon eine Weile zurück, dennoch möchte ich ihnen nachträglich noch einmal dazu gratulieren, auch im Namen unserer Zeitung. Ich wünsche ihnen viel Gesundheit und weiter die Vitalität und Kraft, um noch mehr Bücher zu schreiben. Die Geschichte wach halten, auch die Sicht der „kleinen Leute" (‚kleine Leute' gibt es – in dem Sinne – für mich nicht) bedenken – und im Gespräch bleiben; das ist ein Motto, das auch ich mir auf die Fahne geschrieben habe.**

Eins interessiert mich noch besonders: Wenigstens das Kapitel „Was sollte die Deutsche Wehrmacht in Afrika?" in ihrem letzten Buch möchte ich einmal lesen. Ich habe wenig oder keine Ahnung, was die Gründe zu diesem Afrika-Krieg waren – geht das?

Na klar, warum nicht? Ich denke, dass meine Aussagen darüber militärisch-strategisch in Ordnung und verständlich sind.

Ein Buch vom „Afrikakämpfer" habe ich z.Z. nicht mehr da; doch eine Blatt-Kopie eines Ausdrucks dazu gebe ich ihnen gerne mit.

Ok – es war abgemacht, der Reporter bekam seine Kopie und ging froh seines Weges.

Vielen Dank! Alles Gute, und bleiben wir im Gespräch. –

Bei sich zu Hause las er bald darauf diesen Absatz:

DUCE ROMMEL HITLER

Das Afrikakorps rettet Mussolini

Im Verlauf des II. Weltkrieges meldete sich Hans Fischerhof freiwillig, zum Afrikakorps; so wollte er dem Einsatz in dem mörderischen Vernichtungskrieg der Aktion „Barbarossa" in Russland entgehen.
Zu Beginn und über den Ablauf des Afrikakrieges sollte man auf Folgendes hinweisen, was vieles klarer macht:
Der Faschistenführer Mussolini hatte so einige Territorialforderungen in Libyen und Somaliland im Sinne, um diese dann – mit geschwellter Brust – anzugehen. .
Die politische Situation stellte sich damals in etwa so dar:

Der spanische Bürgerkrieg, der ab 1936 unter dem General Franco begann, förderte dann eine enge Zusammenarbeit zwischen den Mächten Italien und Deutschland, das ja bald darauf mit der „Legion Kondor" gegen die republikanischen Gegner der Faschisten drauf los bombte. Damit festigte sich die Besiegelung und Begründung der „Achse Berlin-Rom".
Großspurig verkündete Mussolini nun den Hegemonialen Herrschaftsanspruch der neuen Machtzentren, die sich als künftige Ordnungs- und Kristallisationspunkte zwischen den „dekadenten Demokratien" und der „bolschewistischen Gefahr" zusammen geschlossen hatten. Diese scheinbar unaufhaltsame Machtverschiebung zu Gunsten der „Achsenmächte", besonders im Nahen Osten und am Mittelmeer, brachte die spät-kolonialistischen Positionen der Westmächte stark in Gefahr.
Allerdings: Spanien, unter Franco, dachte gar nicht daran, sich einem weiteren Krieg anzuschließen. Fakt ist:
Bereits im September **1940** hatten italienische Truppen die libysch-ägyptische Grenze überschritten, ohne sich jedoch mit der Führung des Deutschen Reiches abzustimmen. – Das war eine der großspurigen Visionen Mussolinis: die wichtigste, größte Stadt – nämlich Kairo – in Nordafrika zu erobern und in Besitz zu nehmen, und so zum „Herrscher" in der Region aufzusteigen!
Aber schon Ende des Jahres 1940 waren die Angreifer weit nach Libyen zurück

geworfen worden. Auf Veranlassung Hitlers und nur mit Hilfe des eingreifenden deutschen „Afrika-Korps" gelang es, den Rest des „Imperio Romano" zu halten; die „Kumpanei" zwischen den faschistischen Diktaturen erforderte das. – Die Angriffe unter Führung von General Rommel auf Tobruk verliefen zunächst völlig erfolglos und verlustreich; Das focht Rommel jedoch nicht weiter an. Für die Nazi-Führung blieb er jedenfalls d a s Aushängeschild und war stets in den Wochenschauen präsent, ein „Medienstar" schon damals. Bald darauf wurde er vom „Führer" persönlich zum (jüngsten) General-Feldmarschall befördert.

Nach wechselhaften Kampfgeschehen begann Rommel schließlich im Juni 1942 erneut mit seinen Truppen und entspr. starker Luftunterstützung den Vorstoß und Angriff auf die gewaltig (ursprünglich von der Kolonialmacht Italien) ausgebaute und von den Engländern bisher tapfer gehaltene Festung. Am 21. Juni ‚42 waren die deutschen Truppen schließlich doch erfolgreich und besetzten Tobruk.

Was das auf deutscher Seite für ein Sieges-Taumel auslöste, kann man sich kaum vorstellen. Bei den Militärs und der Führung in Berlin herrschte der Eindruck vor:

„Den Krieg in Afrika haben wir doch damit gewonnen!" Nach der Devise: „Immer weiter, nur Vorwärts" überschritten die Panzerverbände des Afrika-Korps schon am 23. Juni die ägyptische Grenze und kamen erst im Juli bei El-Alamein zum Stehen.

Die Besetzung und der „Gewinn" des Nahen Osten war auch das strategische Ziel von Hitler. Zitat: „Als nächsten Schritt werden wir südlich des Kaukasus vorstoßen. Ein anderer Stoß wird am Kaspischen Meer entlang nach Afghanistan und Indien geführt, sodass den Engländern das Öl ausgehen wird. Damit bricht endgültig das britische Weltreich zusammen." –

(Aussage Hitlers gegenüber Albert Speer)

Gefährlich nahe kamen die deutschen, teils italienischen Truppen nun Palästina, womit das Ziel der „Endlösung" der dortigen Juden den Nazis vor Augen schwebte. Aufgrund eines „Exekutivbefehls" Hitlers war schon ein Sonderkommando der SS hinter der Front in Libyen tätig, um Juden der angestrebten Vernichtung und „Endlösung" zuzuführen.

Einige dieser verfolgten Menschen wurden vor Ort zur Zwangsarbeit eingesetzt oder vereinzelt gleich umgebracht. Von den Juden wurden ungeheure Mengen an (nennen wir's) „Raubgold" und wertvollem Besitz erpresst oder entwendet. Der ominöse sogen. „Rommel-Schatz" (mit dem Rommel allerdings so

gut wie nichts zu tun hatte) bestand im Wesentlichen aus dieser Beute, die in Munitionskisten dann ins Deutsche Reich transportiert werden sollten. –
Von den vertriebenen oder getöteten Einwohnern sprach sowieso niemand.
Zum britischen Flottenstützpunkt Gibraltar wäre einiges zu sagen, denn er bedeutete weiterhin eine erhebliche Bedrohung für die „Achsenmächte".
Zwar hatte Hitler im Sommer 1942 die größte Ausdehnung seines überdehnten Machtbereichs erreicht. Aber mit dem Eingreifen der USA in die kriegerischen Auseinandersetzungen, setzte schon bald die „Endphase" der national-sozialistischen Herrschaft ein.
Zu den Vereinigten Staaten: Diese hatten lange in ihrer vorgegebenen, isolationistischen Neutralitätspolitik verharrt, aber in der Praxis längst den „Undeclared War" geführt, wie erhebliche Waffenlieferungen an das UK belegen. –
Mit dem Anfang Dezember 1941 von den Japanern geführten überraschenden Angriff auf den auf Hawai gelegenen US-Stützpunkt Pearl Harbour, wurde eine völlig neue Situation geschaffen.
Ende Dezember ‚41 folgte die Kriegserklärung Hitlers an die USA, die Präsident Roosevelt schon erwartet und auch herausgefordert hatte, um nun eindeutiger operieren zu können.
Zwar erst am 8. November 1942 erfolgte dann, doch überraschend, die Landung von amerikanischen Truppen in Marokko und Algerien. Genau genommen, war es jetzt nur noch eine Frage der Zeit, bis die deutsch-italienische Afrika-Armee wirklich besiegt wurde. Allerdings hatte die Armee der Achsenmächte schon im Oktober ‚42 bei El-Alamein den Kampf verloren; sie wurde dann weit nach Tunesien in einen „Brückenkopf" zurück gedrängt. Der weitere Rückzug der deutschen Truppen soll eine taktische Meisterleistung von Rommel gewesen sein, der damit gegen die Befehle Hitlers agierte. Im Mai 1943 kapitulierte Rommel dann in Tunis; er selbst wurde ausgeflogen. Etwa noch 240.000 Mann gingen in Gefangenschaft – fast so ähnlich wie vorher in Stalingrad.
Auch dort war jeglicher Rückzug verboten; die unbedingt ein zu haltende Order des „Gröfaz" (lt. Berliner Schnauze: „Größter Feldherr aller Zeiten") lautete:
„Heldenhaftes Ausharren und Kampf bis zum letzten Soldaten!"

Von dem allen ist in den einzigartigen Briefen von Hans Fischerhof an den geliebten Bruder Ernst nicht die Rede. Zitiert sei hier nur noch aus einem der letzten Briefe von Hans vom August 1944:
Nachdem ich nun wieder (wie) so oft mitten durch den Tod geschritten *bin, bedürfte es schon außerordentlicher Impulse, dem Leben noch sehr viel abzuge-*

winnen. Leider habe ich auch an der Natur (aus Afrika hat uns Hans davor oft wundervolle Beschreibungen und Berichte über die besondere und eindrucksvolle „Schönheit" der Wüste, Landschaft und ihrer Einwohner vermittelt) *nicht mehr die naive Freude wie ehemals. Aber das zeugt im Grunde nur davon, dass man in der Erkenntnis einen Schritt* (?) *weiter gegangen ist.* ...

Meine Verwundung zehrt natürlich auch sehr an mir. Was das für mich bedeutet, nie wieder ganz den vollen <u>Gebrauch meiner rechten Hand</u> zu haben (für einen Schriftsteller, der er war, ein großes Dilemma) *! Ja, wenn man sähe, dass man mit* (oder: für den) *Erfolg etwas geopfert hätte!*

(Ende der Zitate)

POLITIK und FREUNDSCHAFT

Zwiegespräche

– Was sagst du zu dem Konflikt, der sich da im Pazifischen Raum anbahnt? – fragte Lars den Freund Helge innerhalb eines Gesprächs. –
– Meinst du vielleicht, weil da, in vielen angrenzenden Ländern des Pazifik, eine wahnsinnige Hochrüstung stattfindet, dass daraus ein militärischer Konflikt entstehen Könnte? –
– So wie es aussieht, ähnlich wie vor dem I. Weltkrieg in Europa, wird dieses Wettrüsten kaum mehr zu stoppen sein und nichts Gutes bringen. –
Nachdem sie einige Einzelheiten zu diesem Komplex besprochen hatten, meinte Lars:
– Das wird wahrscheinlich kein Thema für das BZRM werden; ich habe lediglich mit dem Professor Helbig gesprochen, der mir, gutgläubig wie er ist, eine vorläufige Prognose erstellen will – Mal sehen, ob da was ‚Gescheites' rauskommt. –
Damit war dieses Thema vorerst ‚vom Tisch'. –
Helge war nicht allzu oft im BZRM anwesend, aber auf persönlicher Basis trafen sich die beiden wieder des öfteren. Aus der früheren guten Bekanntschaft hatte sich eine Freundschaft entwickelt, in der sie nun auch manches Private austauschten.
So unterschiedlich von Charakter, Erfahrung und Lebensart beide waren – Gegensätze sollen sich ja anziehen, heißt es – so war das durchaus keine oberflächliche, leere Beziehung. Doch fanden sie auch immer wieder Gemeinsamkeiten, sowohl in vielen Ansichten, als auch in den vorstellbaren Wünschen und Hoffnungen.
Dann ging es um die Europa-Parlamentswahlen und was damit zusammenhängt.
Unsere Gesellschaft kommt dabei zu kurz. – sagte Lars. Darauf Helge:
Wie meinst du das? Erst einmal möchte ich feststellen, dass unsere BRD derzeit eines der liberalsten Länder der Welt ist – im Gegensatz zu deiner zu kritischen, oft negativen Meinung über unser Land; beinahe hätte ich gesagt: über unser *Vaterland*, aber das ist vorbei, das hat heute keine Bedeutung mehr. Wirtschaftlich sind wir (im Vergleich, nicht unbedingt wirklich) so stark, dass uns – mit Angela

Merkel als Kanzlerin, Steinmeier als Außenminister im besonderen – durchaus auch eine politische Führungsrolle in der EU wahrnehmen können.

Um bei der EU zu bleiben: Wir müssen ja eine abflauende Europa-Begeisterung feststellen. Warum? Wir haben uns doch für die politischen Strukturen, die in Brüssel entstanden sind, nie wirklich interessiert. Tatsächlich ist das aber eine der wichtigsten Veränderungen im politischen Gefüge des 20. Jahrhunderts gewesen, ja man sollte vielleicht sagen: weltweit positiv beachtet –

– Nun gut, das stimmt sicher. Aber, um nur eine Perspektive zu nennen, die dem weiteren Prozess entgegenstehen: Große Teile der Bevölkerung fühlen sich nicht mehr durch die großen Parteien vertreten, ja sie erscheinen auch kaum noch berechenbar – tu was dagegen. –

– Aber ist es nicht so, dass die politischen Probleme durch die Globalisierung und „Vernetzung" immer komplizierter werden? – Wir sollten Acht geben (jetzt mache ich einen *Sprung*), dass wir nicht der „Logik des Schreckens" verfallen, wie sie Adorno befürchtete; das läuft auf eine „negative Dialektik" hinaus, der wir. Widerstand leisten müssen .

FREIHEIT und SELBSTBESTIMMUNG

Schiller als Philosoph

Bald darauf waren Lars und Helge bei dem Vater von Lars zum Tee eingeladen. Das war ein neuer, wichtiger Moment, der Helge noch länger im Gedächtnis blieb.

Das Haus war sehr gediegen, vornehm könnte man sagen, jedenfalls alles echt und geschmackvoll eingerichtet, doch nicht protzig.

Es lag auf einer Anhöhe, gut in die Natur und einige schöne Bäume eingebettet; weitere Villen gruppierten sich in der Nähe.

Der Hausherr und Vater lebte allein, hatte eine Haushälterin, aber auch einen Gärtner, sowie einen Chauffeur, der auch andere Aufgaben übernahm.

Dieser – Franz genannt – empfing die beiden Besucher und führte sie zu der überdachten Terrasse. Wenn man nun meinte, dass Sohn und Freund herzlich empfangen wurden, kann da eigentlich kaum die Rede davon sein.

Der Gastgeber, nennen wir ihn Rudolf, ein untersetzter, kräftiger Herr mit ganz weißen Haaren und rötlicher Gesichtsfarbe; altersmäßig war er *weit fortgeschritten*. Herr Rudolf hatte eine gekühlte Pulle Champus vor sich stehen und las in einem größeren Werk, es könnte ein Kunstbildband o.ä. sein.

Nach einer kleinen Weile stand er allerdings sogar auf und gab jedem die Hand.

Rudolf sagte dann:

– Ich schaue mir gerade „Goethes Leben in Bilddokumenten" an. Ich werde demnächst – wenn meine Gesundheit und die Umstände es zulassen – eine Reise nach Weimar und Jena machen; möglichst auch Erfurt und Wittenberg möchte ich besuchen. Thüringen (auch Sachsen-Anhalt), das ist die wahre Mitte Deutschlands.

Rudolf wartete gar nicht darauf, bis seine Besucher vielleicht etwas zu sagen hätten, sondern fuhr in einem fort, über seine gesammelten Gedanken, Vorhaben und Lesestoffe zu sprechen. –

Als Lars den Titel des Buches des auf dem Tisch liegenden Buches sah, fragte er seinen Vater:

– Du beschäftigst dich mit Goethe? So kenn' ich dich gar nicht. –

– Warum denn nicht? An ihm kommt man ja nun einmal nicht vorbei, wenn man von der „Weimarer Klassik" spricht. Der Großteil seiner Gedichte ist einmalig und wunderschön. . –

Kürzlich habe ich übrigens das Buch von Safranski „Die Geschichte einer Freundschaft" gelesen und war sehr angetan davon. Soll ich dir, Lars, das Buch einmal, zum Hineinschauen, geben? Das wird dich sehr ansprechen.

Schiller ist halt mein auserwählter Liebling. –

Ich lese euch einmal aus dem „Musischen Lexikon" von Dr. Koch die Aussage über Schiller vor. Übrigens kannte ich den Willi Koch noch und schätze ihn sehr. Er war ja ein Frankfurter Bub. Also, ich zitiere: *Friedrich Schiller, (1759 – 1805), steht neben Goethe, dem Betrachter der Natur, als Gestalter des* dramatischen Zusammenpralls *der* **Freiheit** *(immer wieder ging es ihm um die Freiheit) mit dem ‚blinden Naturgesetz. Das höchste Ziel des Menschen ist nach Schillers Überzeugung seine* Selbstbestimmung, *die ihn zwingt, sich* einer sittlichen Weltordnung freiwillig einzufügen. – Ist das nicht großartig?

Alles Wesentliche für uns und unsere Gesellschaft ist damit m.E. schon früh aus- und angesprochen.

Ich lese auch noch einen weiteren Satz: *In großen Gedankengedichten und in den von ihm geschaffenen edelsten Gestalten der dt. Bühne hat er diese moralische Forderung Kants, in leichter Abänderung vorgetragen, so dass die Welt in ihm. zusammen mit Shakespeare den größten tragischen Dichter der Neuzeit verehrt.* – (Zitat Ende) –

Rudolf, so stellte sich „zwischen den Zeilen" heraus, war auch ein großer Sponsor des BZRM (1+), hatte auch schon einige Themen vorgeschlagen.

(1+ Bildungs-Zentrum der Radikalen Mitte)

– Aber jetzt will ich (so Rudolf weiter) – soweit ihr mir da noch folgen könnt und wollt – auf philosophische Aussagen von Schiller kommen. Ein Satz von ihm ist ja relativ bekannt, und zwar aus den Briefen „Über die ästhetische Erziehung des Menschen":

Über die *volle* Bedeutung des Worts *Mensch* lässt er sich da aus: der Mensch ist nur da ganz Mensch, wo er spielt (das ist etwas abgekürzt). Und, um das Ziel der Veredlung zu erreichen, bedürfe es der Kunst, die von außen auf den Staat und den einzelnen Bürger einwirken könne. – Und in der Ankündigung dieser Programmschrift heißt es bei Schiller:

Man wird streben, die Schönheit zur Vermittlerin der Wahrheit zu machen, und durch die Wahrheit der Schönheit ein dauerndes Fundament und eine höhere Würde zu geben. Sehr hoch gegriffen, dabei lasse ich es aber auch.

Doch ich kann dir, Lars, noch eine weiterführende Ausarbeitung zur Verfügung stellen, die du dir in aller Ruhe einmal anschauen könntest. –
Das tat Lars (der nicht gerade vor Begeisterung sprühte) dann auch später, im Beisein von Helge. In dem Fall ging es um die „Anthologie" von Rüdiger Safranski, in „Schiller als Philosoph". Lars also:
– Hier ein paar Auszüge von dem zuletzt von mir Gelesenen, einer Art Vorwort vom Autor Safranski:
Frage, welchen Beitrag die Kunst leisten kann, um die Menschen im sittlichen Sinne zu „befördern" Die „Ästhetischen Briefe" beginnen mit der politischen und zugleich moralischen Vorgabe, die Menschen „freiheitsfähig" zu machen!
Der philosophische Untersuchungsgeist ist durch die Zeitumstände nachdrücklich aufgefordert, „sich mit dem vollkommensten ‚Kunstwerk', mit dem Bau einer wahren politischen Freiheit zu beschäftigen.
Die Kunst nun hat kein Wozu und das genau unterscheidet sie von den bloß dienstbaren Geistern und Tätigkeiten. Große Kunst will nichts als sich selbst, sie lädt uns ein, bei ihr zu verweilen, sie ist der erfüllte Augenblick: Verweile doch, du bist so schön, *heißt es ja in Goethe's Faust.*
Ja, es ist die Schönheit, *durch welche man* zu der Freiheit wandert.
Das freie Spiel des Geistes heilt,
so Schillers Idee, *die Wunden, welche die fragmentierende Arbeitsteilung, die Fühllosigkeit der bloß theoretischen Kultur (heute sagen wir wahrscheinlich: Wissensgesellschaft) und die dumpfe Welt der entfesselten tierischen Bedürfnisse dem Menschen in der Moderne zufügen. Das künstlerische Spiel erlaubt uns, die zersplitterten Kräfte zu sammeln und etwas Ganzes, eine Totalität im Kleinen zu werden, wenn auch nur im befristeten Augenblick und im begrenzten Bereich des Schönen der Kunst.*
Im Genuss des Schönen erleben wir den Vorgeschmack einer Fülle, die im praktischen Leben und in der geschichtlichen Welt noch aussteht. Wir geben uns nicht zufrieden, unser Erwartungshorizont ist weit, er kapituliert nicht vor dem sogen. Realitätsprinzip. ... Die Kunst und das Spiel. Sie gehören zusammen, *aber das Spiel umfasst weit mehr als die Kunst.*
... Bedenkt man aber, dass im Zeitalter der elektronischen Massenmedien die Dimension des Spiels sich ungeheuer ausgeweitet hat, muss man zu dem Schluss kommen, dass sich Schillers Utopie der spielerischen Gesellschaft auf überraschend banale Weise verwirklicht hat.
In den „ernsten" Lebensbereichen der Politik und Ökonomie sind inzwischen auch „Spielertypen" gefragt, und Inszenierungen machen sich überall geltend.

Die „Spielfelder" erstrecken sich inzwischen fast über den ganzen Raum des gesellschaftlichen Betriebs.

((Doch dann setzt Safranski zuletzt noch Folgendes dazu:
Dass die Lust am Spiel aber selbst zu jener Krankheit werden könnte, als deren Therapie sie aufgeboten wird, hat er, also Schiller, sich nicht träumen lassen.))
Im 15. Brief, „Über die ästhetische Erziehung des Menschen" heißt es, nun vollständiger zitiert:
der Mensch spielt nur, wo er in voller Bedeutung des Wortes Mensch ist, und er ist nur da ganz Mensch, wo er spielt. –

Nicht schlecht, finde ich; was sagst du dazu? –
– Gut; ich werde dem Schiller *auf der ‚Spur bleiben*, sage ich einmal – meinte Helge.

Doch Lars setzte noch dazu:
– Ich möchte noch ergänzend darauf hinweisen, dass Schiller das so glänzend erkannt hat und es auch so ausdrückt, dass das Beispiel der griechischen Tragödien-Dichter aufzeigt, dass wir zwar nichts ändern können, aber für Augenblicke **Gedanken und Glück** hervorrufen, das einmal wirklich werden könnte.
Der Weg zu diesem **Glück** führt aber über die Freiheit; ergänzend fügt Schiller an:
Die wahre Kunst aber hat es nicht nur auf ein vorübergehendes Spiel abgesehen, es ist ihr ernst damit, den Menschen nicht bloß in einen augenblicklichen Traum von Freiheit *zu versetzen, sondern ihn wirklich und* in der Tat *frei zu machen, und dieses dadurch, dass sie eine Kraft in ihm erweckt, übt und ausbildet, die sinnliche Welt, die sonst nur als ein roher Stoff auf uns lastet, als eine blinde Macht auf uns drückt, in eine objektive Ferne zu rücken, in ein* freies Werk unseres Geistes *zu verwandeln, um das* Materielle durch Ideen *zu beherrschen.*
So sollte sich der Mensch als moralisch-sittliches Wesen erheben über die Zwänge der Natur und des „Schicksals". Am Ende muss der Sieg erlangt werden, der Sieg des freien Willens über den nicht abzuwendenden Zwang der zur Tragik führenden Verhältnisse. –

Helge arbeitete dann an einer Abhandlung, die er wieder als einen sogenannten *Gespräch-Vortrag* im BZRM anbot. – Nun also zu der Ausarbeitung – da hatte er sich ganz schön in die Sache reingekniet, das muss man ihm lassen:
Spannend gemacht, wenn auch nicht ganz reif für eine Veröffentlichung.

KUNSTGENIE und MACHT

Goethe und Napoleon

In seinen „Annalen zu 1806" bezeichnet Goethe rückblickend das Jahrzehnt mit Schiller, das Zeitalter der Weimarer Klassik „als Stundenfrist der alten Epoche".

Im „Musischen Lexikon" schreibt Dr. Willi A. Koch über Goethe und diese schwierige Zeit, die Goethe letztlich kreativ zu überwinden sucht:

Nach Schillers Tod (9.5.1805) hat Goethe sich immer mehr in sich selbst zurückgezogen. Geistig hat er in seinen „Wahlverwandtschaften" (welche er aus dem „Wilhelm Meister" heraussnahm) *den Übergang vom 18. zum 19. Jahrhundert vollzogen. – 1814/1815 flüchtete er sich aus dem von den* <u>Napoleonischen Kriegen</u> *zerrütteten Europa in die Welt der orientalischen Poesie, indem er den „Westöstlichen Divan" dichtete* ...(wobei wir heute wissen, dass ein Teil der Gedichte von Marianne von Willemer, in Frankfurt lebend, stammen; das ist eine bemerkenswerte Episode, in der Goethe und Marianne eine stark erotische, doch sicherlich platonische Beziehung hatten).

Zu dieser Zeit (einer chaotischen, wie er sie 1806 selbst lebensbedrohlich erlebte) wollen wir Folgendes, in Zusammenhang mit Goethe, erwähnen:
    Bereits 1802 hatte G. in einem Brief an Schiller den aus der *Sintflut* der Französischen Revolution auftauchenden Napoleon als <u>Freiheitszeichen</u> gedeutet. Er war von ihm fasziniert, sah ihn, den genialen Emporkömmling, das Vermächtnis der Franz. Revolution erfüllen, indem er *Naturrecht gegen Geburtsrecht* und *Individualismus* gegen *Standesbindung* durch eine ‚Revolution von oben' durchsetzte. ...Den Zugriff Napoleons auf den Osten (Europas) sah Goethe nicht in erster Linie als Gebietsausdehnung, sondern als geographische Übertragung der neuen <u>Errungenschaften der Revolution</u> an.

Der 14. Oktober 1806, mit den verlorenen Schlachten von Jena und Auerstedt, bedeutete das vorläufige Ende der preußischen Militärmacht; es ist eine einzige Tragödie und Schmach für den preußischen Staat; ganz Preußen wird französisch besetzt, einschließlich des verbündeten Herzogtums Sachsen-Weimar-Eisenach.

Für Goethe hingegen ist es ein „Tag des Neubeginns", denn, so schreibt er wörtlich: *...so muss man sagen, dass Deutschland von einer inneren Fäulnis weit schlimmer angegriffen ist, als das von einer äußeren Gewalt, von der man doch wenigstens einsieht was sie will und was sie kann,* so schreibt G. im Dezember 1806 an seinen Verleger Cotta.

Gegenüber Freund Knebel spricht G. sogar davon, „beim Einzug der Franzosen sei die *morsche Jenaische Verfassung* an der eigenen Altersschwäche zusammen-gebrochen. ...Lediglich die wissenschaftlichen und künstlerischen Anstalten – für die Goethe ja verantwortlich ist – sieht er als ein gesundes Glied innerhalb eines *absterbenden Körpers*". Für die Universität hat er später dann in einem persönlichen Gespräch mit Napoleon einen ‚Schutzbrief' erwirkt. – Dazu sollte ergänzend gesagt werden, dass Goethe als „Staatsmann" und Minister des Herzogtums Sachsen-Weimar in seiner Verantwortung für wichtige Verhandlungen mit den neuen ‚Herren', den französischen Siegern und Generälen im Schloss, versagte. *Seine Abwesenheit in einer für die Stadt so existentiellen Situation* hat ihm offensichtlich keine große Pein bereitet. *Dem von ihm bewunderten Kaiser Napoleon will er nicht als Hofmann und Politiker, nicht als Stellvertreter seines fürstlichen Mäzens entgegentreten. Zu dessen militärischem Engagement für Preußen* (wo der Herzog Carl August einen Generalmajors-Rang versah und ein preußisches Truppenkontingent kommandierte) *hatte er stets Abstand gehalten. Er will dem* <u>Genie der Macht</u> *gleichwertig als* <u>Künstlergenie</u> *begegnen.* (Zitate: S. Damm) ...Eine Gelegenheit dazu bietet sich ihm im Herbst 1808 beim Fürstenkongress in Erfurt. Dort empfängt ihn Napoleon in einer Audienz, in dem Napoleon Goethe auch bewundernd anvertraut, dass er G.'s <u>Werther</u> mindestens fünfmal gelesen hätte. – Zurück zum Jahr 1806:

Im Dezember 1806 tritt Carl August – um sich und sein Herzogtum zu retten – <u>dem Rheinbundstaaten bei</u>. – Ganz im Gegensatz zur übrigen Oberschicht, die das Protektorat von Napoleon und die Fremdherrschaft eher mit Hass sahen, spricht G. von *einer neuen Staatsform*, ja er deutete diese *als Phänomen der neueren Zeit.*

Dem Caspar Voghts vertraute G. sogar an:

„*Das Alte ist vorbei* (so war es leider nicht). *Es ist Pflicht, das Neue erbauen zu helfen.*" Goethe ist natürlich sehr vorsichtig in der Öffentlichkeit mit solchen

Äußerungen, denn mit seinen Denkweisen machte er sich keineswegs im snobistischen, feudalistischen Weimar noch Freunde. ...

Ein ganz anderes Vorhaben, das Goethe *konsequent durchführt*, wirbelte noch erheblich mehr Staub auf, ja isolierte ihn zeitweise erheblich in der *guten Gesellschaft*, das waren vor allem die Adelskreise. –

Man muss sagen, dass Goethe noch Glück gehabt hat in einer tragischen Nacht, denn ein ihm bekannter französischer Husaren-Offizier, der Baron von Türckheim, half mit dabei, dass Goethe die bestmögliche Einquartierung bekam: den berühmten Marschall M. Ney mit Gefolge – doch der ließ lange auf sich warten.

So drangen also in der Nacht vom 14. auf den 15. Oktober 1806 einfache Gardisten in sein Haus ein, verlangten Essen und „ordentlich zu trinken", randalierten und polterten herum, vor allem aber (wie das so üblich war) um zu plündern.

Die Soldaten drangen auch bis in die Schlaf- und anderen Gemächer von Goethe vor, bedrängten und bedrohten ihn – mit gezogenen Bajonetten.

G. hatte sich darauf schützend vor seiner Bibliothek aufgebaut, in der auch ein ganzer Teil seiner Papiere (die ihm das Wichtigste waren) und Manuskripte verwahrt waren, worauf zwei Musketiere ihre aufgepflanzten Bajonette gegen ihn zückten, um ihn unschädlich zu machen, nach dem Motto. „Geld her oder das Leben!"

Da erhob G.'s Geliebte Christiane ein fürchterliches Geschrei und brachte einige handfeste Leute, die im Haus am Frauenplan Zuflucht gesucht hatten, dazu, die betrunkenen und bewaffneten Kerle aus den Räumlichkeiten hinauszudrängen.

Auch stellte sich Christiane schützend vor ihren Liebsten, sodass sie das Schlimmste verhindern konnte. –

Schon am 19. Oktober, also kurz darauf, als es noch drunter und drüber in der Stadt zuging (der Herzog war nicht vor Ort, der sich gegen eine eheliche Verbindung gestellt hätte) lässt sich Goethe mit Christiane unter recht skurrillen Umständen trauen. – Wir sparen uns die hämischen oder abschätzigen Berichte. – Später, im Oktober 1806, schrieb Goethe an den Hofprediger Günther: *Dieser Tage und Nächte ist ein alter Vorsatz bei mir zur Reife gekommen; ich will meine kleine Freundin, die so viel an mir getan und auch diese Stunden der Prüfung mit mir durchlebte, völlig und bürgerlich anerkennen als die Meine.*

Goethe hat nicht nur seine Lebensstellung in Gefahr gesehen, sondern auch das Schicksal des Herzogtums, da Napoleon auch anfangs dieses ganz zerschlagen wollte. Unser Mann, Goethe, begriff die <u>Auflösung der alten feudalen Ordnung</u> ja tatsächlich als <u>Notwendigkeit und Chance einer Neuordnung</u>, auch seines persönlichen Lebens. Er geht nach dieser Nacht sofort an die Sicherung seiner beruflichen, finanziellen und privaten Existenz.

Er ordnet sein Leben neu auf der Grundlage der Anerkennung des bürgerlichen Gesetzes, versucht sich aus der Abhängigkeit von seinem Mäzen zu lösen. ...In Gedanken rechnete sich G. schon aus, dass er zukünftig ‚nur noch' von seinen Autorenhonoraren leben müsse. Jedenfalls schickt er von nun an *alles zum Drucke fort, was nur gehen will,* weil die Furcht zu groß ist, „seine Papiere" einst doch noch zu verlieren. --

Die Heirat: sie ist der erste Schritt zur Anerkennung des bürgerlichen Rechts. Und zugleich ist es die Voraussetzung – auch um die Existenz und rechtmäßige Anerkennung seines Sohnes August (Geburt am 25. Dez. 1789) zu sichern – um zu den vollen Besitzrechten seines Hauses zu kommen. Denn:

Das standesgemäße Haus am Frauenplan bewohnte Goethe seit dem Juni 1782, wahrscheinlich: zur Miete (1+), ohne dass dieses also im Kataster auf den Namen G.'s eingetragen, was vom Herzog auch so gewollt war. Diese ganze unwürdige Liaison mit „der Vulpius" war ihm und vielen anderen ein Ärgernis ....

In einem langen, geschickt aufgesetzten, eher schmeichelnden Brief an den Herzog vom 25. Dezember 1806, schreibt Goethe zum Schluss (s. ganz unten auf S. 303):

-- Zum amtlichen Arbeits- und Lebensablaufs Goethes –

(1+) zur Miete? Nun, Goethe erhielt ein stattliches Minister-Gehalt, denn er hatte viele Aufgaben.

Zu diesen gehörte: Der Herzog übertrug ihm Anfang 1779 die Leitung der Kriegskommission, kurz danach auch die Wegebau-Direktion, die irgendwann nicht mehr voran kam, genau wie das große Projekt des Bergbaus in Ilmenau, für das Goethe verantwortlich zeichnete, schließlich aber scheiterte. Auch die Aufsicht im Finanzwesen musste er übernehmen, wo er die Ausgaben bei Hofe zum Zwecke der Steuererleichterungen einzuschränken suchte; und der für die Bauern verheerenden Jagdleidenschaft des Herzogs versuchte er Einhalt zu gebieten. Die Zahl der Soldaten des Herzogtums reduzierte G. Das waren einige der wenigen „erfolgreichen Maßnahmen". – Jedoch die <u>Theater-Leitung</u> führte Goethe weiterhin erfolgreich, teils und zeitweise mit Schiller (auch Frau Christiane stand ihm oft bei) zusammen, von dem auch viele Dramen – wie „Die

Räuber", „Wallenstein", „Maria Stuart", „Die Jungfrau von Orleans" und andere, zuletzt: „Wilhelm Tell", gespielt wurden: Im Todesjahr Schillers 1805 errang diese Aufführung einen großen Erfolg.

In dieser Zeit mag es gewesen sein, dass er (an Auguste zu Stolberg) schrieb und *Eine Grabinschrift* verfasste: *Ich war ein Knabe warm und gut / Als Jüngling hatt ich frisches Blut / Versprach einst einen Mann / Gelitten hab ich und geliebt / Und liege nieder ohnbetrübt / Da ich nicht weiter kann.* Und ein anderes Mal schreibt Goethe für sich nieder: *Ich habe die Götter gebeten, dass sie mir meinen Mut und Gradsein erhalten wollen bis ans Ende und lieber das Ende vorrücken als mich den letzten Teil des Ziels lausig hinkriechen lassen!*

In einem Brief an den befreundeten Lavater (etwa im Herbst 1779), schreibt G. über seinen Lebensentwurf:

Das Tagewerk das mir aufgetragen ist, das mir täglich leichter und schwerer wird, erfordert wachend und träumend meine Gegenwart, diese Pflicht wird mir täglich teurer und dann wünscht ich's den größten Menschen gleich zu tun und in nichts größerem.

<u>Diese Begierde, die Pyramide meines Daseins, deren Basis mir angegeben und gegründet ist, so hoch als möglich in die Luft zu spitzen, überwiegt alles andere</u> (so kann man das an der „Goethe-Warte", oberhalb von Wiesbaden-Frauenstein, auch lesen) *und lässt kaum augenblickliches Vergessen zu. Ich darf mich nicht mehr säumen, ich bin schon weit in Jahren vor und vielleicht bricht mich das Schicksal in der Mitte und der Babylonische Turm bleibt stumpf und unvollendet. Wenigstens soll man sagen ,es war kühn entworfen' und wenn ich lebe, sollen, will's Gott, die Kräfte bis hinauf reichen.* – Als Goethe dann endlich die ersehnte Reise, zunächst völlig geheim gehalten, nach Italien antritt und am 29. Oktober 1786 in Rom eintrifft, notiert er:

Ich fange nun erst an zu leben und verehre meinen Geniuß. Am 2. Dezember d. J. schreibt er an Charlotte von Stein: *... ich zähle einen zweiten Geburtstag, eine wahre Wiedergeburt von dem Tage, da ich Rom betrat.*

An den Herzog schrieb er einiges später:
ich lebe eine neue Jugend. – (Quelle: R. Safranski)
aus dem Brief an den Herzog:
Wenn alle Bande sich auflösen wird man zu den häuslichen zurückverwiesen, und überhaupt mag man jetzt nur zu gerne nach innen sehen. Zum Abschluss des Textes fügt G. vorsichtig dazu: *wenn Sie uns nur bleiben.* Am 12. Januar 1807 antwortet Carl August seinem Freund Goethe, bedankt sich auch für die

Glückwünsche zu der Geburt seines Sohnes Wolfgang (das Kind seiner Mätresse, der Schauspielerin Karoline Jagemann), geht aber auf Goethes Eheschließung mit keinem Wort ein. Aber er entspricht der Bitte, ihm (G.) das Haus ganz zu übereignen. Er schreibt:

Du bist also wohl, heiter, thätig und voll neuen Muthes, dein Hauswesen ist berichtigt und das sind lauter gute erfreuliche Dinge; genieße lange diese angenehme Lage! Dass Dein Haus ganz dein eigen sey, das habe ich (Staatsrat) *Voigten aufgetragen zu besorgen.* –

Dazu sollte man wissen, dass zwischen Herzog und Goethe ursprünglich eine tiefe, ehrliche und bewährte Freundschaft bestand … . Schon im März 1776 setzte der Herzog ein Testament auf, in dem eine lebenslängliche Pension für Goethe bestimmt wurde, nachdem ihm vorher schon das Gartenhaus als Geschenk übereignet worden war.

In einem Brief an Charlotte von Stein heißt es später offenherzig dazu, noch von einer anderen Warte aus gesehen: *Da kam der Herzog, und wir stiegen, ohne Teufel oder Söhne Gottes zu sein, auf hohe Berge, und die Zinne des Tempels, da zu schauen die Reiche der Welt und ihre Mühseligkeit … wir wurden von einer solchen Verklärung umgeben, dass die vergangene und zukünftige Not des Lebens, und seine Mühen wie Schlacken uns zu Füßen lag, und wir, noch im irdischen Gewand, schon von der künftigen seliger Befiederung spürten.*

Trotz dieser freundschaftlichen Worte werden die feudal-höfischen Bande, wenn nicht aufgelöst, so doch, in der Zukunft, oft aufs Äußerste in Frage gestellt.

Jedenfalls hat Goethe die geschichtliche Tragweite der Ereignisse nicht erst in dieser Nacht intensiv gespürt, ja längst auch erahnt. 1807 nennt er gegenüber Freund Knebel Napoleon die höchste Erscheinung, die in der Geschichte möglich war, auf dem Gipfel dieser so hoch, ja überkultivierten Nation. – Angemerkt sei:

In die Trauringe hat G., sicher symbolisch gedacht, das Datum des 14. Oktober 1806 eingravieren lassen.

Zwar brannte die Welt an allen Ecken und Enden, wird Goethe später schreiben, *aber das mittlere, das nördliche Deutschland genoss noch eines gewissen fieberhaften Friedens, in welchem wir uns einer problematischen Sicherheit hingaben.* Die Schlacht bei Jena, die Nacht des 14. Oktober, setzt dieser *problematischen Sicherheit,* diesem *fieberhaften Frieden* jäh ein Ende (durch den Zusammenbruch der preußischen Militärmacht und den Sieg Napoleons). –

Den beiden Großen von Weimar, Wieland und Goethe (Herder, Superintendent im Herzogtum, den G. 1776 nach Weimar holte, der Dritte im Bunde der großen Literaten Weimars, bleibt unerwähnt) wurde, auf Veranlassung von Napoleon Bonaparte im Oktober 1808 der Orden der Ehrenlegion verliehen, den Goethe auch nach dem Sturz Napoleons noch ab und zu – herausfordernd – trug.

Ein berühmter Ausspruch von Napoleon soll im Gespräch mit Goethe über den „Werther" und Theater-Themen (N. missbilligte da die sogen. „Schicksalsstücke") gefallen sein: „Was ... will man jetzt mit dem ‚Schicksal'?

Die Politik ist das Schicksal!"

(Quelle: aus „Christiane und Goethe" von Sigrid Damm, sowie aus der Biographie „Goethe" von Rüdiger Safranski)
Mit folgenden Versen formuliert Goethe in etwa ein Fazit:

Nach ewigen, ehernen,
Großen Gesetzen
Müssen wir alle
Unseres Daseins
Kreise vollenden.

Zum besseren Verständnis der gigantischen Rolle des Napoleon I.
hier nochmals einen Teil einer etwas ausführlicheren „Kurzbiographie" zu:
Napoleon Bonaparte, 1769 – 1821. In der Franz. Revolution stieg der korsisch-französische Offizier rasch auf, errang 1799 als Erster Konsul die Staatsgewalt. –

Zu „Bonaparte in Italien", 1796-1797:
In einem 20 Monate währenden Feldzug präsentierte sich Bonaparte einem staunenden Europa als militärisches Genie, befriedete den Kontinent und sammelte auf politischem, administrativen und diplomatischen Gebiet die Erfahrungen eines Staatsmannes.

Der Ägypten-Feldzug, 1798-1799, dagegen war, militärisch gesehen, ein völliger Fehlschlag .... Zum ersten Mal auch machte sich eine Unzulänglichkeit des Feldherrn bemerkbar: die Gleichgültigkeit gegenüber dem klimatischen Faktor (was dann im Krieg gegen Russland u.a. zur Katastrophe führen sollte). – Außerdem: England blieb, gegen das sich das militärische Manöver ja eigentlich richtete, Herr des Mittelmeers. Immerhin begann Napoleon einige Initiativen zu starten, die dem Land mit der Zeit Verbesserungen brachten. Dazu zählten die Gründung des „Institut d'Egypte", das die Erforschung der Ressourcen befördern sollte und der Geschichte des Landes diente; er bildete so den Grundstock der künftigen Ägyptologie. Auch verbesserte er die Schifffahrt auf dem Nil und unternahm Schritte zur Hebung des Gesundheitszustandes der Bevölkerung. Damit waren gewisse Voraussetzungen für den künftigen wirtschaftlichen Aufstieg des Landes gegeben. – Nach einer eher fehlgeschlagenen Expedition gegen türkische Armeen (die von den Engländern angestachelt waren) in Syrien, zog sich Bonaparte wieder nach Ägypten zurück.

Dort kam er gerade rechtzeitig an, um eine in Abukir gelandete türkische Truppe zu vernichten. Auf diese Weise konnte er mit einem Sieg nach Frankreich zurückkehren, wo er weiterhin als der <u>erfolgreichste Feldherr,</u> ja auch als geschickter Diplomat angesehen wurde. –

Soweit zu den Anfängen des „Imperator". (nach: Roger Dufraisse, „Napoleon")

Am „18. Brumaire des Jahres VIII" – also dem 9.11.1799 – wurde der „Bürger Bonaparte" nun durch einen Staatsstreich, den er aber selbst nicht angezettelt hatte, aber ausnützte, zum Ersten Konsul gekürt. Dem gingen lange, schwierige Verhandlungen, Aktionen und ein Plebiszit voraus, in dem nur mit „Ja" oder „Nein" gestimmt werden konnte, ob die Konsulen (zwei davon standen unter dem Ersten, Bonaparte, der aber die größten Vollmachten hatte) vom Volk akzeptiert werden sollten.

Der Innenminister und Bruder Lucien Bonaparte soll durch ein fingiertes Plus der „Ja-Stimmen" dafür gesorgt haben, dass Napoleon wirklich Erster Konsul werden konnte.

(Zitat Dufraisse:)

„Der junge Mann (Napoleon) besaß die erforderlichen Eigenschaften, um der großen Aufgabe gerecht zu werden. er ging die vielfältigen, riesigen Probleme zielstrebig von der praktischen Seite an. *Meine Politik ist, die Menschen so zu regieren, wie die meisten von ihnen regiert sein wollen*", gab er als Devise aus."

Die weitere grandiose Laufbahn sah so aus:

Schon 1801 gewann er nach mehreren, siegreichen Schlachten die Vorherrschaft in Europa. **1804** krönte er sich zum Kaiser von Frankreich, 1805 zum König von Italien.

Der „Rheinbund", 1806 zunächst von 16 süd- und westdeutschen Fürsten unter Napoleon gegründet, erklärte im gleichen Jahr seinen Austritt aus dem vom Kaiser in Wien geführten „Hl. Römischen Reich" (das war das Papier nicht mehr wert, auf dem das stand).

Außer Sachsen wurde 1807 das neugegründete Königreich Westfalen unter Napoleons Bruder Jerome zum Rheinbund-Staat erklärt.

Nicht nur dort galt fortan eine neue Verfassung und der *Code civil.* Dieser war ein vorbildliches Zivilgesetzbuch, dessen Leitgedanken Gleichheit vor dem Gesetz und Freiheit des Individuums gewährleisten sollten. Auch die Juden wurden nun freie und gleichberechtigte Bürger! – Die „Große Armee" N.'s wurde mit Heereskontingenten fast aller Rheinbund-Fürsten verstärkt; dafür wurden dann die Fürsten zu Großherzögen und Königen erhoben. -- Im russischen Winterfeldzug 1812 wurde die Große Armee aber durch Russland fast völlig vernichtet, worauf der bis jetzt unbesiegte Feldherr die zerriebenen Truppen verließ, um zum Zentrum seiner Macht nach Paris zu eilen, wo er neue Truppen aufstellte. –

Erst die *Freiheitskriege* 1813/14, von Preußen und Russland begonnen, beseitigten erstmals wieder die Fremdherrschaft. Nachdem sich Österreich, Großbritannien und Schweden der *Heiligen Allianz* anschlossen, folgte schließlich der Sturz Napoleons I, wobei die *Völkerschlacht bei Leipzig* die erste, größere Niederlage für Napoleon war.

In der Schlacht bei Waterloo 1815 besiegten preußische und britische Truppen den Imperator endgültig.

Immerhin: Das meist „Code Napoleon" genannte Gesetzbuch überlebte ihn jedoch.

Sinneswandel

Ralf hatte sich tatsächlich noch intensiver mit **Goethe** befasst, was einen „Sinneswandel" bewirkt haben könnte.

– Weißt du, Helge, der Mann ist doch ein ganz außergewöhnlicher Mensch und Künstler!

Aber dass der Schriftsteller Safranski in seiner Biografie im Untertitel von einem „Kunstwerk des Lebens" spricht, finde ich leicht übertrieben.

Ich denke, ich kann einige Lehren aus der Lektüre ziehen und dass ich das eine oder andere für mich selbst aus seiner Lebenseinstellung ganz gut übertragen könnte. Letzten Endes ist Goethe ein so herausragender Dichter, dessen Sprachkunst und das sensible Gestalten von seinen immer Ausdrucks-starken, wundervollen Gedichten einzigartig sind. –

Ansonsten kenne ich zu wenig von seiner Prosa, um mir ein Urteil anzumaßen. Ja, den „Faust" kennt man, klar; auch die „Wahlverwandschaften" gefielen mir damals gut, sowie einige Elegien und Balladen habe ich gelesen – .

Eine andere Sache oder Aussage fiel mir auf und finde ich diese besonders interessant:

Im Juli 1812 hielt sich Goethe sowohl – schon Mal abwechselnd – in Karlsbad (wo sich immer viele „Gekrönte Häupter" aufhielten), als auch im Heilbad Teplitz auf.

Von hier schrieb G. eine Nachricht an seine Frau Christiane in Karlsbad, wo sie mit Freundin – selten genug, muss man vermerken – sich einige Wochen aufhielt. Ansonsten fuhr Herr Goethe alleine dahin. Goethe schreibt also an Christiane:

Es ist Herr von Beethoven von hier nach Karlsbad gegangen; wenn ihr ihn finden könnt, so brächte mir der am schnellsten einen Brief von dir. Christiane ist auch die Adressatin seines ersten Eindrucks von **Beethoven**: <u>zusammengefaßter, energischer, inniger habe ich noch keinen Künstler gesehen</u>. *Ich begreife sehr gut, wie er gegen die Welt wunderlich stehen muss.* Wenig später formuliert G.: *Beethoven habe ich in* <u>Töpliz</u> *kennen gelernt.*

Sein Talent hat mich in Erstaunen gesetzt. <u>Allein er ist leider eine ganz ungebändigte Persönlichkeit, die zwar gar nicht Unrecht hat, wenn er die Welt detestabel findet,</u> *aber sie freilich dadurch weder für sich noch für andere genussreicher macht.*

Beethoven dagegen urteilt über Goethe am 9. August des Jahres 1912 in einem Brief an seinen Verleger Breitkopf: <u>Goethe behagt die Hofluft sehr.</u> (1+) <u>Mehr als einem Dichter ziemt.</u> Es ist nicht viel mehr über die Lächerlichkeit der Virtuosen hier zu reden, <u>wenn Dichter, die als die ersten Lehrer der Nation angesehen sein sollten, über diesem</u> Schimmer alles andere vergessen können.

(1+ womit schon ein wesentlicher Charakterzug des Dichtergenies erkannt wird. Er sucht und passt sich meist der „Hofgesellschaft" gut an und ist beliebt. Aber er sucht auch oft genug die Absonderung, eine gewisse Einsamkeit, um „sein Werk zu schaffen", soweit seine „Amtsgeschäfte als Minister" das zulassen. – (Quelle: S. Damm, „Christiane und Goethe")

Unstillbar? Die Gier nach Wachstum

In einer erweiterten Vorstandssitzung des BZRM eröffnete der stellvertretende Vorsitzende Ralf die kleine Versammlung mit den Worten:
 Wir stehen wieder einmal an einer Wende der *Geschichte*, aber auch unseres Zentrums.
 Heute legen wir das Datum unserer nächsten Mitglieder-Versammlung fest, auf der auch ein neuer Vorstand gewählt werden muss. – Wie ihr bereits wisst, hat Oli Noll, unser langjähriger Erster Vorsitzender, sein Amt aus Altersgründen niedergelegt. Heute können und sollen Vorschläge zur Besetzung des neuen Vorstands gemacht werden. Jedes Mitglied, das mindestens zwei Jahre *dabei* ist, kann kandidieren oder vorgeschlagen werden.
 Im Vorfeld bin ich von mehreren Leuten aus unserem Kreis gefragt worden, ob ich das Amt des Vorsitzenden übernehmen könnte. Das habe ich nach einer Bedenkzeit bejaht und so stelle ich mich der Wahl, um der schwierigen Situation, in der wir uns befinden, engagiert *Paroli* zu bieten, um der guten Sache willen die ausgetretenen Pfade zu verlassen und energisch neue, dringend notwendige Wege einzuschlagen. Selbstverständlich brauchen wir dazu mehrere tüchtige, einsatzfreudige Kollegen und Mitglieder im Vorstand und darüber hinaus, z.B. in den AG's (Arbeitsgemeinschaften). – In den nächsten zwei Wochen werde ich ein Arbeitspapier für ein Programm erstellen und vorlegen, das dann in der Mitglieder-Versammlung besprochen und genehmigt werden soll. – Hier einige Aspekte, die die aktuelle Lage und Situation nur oberflächlich darstellen, bzw. einige wenige Fakten berühren:

Wir sind uns doch so gut wie alle darüber einig, dass der weitere Weg unserer Gesellschaft in der globalisierten Welt möglicherweise ins Bodenlose führen kann. – Es gibt zwar Rezepte, wie dagegen anzugehen wäre.
 Eine erfolgreiche Umsetzung erscheint aber äußerst schwierig;
 Mit *Vernunft*, *Herzblut* und *Disziplin* müssen wir energisch daran arbeiten, wieder zuversichtliche, effektive, zunächst überzeugende kleine Schritte für eine aussichtsreichere Zukunft anzugehen. –
 – Das sind bisher nur *bodenlose Worte*, die du uns da auftischst – meinte einer der Anwesenden. – Ich nenne einmal ein Beispiel: Ich habe die TV-Dokumentationen *Hunger* und *Durst* mit Claus Kleber am 1. April gesehen. Hoffentlich war es kein Aprilscherz, was da an verheerenden Erkenntnissen über die öko-

logischen Tatsachen und Katastrophen auf unserer Welt berichtet wurde. Aus dieser Entwicklung und den Zusammenhängen, was sich alles noch weiter ergeben kann, gibt es m.E. wohl kaum ein Entweichen.

Was will unser kleiner Haufen da schon groß ausrichten? – Lars entgegnete darauf:

Gut, dass du auf diese sehr gute, aufrüttelnde Sendung, auf 3sat übrigens, hinweist. Diese zwei dokumentarischen Sendungen wurden schon im November 2014, also im letzten Jahr, gesendet. – Ich bin der Meinung, dass diese hervorragenden kritischen Berichte und Dokumentationen noch viel öfters gesendet werden sollten. Da kommen wir nämlich an einen Punkt, an dem anzusetzen wäre: Zusammen mit Jerry – ein guter Medien-Experte, der er ist – haben wir erste Schritte unternommen, eine kleine Zeitschrift zu entwerfen und zu gründen, in der Tipps und Empfehlungen für gute TV-Sendungen enthalten sind. Wir arbeiten darauf hin, dass 1.) dieses Blättchen (mehr ist es anfangs nicht) zunächst in den Wohnzimmern aller unserer Mitglieder und ihres Freundeskreis ausliegt. Dann gehen wir an den kritischen, ja weiten Bogen und Teil der Bevölkerung und *Konsumenten* heran. 2.) wird darauf hingearbeitet, das Überangebot z.B. an Krimis drastisch zu deregulieren, also zu senken. Leider wird damit zu viel Hirnsubstanz und Ablenkung für angeblich spannenden *Kokolores* aufgewendet. – Einer lachte laut auf, Fritz sagte:

– Du wirst doch nicht an den hoch favorisierten *Tatort*-Sendungen rütteln wollen? –

Doch, das wollen wir. Diese Super-Krimis sollen mit der Zeit ständig abnehmen; sie sollen dann etwa nur noch wenige Male in der Woche gesendet werden. – Das kann nur <u>ein</u> Beispiel sein, denn wir arbeiten daran, eine Liste der inzwischen überflüssigen Sendungen – zunächst bei den öffentlich-rechtlichen Sendern und Anstalten – zu erstellen und in der Öffentlichkeit den Bürger vor zu stellen und zu diskutieren . Das heißt auch:

3.) es muss mehr Platz *gewonnen* werden für wertvolle, hoch aktuelle und *aufklärerische* Themen, die entsprechend attraktiv aufgemacht werden:

Das wird seine Zeit brauchen, bis wir den Druck der Öffentlichkeit auf die Gestalter und Planer der TV-Anstalten ständig erhöhen können. Gleichzeitig werden wichtige Informationen und Anweisungen (– keine totalitären Parolen, bitte! – sagte Christian dazwischen) für gute Sendungen gefördert und entworfen. – Das ist jetzt einmal ein eingeschränkter Aufriss eines *kleineren Projekts*, das dann seinen Weg machen wird. –

Nicht schlecht – meinte Ludwig, der früher selten anwesend war, sich aber entschlossen hatte, mehr Aktivität, einschließlich sich selbst (im Vorstand) einzubringen. –

Es wurden weitere Projekte und Tagesordnungspunkte besprochen, die eigentlich erst in der Mitgliederversammlung vorgestellt werden sollten. Dann sagte Christian:

Ich möchte noch einmal kurz auf diese schlimmen Klima-Katastrophen kommen.

Die UN haben einen Rahmenplan vorgestellt, in dem konkrete Vorsorgen mit *nachhaltigen* Entwicklungszielen verbunden werden. – Was ist davon zu halten? – Lars entgegnete:

Dazu kann ich nur sagen: Es kommt ja nicht *nur* auf die Intensität von Natur-Katastrophen an, sondern auch, wo sie sich ereignen und wie die Menschen darauf reagieren und *vorbereitet* sind. Nehmen wir, zum Vergleich, das Erdbeben in Haiti, bei dem etwa 220.000 Menschen ums Leben kamen – Wahnsinn! Bei dem viel schwereren Beben in Japan im Jahr 2011 kamen *nur* 18.500 Menschen ums Leben. – Dieser *Aktionsplan* existiert meines Wissens schon länger und führt dazu, dass ein besseres Verständnis von Risiken auch zu einer stärkeren Vorsorge vor Katastrophen entsteht.

Mehr kann und will ich jetzt nicht dazu sagen.

Eine Sache will ich euch noch zur Kenntnis geben: Von dem Artikel im *Spiegel*, Nr. 9, den Klimawandel betreffend. Die Überschrift lautet Sind wir noch zu retten? Davon habe ich, in Auszügen mehrfach Kopien hergestellt und verteile diese gleich an interessierte Mitglieder und einzelne Gäste; dieses Thema wird uns noch beschäftigen. –

Rudolf, der gern in Opposition ging, machte sich bemerkbar mit folgendem Einwand:

Der Klimawandel stagniert doch schon eine ganze Zeit. Ich sehe alles nicht so dramatisch. –

Kurz gesagt, – meinte Lars nur dazu: – die Arktis erwärmt sich im Sommer stark; so werden die gewöhnten, starken Höhenwinde ausgebremst. Stattdessen blockieren enorme Hochdruckgebiete den Atlantik. Von Norden und Osten wird in Zukunft möglicherweise noch stärker als bisher sehr kalte Luft nach Mittel-Europa strömen – wahrscheinlich werden die Winter kälter -. (- oder viel wärmer – sagte jemand).

Der Blick auf Paris

Unabhängig davon, möchte ich aber jetzt den UN-Generalsekretär Ban Ki Moon noch zitieren, der die *Post-215-Agenda* vorgestellt hat. Eine *Offene Arbeitsgruppe* der meisten Staaten entwickelte über 17 Ziele, vom *Ende der Armut überall* bis zur *nachhaltigen Energie für alle*, vom Stop der Wüstenbildung bis zur Gleichberechtigung von Mann und Frau ist darin so ziemlich alles vertreten, was weiter und zum Guten verändert werden muss. *Nie zuvor hat es derart umfassende Beratungen gegeben*, sagte Ban. *Das* Jahr 2015 *läutet eine* nie dagewesene Chance *ein, durch gemeinsames Handeln unser künftiges Wohlergehen zu sichern. Wie bekannt sein dürfte, steht im Dezember dieses Jahres 2015 in Paris ein neues globales Klimaabkommen an. Erstmals soll es alle Staaten betreffen – und nicht mehr, wie einst das Kyoto-Protokoll, nur eine Handvoll Industriestaaten.* Und unser Spezialist vom PIK, der Direktor des *Potsdam-Instituts für Klimafolgenforschung* Hans Joachim Schellnhuber, bringt es auf den Punkt:

Das Jahr 2015 wird die Lebensumstände unserer Enkel und auch derer Enkel maßgeblich mitbestimmen. – – *Na*, sagte Rudolf, *der ist doch bekannt als unverbesserlicher Optimist – aber, wie heißt es so schön:* Hoffen wir das Beste, *lieber Leser.* – Darauf verteilte Lars seine Kopien des Artikels **Sind wir noch zu retten?**, dessen Text, in Auszügen, lautete:

Entwickelt sich der Treibhausgasausstoß weiter wie bisher, dürfte sich die Welt in rund 30 Jahren um zwei Grad erwärmt haben. Spätestens ab 2017 müssten die Emissionen jährlich um 8 bis 10 Prozent sinken – anders wäre das Zwei-Grad-Ziel nicht mehr zu erreichen (lt. dem Direktor der *Internationalen Energieagentur*). ...

2014 hat die Weltbevölkerung rund 60 Prozent mehr Treibhausgase in die Atmosphäre gepustet als im Referenzjahr 1990. Es deutet wenig darauf hin, dass sich der Trend umkehren lässt – *Die Weltbank rechnet dann mit einer Erwärmung mindestens um vier Grad Celsius bis zum Ende des Jahrhunderts. Die Folgen wären „extreme Hitzewellen, verminderte Lebensmittelvorräte, Verlust von Ökosystemen und ein lebensbedrohlicher Anstieg des Meeresspiegels".* – Nach dem Fiasko des Scheiterns des Klimagipfels in Kopenhagen, sagte der oberste Klimaschützer der UNO Yvo de Boer 2013 sehr pessimistisch: „*Der einzige Weg, wie ein Abkommen im Jahr 2015 zum Zwei-Grad-Ziel führen könnte, wäre, die gesamte Weltwirtschaft stillzulegen*". Oder müssen wir die Regeln, nach denen die Weltwirtschaft funktioniert, fundamental verändern? –

In dem neuen Buch der kanadischen Bestseller-Autorin Naomi Klein, *Die*

Entscheidung – Kapitalismus vs. Klima (S. Fischer Verlag) heißt es u.a.: *Um das Klima vor dem Kollaps zu schützen, müssten die Menschen weniger Ressourcen verbrauchen. Um aber das kapitalistische Wirtschaftssystem vor dem Zusammenbruch zu bewahren, sei uneingeschränktes Wachstum nötig. – Nötig wäre, um den Klimawandel zu bremsen, ein Wunder. Oder eine Revolution, eine globale Massenbewegung. Käme sie zustande, wäre auch das ein Wunder.*

Das träge Tempo des Klimawandels steht in einem fatalen Kontrast zur Geschwindigkeit unserer Zeit, eines Zeitalters der Zerstörung, des Konsums und der schrumpfenden Aufmerksamkeiten. –

„Die Krise gibt es gar nicht. Die Krise ist bloß die ganz normale Erschöpfung infolge einer ideologisch gepflegten, kollektiven Maßlosigkeit: maßloser Konsum, maßlose Produktion, Maßlosigkeit um der Maßlosigkeit willen. Das ermüdet." ...

Nur wer sich beschränkt, wird ein
schönes und gutes Leben führen.
(nach: Meinhard Miegel in „Hybris")

FIN

Der Autor

Harald Fischer wurde im Juli 1933 in Wiesbaden geboren und ist verheiratet.
Nach ein paar Jahren Gymnasium trat er 1950 eine Lehre als Elektrowerker an. Anschließend führte er eine Tätigkeit bei „Base Communications" der US-Air Base in Wiesbaden-Erbenheim aus. Im Jahr 1958 folgte ein dreijähriger Dienst bei der neu aufgebauten Heeresflieger-Truppe der Bundeswehr, wo auch technische Lehrgänge inbegriffen waren. Ab 1961 erfolgte die Anstellung und Ausbildung bei der Bundesanstalt für Flugsicherung wo er schließlich zu „Rhein Control" auf dem Erbeskopf bei Birkenfeld-Nahe versetzt wurde. Dann kam der Autor auf dem Intern. Flughafen Hannover-Langenhagen. Dieser war während der Messezeiten der meist beflogene Airport in der BRD. H. Fischer war dort für die Abstimmung der Abflugzeiten tätig. –
1975 wieder in seine Heimat im Rhein-Main-Gebiet versetzt, lebt Fischer seit 1995 im „bewegten Ruhestand" in Hofheim am Taunus. Er beschäftigte sich intensiv in Kursen, außer mit Literatur, auch mit Geschichte und Politik. In der SPD war er lange aktiv.

Den Anstoß zum eigenen Schreiben gaben Harald Fischer die Aufzeichnungen seines Großvaters, der 1937 eine „Geschichte der Familie Fischer zu Warburg" herausgegeben hatte. Diese vervollständigte der Autor 2001 zur aktuellen Familienchronik, deren weitgespannte Thematik „Vom Dreißigjährigen Krieg bis zum Dritten Reich" lautete. – Als nächstes Buch legte der Autor den Titel „Die schöne Last einer Familie" vor, das überraschend ein Erfolg wurde.
2007 erschien der Erzählungsband „Versilia, Diana und das Meer". Darin enthalten sind: ‚Geschichten – Abenteuerreisen – Liebeleien'. 2009 erschien schließlich das Buch „Wege durch die Welt", mit dem Untertitel „Der Aufklärung zweiter Teil".
Das letzte Buch des Autors heißt „Der Afrikakämpfer", in dem auch eine Abhandlung über die strategische Lage mit der spannenden Beurteilung „Was sollte die Wehrmacht in Afrika?" enthalten ist. Sein „Neffe Harry" schreibt weiter über die Laufbahn seines Onkels, der zum „Professor für Energie- und Atomenergierecht" avancierte und weltweit anerkannt war.